L'influence de l'araméen sur les traducteurs de la LXX principalement, sur les traducteurs grecs postérieurs, ainsi que sur les scribes de la *Vorlage* de la LXX

Septuagint and Cognate Studies

Wolfgang Kraus, General Editor

Editorial Board:
Robert Hiebert
Karen H. Jobes
Arie van der Kooij
Siegfried Kreuzer
Philippe Le Moigne

Number 65

L'influence de l'araméen sur les traducteurs de la LXX principalement, sur les traducteurs grecs postérieurs, ainsi que sur les scribes de la *Vorlage* de la LXX

By
Anne-Françoise Loiseau

 PRESS

Atlanta

Copyright © 2016 by SBL Press

All rights reserved. No part of this work may be reproduced or transmitted in any form or by any means, electronic or mechanical, including photocopying and recording, or by means of any information storage or retrieval system, except as may be expressly permitted by the 1976 Copyright Act or in writing from the publisher. Requests for permission should be addressed in writing to the Rights and Permissions Office, SBL Press, 825 Houston Mill Road, Atlanta, GA 30329 USA.

Library of Congress Cataloging-in-Publication Data

Names: Loiseau, Anne-Françoise-.
Title: L'influence de l'araméen sur les traducteurs de la LXX principalement, sur les traducteurs grecs postérieurs, ainsi que sur les scribes de la Vorlage de la LXX / par Anne- Loiseau, Françoise.
Description: Atlanta : SBL Press, 2016. | Series: Septuagint and cognate studies ; number 65 | Includes bibliographical references and index.
Identifiers: LCCN 2016032648 (print) | LCCN 2016033533 (e-book) | ISBN 9781628371567 (paperback : alk. paper) | ISBN 9780884141938 (hardcover : alk. paper) | ISBN 9780884141921 (e-book)
Subjects: LCSH: Bible. Old Testament. Greek—Versions—Septuagint. | Bible. Old Testament—Translating. | Aramaic language—Influence on Greek.
Classification: LCC BS744 .L65 2016 (print) | LCC BS744 (ebook) | DDC 221.4/8—dc23
LC record available at https://lccn.loc.gov/2016032648

Printed on acid-free paper.

In memoriam Jean Koenig et André Finet

Table des matières

Introduction et méthodologie 1
    1. La langue de la LXX : première approche   1
    2. Le dialecte syriaque de la Peshitta et la langue araméenne   2
    3. Les Targumim   6

1. L'influence de la langue araméenne sur les traducteurs
de la LXX 9
    1.1. Remarque préliminaire : la langue de la LXX : un grec
        de traduction qui adopte les champs sémantiques de la
        langue source   9
    1.2. Situation de bilinguisme : tableau général   18
    1.3. Influence de l'araméen ou trace de la connaissance par
        les traducteurs grecs d'un vocable hébreu non répertorié
        par les lexicographes ?   21
    1.4. Diffusion de l'araméen   28
    1.5. Interprétation d'un mot hébreu d'après l'équivalent
        araméen dans la LXX   33
    1.6. Le grec de la LXX : un grec de traduction retaillé non
        seulement sur l'hébreu, mais aussi sur l'araméen   67
    1.7. Les traducteurs grecs influencés par des traditions
        d'équivalences hébreu – araméen ou des "proto-targumim"   74
    1.8. Le cas particulier des Proverbes   101
    1.9. Traductions grecques ayant sans doute pour origine
        deux vocables araméens proches, dans les Proverbes,
        mais aussi dans les autres livres   119
    1.10. LXX Am 3, 15 : une transcription à partir de l'araméen ?   129

2. L'influence sur les traducteurs de la LXX des traditions
exégétiques communes au judaïsme antique, que nous
retrouverons fixées en araméen dans les Targumim 137

2.1. Les fausses coïncidences d'interprétation liées
　　　　 vraisemblablement à la fluidité textuelle pré-canonique　　137
　　2.2. Diverses coïncidences d'interprétation entre LXX et Tg　　139

3. L'influence de l'araméen sur les scribes de la *Vorlage* de la LXX......187
　　3.1. La *Vorlage* de la LXX témoigne d'une plus grande fluidité
　　　　 textuelle que le TM　　187
　　3.2. Les scribes de la *Vorlage* ont réagi à certaines coïncidences
　　　　 malheureuses avec l'araméen ou le syriaque　　203

4. L'influence de la langue araméenne sur les traducteurs
　　postérieurs..221
　　4.1. Deux exemples de l'influence de l'araméen sur
　　　　 les traducteurs grecs postérieurs　　221
　　4.2. L'influence de la langue araméenne dans les Targumim　　223

Conclusions..227
　　1. La Septante et les traducteurs postérieurs, grecs et
　　　　araméens　　227
　　2. La *Vorlage* de la LXX　　239

Conclusions (in English) 241
　　1. The Septuagint and the Later Translators (Greek and
　　　　Aramaic)　　241
　　2. The LXX *Vorlage*　　254

Index des versets cités et des principaux commentateurs modernes......257

Introduction et méthodologie

Cet opuscule est consacré à l'influence qu'ont pu exercer tant la langue araméenne elle-même que les traditions exégétiques fixées en araméen sur les traducteurs grecs principalement.

Divers articles, que je citerai dans la première partie, ont établi ce phénomène pour la LXX et ont présenté quelques cas frappants. Je les mentionnerai, mais sans les développer, dans la mesure où d'autres chercheurs l'ont fait excellemment. Le but de cet essai est d'élargir l'inventaire de ces cas en répertoriant divers autres passages où cette influence est vraisemblable. L'observation et la récolte ont précédé toute tentative d'explication, dans la mesure où ce travail de repérage a été opéré sans *a priori* préalable. Dès lors, certains cas sont sans doute plus probants que d'autres, mais il importe de ne pas se priver d'éléments qui peuvent également faire avancer le dossier.

Avant d'ouvrir la première partie, consacrée aux traductions grecques, je pense qu'il est bon de poser quelques points de repères généraux concernant la langue de la LXX, le dialecte syriaque de la Peshitta et la langue araméenne, et enfin les Targumim.

1. La langue de la LXX : première approche

La langue des traducteurs de la LXX – surtout des traducteurs littéralistes – est, ainsi que je l'exposerai plus largement, un grec de traduction, qui adopte souvent les champs sémantiques de sa langue source. Prenons un exemple très simple, avant de développer ce point plus largement dans les pages qui suivent : le verbe נוד a développé un champ sémantique qui inclut les divers sens de : "vaciller, errer, plaindre, compatir, hocher (la tête)" selon le contexte. Lorsque le traducteur de Jr (en Jr 48[31], 1), le traduit simplement par κινέω "mouvoir" (sans ajouter le complément "tête" qui permettrait déjà de guider le lecteur[1]) dans un verset qui demanderait le sens de "montrer sa compassion",[2] alors qu'il aurait pu choisir le plus précis συλλυπέω "partager le chagrin de, compatir" comme l'a fait le traducteur des Psaumes (69[68], 21) ou le traducteur d'Isaïe (51, 19), ou encore πενθέω, θρηνέω ou ὀδύρω "se lamenter", comme il l'a fait dans d'autres versets (Jr 16, 5 ; 22, 10 ; 31[38], 18), il met clairement son lecteur grec en difficulté. La compréhension de la langue cible demande déjà de repartir de la langue source.

Or la compréhension de la langue source, l'hébreu, a clairement été influencée par la langue araméenne, et de ce fait, divers vocables grecs utilisés par ces traducteurs ont vu leur champ sémantique retaillé non seulement sur l'hébreu, mais aussi sur l'araméen, ainsi que l'illustreront divers exemples.

En outre, les traducteurs grecs semblent bien avoir été influencés également par des équivalences hébreu – araméen fixées dès avant leur entreprise de traduction (que ces équivalences aient été fixées dans des traditions orales ou dans des sources écrites, des listes d'équivalences ou des "proto-targumim"). Or ce passage manifeste par des vocables araméens plurisémantiques a pu conduire à l'occasion les traducteurs sur une piste fort différente de l'original hébreu à partir d'un autre des sens du domaine sémantique de l'équivalent araméen.

2. Le dialecte syriaque de la Peshitta et la langue araméenne

Dans certains cas, je soulignerai la proximité de la traduction grecque de l'un ou l'autre vocable avec une signification telle qu'on la trouve attestée dans la langue syriaque. Bien sûr, cette formulation doit être expliquée, dans la mesure où la Peshitta, l'un des témoignages écrits les plus anciens de ce dialecte araméen, ne remonte pas avant la fin du 2ème siècle de notre ère, provenant probablement d'une communauté juive non rabbinique de la région d'Edesse qui aurait finalement adopté le christianisme.[3] Toutefois,

---

1. C'est ce qu'a fait, par exemple, Vg Na 3, 7 : TM : מִי יָנוּד לָהּ – Vg : quis commovebit super te *caput*. En Jr 18, 16b, nous avons l'expression complète dans le TM et la LXX : TM : וְיָנִיד בְּרֹאשׁוֹ – LXX : καὶ κινήσουσιν τὴν κεφαλὴν αὐτῶν.
2. Vg : consolamini eum ; Tg : דוו עלוהי "soyez affligés à son sujet".
3. Michael P. Weitzman, *The Syriac Version of the Old Testament. An Introduction*, Cambridge (1999), 13.

ce dialecte d'Edesse et de la province d'Osrhoène était bien certainement déjà attesté "at the turn of the era", comme le rappelle M.P. Weitzman.[4]

J. Fitzmyer a consacré le 3ème chapitre de son ouvrage sur l'arrière-fond sémitique du Nouveau Testament aux différentes phases de la langue araméenne.[5] Pour y voir clair parmi les diverses dénominations utilisées différemment par les différents auteurs,[6] il propose une division purement chronologique en cinq phases : 1. Old Aramaic / ou peut-être meilleur : Proto-Aramaic (essentiellement des inscriptions écrites en alphabet phénicien datant environ d'entre 925 et 700 avant notre ère, présentant sans doute une influence cananéenne) ; 2. Official / Imperial / Standard Aramaic / ou peut-être meilleur : Old Aramaic (environ entre 700 et 200 avant notre ère ; c'est la forme linguistique largement répandue et assez homogène, dont par exemple, l'araméen d'Esdras et de Daniel) ; 3. Middle Aramaic (environ entre 200 avant notre ère et 200 de notre ère ; qui voit l'émergence des dialectes locaux de Palestine et d'Arabie, d'une part, et de Syrie et de Mésopotamie, d'autre part) ; 4. Late Aramaic (environ entre 200 et 700 de notre ère ; cette phase est divisée entre la branche occidentale et la branche orientale, laquelle compte entre autres les dialectes syriaques jacobites et nestoriens) ; 5. Modern Aramaic.

C'est donc à la troisième phase ("Middle Aramaic") qu'appartiennent les premiers matériaux syriaques. Ainsi que Fitzmyer le rappelle, il faut en effet prendre en compte les premières inscriptions syriaques (longtemps négligées), les textes d'Edesse, de Doura Europos et des environs, datant du 1er au 3ème siècle de l'ère chrétienne, mais écrits presque exclusivement par des non-chrétiens et précédant certainement l'apparition de la littérature syriaque chrétienne.[7] Nous voilà "at the turn of the era".[8] Il est évident

---

4. Weitzman, *The Syriac Version*, 1.

5. Joseph A. Fitzmyer, *The Semitic Background of the New Testament*, The Biblical Resources series, Michigan – Cambridge (1997), 57-84.

6. Altaramäisch ; Jungaramäisch ; Ostaramäisch ; Reichsaramäisch ; Imperial Aramaic ; Official Aramaic ; Standard Aramaic ; Middle Aramaic, etc.

7. Cfr. p. 71 : "Special note, however, has to be made here of the long neglected early Syriac inscriptions, texts from Edessa, Dura Europos, and their environs. They date from the first to the third centuries in the Christian era, but are almost exclusively written by non-Christians and certainly antedate the rise of Christian Syriac literature. They are important because of certain orthographic, phonetic, and morphological peculiarities which relate them to the Middle phase of Aramaic [...] and set them off from classical Syriac of the Late phase". Concernant la place de l'ancien syriaque à l'intérieur de l'araméen, cfr. Han J.W. Drijvers et John H. Healey, *The Old Syriac Ins-*

que la langue parlée a précédé l'écrit et que son usage doit remonter plus haut encore dans le temps, ainsi que le développe J.F. Healey, dans sa contribution sur l'origine du syriaque. Pour Healey, il existait une grande variété de dialectes araméens parlés à l'époque achéménide, dont le dialecte de la région d'Edesse. L'impression d'unité que nous ressentons face à l'araméen est due au fait qu'un dialecte particulier a été adopté comme "lingua franca", devenant ainsi une "koiné", mais les autres dialectes ont continué à se développer.[9]

Concernant la Peshitta, dont le vocabulaire est évidemment bien documenté dans les dictionnaires classiques du syriaque, en particulier celui de R. Payne Smith, diverses particularités linguistiques ont pu être observées, dont certaines contribuent également à notre débat. Ainsi, J. Joosten a noté des ressemblances linguistiques entre la Peshitta et les Targumim les plus anciens, dues tant à la situation de la région de langue syriaque qu'aux particularités de l'élaboration de la Peshitta. Ainsi qu'il le rappelle, "dans l'éventail des dialectes araméens, le syriaque se retrouve entre l'araméen occidental et l'araméen oriental, comme d'ailleurs sa localisation géographique aurait pu le faire soupçonner". Quant à la proximité du vocabulaire et de la grammaire du syriaque et de l'araméen de la Palestine, les coïncidences de mots avec les dialectes araméens occidentaux peuvent

---

criptions of Edessa and Osrhoene. Texts, Translations and Commentary (Handbuch der Orientalistik I, 42), Leiden – New York – Cologne (1999), 32–34.

8. Par exemple, l'élargissement de la signification des vocables grecs σκάνδαλον / σκανδαλίζω "obstacle / faire trébucher" vers le sens "offense, scandale/scandaliser" dans le grec du Nouveau Testament pourrait bien résulter de l'influence du syriaque. En effet, alors que la racine hébraïque כשל signifie "trébucher, vaciller", nous trouvons en syriaque, au participe passif et à l'*ethpeel*, le sens un peu différent de "être offensé, irrité". Cf. Anne-Françoise Loiseau, "L'évolution sémantique de σκανδαλίζω", Glotta 88/1–4 (2012), 188–90.

9. Cfr. Stefan Weninger (éd.), *The Semitic Languages. An International Handbook* (HSK 36), De Gruyter Mouton, Berlin – Boston (2011), 638–39 : "The evidence suggests that there was considerable variety in the spoken Aramaic of the Achaemenid period and the impression of unity was created by the fact that a particular dialect was adopted as a *lingua franca*, the same *lingua franca* developing subsequently into Standard Literary *koiné* (Greenfield 1974) which continued in use over a wide area (see discussion in Healey 2008). Alongside this *koiné* the various dialects continued to develop in a dialect continuum. The Aramaic of the Edessa region was *one* of these dialects, which was turned into an official language in pre-Christian Edessa and then into a Christian literary language".

s'expliquer par le fait que les traducteurs ont emprunté telles quelles des traditions exégétiques déjà existantes.[10]

Dès lors, lorsque je mentionnerai de manière résumée une "influence du syriaque" sur les traducteurs grecs, il faudra comprendre plus souplement qu'il s'agit d'une signification attestée dans le dialecte syriaque tel que documenté par la Peshitta, mais que cette signification a pu être déjà présente dans le dialecte syriaque parlé dès avant le stade écrit, ou encore que la signification en question, quoique non attestée dans les documents en araméen conservés, avait en fait été développée également ou principalement (s'il s'agit d'une tradition exégétique reprise telle quelle) dans la palette sémantique de l'araméen occidental. Ainsi, la traduction fréquente chez les traducteurs tardifs de la LXX[11] de la racine עשׁק "opprimer" par le grec συκοφαντέω qui, en grec classique, signifie "calomnier"[12] (ainsi que par les adj. et substantifs apparentés)[13] coïncide clairement avec l'équivalent syriaque עשׁק, dont le sens principal est celui de "calomnier".

Examinons encore la transcription παταχρον / παταχρα (Is 8, 21 et 37, 38) signalée par F. Siegert,[14] ou encore par J. Joosten.[15]

---

10. Jan Joosten, "La Peshitta de l'Ancien Testament et les Targums", dans Françoise Briquel-Chatonnet et Philippe Le Moigne, *L'Ancien Testament en syriaque*, Etudes syriaques 5, Paris, Geuthner (2008), 95–96.

11. Une traduction équivalente (calumniam facere ou sustinere ; calumniari) a été adoptée à l'occasion par la Vg, même là où la LXX présente des traductions plus classiques comme ἀδικέω ou (κατα)δυναστεύω "faire du tort, opprimer" : par ex. Lv 5, 21 ; 19, 13 ; Dt 28, 29.33 ; 1 S 12, 3 etc. En Gn 26, 20, c'est la racine homographe (avant l'introduction des points diacritiques) עשׂק (hapax signifiant : la querelle / se quereller) qui a été lue עשׁק par la LXX (Ἀδικία / ἠδίκησαν) et la Vg (calumniam).

12. James H. Moulton et George Milligan, *The Vocabulary of the Greek Testament*, s.v. συκοφαντέω : précisent toutefois qu'il faut conserver le sens "accuser faussement" plutôt que "opprimer injustement" suggéré par Field pour les deux passages du NT d'après l'usage du verbe dans les papyri de Tebtunis.

13. Racine עשׁק dans le TM – LXX : συκοφαντέω Jb 35, 9 ; Ps 119[118], 122 ; Pr 14, 31 ; 22, 16 ; 28, 3 ; Qoh 4, 1 ; συκοφάντης : Ps 72[71], 4 ; Pr 28, 16 ; Ps 72[71], 4 ; Pr 28, 16 ; συκοφαντία : Ps 119[118], 134 ; Qoh 4, 1 ; 5, 7 ; 7, 8. M.-D. d'Hamonville, dans la BdA 17 consacrée à la LXX des Proverbes, 246 (note sur Pr 14, 31) fait bien remarquer l'évolution du verbe grec dans les Pr, par rapport au sens classique "calomnier", mais n'offre pas d'explication de ce phénomène.

14. Folker Siegert, *Zwischen Hebräischer Bibel und Altem Testament. Eine Einführung in die Septuaginta*, Münster, LIT (2001), 286.

15. Jan Joosten, "On Aramaising Renderings in the Septuagint", 598.

- TM Is 8, 21 : וְקִלֵּל בְּמַלְכּוֹ וּבֵאלֹהָיו ... et on maudira son roi et son Dieu.... (TOB)
- LXX : ... καὶ κακῶς ἐρεῖτε τὸν ἄρχοντα καὶ <u>τὰ παταχρα</u>
- Tg : ויבזי שום פתכריה וטעוותיה "et il méprisera le nom de son idole et de son faux dieu"

Il est frappant de voir que la LXX Is a transcrit purement et simplement le mot araméen פתכרא (qui apparaît d'ailleurs dans le Tg de ce verset, quoique traduisant le substantif précédent, מלכו) pour évoquer les idoles. Cependant, il faut noter que ce mot araméen est rarissime dans le Tg, puisque le seul autre passage où figure פתכרא est Tg So 1, 5, pour traduire le nom de l'idole Milkom,[16] alors que ce substantif פתכרא et les substantifs apparentés seront très fréquemment utilisés dans la Peshitta.[17] La Peshitta a-t-elle repris une tradition occidentale, ou les traducteurs grecs étaient-ils en contact avec le syriaque, ou en tout cas avec le stade oral de ce dialecte ?

3. Les Targumim

Dans cet opuscule, il sera fait appel à de nombreuses reprises aux traditions d'interprétation fixées dans les Targumim. Certes, la fixation par écrit des diverses traductions araméennes – qu'elles soient d'origine palestinienne ou babylonienne – est tardive, puisqu'elle s'étale depuis la fin du 1er siècle de notre ère jusqu'au haut Moyen Age, mais, quelles que soient les particularités de langue, de contenu et d'influences subies par chacune de ces traductions-interprétations, il est indéniable qu'elles charrient néanmoins bon nombre de matériaux pré-chrétiens ;[18] ces éléments d'exégèse portés

---

16. Il a d'ailleurs été remplacé par le plus fréquent טעוותא dans le ms c de Sperber (Ms. P. 116 de la Montefiore Library, au Jews' College de Londres).

17. Robert Payne Smith, *Thesaurus syriacus*, col. 3343, cite Jg 6, 25 ; 1 S 31, 9 ; 2 S 5, 21 ; 1 R 15, 12 ; Ps 91, 7 ; Is 18, 8 ; 27, 9 ; Jr 16, 19 ; Ez 23, 37 ; Hb 2, 18, etc.

18. Roger Le Déaut, *Introduction à la littérature targumique*, Rome, Institut Pontifical (1966), en donne quelques exemples. Ainsi à la p. 93, il mentionne l'interprétation messianique de Nb 24, 17 dans Tg Pseudo-Jonathan (Tj I) qui a pu inspirer le récit de Mathieu sur les Mages, une interprétation difficilement élaborée après la naissance du christianisme. A la p. 95, Le Déaut souligne encore la proximité entre Tj I Gn 49, 25 et Lc 11, 27 ; aux p. 53 et 96, la proximité entre Tj I Lv 22, 28 et Lc 6, 36 (par opposition à Mt 5, 48). Paradoxalement, ces cas nous montrent à chaque fois "un exemple typique de tradition ancienne conservée seulement dans le targum qui est sans doute le plus récent dans sa forme actuelle" (p. 96).

dans un premier temps par la tradition orale[19] ont pu coïncider, ainsi que nous le verrons, avec des traductions ou interprétations de la LXX, en raison du réservoir commun de cette exégèse ancienne.

---

19. Jan Joosten, "La Peshitta de l'Ancien Testament et les Targums", 93, note : "Les origines juives du Targum ne font pas de doute. Ses commencements se perdent dans les brumes entourant une pratique orale qui remonte à l'époque du Second Temple. La première mise par écrit a pu avoir lieu entre les deux guerres juives, au tournant du premier siècle de l'ère commune. La substance en est conservée assez fidèlement dans le Targum Onkelos de la Torah et le Targum Jonathan des Prophètes Antérieurs". J. Joosten évoque encore un "riche substrat oral".

1
L'INFLUENCE DE LA LANGUE ARAMÉENNE SUR LES TRADUCTEURS DE LA LXX

1.1. Remarque préliminaire : la langue de la LXX, un grec de traduction qui adopte les champs sémantiques de la langue source

Dans la problématique qui nous intéresse, la LXX occupe la part du lion. Il n'est dès lors pas inutile de se pencher de plus près sur la langue de la LXX et de définir sa caractéristique principale. Cette caractéristique, c'est que le grec de la LXX – certainement pour les livres traduits par les traducteurs littéralistes, qui suivent de très près le texte source – peut et doit être qualifié de "grec de traduction", comme l'a souligné, entre autres, J. Lust, puisque ce grec épouse souvent les constructions et les champs sémantiques de la langue source.[1] Le grec de ces traducteurs répond, en gros, aux quatre critères énoncés par M. Zipor,[2] à savoir une assez stricte adhérence au nombre de mots, à la place des mots et aux constructions du modèle en langue hébraïque (dont la parataxe), ainsi qu'une relative cohérence dans

---

[1]. Johan Lust, "La syntaxe et le grec de traduction", dans Jan Joosten et Philippe Le Moigne, *L'apport de la Septante aux études sur l'Antiquité* (Lectio Divina 203), Paris, Cerf (2005), 37–55. Face à ceux qui pourraient penser autrement, ce chercheur use d'un argument imparable : la comparaison quantifiée entre certaines tournures de la LXX d'Ezéchiel et le texte de 2–4 Maccabées, écrits directement en grec. Se basant sur les critères élaborés par R.A. Martin, il établit des différences absolument flagrantes entre le texte grec d'Ezéchiel et celui de 2–4 Maccabées. Il en conclut (40–41) : "A mon sens, le grec de la LXX, pour autant qu'il s'agit des livres traduits de l'hébreu, doit avant tout être considéré comme un grec de traduction, et seulement après être considéré comme un représentant du grec de la Koinè".

[2]. Moshe A. Zipor, "The use of the Septuagint as a Textual Witness : Further Considerations", dans Bernard A. Taylor (éd.), *X Congress of the IOSCS Oslo Congress, 1998* (SBLSCS 51), Atlanta (2001), 553–81. En particulier 560.

les correspondances entre les mots hébreux et les mots grecs. J. de Waard évoque "une traduction d'équivalence formelle" (en opposition à une traduction d'équivalence fonctionnelle).[3]

G. Walser, dans son étude focalisée sur l'ordre des mots et la syntaxe dans la LXX et en particulier sur l'usage du *participium coniunctum*,[4] insiste de son côté sur le fait que la traduction des textes narratifs du Pentateuque a donné naissance à une nouvelle variété de grec, qui sera imitée et prolongée dans tous les textes apparentés. En effet, il lui semble difficile d'accepter que la syntaxe et l'ordre des mots du grec parlé à Alexandrie aient été précisément les mêmes que la syntaxe et l'ordre des mots de l'hébreu archaïque écrit qu'on trouve dans le Pentateuque de la LXX.[5] Comme le souligne A. Voitila : "la langue de la Septante, telle qu'elle nous apparaît aujourd'hui, n'a jamais existé comme langue ni même comme variation indépendante employée à d'autres fonctions communicatives. La langue de la Septante est ainsi un résultat relativement aléatoire du fait de la traduction plutôt littérale et ce fait se ressent à toutes les pages".[6] Dès lors, ainsi que le note F. Siegert, cette langue ne devait sembler familière qu'à ceux qui fréquentaient les synagogues.[7]

---

3. Jean De Waard, "La Septante : une traduction", in Raymond Kuntzmann et Jacques Schlosser (éd.), *Etudes sur le judaïsme hellénistique. Congrès de Strasbourg (1983)* (Lectio Divina 119), Paris (1984), 133-45. En particulier 140.

4. Georg Walser, "A peculiar Word Order Rule for the Septuagint and for Cognate Texts", dans Bernard A. Taylor (éd.), *X Congress of the IOSCS Oslo Congress*, 499-552. En particulier 508.

5. "This is probably right as far as vocabulary and morphology are concerned, but it is difficult to accept that the syntax and the word order of Greek spoken in Alexandria was the same as the syntax and word order of written archaic Hebrew found in the LXX Pentateuch" (501-2). Cfr. aussi Jérôme, *Lettre 57 Ad Pammachium*, 5 souligne, lui aussi, combien l'ordre des mots dans la LXX est étrange : "Quand je traduis les Grecs – sauf dans les saintes Ecritures, où l'ordre des mots est un mystère – ce n'est pas un mot par un mot, mais une idée par une idée que j'exprime" (traduction J. Labourt, Paris, 1953).

6. Anssi Voitila, "La Septante : un document linguistique de la koiné grecque antique ?" dans Jan Joosten et Philippe Le Moigne, *L'apport de la Septante*, 17-35. En particulier 34.

7. Siegert, *Zwischen Hebräischer Bibel und Altem Testament*, 282 : "Es gibt in gewisser Hinsicht eine Art von "Judengriechisch" ; es sie aber nicht als eine dem Heidentum unverständliche Sprache [...], sondern als eine den Literaten unvertraute Sprache. Synagogenbesuchern war sie vertraut".

Notons d'ailleurs que les traducteurs eux-mêmes fluctuaient entre la langue source et la langue cible. En effet, en comparant LXX Jl 2, 20 et 21, nous prenons conscience des difficultés et des hésitations qui cernaient le traducteur devant chaque idiotisme, sa peur de s'éloigner trop de son modèle hébreu :

- TM Jl 2, 20 : כִּי הִגְדִּיל לַעֲשׂוֹת "car Il a fait de grandes choses" (litt. : "car il a rendu grand le fait de faire"
  LXX : ὅτι ἐμεγάλυνεν τὰ ἔργα αὐτοῦ ;

- TM Jl 2, 21 : כִּי־הִגְדִּיל יְהוָה לַעֲשׂוֹת
  LXX : ὅτι ἐμεγάλυνεν κύριος τοῦ ποιῆσαι.

Si, au v. 20, le traducteur des XII a instinctivement rendu l'idiotisme acceptable en grec ("car il a rendu grandes ses œuvres"), au v. 21, le littéralisme l'a emporté, et nous avons la formulation sémitique : "car le Seigneur a rendu grand le fait de faire".

Dans le même livre de Joël et/ou dans l'espace de livres différents, nous trouvons la même hésitation. En effet, l'expression נְאוֹת מִדְבָּר "les pâturages de la steppe" est traduite τὰ ὡραῖα τῆς ἐρήμου en Jl 1, 19.20 (idem Vg : speciosa deserti[8]) ; c'est manifestement une traduction "étymologique", qui essaie de rendre la racine supposée par le traducteur à la base de ce substantif נָוֶה, à savoir נָוָה / נָאָה "être beau, élégant", afin de rester le plus proche du texte. Toutefois, en 2, 22, nous trouvons la traduction selon le sens πεδία τῆς ἐρήμου "les plaines du désert" (mais Vg a gardé : speciosa deserti), une traduction qu'on ne trouve d'ailleurs ni chez les autres XII (Am 1, 2 : נְאוֹת הָרֹעִים - αἱ νομαὶ τῶν ποιμένων ; So 2, 6 : נְוֹת - sans doute νομή), ni chez Jérémie (où l'on trouve surtout νομή ; en particulier dans la première partie), ni chez Ezéchiel[9] (νομή en 25, 5 ; μάνδρα et τρυφή en 34, 14). Cette traduction étymologique ou une traduction de la même famille ne se trouve qu'en Ps 65[64], 13 ; 68[67], 13.

---

8. Cf. CC.SL LXXVI, 175 : "Speciosa autem deserti, quae Hebraice dicuntur naoth, intellegamus aut plana camporum, aut pratorum florentia, aut virentia herbis loca, quae pascua praebuere iumentis".

9. Dans la mesure où certains chercheurs (ex. E. Tov) ont affirmé que le traducteur des XII est également celui qui a traduit Jérémie et Ezéchiel : cfr. *Supplément au Dictionnaire de la Bible*, t. XII, fasc. 68, Paris (1992), col. 634.

Or l'une des conséquences qui découlent de cette proximité avec la langue source est que ce grec de traduction a adopté, pour divers vocables, le champ sémantique de son modèle hébreu, élargissant ou s'écartant ainsi du sens que le vocable avait en grec classique, sans qu'il faille d'office imputer cette évolution sémantique à la *koinè*.[10] Ainsi, O. Lazarenco a largement développé le cas du verbe ἀδολεσχέω "bavarder", qui dans la LXX en est venu à signifier "méditer", en raison d'une traduction stéréotypée de la racine שִׂיחַ par ce verbe généralisée à partir de LXX Gn 24, 63.[11] Prenons trois autres exemples très simples, qui pourraient venir grossir la rubrique "Greek Words and Hebrew Meanings" d'E. Tov.[12]

1.1.1. La traduction de קֶשֶׁר

Lorsque Athalie s'écrie "complot ! complot !" en 2 R 11, 14 (קֶשֶׁר קֶשֶׁר), le traducteur grec[13] traduit ce substantif de manière "étymologique" : σύνδεσμος σύνδεσμος "lien ! lien !", une traduction qui ne peut se comprendre sans un détour par le champ sémantique de la racine hébraïque קשר "lier", d'où "se lier pour comploter", et qui implique donc des lecteurs résolument bilingues, aptes à jongler avec ce grec de traduction. Soulignons que, en 2 Ch 23, 13, le traducteur a renoncé à la traduction des Rois pour donner la signification réelle de cette exclamation : ἐπιτιθέμενοι ἐπιτίθεσθε "attaquant, vous (m')attaquez !". Le traducteur des Chroniques montre clairement que cette traduction "hébraïsante" lui semblait inadéquate et peu conforme au sens normal du substantif σύνδεσμος. Nous avons le même phénomène avec le substantif צְרוֹר "la bourse", traduit étymologiquement par δεσμός "le lien" en Gn 42, 35 et 1 S 25, 29.[14]

---

10. Cfr. Natalio Fernandez Marcos, *The Septuagint in Context*, Leiden (2001), 24 : "The translation onto Greek of polysemic Hebrew words often produces an extension of the semantic field of the Greek word in question, creating new meanings".

11. Oleg Lazarenco, "Does ἀδολεσχέω Mean "to Meditate" in the LXX ?" BIOSCS 35 (2002), 110–20.

12. Emmanuel Tov, *The Greek and Hebrew Bible. Collected Essays on the Septuagint*, Brill (1999), 109–28.

13. La traduction est plus ou moins identique en 2 R 12, 21 (καὶ ἔδησαν πάντα σύνδεσμον) et Jr 11, 9 (σύνδεσμος). Dans les autres attestations de cette racine קשר en 2 R, nous avons généralement les équivalents συστρέφω "se lier, se rassembler, comploter" et συστροφή "la masse, la conspiration".

14. Alors que LXX Jb 14, 17 donne le sens du mot : βαλλάντιον "bourse".

1.1.2. La traduction de פָּקַד

Citons comme deuxième exemple le verbe hébreu פקד, lequel présente un champ sémantique assez large, puisqu'il peut prendre les différentes nuances de : appointer, dénombrer, donner la charge de, visiter (dans le sens positif ou négatif). La traduction la plus fréquente de ce verbe est ἐπισκέπτομαι "inspecter, visiter", que les premiers traducteurs semblent avoir jugée apte à épouser le champ sémantique de פקד dans ses acceptions variées. On trouvera donc des versets où le substantif ἐπισκοπή signifie tantôt la visite favorable, tantôt la punition, même dans des livres rédigés directement en grec. Ainsi en Sg 4, 14–15, les gens n'ont pas compris qu'il y avait grâce et miséricorde pour les élus de Dieu et une "inspection" pour ses saints. Tandis que en Sg 19, 15, il y aura une "inspection" pour les Egyptiens parce qu'ils recevaient avec hostilité les étrangers.[15]

Là encore, les traducteurs des Ch ont réagi face à cette traduction systématisée. Ainsi, pour le recensement dont Joab a la charge, פקד dans son sens "recenser" a été traduit par ἀριθμέω "compter" en 1 Ch 21, 6 (idem 2 Ch 25, 5), alors que nous trouvons ἐπισκέπτομαι en 2 S 24, 4.[16] Cette traduction plus précise en ἀριθμέω était déjà celle de quelques versets des Nb dans la recension du codex Alexandrinus,[17] alors que nous trouvons ἐπισκέπτομαι dans le Vaticanus. Les autres traductions de פקד, par exemple dans son sens "appointer" – LXX καθίστημι (1 Ch 26, 32), se rencontraient déjà dans l'un ou l'autre passage de la LXX, y compris la traduction des Règnes.[18] Les traducteurs des Chroniques (jugés pourtant très littéralistes) se sont donc écartés à plusieurs reprises de la traduction grecque plus ancienne des livres historiques dans le but manifeste d'être

---

15. La Vg a essayé de conserver, elle aussi, le même substantif : respectus ("regard en arrière, regard attentif, considération").

16. Cependant le substantif ἐπίσκεψις est conservé pour le recensement en 1 Ch 23, 24. Sans doute, plus que le verbe, avait-il pris ce sens technique, à partir du sens classique d' "inspection, investigation, enquête". Ainsi, dans l'Economique de Xénophon (8, 15), le commandant de proue passe en revue tous les agrès nécessaires à la navigation, pour vérifier s'ils sont bien à leur place, faciles à prendre, et s'ils ne manquent pas, et cette inspection est désignée par ce substantif grec.

17. Nb 2, 4.6.11.13.15 ; 16, 24.26.31 ; 3, 15.16. Ce problème est débattu dans la BdA 4, 38–39. En conclusion, Gilles Dorival évoque la possibilité d' "un procédé recensionnel discrètement à l'oeuvre dans l'Alexandrinus".

18. Gn 39, 4.5 ; 41, 34 ; Nb 3, 10.32 ; 31, 48 ; Dt 20, 9 ; Jos 10, 18 ; 1 S 29, 4 ; 1 R 11, 28 ; 2 R 7, 17 ; 22, 5.9.22.23 ; Is 2, 3 etc.

plus compréhensibles en n'adhérant pas à ce type de traduction stéréotypée, par exemple en ἐπισκέπτομαι, où seule la connaissance du champ sémantique de l'hébreu permet de comprendre le sens du grec.

1.1.3. La traduction de נחם

De même, si l'on compare les traductions de 2 S 24, 16 (BJ : "L'ange étendit sa main vers Jérusalem pour l'exterminer, mais Yahvé se repentit de ce mal…") et de son parallèle en 1 Ch 21, 15, nous voyons que le verbe נחם (*niphal*), dans sa signification "se repentir de" (avec Dieu pour sujet, ce qui met en danger la prescience divine[19]) a été traduit, dans ce passage de Samuel et ailleurs,[20] par le grec παρακαλέω "consoler", d'où, au passif, "se consoler" (qui est l'une des autres significations de ce verbe hébreu), tandis que le traducteur des Chroniques a adopté le verbe μεταμέλομαι "se repentir", ajustant la traduction au sens du verset. Le traducteur grec des Chroniques semble avoir préféré donner le sens exact de l'hébreu selon le grec classique, dans une traduction cohérente avec le contexte, en dépit des affirmations que Dieu n'est pas un homme pour mentir et *se repentir*, que l'on trouve en Nb 23, 19[21] et I S 15, 29[22].

---

19. Nous trouverons ce type de scrupules explicités en toutes lettres, par ex, dans le Commentaire que Jérôme a fait de Jon 3, 10, où Dieu "se repent" du mal qu'il projetait de faire à Ninive : "Il modifia avec plaisir sa sentence en voyant la modification de leurs actes. *Ou plutôt, Dieu a persévéré dans sa résolution ; car il voulait avoir pitié dès le début.* Personne, en effet, s'il veut punir, n'annonce en menaçant ce qu'il va faire. Le mot "mal", comme nous l'avons dit plus haut, est à prendre dans le sens de supplices et de tourments, et non pas que Dieu méditât de faire quelque chose de mal" (Jérôme, *Commentaire sur Jonas*, SC 323, 285).

20. Par exemple, idem en LXX Jg 2, 18 : – BJ : … car Yahvé *se laissait émouvoir* (וְיִנָּחֵם) par leurs gémissements devant leurs persécuteurs et leurs oppresseurs. – LXX : … car le Seigneur *a été consolé* (? παρεκλήθη) de leurs gémissements, etc. Clairement, ce sens ne convient pas, ce qui nous permet d'affirmer que le champ sémantique de ce verbe avait changé de contours au contact avec l'hébreu.

21. Le traducteur grec des Nb a clairement évité les notions de "mentir" (ψεύδω) et de "se repentir / se rétracter" (παρακαλέω/μετανοέω/ μεταμέλομαι). Pour le premier verbe (h. mentir), il a utilisé un verbe rare, hapax dans le corpus biblique, non attesté chez les traducteurs grecs postérieurs : διαρτάω ("être trompé" ou "être inconséquent") ; le deuxième verbe ("se repentir") a été traduit par "être menacé".

22. Seuls la Pesh. et Aquila n'ont pas craint d'appliquer le verbe "mentir" à Dieu. Pour ce qui est de "se repentir", si la LXX a conservé le sens du TM : μετανοέω "se raviser, se repentir", les autres traducteurs ont adopté des traductions légèrement dif-

Les réactions des traducteurs des Chroniques sont bien la preuve que la langue grecque biblique devait être ressentie comme étrange pour des hellénophones, dès avant même qu'elle ne suscite une réaction chez Philon, chez Josèphe, ou chez les Pères.

Pour ce qui est de ces réactions, citons M. Harl, dans son article "Le renouvellement du lexique des Septante d'après le témoignage des recensions, révisions et commentaires grecs anciens"[23] : "Si nous interrogeons ces témoins anciens, – hellénophones de naissance et non de formation comme nous –, nous les voyons hésiter, s'étonner, ne pas comprendre, considérer le lexique des Septante comme "particulier" à cette œuvre, inusuel en grec. Leurs remarques nous rendent attentifs à des difficultés".

Certes, il faut faire la part de l'évolution de la langue et des particularismes locaux : "Que les noms désignant des objets usuels changent d'une époque ou d'une région à une autre est tout à fait banal".[24] Toutefois diverses traductions de la LXX ne sont pas imputables à ces variations de temps ou de lieux, mais bien à une littéralité excessive : ainsi, parmi les exemples donnés par M. Harl, reprenons l'exemple tout simple de l'expression "relever la face" (ou les expressions apparentées) qui, en hébreu, traduit la partialité et que la LXX a reproduite telle quelle.[25] Aussi bien Symmaque que Philon et Josèphe se sont écartés de la LXX pour adopter des verbes plus authentiquement grecs (par ex. δυσωπέω, χαρίζομαι). Comme le soulignait Théodore de Mopsueste, "lorsqu'on les (= les LXX)

---

férentes : Théodotion a repris la traduction systématisée plus neutre παρακαλέω ; la Peshitta a traduit "prendre conseil" ; et la Vg "se détourner par repentir".

23. Marguerite Harl, *La langue de Japhet. Quinze études sur la Septante et le grec des chrétiens*, Paris (1992), 145-65. En particulier à la p. 147. Nous pouvons également tirer profit de l'article d'Alexis Léonas, "Patristic Evidence of Difficulties in Understanding the LXX : Hadrian's Philological Remarks in *Isagoge*", dans Bernard A. Taylor (éd.), *X Congress of the IOSCS Oslo Congress*, 393-414. A. Léonas signale que la conscience de l'étrangeté du grec de la LXX a commencé très tôt, avec le traité du Ps-Longin "Du sublime", qui inclut la LXX dans les textes particuliers stylistiquement (p. 395). Les attaques des critiques païens ne pouvaient manifestement pas être réfutées, puisque les Pères ont dû insister sur la nature missionnaire de la Bible ou sur sa forme "voilée" pour justifier la pauvreté et les particularités de son style (396–97).

24. Harl, *La langue de Japhet*, 150.

25. Par ex. en Ml 1, 8, le prophète demande si le gouverneur à qui l'on offrirait des bêtes défectueuses recevrait bien un suppliant : TM הֲיִשָּׂא פָנֶיךָ "est-ce qu'il relèvera tes faces ?" = LXX : εἰ λήμψεται πρόσωπόν σου "est-ce qu'il recevra ton visage" ?

compare aux autres, on les trouve de beaucoup supérieurs, alors même que le plus grand nombre de leurs expressions sont quelque peu inhabituelles".[26]

Inhabituelles, en effet, car, malgré divers petits écarts littéraires des traducteurs grecs, le texte reste souvent marqué par le texte source, ainsi que mentionné, et ce n'est donc pas sans raison que Celse reprochait au texte biblique son caractère rustre, ainsi que nous l'apprenons d'Origène.[27] Celui-ci reconnaît d'ailleurs implicitement (et justifie) la faiblesse du style des Ecritures, exprimée par le substantif εὐτέλεια, dont le sens premier est le caractère bon-marché (LSJ : *cheapness*), sans valeur, vil. Et de fait, "l'obscurité scripturaire", évoquée par Origène ou Clément d'Alexandrie, n'est, dans certains passages, pas un vain mot. Pour un hellénophone, le style de la LXX devait certainement heurter les sensibilités linguistiques. Au point, d'ailleurs, que la recension lucianique se sentira en droit d'opérer des modifications "cosmétiques", comme les appelle J. Van Seters.[28]

---

26. Harl, *La langue de Japhet*, 162. Notons que Théodore de Mopsueste, dans son Commentaire du Ps 55, reconnaissait – malgré toute sa sympathie pour la LXX qui lui semble, mieux que Symmaque, respecter la cohérence (ἀκολουθία) et le "tissage" (ὑφή) de la pensée scripturaire – que, dans certains cas, les LXX n'ont pas atteint leur but (ἀποτυγχάνω). Ce commentaire de Théodore est également cité par Alexis Léonas, *Recherches sur le langage de la Septante* (OBO 211), 100–101.

27. Origène, *Contre Celse*. Tome III (SC 147), Paris (1969) ; introduction, texte critique, traduction et notes par M. Borret : livre VI, 1-2 (179–81). Léonas, *Recherches sur le langage de la Septante*, 123–125, évoque les critiques de Celse, réfutées par Origène dans son Contre Celse, VII, 9–11 ; ainsi que "l'emphase que les écrivains chrétiens comme Clément d'Alexandrie ou Origène mettaient à expliquer la nature codée de la Bible" (125). Yves-Marie Duval, dans sa traduction de Jérôme, *Commentaire sur Jonas*, introduction, texte critique, traduction et commentaire (SC 323), Paris (1985), 404–5, note 32, a réuni divers témoignages patristiques défendant la "simplicité" de la langue des Ecritures. Le même phénomène de dépréciation s'est produit pour la Vulgate ; cfr. St Augustin, dans ses Confessions, avoue (III, 9) : "Mais ce que je dis aujourd'hui, ce n'est pas ce que j'ai pensé sur le moment, en m'intéressant à ces Ecritures : elles m'ont paru alors indignes d'être comparées à la majesté d'un Cicéron. Oui, ma prétention était un obstacle à leur modestie" (traduction Fr. Boyer). Nous trouvons encore la même appréciation dans Stendhal, *le Rouge et le Noir*, livre I, chap XXII : "Quand ces sots se lasseront-ils d'écouter ce style biblique, auquel ils ne comprennent rien ? pensait-il. Mais au contraire, ce style les amusait par son étrangeté ; ils en riaient" (213 de l'édition Folio classique).

28. John Van Seters, *The Edited Bible. The Curious History of the "Editor" in Biblical Criticism*, Winona Lake (2006), 396 : (à propos de la recension *kaige*) "Like the practice of modernization of language in the "vulgar" texts of Homer, this should be regarded as a peculiar tendency of Jewish scribes copying Greek biblical texts – not a

Il faut noter, enfin, que la physionomie étrange de la LXX peut également avoir pour origine une méconnaissance, de la part des traducteurs, de racines homonymes rares. Ainsi, le verbe fréquent מָכַר "vendre" (hithpael : "se vendre" comme esclave : Dt 28, 68) a un homonyme moins fréquent, ignoré des traducteurs grecs : la racine מכר hithpael, suivie de לַעֲשׂוֹת הָרַע, utilisée en 1 R 21, 20.25 ; 2 R 17, 17 et Si 47, 24. Cette racine homonyme, les traducteurs l'ont traduite par πιπράσκω, obtenant ainsi la formule bizarre "se vendre pour faire le mal" (ex. 1 R 21, 25 : ἐπράθη ποιῆσαι τὸ πονηρόν). Cette formule paraît encore plus étrange en 1 M 1, 15, dont nous ne possédons plus l'original hébreu (quoique St Jérôme l'ait encore vu[29]). Ainsi, le verset grec a été traduit par la TOB : "ils se refirent le prépuce, firent défection à l'alliance sainte pour s'associer aux païens, et *se vendirent pour faire le mal*" (καὶ ἐπράθησαν τοῦ ποιῆσαι τὸ πονηρόν).

Certes, les lexicographes ne s'accordent pas sur l'existence de cette racine homonyme. Ainsi, le BDB, dans ses diverses éditions, suit le Thesaurus de Gesenius (1840[30]) et présente une unique racine מכר "vendre", pour laquelle il discerne un emploi figuré, à côté de l'emploi littéral de Dt 28, 68. De même, L. Koehler et W. Baumgartner, dans leur *Lexicon* (1953), rassemblaient les différents cas de *hithpael* sous une même racine et traduisaient "1. sich verkauffen lassen als ; 2. sich dazu verkaufen, hergeben zu". Un dictionnaire pour débutants comme celui de Ph. Reymond explique donc : "se vendre à faire le mal = se laisser aller … 1 R 21, 20". La TOB traduit 1 R 21, 20 en adoptant un verbe plus acceptable en français : "parce que tu t'es livré à une mauvaise action".

Cependant, Si F. Zorell, dans son *Lexicon Hebraicum* (1950), rejoignait ces explications pour le *hithpael* ("metaph. = ad rem malam *se praestitit* ; germ. *sich dazu hergeben, etwas zu tun*), il vaut la peine de noter que pour le *qal* de Na 3, 4, il traduisait "dolo decepit" et signalait que cette signification de "tromper par la ruse" se retrouvait en arabe et en éthiopien ("ita ar. aeth. *makara*"). La BJ suit cette piste, puisqu'elle traduit l'expression dans

---

particular recension of the LXX. The Lucianic recension is similar in that it primarily makes "cosmetic" changes in the text to make the language more elegant from the perspective of educated Greek readers".

29. "Machabaeorum primum librum Hebraicum repperi" (dans son Prologus galeatus).

30. 1. *venditus est* ; 2. *vendidit, emancipavit se sceleri patrando*. 1 Reg. XXI, 20.25. 2 Reg XVII, 17.

ce sens en 1 R 21, 20 et 25 ("agir en fourbe en faisant ce qui déplaît à Yhwh").[31]

Pour ce qui est des dictionnaires plus récents, tant le HALAT (= HALOT) que D. Clines répertorient ces passages sous la racine מכר I (HALAT : "sich hergeben zu" ; HALOT "to give oneself over to" ; Clines : "deliver oneself"), mais suggèrent la possibilité de les rattacher plutôt à une racine מכר homonyme. Ainsi Clines répertorie une racine מכר II "practice deceit, guile" à laquelle pourraient appartenir ces formes *hithpael*. De même, HALAT (= HALOT) renseigne une possible appartenance à cette racine homonyme, pour laquelle il cite le verbe éthiopien *mak(a)ra* "planen, raten" (HALOT : "to plan, counsel"), d'après les travaux respectifs de W. Thomas, Leslau et Ullendorf.

De fait, D.W. Thomas (JTS 37, 1936, 388–389), par exemple, mettait en évidence la traduction du Tg dans ces différents passages en חשב "comploter, planifier (de faire le mal)", qui correspond bien à la racine éthiopienne et qui offre un bien meilleur sens pour מכר *hithpael*, suivi de לַעֲשׂוֹת הָרַע.

Dès lors, pour revenir à la LXX, cette traduction vraisemblablement erronée d'après la racine homonyme מכר "vendre" ne devait laisser de paraître étrange aux oreilles des auditeurs grecs.

1.2. Situation de bilinguisme : tableau général

Certaines traductions, de la LXX principalement, mais aussi des traducteurs grecs postérieurs, ne semblent pouvoir s'expliquer que par un détour par l'araméen, qu'il s'agisse d'une influence de la langue elle-même, délibérée ou inconsciente, ou qu'il s'agisse d'une coïncidence avec les traditions d'interprétation telles que nous les trouvons fixées en particulier dans les Targumim.

En effet, ainsi que l'ont signalé divers chercheurs, dont, plus anciennement, J. Fischer, J. Ziegler ou I.L. Seeligman,[32] ou plus récemment, J.

---

31. Assez curieusement, en 2 R 17, 17, la BJ repart de la racine "vendre" : " ils se vendirent pour faire le mal".

32. Edward Y. Kutscher, *The Language and Linguistic Background of the Isaiah Scroll* (I Q Isa ᵃ), Leiden (1974), 74–75 : rappelle que J. Fischer avait déjà noté que le traducteur d'Isaïe comprenait parfois une racine hébraïque d'après l'araméen, comme par exemple Is 53, 10 que je développerai plus loin. De même, Ziegler et Seeligman avaient repéré des traductions nées de l'araméen, par exemple, en Gn 21, 33 et 1 S 22, 6 ; 31, 13.

Joosten[33] principalement ou encore, dans une rubrique de son manuel très détaillé sur la LXX, F. Siegert,[34] les traducteurs grecs ont été bien certainement influencés par leur familiarité avec l'araméen.

En effet, ainsi que le retrace E.Y. Kutscher,[35] l'araméen avait commencé à s'imposer comme *lingua franca* déjà sous l'hégémonie assyro-babylonienne,[36] puis comme langue officielle de l'empire perse, depuis l'Inde jusqu'à l'Ethiopie, depuis Sardes en Asie Mineure jusqu'au Nord de l'Arabie. Déjà à l'époque où Jérémie et Ezéchiel ont été écrits, l'influence de l'araméen sur l'hébreu est très forte. En Syrie et Palestine, ce n'étaient pas uniquement les officiels, les marchands et les lettrés qui avaient adopté l'araméen, mais, vu la large population araméenne de Syrie, l'araméen s'était aussi répandu parmi les peuples parlant cananéen et hébreu vivant dans ces contrées, prenant ainsi la place de ces langues. Ainsi, les Juifs d'Eléphantine écrivaient tant leurs documents officiels que leur correspondance privée en araméen ; ils lisaient en araméen (par exemple le livre d'Ahiqar).[37] Même après la dissolution de l'Empire perse, l'araméen resta la langue officielle dans de nombreux pays (avec des variations dialectales), par exemple dans le royaume nabatéen, ou dans l'oasis

---

33. L'article le plus complet me semble être : Jan Joosten, "On Aramaising Renderings in the Septuagint", dans Martin J. Baasten and Wido Th. Van Peursen (éd.), *Hamlet on a Hill : Semitic and Greek Studies presented to Professor T. Muraoka on the occasion of his sixty-fifth birthday*, Leuven (2003), 587–600. Cfr. aussi Joosten, "On the LXX Translators' Knowledge of Hebrew", *X Congress of the IOSCS*, 165–78.

34. Siegert, *Zwischen Hebräischer Bibel und Altem Testament*, 126–8, a consacré deux rubriques à l'influence de l'hébreu postbiblique (3.1.3) et aux aramaismes sur la traduction grecque (3.1.4). Il explique que la langue parlée des Juifs était depuis longtemps l'araméen, leur connaissance de l'hébreu n'étant plus que passive. Personne ne s'étonnera donc, conclut-il, si des aramaïsmes se sont glissés dans les traductions de la Septante. L'influence de l'araméen, rappelle-t-il, se fait déjà sentir rien que dans les transcriptions de mots hébreux.

35. Kutscher, *The Language and Linguistic Background of the Isaiah Scroll*, 9–13 ; 25.

36. Is 36, 11 montre en effet que l'araméen était déjà devenu la langue internationale dès avant l'époque perse (sous Sennacherib), puisqu'on demande aux émissaires de parler araméen et non akkadien ; cfr. Edward Y. Kutscher, *Hebrew and Aramaic Studies*, Jérusalem (1977), [50].

37. Pierre Grelot, *Documents Araméens d'Egypte*, Paris (1972), 144. Comme le souligne cet auteur dans ses commentaires sur les documents araméens d'Egypte, "il est intéressant de noter qu'en pleine époque alexandrine l'emploi de l'araméen se maintient chez les Juifs d'Egypte".

de Palmyre ; des inscriptions trouvées à Jérusalem sont écrites en araméen d'empire. Le milieu des Juifs lettrés de Palestine était clairement multilingue, avec l'araméen comme langue dominante.[38] Pour ce qui est de la communauté de Qumran, le rouleau IQIsa[a] illustre un état de la langue hébraïque en syncrétisme avec l'araméen.[39] L'hébreu a vraisemblablement continué d'être parlé par les vieilles générations non lettrées des villages distants des grandes villes jusqu'au deuxième siècle de notre ère, mais le grec et l'araméen l'avaient complètement évincé dans les classes lettrées des centres urbains.

Dès lors, il n'est pas surprenant que les septantistes aient repéré divers exemples de traductions infléchies par l'araméen. En voici quelques-uns fréquemment cités. En Ez 28, 12b, l'adj. כָּלִיל "entier, parfait" a été traduit par "couronne" en grec d'après l'homonyme araméen. En Qoh 2, 11, si la LXX parle de "conseil" (τῆς βουλῆς) au lieu de "roi", dans un contexte de sagesse, c'est parce que le substantif araméen מלכא a précisément cette signification.[40] Nous retrouvons sans doute le même phénomène en Pr 31, 3, où le TM מְלָכִין (pl. araméen) a été traduit par ὑστεροβουλίαν "délibération tardive, remords". Dans deux passages des Psaumes (Ps 60[59], 10 et 108[107], 10), la racine hébraïque רחץ "laver" – traduite généralement par νίπτω,[41] ou λούω ou encore πλύνω "(se) laver" – a été interprétée d'après le

---

38. Kutscher, *The Language and Linguistic Background of the Isaiah Scroll*, 11-12 : "First of all, he had the heritage of the Holy Scriptures, but, if he used Hebrew at all in daily life it was not the language of the Bible which he spoke, but rather Mishnaic Hebrew. However, the man was at least bi-lingual, and in the light of our present knowledge we need not hesitate to assert that Aramaic rather than Hebrew was the dominant tongue".

39. Kutscher, *The Language and Linguistic Background of the Isaiah Scroll*, 15 et suivantes. Aux p. 72-73, Kutscher explique que, pour dater le rouleau, il s'est basé sur le fait que le scribe ajoutait un *hé* au participe *hiphil*, forme qui appartient à l'araméen officiel (l'araméen des inscriptions, de la Bible et des papyri d'Eléphantine), puisqu'on n'en trouve plus traces dans les dialectes araméens postérieurs, ni occidentaux ni orientaux. Puisque le scribe a greffé cette forme à son texte hébreu, elle devait encore être courante dans la littérature araméenne avec laquelle il était familier, sans doute celle du 1er siècle avant notre ère. D'autant que toute l'orthographe du rouleau est le résultat du combat culturel hébreu – araméen, dans le but de guider la lecture de ces textes en hébreu classique.

40. Par ex. Tg Ps 20[19], 5 : TM עֲצָתְךָ – Tg מילכתך.

41. Par ex. Ps 26[25], 6 ; 68[57], 11 ; 74[72], 13.

sens de l'araméen רחץ "se fier à", d'où la traduction ἐλπίς.[42] La traduction γειώρας (Ex 12, 19) / γιώρας (Is 14, 1[43]) pour l'hébreu גֵּר "résident" se base sur l'équivalent araméen.

1.3. Influence de l'araméen ou trace de la connaissance par les traducteurs grecs d'un vocable hébreu non répertorié par les lexicographes ?

Le détour par l'araméen est, dans certains cas, une illusion d'optique : la LXX, par sa traduction, témoigne de sa connaissance d'un mot qui existait effectivement en hébreu, mais dont – par le hasard des textes ou de la transmission – seul l'équivalent araméen a été conservé dans nos documents ; il ne s'agit pas ici d'interprétation mais de traduction, laquelle vient enrichir nos données lexicographiques.

Prenons un contre-exemple concret : il n'y a que deux attestations dans le corpus biblique du substantif חֶסֶד "le reproche, la honte" (Lv 20, 17 ; Pr 14, 34), à côté de son homonyme très fréquent חֶסֶד "l'acte de bonté, la bonté". Dans le premier cas, la LXX a correctement traduit ce substantif par ὄνειδός ;[44] si nous n'avions pas ces deux attestations bibliques pour ce substantif, nous pourrions penser que la LXX a interprété le verset d'après le sens de la racine חסד araméenne courante. Or, il n'en est rien : ce sens était déjà attesté en hébreu biblique.

Dans le même ordre d'idées, si nous regardons la racine חלם, nous constatons que le champ sémantique est double : d'une part, nous avons le sens "rêver", et, d'autre part, "être en bonne santé", comme l'équivalent syriaque.[45] HALOT répertorie une seule racine à deux pôles sémantiques ; BDB en distingue deux. Peu importe, dans la mesure où les traducteurs

---

42. Cfr. araméen רחץ – LXX ἐλπίζω : Da 3, 28. Cette traduction des Ps est signalée, entre autres, par Siegert, *Zwischen Hebräischer Bibel und Altem Testament*, 128.

43. Cette traduction est signalée, entre autres, par Kutscher, *The Language and Linguistic Background of the Isaiah Scroll*, 77. Pour Kutscher, la LXX d'Isaïe était sans doute un type populaire de texte, destiné à l'étude et à la lecture à la maison, peut-être même à la synagogue (77–79).

44. Dans le second cas, elle traduit ce substantif par le verbe ἐλασσονοῦσι "diminuer", qui correspond à l'hébreu חסר avec *resh* (par ex. Gn 18, 28).

45. Ce sens, qui ne se trouve pas dans l'araméen des Tg ou des écrits rabbiniques, est en effet bien attesté en syriaque. L'élargissement du champ sémantique, s'il s'agit de la même racine, peut aisément se comprendre : le retour à la santé se fait grâce au sommeil. Cfr. Payne Smith, *Thesaurus syriacus*, col. 1282 : le *ethpeel* signifie : "sanatus

anciens ne raisonnaient vraisemblablement pas ainsi. Dans le sens "être en bonne santé", elle est attestée en Jb 39, 4 ; Si 15, 20 ; 40, 10 et Is 38, 16. Si nous n'avions pas ce dernier usage par Is,[46] l'on pourrait conclure à un emploi aramaïsant caractéristique d'auteurs tardifs, et, de même, pour les deux traductions de la LXX s'inspirant de ce sens, à une influence de l'araméen. Ce n'est pas le cas. Ce sens pourrait aussi être celui du Ps 126[125], 1, ainsi que nous le suggèrent les traductions anciennes :

- TM : "Cantique des montées. Lorsque le Seigneur est revenu avec les captifs de Sion, nous étions comme des gens *guéris* (כְּחֹלְמִים)".[47] (TOB : nous avons cru rêver ; BJ : nous étions comme en rêve)
- LXX : ᾠδὴ τῶν ἀναβαθμῶν ἐν τῷ ἐπιστρέψαι κύριον τὴν αἰχμαλωσίαν Σιων ἐγενήθημεν ὡς παρακεκλημένοι "... nous étions comme des encouragés/(ré)confortés" ; idem Vg.
- Tg : הוינא היך מרעיא דאתסיאו ממרעיהון ... "nous étions comme des malades qui sont guéris de leurs maladies"

Sans Is 38, 16 et Si 40, 10 (où חלם a également été traduit par παρακαλέω[48]), nous aurions penché pour une influence de l'araméen dans le Psaume et chez le traducteur grec du Psaume. La prudence s'impose donc.[49]

---

est, somno roboratus est, convaluit" ; le *pael* "sanavit" ; le *aphel* "sanavit, in sanitatem restituit".

46. Certes, le psaume d'Ezéchias ne figure pas dans le récit des Rois et la majorité des critiques s'accordent à affirmer la priorité de 2 R 20 sur Is 38 (cfr. Brevard Childs, *Isaiah*, Louisville, Kentucky (2001), 281), mais ce psaume, sans doute composé indépendamment à une date incertaine, en est venu à former intégralement partie du chapitre, et même plus largement du corpus isaïen (*idem* p. 284). Evidemment, si la date de composition était fort très tardive, notre raisonnement ne tiendrait pas, et il faudrait dans ce cas-ci également conclure à un aramaïsme. Notons qu'en Is 38, 18, donc deux versets plus loin, le verbe שׂבר "espérer" est utilisé, qui est assurément un aramaïsme.

47. HALOT note que c'est la signification choisie par Strugnell.

48. Dans ces deux versets, en effet, sauf s'il s'agissait d'une confusion avec la racine נחם, les traducteurs grecs ont utilisé le verbe παρακαλέω, dont le sens de base "exhorter, encourager, réconforter" est assez proche de "fortifier" (cfr. Jb 4, 3 : παρακαλέω traduit la racine חזק au *piel*).

49. Kutscher, *Hebrew and Aramaic Studies*, Jerusalem (1977), dans son article "Aramaic" ([90–155]), reprend à la p. [101] la remarque de G.R. Driver nous mettant en garde contre les faux aramaïsmes dans le corpus biblique : "Many if not most of the supposed Aramaisms, at any rate of those found in the pre-exilic literature, possibly or

Examinons encore Jb 13, 28 :

- TM : "Et lui s'effrite comme un bois vermoulu (כְּרָקָב), ou comme un vêtement dévoré par la teigne" (BJ)
- LXX : ὃ παλαιοῦται ἴσα ἀσκῷ ἢ ὥσπερ ἱμάτιον σητόβρωτον

Pourquoi le traducteur grec a-t-il traduit רָקָב "la pourriture, la chose en état de putréfaction" par l'outre ? Si nous consultons un dictionnaire syriaque, la réponse semble évidente : parce que l'équivalent syriaque a ce sens précisément. Mais les lexicographes (par ex. HALOT) vont plus loin : ils suggèrent ce sens pour un substantif hébreu qui aurait été vocalisé *רֹקֶב. Dès lors, il s'agit vraisemblablement, de la part de la LXX, d'une simple traduction d'un mot hébreu qui existait, plutôt que d'une influence de l'araméen.

Enfin, le Ps 46[45], 10, qui énumère des armes de guerre, mentionne les "chariots" :

- TM : Il arrête les combats jusqu'au bout de la terre, il casse l'arc, brise la lance, il incendie les chariots (עֲגָלוֹת) (TOB)

Mais la LXX a traduit ce mot par θυρεός "long bouclier". Si nous regardons la traduction du Tg, nous avons deux substantifs עגיל et תריס désignant deux sortes de boucliers, le premier étant vraisemblablement rond, d'après son étymologie.[50] Il existe donc en araméen un substantif עגיל "le bouclier (rond)", et sans doute le mot existait-il déjà en hébreu, ainsi que le suggère le HALOT. Dans le verset, en effet, le bouclier complète mieux la série des armes que les chariots,[51] comme nous pouvons l'inférer d'après Ez 39, 9 : "Les habitants des villes d'Israël sortiront, ils allumeront un feu, ils feront

---

probably descended from the old common Semitic stock on which the vocabularies of the several languages were based. They may be called "Aramaisms" only in the sense that they cannot otherwise be traced except in Aramaic".

50. En fait, le Tg présente le texte תריסיא עגילין "les boucliers ronds", mais dans divers autres passages, עגיל/עגילא "bouclier" existe en tant que substantif indépendant. Par exemple, en Tg Jr 46, 3 ; Ez 23, 24 ; 27, 10 ; 38, 4 (דמזינין בעגילין ותריסין) ; 38, 5 ; Ez 39, 9 (בעגילין ותריסין) ; Ps 35, 2 (תריס ועגיל), etc.

51. BDB précise que, dans ce verset uniquement, il s'agirait de chars de guerre, mais ce sens semble bien avoir été déduit du contexte.

un brasier avec le matériel de guerre : écus et boucliers (TM מָגֵן וְצִנָּה ; Tg עֲגִילִין וּתְרִיסִין), arcs et flèches, armes de poing et lances ; ils auront de quoi faire du feu pendant sept ans" (TOB).

La première question qui vient à l'esprit est donc de savoir si, lorsqu'il semble avoir traduit d'après l'araméen, le traducteur grec ne nous a pas simplement conservé la trace de l'existence de l'équivalent hébreu, qui n'aurait pas été attesté dans le corpus biblique. Prenons l'exemple d'Am 8, 3a.

- TM : "*Les chants* (שִׁירוֹת) du temple gémiront, ce jour-là…" (TOB)
- LXX : καὶ ὀλολύξει τὰ φατνώματα τοῦ ναοῦ ἐν ἐκείνῃ τῇ ἡμέρᾳ "et *les plafonds à caissons* du temple gémiront en ce jour-là…"

La leçon de la LXX, τὰ φατνώματα, "les plafonds lambrissés, les plafonds à caissons, les poutres", pour le TM שִׁירוֹת "les chants"[52] a longtemps été expliquée par une confusion de lecture.[53] S.P. Carbone et G. Rizzi, pour leur part, n'envisagent pas l'erreur de lecture, mais voient dans la traduction grecque une transformation midrashique destinée à rendre plus plastique l'image de la catastrophe.[54] D. Barthélemy, quant à lui, avait suggéré la possibilité que le traducteur se soit inspiré de l'araméen.[55]

---

52. Idem Peshitta : תשבחתה ; Tg : זמרא ; Symmaque : subst. ᾠδή.

53. William R. Harper, *A Critical and Exegetical Commentary on Amos and Hosea*, ICC, Edinburgh (1905), 180, signalait, entre autres, les hypothèses de Dahl (שְׁוּרוֹת : confusion *yod* / *waw*), et de Riedel (קוֹרוֹת : confusion *shin* / *qoph*), ainsi que celle de Vollers (סְפוּנִים = שְׁפוּנִים). Cette hypothèse de Karl Vollers, *Das Dodekapropheton der Alexandriner*, ZAW 3 (1883), 269, a été suivie par Johan Lust et alii (LEH), *Greek-English Lexicon of the Septuagint*, Stuttgart, Deutsche Bibelgesellschaft, 2003 (éd. rév.), 644. Albin Van Honacker, *Les douze petits Prophètes*, Paris (1908), 272 pensait au terme technique architectural שְׂדֵרוֹת (1 R 6, 9). Iohann F. Schleusner, *Novus Thesaurus philologico-criticus sive Lexicon in LXX et reliquos interpretes graecos ac scriptores apocryphos Veteris Testamenti*, s.v. φάτνωμα, signalait, en outre, les conjectures קִירוֹת et שִׂיד. Takamitsu Muroaka, *A Greek-English Lexicon of the Septuagint, chiefly on the Pentateuch and the Twelve Prophets*, Louvain, Peeters, 2002, renvoie à Schleusner pour expliquer la traduction de la LXX.

54. Sandro P. Carbone et Giovanni Rizzi, *Il Libro di Amos*, Bologne (1993), 135 n. 3.

55. Dominique Barthélemy, *CTAT*, OBO 50/3, 680 : "Il se peut que le G se soit inspiré de l'araméen שָׁרִיתָא (= poutre, charpente)".

Or, le rapprochement entre la LXX et le Tg du Ct 1, 17 confirme l'intuition de D. Barthélemy, écartant d'un seul coup toutes les autres hypothèses :

- TM : "Les poutres (קֹרוֹת) de notre maison sont de cèdre, nos lambris (רַהִיטֵנוּ) de cyprès". (BJ)
- LXX : δοκοὶ οἴκων ἡμῶν κέδροι <u>φατνώματα</u> ἡμῶν κυπάρισσοι
- Tg : ... <u>וְשִׁירְתוֹהִי</u> יְהֵוְיָן מִן בְּרָאתִי ... "... et ses poutres (*du Temple qui sera bâti lors de la venue du Messie*) seront en cyprès, etc."

Le mot grec φάτνωμα correspond ici à l'araméen שִׁירְתָּא - שִׁירָא, variante, vraisemblablement, de שָׁרִי - שָׁרִיתָא "la poutre".[56] Nous pourrions donc conclure que le traducteur grec a été influencé par l'araméen, ou a eu recours volontairement à l'araméen, pour traduire ce passage d'Amos. Que le mot ναός d'Amos désigne ici le sanctuaire (celui de Bethel ? ou peut-être même est-ce une allusion à la destruction du Temple de Jérusalem[57]) ou encore le palais royal de Samarie,[58] le traducteur grec a mis en scène les gémissements du bâtiment lui-même, qui, malgré toutes ses splendeurs (ses plafonds lambrissés), ne sera pas épargné. Comme nous le voyons dans le Ct 1, 17, les φατνώματα étaient d'ordinaire en cyprès (בְּרוֹת, בְּרוֹשׁ). Le traducteur a pu être influencé, dans sa compréhension de שִׁירוֹת, par Za 11, 2, qui présente le même verbe : הֵילֵל בְּרוֹשׁ "le cyprès a gémi", un texte que la tradition postérieure a interprété comme se rapportant à la chute du Temple de Jérusalem.[59] Les poutres de cyprès gémissent parce qu'elles vont être abattues.

Mais nous pouvons également imaginer qu'il existait dans la langue hébraïque elle-même un substantif שִׁירָה, ou שִׁירָה II "la poutre", dont

---

56. Ni Levy, ni Jastrow, ni Dalman, ni Solokoff ne répertorient cette variante dans leurs dictionnaires de l'araméen, mais le sens de la phrase nous oblige à rejeter les autres possibilités (à savoir שִׁירָא "la chaîne, le bracelet" ; שִׁירָא "le chant" ; שִׁירְתָא "le service") : aucun d'entre eux ne peut être en cyprès, ni offrir un parallèle acceptable à כְּשׁוּרָא "la poutre". Von Soden, dans son dictionnaire de la langue akkadienne (AHW), répertorie un verbe šeru II : "Balken einziehen", qui doit être apparenté au substantif araméen.

57. Cfr. Ez 41, 15-16 : (à propos du Temple) ... καὶ ὁ ναὸς καὶ αἱ γωνίαι καὶ τὸ αιλαμ τὸ ἐξώτερον (16) <u>πεφατνωμένα</u> ... "et le temple, les angles et le porche extérieur (étaient) pourvus de plafonds à caissons".

58. Le mot ναός a ce sens dans le Ps 45[44], 16 : ἀχθήσονται εἰς ναὸν βασιλέως.

59. Cfr. TB *Yoma* 39 b ; *Aboth de R. Nathan*, chap. 4, 4.

seule la LXX aurait gardé la trace. Théodotion (τὰ ἐπάνωθεν) a modifié la LXX mais reste dans le même registre, ainsi que la Syh (תטלילא "ce qui fait de l'ombre, le toit"), cette dernière s'inspirant peut-être également de Gn 19, 8 : בְּצֵל קֹרָתִי (cf. Tg בטלל שריתי).⁶⁰ Dans ce cas, il ne s'agirait pas d'un détour par l'araméen de la part du traducteur grec : soit il aurait compris l'homonyme שִׁירָה II "la poutre", plutôt que le "chant", soit même tel est le sens du TM.

Prenons comme autre exemple Os 12, 12b :

- TM : "et même, leurs autels sont comme *des tas de pierres* (כְּגַלִּים) sur les sillons des champs" (TOB).
- LXX : καὶ τὰ θυσιαστήρια αὐτῶν ὡς <u>χελῶναι</u> ἐπὶ χέρσον ἀγροῦ "... et leurs autels seront comme *des tortues* sur la terre sèche du champ"

La traduction de la Septante d'Os 12, 12, tout comme celle de Théodotion Qoh 12, 6 (TM גֻּלָּה - Th. χελώνη), s'explique aisément, puisque nous avons, attesté en syriaque ainsi qu'en hébreu tardif, un subst. גל(א) qui signifie "la tortue", ainsi que le signalaient déjà J. Levy, ou encore G.R. Driver.⁶¹

Le sens de la phrase hébraïque ne laissait aucun doute possible : le mot גל a bien son sens habituel de "monceau de pierres",⁶² mais le traducteur grec des XII, désireux sans doute de respecter la distinction qui existe entre ce passage, où גל est introduit par la préposition de comparaison *khaf*, et tous les autres passages, en *lamed* prédicatif (qui exprime la tran-

---

60. Notons que la traduction de la Vg Am 8, 3 "et stridebunt cardines templi" (*les gonds* du temple grinceront = Aquila : στρόφιγγες) est basée, non sur שירות, mais sur le substantif proche צירות (cfr. TM צִיר - στρόφιγξ : LXX Pr 26, 14 ; - στροφεύς : Aquila Pr 26, 14).

61. Jacob Levy, *Wörterbuch über Talmudim und Midraschim*, nebst Beiträge von H.L. Fleischer, Leipzig (1924) : גל III (= bh., syr. גלא) Schildkröte. Vgl. Hos. 12, 12 גלים, wofür LXX : χελῶναι, Pesh. : גלא". Godfrey R. Driver, "Problems and Solutions", VT 4 (1954), 225-45 (cfr. 238 "Lost Hebrew Words").

62. C'est le sens que Muroaka, *Lexicon of the Septuagint*, retient pour χελώνη dans ce passage, retaillant le grec d'après l'hébreu ("arched protrusion over the ground, mound, hillock : their altars are like mounds on a parched field"). La Bible d'Alexandrie (BdA) 23.1, 153, réfute à juste titre cette traduction. La BdA a bien perçu le recours à l'araméen/hébreu, mais n'a pas cherché le motif de cette traduction, qui est assez simple à percevoir une fois que l'on constate la différence de préposition.

sition vers un nouvel état⁶³), a apparemment exploité l'homonymie entre le mot hébreu et le mot en hébreu tardif ou en syriaque, donnant ainsi une description plus originale et plus expressive du tableau, plus conforme à l'esprit de comparaison : leurs autels seront réduits en ces monceaux de pierres qui ressemblent à de gigantesques carapaces de tortue.⁶⁴ Mais, là encore, il n'est pas impossible qu'en fait, l'hébreu biblique גל "la tortue" ait existé, comme le soutenait E. Nestle,⁶⁵ et que le traducteur n'ait fait que jouer sur l'homonymie entre les deux substantifs hébreux גל, toujours pour le motif mentionné plus haut.

Notons que la traduction grecque de Jr 9, 10a a est également intéressante. Pour éviter peut-être l'affirmation que Jérusalem sera un monceau de ruines, le traducteur grec a traduit ici גל (√גלל) d'après la racine proche גלה : "Jérusalem ira en exil" (εἰς μετοικίαν), alors que le membre parallèle, concernant les villes de Juda, parle bien de destruction (et est traduit littéralement : εἰς ἀφανισμόν) ; par ailleurs, il rend la même expression, dans Jr 51[LXX 28], 37, appliquée à Babel, cette fois, par εἰς ἀφανισμόν "pour l'anéantissement"⁶⁶ ; le Tg a traduit les deux passages conformément au TM.

Enfin, examinons le Ps 73[72], 6 :

- TM : "C'est pourquoi l'orgueil *est leur collier* (עֲנָקַתְמוֹ), la violence, le vêtement qui les couvre" (BJ)

---

63. Ces autres passages en לְגַלִּים / לְגַל sont Is 25, 2 ; Jr 9, 10 ; 51, 37 ; Jb 15, 28. La traduction grecque de ce passage diverge du TM, puisque אֲשֶׁר הִתְעַתְּדוּ לְגַלִּים "(des maisons) qui étaient prêtes à (devenir) des ruines" a été traduit ἃ δὲ ἐκεῖνοι ἡτοίμασαν ἄλλοι ἀποίσονται "ce qu'ils ont préparé, d'autres l'emporteront". Cette traduction pourrait s'expliquer par le traduction habituelle de גַּלִּים dans le Tg, à savoir יגורין, qui est très proche de גיורין "des résidents étrangers" : "des maisons qui doivent (revenir) à des étrangers". Ce type de traductions, nées sans doute à partir d'un substrat araméen lu erronément, sera traité plus loin.

64. Cfr. le commentaire de St Jérôme sur Osée : *S. Hieronymi Presbyteri opera : Pars I : opera exegetica ; 6 : Commentarii in prophetas minores* (CC.SL LXXVI et LXXVI A), Turnhout (1979–80), vol. 1, 138 : "Et revera si θῖνας (= monceaux) respicias, habent similitudinem magnarum testudinum in deserto agro".

65. Eberhard Nestle, "Tortoise in the Bible", The Expository Times XIV (1902–1903), 189 ; idem Driver.

66. Comme il s'agit du chap. 28, c'est normalement le même traducteur dont le texte n'a pas subi de révision, puisque la révision ne commence qu'au chap. 29. Cfr. Pierre-Maurice Bogaert, "Septante", dans DBS fasc. 68 (1993), 639.

- LXX : διὰ τοῦτο ἐκράτησεν αὐτοὺς ἡ ὑπερηφανία περιεβάλοντο ἀδικίαν καὶ ἀσέβειαν αὐτῶν "C'est pourquoi, l'orgueil les *a dominés* ; ils se sont revêtus de leur injustice et de leur impiété".

Le verbe dénominatif עָנַק ne figure que deux fois dans le corpus biblique : ici, au *qal*, au sens de "orner d'un collier",[67] et en Dt 15, 14, au *hiphil*, où, pris de manière figurée, il a le sens de "pourvoir", ce qui a été traduit en grec par ἐφοδιάζω, de même signification.[68] Dans notre verset, le traducteur grec semble bien avoir traduit עָנַק d'après un sens attesté non pas en araméen, mais en hébreu rabbinique : "presser, forcer, dominer".[69] Comment juger cette traduction ? Procède-t-elle d'une ignorance du sens du TM[70] qui aurait poussé le traducteur à avoir recours à la langue plus tardive ? Ou le sens de l'hébreu tardif, avec lequel le traducteur grec était plus familier, se serait-il imposé à son insu, par manque de vigilance ? Ou encore le traducteur a-t-il désiré donner une traduction plus accessible de cette métaphore grâce aux ressources de l'hébreu tardif ? A moins, là encore, que cette traduction ne nous livre la trace de l'existence de עָנַק "presser, dominer" déjà au stade de hébreu biblique.

1.4. Diffusion de l'araméen

Il semble bien établi que la communauté juive de l'époque de l'entreprise de la traduction grecque vivait dans un contexte multilingue. Dans son

---

67. Nous avons assez souvent le même type de métaphore dans le corpus biblique (par exemple Is 49, 18 ; 59, 17 ; Jb 29, 14 etc.), mais le plus proche est Si 21, 21 : "Comme un ornement d'or, telle est l'instruction pour l'homme sensé, et comme un bracelet à son bras droit".

68. St Jérôme, dans sa traduction des Ps d'après l'hébreu, s'est écarté de la traduction de la LXX, puisqu'il traduit par *nutriti sunt*, sans doute à partir du sens "pourvoir" attesté dans Dt.

69. Cfr. Marcus Jastrow, *A Dictionary of the Targumim, the Talmud Babli and Yerushalmi, and the Midrashic literature*, New York (1950) (= 1903), s.v. עָנַק : 1. to be narrow, elongated ; 2. to press, force, rule.

70. Le substantif עֲנָק "collier" était accessible aux traducteurs grecs, puisque, en Jg 8, 26 (Alexandrinus) et Pr 1, 9, il a été traduit par κλοιός "chaîne, collier". La traduction ἔνθεμα de Ct 4, 9 est moins significative, dans la mesure où les dictionnaires s'accordent à lui donner le sens d'ornement dans ce passage, mais apparemment à partir du contexte, car ce substantif rare semble avoir été utilisé dans trois sens différents, outre celui-ci : une greffe, un dépôt d'argent et un réservoir.

ouvrage sur la langue de la Septante, A. Léonas[71] présente diverses données de nature à étayer cette position.

Il rappelle, d'abord, l'expansion de l'araméen et le vieillissement de l'hébreu biblique dans les premiers siècles avant notre ère. Sur base d'abécédaires anciens, il conclut, à la suite d'A. Lemaire, à la coexistence de l'hébreu et de l'araméen, déjà au niveau des rudiments de la formation biblique, et même à la fluidité des limites de l'hébreu et du non-hébreu dans la langue de l'école qui dispensait l'enseignement de la Bible.[72]

En ce qui concerne le corpus biblique, la flexibilité des bornes entre ces langues est évidente, par exemple, dans un livre comme Daniel : "En réunissant dans un seul livre des chapitres écrits tantôt en hébreu tantôt en araméen, l'auteur, ou l' "éditeur" responsable de la forme actuelle du livre, donne à comprendre que l'audience qu'il visait était à même de lire les deux langues".[73]

A ces remarques de Léonas, il faut ajouter que, dans certains livres plus tardifs, l'influence de l'araméen est particulièrement sensible. Ainsi par exemple, en Jb 36, 2, l'expression כַּתַּר־לִי a le sens, non de l'hébreu, "entourer, encercler", mais bien de l'araméen : "attendre, supporter, patienter" ; par ailleurs, le verbe חוה est très courant en araméen, tout comme le substantif מִלָּה :[74]

- TM : "Patiente (כַּתַּר־לִי) un peu et laisse-moi t'instruire, car je n'ai pas tout dit en faveur de Dieu". (BJ)
- LXX : μεῖνόν με μικρὸν "attends-moi un peu"

Ce sens araméen de כתר explique la traduction de la LXX du Ps 142[141], 8 :

---

71. Alexis Léonas, *Recherches sur le langage de la Septante* (OBO 211), Fribourg – Göttingen (2005).

72. Léonas, *Recherches*, 83 (d'après André Lemaire, *Les écoles et la formation de la Bible dans l'ancien Israël* (OBO 39), Fribourg-Göttingen (1981).

73. Léonas, *Recherches*, 61. Nous pouvons également penser aux livres d'Esdras et Néhémie, qui indiquent que l'auteur était bilingue, comme le rappelle Kristin De Troyer, *Rewriting the Sacred Text. What the Old Greek Texts Tell Us about the Literary Growth of the Bible*, SBL TCS 4, Leiden – Boston (2003), 124–125.

74. Ce substantif est d'ailleurs utilisé 13 fois (toujours dans Job) avec la terminaison du pluriel araméen : מִלִּין.

- TM : "Sors-moi de ma prison pour que je célèbre ton nom. Autour de moi les justes *feront cercle* (יַכְתִּרוּ) quand tu m'auras fait du bien" (TOB).
- LXX : ... ὑπομενοῦσιν δίκαιοι ἕως οὗ ἀνταποδῷς μοι "... les justes *attendront* jusqu'à ce que tu me récompenses".

De même, en Jb 39, 4, nous trouvons l'emploi de l'araméen בַּר "le champ" – que le traducteur grec interprétera d'après l'homonyme araméen בַּר "le fils" d'après le contexte ;[75] on encore, en Pr 23, 2, figure le substantif שַׂכִּין "le couteau". En 1 Ch 12, 34, le verbe du TM עדר est vraisemblablement un emprunt à l'araméen (équivalent à l'hébreu עזר "aider"). Th. Booij, pour sa part, souligne qu'un Ps tardif comme le Ps 146 utilise vraisemblablement des vocables du nord ou araméens.[76] Les vocables araméens ont donc fait irruption dans les écrits tardifs. La syntaxe elle-même a été influencée par l'araméen : ainsi par exemple, en Ps 116, 12, nous trouvons la forme araméenne du possessif 3ème masc. sg suffixée au nom : תַּגְמוּלוֹהִי "ses bienfaits". Et si nous avançons dans la littérature rabbinique, on est bien en peine de tracer une frontière entre l'hébreu et l'araméen.

Pour ce qui est de Qumran, A. Léonas rappelle que nous avons également affaire à une communauté multilingue.[77] E.Y. Kutscher, pour sa part, affirme que le milieu des Juifs lettrés de Palestine était clairement multilingue, avec l'araméen comme langue dominante.[78] De même, un peu plus tard, un homme comme Flavius Josèphe a manifestement accès au grec, à

---

75. Le TM יִרְבּוּ בַבָּר "ils grandissent dans la nature" a en effet été traduit "ils seront multipliés en descendance" (πληθυνθήσονται ἐν γενήματι) ; le Tg a, pour sa part, traduit d'après בַּר "le grain" : "ils grandiront grâce au grain" (בְּעִיבוּרָא).

76. Thijs Booij, "Psalm 149, 5 : 'they shout with joy on their couches'", Bib 89 (2008), 104–8 ; les lignes concernant le Ps 146 figurent à la p. 104.

77. Léonas, *Recherches sur le langage de la Septante*, 45–7. De même, Kutscher, *The Language and Linguistic Background*, 2–3, voit dans le grand rouleau d'Is un type textuel plus tardif que le TM et affirme que "the linguistic anomalies of 1Q Isa[a] reflect the Hebrew and Aramaic currently spoken in Palestine towards the end of the Second Commonwealth".

78. Kutscher, *The Language and Linguistic Background*, 11–12 : "However, the man was at least bi-lingual, and in the light of our present knowledge we need not hesitate to assert that Aramaic rather than Hebrew was the dominant tongue". Cfr. p. 20 n. 38.

l'hébreu et à l'araméen.⁷⁹ En effet, si nous pensons au livre des "Antiquités Juives", nous remarquerons que les critiques ont, là aussi, décelé l'influence de l'araméen sur l'adaptation que fait Josèphe de la bible hébraïque.⁸⁰

Pour ce qui est des LXX, enfin, Léonas souligne le fait que les traducteurs grecs connaissaient certainement l'araméen, puisqu'ils ont su traduire le nom araméen donné par Laban au monceau de pierres dressé en Gn 31, 47.⁸¹ Par ailleurs, il est remarquable que leurs transcriptions en grec de plusieurs termes techniques du vocabulaire religieux reprennent souvent la forme araméenne de ces mots et que leurs transcriptions de mots hébreux au pluriel présentent à l'occasion des terminaisons araméennes.⁸² A cette remarque, il faut ajouter que certaines transcriptions de noms de lieu suggèrent également une influence araméenne : ainsi la ville de לוז de Gn 48, 3 ; Jg 1, 23.26 (sans "hé" directionnel dans l'hébreu) figure sous la forme Λουζα en grec.

En outre, dans leurs traductions mêmes, les LXX trahissent des interférences sémantiques d'origine araméenne.⁸³ Force est, dès lors, d'adopter les conclusions de Léonas : "Nous considérons donc comme établi le fait de la coexistence de l'hébreu et de l'araméen dans la conscience linguistique de l'époque, même si nous sommes bien loin d'en mesurer la portée".⁸⁴

Maintenant, quelle est la nature de cette influence ? Les traducteurs ont-ils délibérément eu recours à l'araméen, ou se sont-ils laissé influencer inconsciemment ? Nous rencontrerons les deux cas de figure, même s'il est délicat, dans la plupart des cas, de se prononcer. Sans doute sont-ils plus rares, mais il y a des cas de recours à l'araméen délibérés. Dans les autres cas, les traducteurs grecs, dans le milieu multilingue qui était le leur, n'ont donc

---

79. Léonas, *Recherches*, 61.
80. Cfr. Etienne Nodet et alii, *Texte, traduction et notes de Flavius Josèphe, Les Antiquités juives*, Livres I à III, Paris (2000), introduction xxvi : "Josèphe traduit de l'hébreu, qu'il connaît bien […], en dépit d'accidents […] et d'araméismes" ; xxv : "… il transcrit volontiers les mots hébreux et les explique, mais de temps à autre, il passe à l'araméen, ce que l'on constate malgré les déformations de la transcription, alors que l'équivalent biblique existe : *kaanaia* "prêtres" et *anarabakhès* (pour *kaana raba*) "grand-prêtre", etc.
81. Léonas, *Recherches*, 29 n. 4.
82. Léonas, *Recherches*, 62.
83. Léonas, *Recherches*, 63.
84. Léonas, *Recherches*, 85.

sans doute pas toujours tracé de frontière bien hermétique entre l'hébreu et l'araméen (ou l'hébreu tardif influencé ou non par l'araméen), le champ sémantique d'une langue venant parasiter naturellement l'autre langue. C'est l'avis de T. Muraoka, par exemple, dans son introduction d'Osée pour la Bible d'Alexandrie.[85] De même, pour J. Joosten, les traducteurs de la LXX, exposés à d'autres influences linguistiques que l'hébreu,[86] ont laissé un certain nombre d'aramaïsmes et d'usages hébreux tardifs s'introduire dans leurs traductions. Cette interférence des langues vernaculaires serait plutôt due à l'inattention des traducteurs, pas toujours vigilants quant à l'évolution de certains mots. Pour cet auteur, donc, les traducteurs avaient conscience, mais pas assez et pas toujours, de l'évolution des significations.[87]

Le problème est d'autant plus complexe que la langue des livres tardifs du corpus biblique est elle-même influencée par l'araméen. Pour mieux percevoir cette complexité du jugement, prenons l'exemple de Pr 2, 17. Ce verset, la TOB le traduit ainsi : (pour te détacher de la femme étrangère) "qui a délaissé *l'ami* de sa jeunesse (אַלּוּף נְעוּרֶיהָ) et oublié l'alliance de son Dieu". La LXX, qui ne mentionne pas la femme étrangère, évoque à la place "le mauvais conseil" (κακὴ βουλή) "qui a abandonné *l'enseignement* de (sa) jeunesse" (ἡ ἀπολείπουσα διδασκαλίαν νεότητος) etc.. Normalement, en hébreu classique, on trouve deux substantifs אַלּוּף : 1. l'ami proche, le familier ; 2. le chef de mille hommes. L'on pense immédiatement, pour expliquer cette traduction, à une influence du verbe araméen très fréquent אלף "enseigner". Toutefois, ce verbe figure dans deux livres tardifs, dont les Proverbes (Jb 15, 5 ; 33, 33 ; 35, 11 ; Pr 22, 25[88]). Dès lors, il est bien compréhensible que les traducteurs grecs aient pu peiner à distinguer avec précision ce qui relevait de l'une ou de l'autre langue. D'autant, dans notre verset, que le parallèle "l'alliance" poussait à cette traduction ... au point d'ailleurs qu'on a pu suggérer ce sens d' "enseignement" pour אַלּוּף, ainsi que le mentionne le HALOT.[89]

Restons dans le même champ sémantique grec. En Jb 33, 4, Job affirme : "C'est le souffle de Dieu qui m'a fait, l'inspiration du Puissant qui *me fait*

---

85. BdA 23.1, 39–40.

86. Jan Joosten, "A Syntactic Aramaism in the Septuagint : ἰδού in temporal expressions", BIOSCS 45 (2012), 39–45. Par ex. : "One gets the impression some translators are more familiar with this language than with Hebrew" (39).

87. Joosten, "On the LXX Translators' Knowledge of Hebrew", 165–179. Cfr. particulièrement 173–74 et 177.

88. La LXX l'a correctement traduit par μανθάνω "apprendre".

89. S.v. I אַלּוּף : Pr 2, 17 (? instruction, Gemser *Sprüche*).

vivre (תְּחַיֵּנִי)" (TOB). Ce verbe חיה au *piel* a été traduit par διδάσκω "instruire", offrant ainsi une belle variante : "et c'est le souffle du Tout-Puissant qui *m'instruit*" (πνοὴ δὲ παντοκράτορος ἡ διδάσκουσά με). Dans ce passage également, ce n'est pas difficile de penser à la racine courante en araméen חוי "montrer, annoncer, raconter", ainsi que le suggère avec raison le LEH ; le traducteur grec a confondu le *yod* et le *waw* à la lecture, un phénomène que les manuscrits de Qumran nous amènent à comprendre aisément. Mais là encore, le traducteur grec est bien excusable, dans la mesure où ce verbe araméen figure dans divers versets tardifs (Ps 19, 3 ; Jb 32, 6.10.17 ; Si 16, 25 ; 42, 19 ; Jb 15, 17 ; 32, 6[90]).

Prenons un dernier exemple : en Nah 2, 4, il est question des "guerriers sont *vêtus d'écarlate*" (מְתֻלָּעִים). Or ce participe d'un verbe dénominatif hapax a été traduit dans la LXX par des "guerriers *se jouant* du feu" (δυνατοὺς ἐμπαίζοντας ἐν πυρί). Il est vraisemblable que cette traduction soit basée, comme le suggère le LEH,[91] sur l'hébreu מתלעבים. Ce verbe לעב, qui est très fréquent dans le Tg au *ithpael*,[92] figure une seule fois dans le corpus biblique, en 2 Ch 36, 16 (au *hiphil*), là encore, sans doute sous l'influence de l'araméen. Dès lors, le traducteur grec a probablement été influencé, non tant par l'hébreu biblique, que par l'araméen.

A contrario, il faut noter qu'il y a des cas où le traducteur grec n'a pas perçu l'araméisme dans son modèle hébreu : ainsi, en Ps 55[54], 22, il n'a pas décelé le sens "combat" pour le substantif araméisant קרב[93] et sa traduction n'a dès lors pas beaucoup de sens : καὶ ἤγγισεν ἡ καρδία αὐτοῦ "son cœur s'est approché", puisque l'opposition entre les paroles onctueuses de l'hypocrite et *son cœur qui fait la guerre* est perdue.

1.5. Interprétation d'un mot hébreu d'après l'équivalent araméen dans la LXX

1.5.1. Un exemple de recours délibéré à l'araméen : LXX Is 53, 10a

Après les quelques exemples précédents qui ménagent la possibilité, pour le traducteur grec, d'avoir en fait préservé un vocable ayant existé en

---

90. Dans ce dernier verset, il est traduit précisément par διδάσκω.
91. S.v. ἐμπαίζω.
92. Tg Gn 27, 10 ; Jg 19, 25 ; 1 S 31, 4 ; 2 R 2, 23 ; Jr 38, 19 ; Ez 22, 5 ; Ha 1, 10 ; etc.
93. Alors que Vg iuxta Hebr. l'a correctement traduit : *pugnet* autem cor illius.

hébreu biblique, examinons des traductions reflétant plus certainement une influence de l'araméen. Commençons par un exemple cité dans la liste que J. Joosten a établie,[94] Is 53, 10a, où le recours à l'araméen me semble délibéré, dans la mesure où l'équivalent hébreu existe mais sous une forme distincte :

- TM : "Le Seigneur a voulu le *broyer* (דַּכְּאוֹ) par la souffrance" (TOB)
- LXX : καὶ κύριος βούλεται <u>καθαρίσαι</u> αὐτὸν [A add. ἀπὸ] τῆς πληγῆς "et le Seigneur désire *le purifier* de son épreuve…"
- Tg : "et devant Yhwh, il y eut le désir d'éprouver par le feu et de *purifier* (ולדכאה) le reste de son peuple…"

Tant le traducteur grec que le Tg ont interprété le verbe hébreu דכא "broyer, écraser"[95] d'après l'araméen homonyme fréquent דכי / דכא "être pur ; *pael* : purifier", alors que ce verbe araméen דכי / דכא présente un équivalent hébreu bien distinct en *zaïn* : זכה,[96] puisque, en effet, le *zaïn* hébreu (= proto-sémitique *ḏ*) correspond au *daleth* en araméen.[97]

---

94. "On Aramaising Renderings in the Septuagint", 596-97. Cette particularité de la traduction de la LXX Is (mais le rapprochement avec le Tg n'avait pas été fait) avait déjà été notée par divers auteurs plus anciens, dont Johann Fischer, "In welcher Schrift lag das Buch Isaias den LXX vor ?" Beihefte ZAW 56 (1930), 9 ou encore Aage Bentzen, *Jesaja*, Bind II : Jes. 40-66, Copenhague (1943), 107. Bruce D. Chilton, *Aramaic Bible* 11, 104 n. 53 :10 a signalé la divergence Tg – TM mais sans l'expliquer : "to cleanse" […] in the Tg represents the verb which means "to bruise" […] in the MT".

95. Ce verbe a été traduit fidèlement par Aquila par ἐπιτρίβω "écraser" et par Symmaque ἀλοάω "fouler aux pieds".

96. Notons que, dans les manuscrits du Tg, nous trouvons parfois des hésitations entre le *daleth* (la forme araméenne) et le *zaïn* (la forme hébraïque) pour ce verbe "être pur" : par ex. Tg Jb 6, 29 (לדכאותי / לזכאתי). Dans son article "On Aramaising Renderings in the Septuagint", 596 n. 36, J. Joosten affirme l'attestation de la racine דכא en hébreu qumrânien.

97. Cfr. Weninger (éd.), *The Semitic Languages. An International Handbook* (HSK 36), 55, donne un tableau des correspondances régulières entre le proto-sémitique et les principales langues sémitiques. Citons, comme exemples concrets, h. זָקָן "menton, barbe" = aram. דְּקַן ; h. זָבַח "sacrifier" = aram. דְּבַח etc. Ceci pourrait expliquer le fait qu'en Is 34, 15, la LXX a traduit l'hapax קִפּוֹז "serpent ? chouette ?" par ἐχῖνος "le hérisson" d'après קִפֹּד "hérisson, chouette à petites oreilles" (présent au v. 11) ; de même le Tg présente la traduction קוּפָד "hérisson".

Ce recours à l'araméen a sans nul doute pour but d'éviter l'idée que Dieu puisse prendre plaisir à l'écrasement du Serviteur.[98] La coïncidence entre la LXX et le Tg ne nous étonne pas, certainement pour le traducteur grec d'Isaïe, dont la traduction, assez libre, présente diverses caractéristiques targumiques.[99] En 1930 déjà, J. Fischer avait noté qu'en cas de nécessité ("in seiner Übersetzungsnot"), ce traducteur avait extrêmement fréquemment recours à l'araméen, au syriaque et à l'hébreu post-biblique.[100]

La suite de la LXX s'écarte d'ailleurs de nouveau du TM[101] pour poursuivre dans le même sens : "et le Seigneur désire ôter de la souffrance de

---

98. En revanche, en Jb 6, 9, dans une affirmation similaire, le traducteur grec a traduit דכא par τιτρώσκω "blesser". Le Tg, pour sa part, s'est éloigné du TM : "Dieu a commencé à *m'appauvrir* ; il relâchera sa main et me rendra riche".

99. Ainsi, le traducteur grec d'Is délie à l'occasion les métaphores : par ex. en Is 10, 14, le TM "personne ne bat des ailes, ni n'ouvre la bouche pour pépier" devient en grec : "personne ne m'échappera ni ne me contredira". Par ailleurs, nous trouvons de nombreux autres passages de LXX Is où le "salut" divin a été incorporé dans la traduction : par ex. Is 38, 11 ; 40, 5 ; ou encore 60, 6. Or, nous trouvons cette même introduction du "salut" dans la traduction araméenne de versets qui n'en font pas mention : Tg Is 13, 8 ; 30, 18 ; 38, 18 ; 40, 31 ; 49, 23 ; 50, 10 ; 60, 1 ; 64, 3. Cette coïncidence ne doit pas être interprétée comme une preuve d'un emprunt ou d'une influence directe, mais les deux versions dépendent plus probablement d'une même exégèse orale (Natalio Fernandez Marcos, *The Septuagint in Context*, Leiden (2001), 87). Nous trouvons un autre accord entre LXX et Tg en Is 3, 17a, où, plutôt que de conserver les crânes teigneux des filles d'Israël, nous avons le thème traditionnel de l'abaissement des orgueilleux. En effet, tant dans la LXX que dans le Tg, le verbe hapax שִׂפַּח "rendre teigneux, galeux" ou "dénuder" (cfr. HALOT) semble bien avoir été interprété d'après la racine proche שפח, considéré comme un verbe dénominatif du substantif שִׁפְחָה "la servante". Dès lors, l'énoncé du TM : "le Seigneur rendra galeux le crâne des filles de Sion" (TOB), devient : "et Dieu *abaissera* (ταπεινώσει) les filles de Sion qui marchent en tête" (LXX) et "Yhwh *soumettra* (ישעביד) l'honneur des filles de Sion" (Tg). A l'occasion, le traducteur grec d'Is efface les anthropomorphismes, comme le Tg : ainsi, en Is 6, 1, le TM (*les pans* du Seigneur remplissaient le temple") devient en grec : "le temple était rempli *de sa gloire*" (d'après le v. 3), ce qui coïncide avec le Tg (le temple était rempli *de l'éclat de sa gloire*).

100. Johann Fischer, *In welcher Schrift lag das Buch Isaias den LXX vor ?* Beihefte ZAW 56 (1930), 9. Il concluait (10) que le traducteur n'était pas seulement versé en hébreu mais aussi en araméen, et qu'il possédait même mieux l'araméen, en tant que langue vivante.

101. Le TM est scindé en deux phrases distinctes : ... et par lui la volonté de Yhwh s'accomplira. (11) À la suite de l'épreuve endurée par son âme, il verra la lumière et sera comblé, etc. (BJ)

son âme, pour lui montrer la lumière[102] etc. (καὶ βούλεται κύριος ἀφελεῖν ἀπὸ τοῦ πόνου τῆς ψυχῆς αὐτοῦ δεῖξαι αὐτῷ φῶς). De même, l'h. צלח "réussir" a peut-être été interprété d'après l'araméen צלח "fendre" (Tg Gn 22, 3 ; 1 S 6, 14) pour arriver au sens "ôter, enlever" (ἀφελεῖν). Dans ce verset, il y a donc clairement, de la part du traducteur grec d'Isaïe, la volonté d'avoir recours à l'araméen et à la notion positive de purification, plutôt que de se soumettre au sens de l'hébreu דכא "écraser", dont il connaît la signification.

En effet, les cinq autres attestations de ce verbe dans LXX Isaïe ont toutes été traduites plus ou moins d'après le sens que le verbe a en hébreu : Is 3, 15 : LXX ἀδικέω "faire du tort" (verbe plus général) – Tg מסכן "appauvrir, affaiblir" ; Is 19, 10 : LXX ἐν ὀδύνῃ εἰμί "souffrir" – Tg כבישין "foulés aux pieds" ; Is 53, 5 μαλακίζομαι "être affaibli, malade"[103] – Tg מסר ithpeal "être livré" ; Is 57, 15.15 : LXX : ὀλιγόψυχος (?) "faible de souffle" et συντρίβω "écraser" – Tg (2 fois) תביר "brisé". LXX Is 53, 10 est donc le seul cas d'interprétation de ce verbe דכא d'après l'araméen dans tout le corpus pour la LXX et le Tg.

Notons cependant que, en Jr 44, 10a, la Vg[104] témoigne également d'une interprétation de ce verbe דכא "écraser" d'après l'araméen homonyme fréquent דכי "être pur" à la suite d'Aquila et de Symmaque (οὐκ ἐκαθαρίσθησαν) :

---

102. L'ajout de la lumière, que l'on trouve également dans les recensions a et b de Qumran, n'est donc pas un ajout du traducteur grec. Sans doute faut-il suivre la suggestion de BHS (apparat critique) et restituer un texte hébreu primitif où, au lieu du TM ראה "voir", il y avait le verbe רוה "boire à sa soif, être saturé", qui offre un bon parallèle à שבע "être rassasié" qui suit (en Jr 31, 14, nous trouvons ces deux verbes en parallèles). Une fois que la leçon "voir" (influencée par le v. 10) s'est imposée, un complément a dû sembler nécessaire à ce verbe transitif, d'où l'ajout de la lumière (comme en 9, 1).

103. Le verbe μαλακίζομαι, qui entretient une relation un peu lâche avec le sens "écraser", vient en fait faire écho au v. 3 : εἰδὼς φέρειν μαλακίαν "habitué à porter la maladie".

104. La LXX et le Tg, quant à eux, ont tous deux traduit le verbe par "cesser" (LXX : οὐκ ἐπαύσαντο – Tg : לא פסקו), peut-être en préparation au v. 17, où les Judéens affirment leur résolution de ne pas cesser leurs offrandes à la Reine du Ciel, car, lorsqu'ils ont cessé, ils s'en sont trouvés mal (v. 18). C'est un cas de plus où la LXX et le Tg coïncident dans une interprétation qui s'écarte du TM.

- TM : "Jusqu'à ce jour, *ils n'ont ressenti aucune contrition* (לֹא דֻכְּאוּ) ; ils n'ont pas de respect et ils ne suivent pas les directives et les principes..." (TOB)
- Vg : *non sunt mundati* usque ad diem hanc et non timuerunt et non ambulaverunt in lege et in praeceptis meis... "ils n'ont pas été purifiés..."

Les traducteurs grecs ont pu, donc, pour les besoins de l'interprétation, puiser à l'occasion dans l'extension possible que représentait l'hébreu tardif ou l'araméen.

Notons que dans les œuvres exégétiques postérieures à la LXX, nous trouvons des interprétations qui ne font pas mystère de leur recours délibéré à l'araméen ou au syriaque. Ainsi, chez les Pères, Basile de Césarée, dans ses Homélies sur l'Hexaéméron, rapporte l'explication du verbe de Gn 1, 2 (מְרַחֶפֶת) d'après le syriaque et en tient compte dans son explication du passage : "Comment l'Esprit Saint était-il porté (= *traduction de la LXX*) sur les eaux ? Je te donnerai non pas mon opinion personnelle, mais celle d'un Syrien [...] Il disait donc que le mot, en syriaque, était plus expressif, et, en raison de sa parenté avec la langue hébraïque, plus proche en quelque sorte du sens des écritures. Voici donc quelle serait la signification de ce mot : *Il était porté* est, d'après lui, une interprétation pour *il réchauffait* et rendait vivante la substance des eaux, à l'image de l'oiseau qui couve ses œufs, et, les échauffant, leur communique une certaine force vitale".[105] Ici, le syriaque sert donc à cerner de plus près le sens du texte hébreu.

Dans le judaïsme rabbinique aussi, certains mots seront expliqués par l'araméen : ainsi, par exemple, dans le Midrash Gn Rabbah, le verbe hébreu עָתַר I (supplier) de Gn 25, 21 est expliqué d'après l'homonyme araméen, qui équivaut en fait à l'hébreu עָשַׁר (puisque R. Johanan développe עָתַר par le substantif עֹשֶׁר "la richesse").

Jérôme, pour sa part, passe à plusieurs reprises explicitement par l'araméen ou le syriaque,[106] et l'on peut supposer qu'il a appris à procéder de la sorte de son/ses maître(s) juif(s).

---

105. Basile de Césarée, *Homélies sur l'Hexaéméron* (SC 26b ; texte établi et traduit par Stanislas Giet), Paris (1968), 169. Cfr. aussi Léonas, *Recherches sur le langage de la Septante*, 99 : nous trouvons la même interprétation chez Eusèbe d'Emèse et d'autres Pères.

106. Par exemple, sa traduction du verbe קבע de Ml 3, 8.9 : "Verbum Hebrai-

1.5.2. Un exemple de recours inconscient à l'araméen : LXX Ex 15, 14

Cependant, à côté de cas comme Is 53, 10, où le recours à l'araméen semble bien avoir été délibéré, il est probable que les traducteurs grecs, ou du moins certains d'entre eux, n'avaient pas toujours bien conscience de la limite entre l'hébreu et l'araméen (ou l'hébreu post-biblique).

Les chercheurs[107] ont, parmi d'autres exemples, cité la traduction du verbe רגז. C'est un cas qui, précisément, permet de juger de la complexité du phénomène.

- TM Ex 15, 14 : "Les peuples ont entendu : ils frémissent (יִרְגָּזוּן). Un frisson (חִיל) a saisi les habitants de Philistie" (TOB).
- LXX : ἤκουσαν ἔθνη καὶ <u>ὠργίσθησαν</u> ὠδῖνες ἔλαβον κατοικοῦντας Φυλιστιιμ "Les peuples ont entendu et *se sont mis en colère* ; des douleurs ont saisi les habitants, les Philistins".

Dans un contexte clair de frayeur et de tremblement (cfr. aussi v. 16), le traducteur grec de l'Ex a traduit le verbe רגז "trembler, frémir" ; *hithpael* "s'exciter", d'après le sens courant de l'équivalent araméen : "trembler de fureur, être furieux contre" ; *hiphil* : "rendre furieux, provoquer" (idem Vg : irati sunt ; mais A : ἐφοβήθησαν).[108] Le Tg de ce verset, pour sa part, a respecté le sens du TM, puisqu'il a traduit ce verbe, non par רגז, mais par זוע "trembler".

---

cum, quod scribitur *haiecba*, LXX interpretati sunt, si supplantat, pro quo Aquila, Symmachus et Theodotio posuerunt, si fraudat... (...) Hoc quod diximus haiecba, *lingua Syrorum et Chaldaeorum interpretatur*, si affiget..." (*Commentarii in Prophetas Minores*, CC.SL LXXVI, 934).

107. Par exemple, Joosten, "On the LXX Translators' Knowledge of Hebrew", le cite dans la liste figurant dans son appendice (179), mais sans le développer.

108. Le Tg רגז traduit le TM קצף "être en colère" (Gn 40, 2 ; 41, 10 ; Ex 16, 20 ; Lv 10, 16 ; Nb 31, 14 ; Dt 1, 34 ; 9, 7.8, etc.), כעס "irriter" (en Dt 4, 25 ; 9, 18.22 ; 31, 29 ; 32, 16.19.21 ; Jg 2, 12 ; 1 S 1, 6.7, etc.) et אנף "se fâcher" (en Ps 2, 21). Ce verbe araméen sert aussi à traduire tous les verbes ressentis comme injurieux pour Dieu : par ex. קלל "maudire" (Lv 24, 11.14.15.23 ; 1 S 3, 13), ברך "bénir = maudire" (Jb 1, 5.11 ; 2, 5), נאץ "mépriser" (Nb 14, 11.23 ; 16, 30 ; Dt 31, 20 ; Is 52, 5 ; 60, 14 Jérusalem ; Jr 23, 17 ; Jr 33, 24 mon peuple), גדף "outrager" (Nb 15, 30 ; Ez 20, 27), נבל "déshonorer" (Dt 32, 15), קנא "provoquer la jalousie" (1 R 14, 22 ; Ez 8, 3), מרה "se rebeller" (Is 3, 8 ; Ps 78, 8.17.56), קבע "tromper" (Ml 3, 8.9), עצב "chagriner" (Ps 78, 40), חרף "outrager" (Pr 17, 5).

Cette traduction de la LXX serait certainement légitime dans des passages tardifs comme Pr 29, 9 ou Jb 12, 6, où le verbe רגז a déjà pris le sens de l'araméen *peal* "être furieux" (la langue de Job présentant beaucoup d'aramaïsmes[109]). Cependant, ce n'est pas encore le cas dans la langue hébraïque classique ; cette traduction est donc influencée par l'araméen, mais aussi, vraisemblablement, par les livres bibliques tardifs, ce qui a pu conforter les traducteurs grecs.

Elle doit peut-être son succès à l'assonance qui existe entre רגז et ὀργίζω (consonnes ργζ), qui donnait au traducteur l'assurance qu'il restait proche du texte source, comme nous en avons d'autres exemples ;[110] nous la retrouvons en divers passages (Gn 45, 24[111] ; 2 R 19, 28[112] ; Is 28, 21[113] ; Ps 4, 5[114] ; 99[98], 1[115] ; Pr 29, 9[116] ; Jb 12, 6[117]).

---

109. Ce livre comprend, par ailleurs, beaucoup de substantifs akkadiens utilisés volontairement, dans un but poétique selon E. Greenstein : cfr. Karen Langton, "Job's Attempt to Regain Control : Traces of a Babylonian Birth Incantation in Job 3", JSOT 36.4 (2012), 459-69 ; en particulier 460-61 : "Judging from the number of Akkadian words present in the text, the audience is most likely wealthy and highly educated".

110. Par exemple, quand le traducteur du Lv (21, 17) choisit, pour traduire l'hébreu מום "la tache, la tare", le grec proche μῶμος, dont le premier sens est "le reproche, le blâme, le ridicule, la disgrâce" – ce sens plus abstrait se trouve encore en Si 18, 15 : τέκνον ἐν ἀγαθοῖς μὴ δῷς μῶμον καὶ ἐν πάσῃ δόσει λύπην λόγων "Mon fils, n'assaisonne pas de *blâme* tes bienfaits, ni tous tes cadeaux de paroles chagrines" –, ce n'est évidemment pas par ignorance, mais par choix ; et cette coïncidence sonore heureuse sera adoptée par les autres traducteurs. George B. Caird, "Homoeophony in the Septuagint", dans Robert Hamerton-Kelly et Robin Scroggs (éd.), *Jews, Greeks and Christians. Essays in honor of W.D. Davies* (Studies in Judaism in late Antiquity 21), Leiden (1976), 85 (n° 37) avait signalé ce cas d'homophonie. Michel Casevitz, "D'Homère aux historiens romains : le grec du Pentateuque alexandrin", dans Cécile Dogniez et Marguerite Harl (éd.), *La Bible des Septante. Le Pentateuque d'Alexandrie*, Paris (2001), 77-85, rappelle (77) que ce substantif μῶμος est un vieux mot poétique, puisqu'il est attesté en poésie depuis Homère.

111. Idem Vg : irascamini ; Tg נצי *ithpeel* "se quereller".
112. Vg : insanisti "être fou furieux". Tg : רגז "être en colère".
113. LXX : μετὰ θυμοῦ ; Vg : irascetur. Mais Tg : זוע "trembler".
114. Idem Vg iuxta LXX et iuxta Hebr. : irascimini. Mais Tg : זוע "trembler".
115. La Vg iuxta Hebr. s'est écartée de la traduction de la LXX, puisque Jérôme est passé de "irascantur" (LXX) à "commoveantur". De même le Tg a traduit par le verbe זוע "trembler".
116. Vg : irascatur. Tg : רגז "être en colère"
117. Vg : irascatur. Tg : רגז "être en colère". La référence Za 1, 2 donnée par Hatch-Redpath est erronée ; dans ce verset, LXX ὀργίζω traduit l'hébreu קצף.

1.5.3. Le cas des mots très rares : Is 66, 11

Il est évident qu'une interprétation d'après l'équivalent araméen aura plus de chances de se trouver dans le cas de mots très rares dans le corpus biblique. Prenons l'exemple d'Is 66, 11, où figure le substantif זִיז, attesté trois fois seulement. En Ps 50, 11 (parallèle à עוֹף "les oiseaux") et 80, 14 (parallèle à חֲזִיר מִיָּעַר "le sanglier"), זִיז est manifestement un collectif désignant des bestioles (des champs). En Is 66, 11, toutefois, ce sens serait absolument incongru ; parallèle à שֹׁד "la mamelle", nous avons affaire à un homonyme, que les lexicographes ont rapproché de l'akkadien *zizu* : "le trayon du pis de la vache". Et de fait, cette signification convient parfaitement : "Que vous suciez le lait et soyez rassasiés de son *sein* (שֹׁד) réconfortant ! que vous tiriez le maximum et jouissiez de sa *mamelle* (זִיז) glorieuse !" (TOB).

Or, correspondant à l'expression מִזִּיז כְּבוֹדָהּ du TM, la LXX présente la traduction ἀπὸ εἰσόδου δόξης αὐτῆς "(que vous tiriez vos délices) de *l'entrée de sa gloire*". Le traducteur d'Isaïe, sans doute peu à l'aise avec ce substantif unique dans cette signification, a tout naturellement pensé au זִיז de l'hébreu tardif ou de l'araméen (זִיזָא), qui désigne l'auvent au-dessus de la porte d'entrée, le porche, et l'a traduit par le substantif très large εἴσοδος "le vestibule, l'entrée (architecturale), le fait d'entrer". Ceci s'articule bien avec le verset suivant, où Dieu apporte à Jérusalem la gloire des nations.

1.5.4. Divers exemples tirés de la LXX

Mis à part quelques cas assurés, il est bien délicat de partager les cas où le recours à l'araméen a été délibéré de ceux où l'araméen s'est imposé de lui-même. Les divers passages seront donc examinés selon l'ordre des livres du corpus biblique, plutôt que classés en deux catégories.

LXX Lv 26, 1 et Nb 33, 52

Le substantif מַשְׂכִּית est attesté 6 fois dans le corpus biblique : il a le sens premier d'image, que ce soit une ciselure, une sculpture ou une peinture (Lv 26, 1 ; Nb 33, 52 ; Ez 8, 12 ; Pr 25, 11) ; dans son usage métaphorique, au pluriel, avec לֵבָב, il signifie "la représentation imagée, l'imagination, les fantasmes" (Ps 73, 7 ; Pr 18, 11). Dans ce dernier sens, le traducteur des Ps a utilisé un mot assez général (διάθεσις "état, disposition"), tandis qu'en Pr 18, 11b, le traducteur, s'écartant comme souvent du TM, a employé le verbe ἐπισκιάζει "ombrager" ; cette traduction coïncide-t-elle avec la Peshitta et le Tg (משריה "son habitation"), qui clairement ont lu, non מַשְׂכִּיתוֹ, mais le proche מִשְׁכָּנוֹ ? La BHQ suggère, pour la LXX, une traduction d'après la racine סכך "couvrir", ce qui est vraisemblable, puisqu'en Lm 3, 34, nous trouvons l'équivalence סכך - ἐπισκιάζω. En LXX Ez 8, 12 (κρυπτός), מַשְׂכִּית pourrait également avoir été traduit d'après ce même verbe סכך, ou alors d'après la racine en métathèse כסה "couvrir, cacher".[118] En Pr 25, 11, la traduction de la LXX par ὁρμίσκος "petit bracelet" pourrait avoir été devinée d'après le contexte (le v. 12 évoquant d'autres bijoux).[119] Nous le voyons, les traducteurs grecs semblent avoir eu des difficultés à comprendre ce mot. Peut-être, dès lors, n'est-il pas étonnant que les traducteurs de Lv et Nb se soient tournés vers l'araméen pour le traduire.

En effet, en Lv 26, 1 et Nb 33, 52 nous trouvons les substantifs σκοπός / σκοπιά. Or, dans la LXX, ces substantifs ont principalement le sens de "guetteur, gardien, sentinelle / tour de guet", car ils correspondent en général à la racine צפה exprimant le fait de guetter.[120] Les traducteurs ont probablement interprété מַשְׂכִּית d'après le verbe araméen סכי qui signifie précisément "guetter".[121]

---

118. Le Tg a traduit בית־משכביה "sa chambre à coucher", là encore peut-être d'après מִשְׁכָּנוֹ "sa demeure" ou מִשְׁכָּבוֹ "son lit". La traduction de la Vg Pr 25, 11 (lectis : des lits) est certainement basée sur מִשְׁכָּב.

119. La Pesh. et le Tg traduisent par נגודא "a vessel of beaten metal" (Jastrow).

120. La BdA 3 (Lv), 204, suggère de traduire "pierre protectrice" ou "pierre repère", mais n'offre pas d'explication de cette traduction de la LXX. Le BdA 4 (Nb), 554, traduit par "points d'observation" ; l'auteur note que la LXX a compris מַשְׂכִּית comme un lieu de culte et rapproche ceci du Tg Jo, car "les lieux d'observation sont les sommets où les Cananéens rendent leur culte à leurs dieux". De fait, les Tg (Mss Tg O Lv 26, 1 : סגדא et Tg O בית־סגדתהון) interprètent מַשְׂכִּית comme l'endroit ou l'objet devant lequel on se prosterne (racine סגד), mais vraisemblablement d'après le contexte, car le verbe "se prosterner" figure en Lv 26, 1 : "vous ne mettrez pas dans votre pays *des pierres peintes pour vous prosterner devant elles*" (TM להשתחות – Tg למסגד). Les Mss Tg O Lv 26, 1 et Tg N Lv 26, 1 (מתכא) ont interprété מַשְׂכִּית d'après le proche מַסֵּכָה "image en métal". Seul le Tg Ps J Lv 26, 1 donne le sens exact : אבן מציירא "(une pierre) sculptée". John W. Wevers, *Notes on the Greek Text of Numbers*, SCS 46, Atlanta (1998), 567, se basant sur une remarque de G. Dorival (BdA), commente simplement : "The term may then refer to high places".

121. Il correspond très souvent à צפה (par ex. Tg Gn 31, 49 ; 1 S 4, 13 ; 14, 16 etc.).

LXX Dt 32, 11

Examinons la traduction du verbe רחף en Dt 32, 11 :

- TM Dt 32, 11 : "Tel un aigle qui veille sur son nid, *plane* (יְרַחֵף) au-dessus de ses petits, il déploie ses ailes et le prend, il le soutient sur son pennage". (BJ)
- LXX : ὡς ἀετὸς σκεπάσαι νοσσιὰν αὐτοῦ καὶ ἐπὶ τοῖς νεοσσοῖς αὐτοῦ <u>ἐπεπόθησεν</u> διεὶς τὰς πτέρυγας αὐτοῦ ἐδέξατο αὐτοὺς καὶ ἀνέλαβεν αὐτοὺς ἐπὶ τῶν μεταφρένων αὐτοῦ

Le verbe rare רחף "planer"[122] a été traduit en grec par ἐπιποθέω, qui en grec classique signifie "avoir du désir pour" (idem LEH : *to desire (besides), to yearn after, to long for*).[123] Cependant, ce verbe grec ἐπιποθέω traduit, à deux passages (Dt 13, 9 et Jr 13, 14), l'hébreu חמל "avoir pitié de, épargner". S'agit-il d'une lecture erronée pour חמד "convoiter", comme le suggère LEH s.v. ἐπιποθέω ? Le contexte est pourtant très clair, dans la mesure où ce verbe חמל, dans ces deux passages, est entouré d'autres verbes exprimant la pitié. Par ailleurs, ἐπιποθέω ne traduit jamais חמד "convoiter, désirer" (qui est en général rendu par ἐπιθυμέω). Il semblerait donc que les traducteurs grecs ressentaient ἐπιποθέω comme pouvant signifier également "avoir pitié de".

Il est troublant, dès lors, de voir que le verbe syriaque רחף a précisément pour sens "couver, veiller sur, *avoir pitié de*" ;[124] n'est-ce pas ce qui a influencé les traducteurs grecs dans leur traduction de l'hébreu רחף ? La BdA – qui traduit tout à fait pertinemment par "éprouver de la pitié" (à partir du sens de πόθος "désir", d'où "pitié"[125]) et qui évoque pourtant l'interprétation des Pères grecs de Gn 1, 2 d'après le verbe syriaque רחף au

---

122. Ce sens est établi d'après l'ougaritique ; cfr. HALOT.

123. Dans ce sens "convoiter" : Ps 42[41], 2 (= TM : ערג "désirer, se languir de") ; 62[61], 11 ; 84[83], 3 (= TM כסף "désirer") ; 119[118], 20 (= TM גרס "se consumer pour") ; v. 139 (= TM יאב "désirer"), v. 174 (= TM תאב "désirer") ; Si 25, 21 (= TM : מהר "se précipiter").

124. Payne Smith, *Thesaurus syriacus*, col. 3886 : pa. leniter se movit, volitavit, fovit, amore fovit, incubuit, *misertus est*, illapsus est, leniter agitavit (manus) ; subst. רוחפא : clementia, benevolentia, misericordia.

125. BdA 5, 328 n. 32, 11 : Le verbe grec, formé sur *pothos*, "le désir", indique, par glissement sémantique, la sollicitude ou la pitié […]. les Pères grecs découvrent le sens du verbe hébreu (le même qu'en Gn 1, 2 : l'esprit "était porté" sur les eaux) par l'in-

sens de "couver" – ne fait pas le rapprochement formel avec l'autre sens du verbe syriaque (dérivé logiquement, certes, à partir de "couver") : "avoir pitié".

LXX 2 S 22, 48

- TM : "Ce Dieu m'accorde la revanche et *abaisse* (וּמֹרִיד) des peuples sous moi" (TOB).
- LXX : ἰσχυρὸς κύριος ὁ διδοὺς ἐκδικήσεις ἐμοί <u>παιδεύων</u> λαοὺς ὑποκάτω μου.[126]

Pourquoi la racine ירד "descendre" du TM (participe *hiphil* מוֹרִיד) – sans doute originellement רדד "soumettre" (cfr. 4QSam[a] : ומרדד) – a-t-elle été traduite par παιδεύων "éduquant, châtiant" ? Non pas parce que le traducteur a lu le verbe יסר, comme le soutient, par ex., P. McCarter,[127] mais bien parce qu'en araméen, le verbe רדי a le sens de "punir", tout comme le substantif מרדותא a le sens de "châtiment, correction". Ainsi, en Lv 26, 18, le TM וְיָסַפְתִּי לְיַסְּרָה אֶתְכֶם "je continuerai à vous châtier" a été traduit : καὶ προσθήσω τοῦ παιδεῦσαι ὑμᾶς par la LXX et ואוסיף למרדי יתכון par le Targum.[128] Notons que l'équivalent hébreu רדה présente un sens différent, puisqu'il signifie : "fouler aux pieds, dominer". Spontanément, dans un contexte de vengeance, le traducteur grec a été influencé par l'araméen.

En Lm 3, 19, nous trouvons également une traduction réalisée à partir de cette racine araméenne. Le TM implore : "Souviens-toi de mon humiliation et de *mon errance* (מְרוּדִי) : absinthe et poison !" (TOB). La LXX, plutôt que de parler de l'errance, évoque la *persécution* (ἐκ διωγμοῦ μου), scindant sans doute le substantif מָרוֹד en la préposition מִן suivie d'un vocable de cette racine araméenne.

---

termédiaire du syriaque, transmis par Eusèbe d'Emèse : le verbe signifie que l'oiseau "réchauffe" sa couvée en "se mouvant" au-dessus d'elle.

126. Le passage parallèle du Ps 18, 48 ne présente pas le même verbe, ni en hébreu (וַיַּדְבֵּר) ni en grec (ὑποτάξας).
127. Peter Kyle Mc Carter (Jr), *II Samuel* (Anchor Bible), New York (1984), 462.
128. Idem LXX παιδεύω – Tg רדי : Lv 26, 23.28 ; 1 R 12, 11.14 ; Jr 6, 8 ; Ez 23, 48 ; Ps 6, 2 ; 16[15], 7 ; 38[37], 2 ; 39[38], 12 ; Pr 3, 12 ; 9, 7 ; 19, 18 ; 31, 1.

LXX 1 R 20[21], 11

En 1 R 20[21], 11, le roi d'Israël, attaqué par le roi d'Aram, lui conseille, en termes imagés, de ne pas se réjouir trop tôt, de ne pas vendre la peau de l'ours avant de l'avoir tué, en quelque sorte : "Que celui qui se ceint de son ceinturon ne se vante pas comme celui qui le défait !"[129] Or, le TM (אַל־יִתְהַלֵּל חֹגֵר כִּמְפַתֵּחַ) est devenu en grec : "que *le bossu* ne se vante pas comme l'homme bien droit !" (μὴ καυχάσθω ὁ κυρτὸς ὡς ὁ ὀρθός)

Le traducteur grec semble avoir voulu remplacer un dicton par un autre (sans doute plus clair pour ses auditeurs), mais a-t-il repris un dicton existant dont nous n'aurions plus trace ou bien en a-t-il forgé un lui-même, en gardant le contact avec sa source, par le biais de l'araméen ? En effet, cette traduction en "bossu" (κυρτός) pour le participe de חגר "se ceindre"[130] pourrait être inspirée de l'adj. araméen חֲגִיר, qui traduit le "boiteux" (פִּסֵחַ) en Lv 21, 18 et Dt 15, 21, les deux difformités étant proches. Au Ps 18, 46, en tout cas, le TM hapax וְיַחְרְגוּ "et ils sortent en tremblant" – qui semble avoir été lu, comme dans le texte parallèle 2 S 22, 46, חגר "se ceindre, être ceinturé"[131] et non חרג –, a été traduit par καὶ ἐχώλαναν "et ils boitèrent", bien certainement d'après l'araméen חֲגִיר. Cette traduction d'après l'araméen pourrait avoir été guidée par la volonté de rester dans le même champ sémantique que le premier verbe (נבל "s'effondrer" – LXX : παλαιόω Passif : "être usé, épuisé").

LXX Is 6, 13

- TM : וְעוֹד בָּהּ עֲשִׂרִיָּה וְשָׁבָה וְהָיְתָה לְבָעֵר כָּאֵלָה וְכָאַלּוֹן אֲשֶׁר בְּשַׁלֶּכֶת מַצֶּבֶת בָּם זֶרַע קֹדֶשׁ מַצַּבְתָּהּ "Et s'il y subsiste encore un dixième, à son tour il sera livré au feu, comme le chêne et le térébinthe abattus, dont il ne reste que la souche – la souche est une semence sainte" (TOB).
- LXX : καὶ ἔτι ἐπ' αὐτῆς ἔστιν τὸ ἐπιδέκατον καὶ πάλιν ἔσται εἰς προνομὴν ὡς τερέβινθος καὶ ὡς βάλανος ὅταν ἐκπέσῃ ἀπὸ τῆς θήκης αὐτῆς "Et s'il y a encore un dixième en elle, de nouveau, il sera

---

129. Le Tg a étoffé la formulation pour plus de clarté : "Que celui qui s'équipe et descend au combat ne se vante pas comme celui qui est victorieux et en remonte".
130. Ce verbe est fréquent et traduit généralement par (περι)ζώννυμι.
131. LXX : ἀπορριφήσονται "ils seront rejetés".

pour le pillage, comme le térébinthe et comme le gland du chêne lorsqu'il tombe de sa cupule (?)".

La traduction "lorsqu'il tombe" semble correspondre à l'hapax בְּשַׁלֶּכֶת ("dans l'élagage, dans la chute des feuilles ? dans l'abattage ?") interprété d'après le verbe שׁלך "lancer", jeter", peut-être au participe comme nous le trouvons dans le texte de Qumran (1 QIsa^a : משלכת participe *hiphil* ? *hophal* ?) ; quant à "de sa cupule", nous devons sans doute y voir le dernier mot du verset מַצַּבְתָּהּ, vu la présence du possessif, conséquence d'un homéoarcton, ainsi que le suggérait déjà J. Ziegler.[132] Dans ce verset d'interprétation difficile, face à l'hapax מַצֶּבֶת ("tronc dressé ? nouvelle pousse ?"), le traducteur grec a essayé de donner du sens à son texte à partir, sans doute, du substantif araméen צְבָת "des pinces, des tenailles" (la cupule du gland étant ce qui le tient), précédé de la préposition מִן.

LXX Is 25, 8 ; Jr 15, 18 et 1 Ch 15, 21

Les traductions de la racine נצח "inspecter, diriger le chant" sont bien souvent influencées par le sens de l'hébreu tardif[133] et de l'araméen נצח "être fort, être victorieux, prévaloir" (que nous trouvons d'ailleurs en Dn 6, 4), aussi bien dans la LXX que chez les traducteurs grecs postérieurs. Ainsi, la LXX a traduit לָנֶצַח "pour toujours" en Is 25, 8 par le verbe ἰσχύω "être fort, l'emporter sur" ; le même substantif sans la préposition נֶצַח en Jr 15, 18 par κατισχύω ; et לְנַצֵּחַ "pour diriger le chant" en 1 Ch 15, 21 par ἐνισχύω. Outre la traduction d'Is 25, 8, l'expression לָנֶצַח "pour toujours", à côté de traductions littérales (LXX εἰς τὸν αἰῶνα, εἰς τέλος "jusqu'à la fin"[134]

---

132. Cfr. Dominique Barthélemy, *Critique Textuelle de l'Ancien Testament*, OBO 50/2, Göttingen (1986), 42.

133. Cfr. HALOT, s.v. נצח, cite le Rouleau de la guerre de Qumran, où se trouve l'expression מתנצחת המלחמה "la guerre fut violente" (1QM 16, 9).

134. Cfr. Hans Ausloos, "למנצח in the Psalm Headings and Its Equivalent in LXX", dans Melvin K.H. Peters, *XII Congress of the IOSCS, Leiden 2004*, Leiden (2006), 131-9. La Vg a adopté l'équivalent de LXX εἰς τέλος dans quelques passages : en Is 13, 20 (in finem) ; Is 57, 16 (ad finem) ; Jr 3, 5 (in finem) ; Jb 20, 7 (in fine) ; 34, 36 (ad finem) ; Lm 3, 18 (finis) ; Am 1, 11 (in finem) ; Am 8, 7 et Ha 1, 4 (usque ad finem), etc. Dans les Ps, la traduction d'après la LXX traduit toujours למנצח "in finem" = εἰς τέλος, mais dans la traduction d'après l'hébreu, nous trouvons (d'après l'araméen) "victori" (Ps 4, 1 ; 5, 1 ; 6, 1 ; 8, 1 ; 9, 1 etc.).

ou διὰ παντός "continuellement" ; Tg : לעלמא / עד עלמין ou לאפרש[135] "à jamais" ; Vg : in perpetuum ; in aeternum), a souvent été traduite dans la LXX par εἰς νῖκος / εἰς νεῖκος "pour la victoire" : ainsi nous trouvons cette traduction en LXX 2 S 2, 26 ; Jb 36, 7 ; Am 1, 11 ; 8, 7 ; Jr 3, 5 ; Lm 3, 18 ; 5, 20. En 1 Ch 29, 11 ; Am 1, 11 et 8, 7 ; Ha 3, 19, etc., la racine נצח du TM a été traduite par νῖκος, νίκη, νικᾶν.[136] En Ha 3, 19, par exemple, le TM לַמְנַצֵּחַ a été traduit par τοῦ νικῆσαι ; cette traduction par un infinitif montre que, spontanément, le traducteur est passé par le système verbal araméen, puisque l'hébreu n'a pas d'infinitif en préformante *mem*, alors que c'est le cas en araméen.[137]

En 1 Ch 15, 21, l'expression לְנַצֵּחַ "pour diriger (le chant)" a été traduite dans la Vg par "canebant epinikion" (ils chantaient *un hymne de victoire*). Le substantif utilisé par Jérôme correspond au grec ἐπινίκιον (sous-entendu μέλος), qui n'est pas attesté dans la LXX, mais abondamment chez les traducteurs grecs postérieurs, en particulier chez Symmaque, qui traduit ainsi la formule des Psaumes לַמְנַצֵּחַ "au chef de chœur",[138] d'après le sens de l'araméen נצח. Jérôme s'est donc inspiré de Symmaque, comme c'est souvent le cas.[139]

---

135. Cette traduction, que l'on trouve en Tg 2 S 2, 26 ; Is 57, 16 ; Jr 3, 5 ; 15, 18 ; Am 1, 11 et Ha 1, 4, pourrait expliquer le Tg Pr 21, 28b. En effet, dans ce verset ("Le faux témoin périra, mais qui sait écouter saura parler *pour toujours*"), וְאִישׁ שׁוֹמֵעַ לָנֶצַח יְדַבֵּר a été traduit "mais un homme qui écoute parlera *bien*" (שפירא). Il est probable que c'est à partir de לאפרש que le traducteur araméen est arrivé à שפירא, qui a davantage de sens. La LXX s'est également écartée d'une traduction littérale : ἀνὴρ δὲ ὑπήκοος φυλασσόμενος λαλήσει "l'homme soumis parlera *de manière prudente*". Le TM לנצח a-t-il été lu לנצר (φυλασσόμενος) ?

136. De même, nous trouvons "victor / victoria" en Vg 1 Ch 29, 11 ; Pr 21, 28 ; Jb 23, 7 ; Ha 3, 19 ; et "triumphator" en Vg 1 S 15, 29. En Tg 1 S 15, 29, le TM נצח a été traduit par l'équivalent araméen נצחן "la victoire". Dans les Ps et en 1 Ch 15, 21 ; 2 Ch 34, 12 et Ha 3, 19, nous trouvons l'infinitif למשבח "pour chanter les louanges" ou le substantif תושבחה.

137. David Cleaver-Bartholomew, "One Text, Two Interpretations : Habakkuk OG and MT Compared", BIOSCS 42 (2009), 52–76, analyse la traduction grecque d'Habaquq comparée au TM. Il consacre les p. 63–67 au troisième chapitre, et en particulier aux différentes images évoquées par les deux textes. Cette traduction "continues to emphasize the nearness of Yhwh's arrival and ultimate victory and consequently, salvation for the faithful" (66).

138. Pour Symmaque, nous trouvons trente emplois dans les Ps + Is 63, 3.

139. Selon Joseph Ziegler (dans son *Sylloge*, aux p. 139–228 consacrées à "Die jüngere griechischen Ubersetzungen als *Vorlage* der Vulgate"), c'est la traduction de

De même, Aquila a traduit cette formule des Ps de manière massive (32 fois) par l'adjectif substantivé apparenté νικοποιός ; nous voyons donc que même un traducteur littéral comme Aquila se laisse aussi influencer par l'araméen.

En Is 63, 3 et 6, le TM présente le substantif homonyme נֵצַח "le jus, d'où le sang". Là aussi, nous trouvons des traductions inspirées de l'araméen, non dans la LXX, mais chez les traducteurs postérieurs (v. 3 : Symmaque : τὸ ἐπινίκιον "le chant de victoire" ; Théodotion : τὸ τροπαῖον "le (sacrifice / chant) de victoire" ; v. 6 : Aquila, Symmaque et Théodotion : τὸ νῖκος "la victoire") et dans le Targum (v. 3 : תקוף תקיפיהון "la force de leurs puissants" ; v. 6 : קטילי גיבריהון "les cadavres de leurs braves" = Vulgate : virtutem eorum "leur force"[140]).

LXX Jr 3, 4

En Jr 3, 4, le TM : "Encore maintenant (מֵעַתָּה) ne m'invoques-tu pas : Mon Père ! Toi, l'intime de ma jeunesse !" a été traduit : "ne m'as-tu pas invoqué *comme Maison* (ὡς οἶκόν), et père et guide de ma jeunesse ?" L'adverbe composé de temps מֵעַתָּה a peut-être été interprété à partir de son équivalent araméen מִכְעַן "à partir de maintenant" (= Tg), lu avec métathèse כמעון, מָעוֹן "résidence" désignant soit la demeure céleste (ex. Dt 26, 15 ; 2 Ch 30, 27) soit le Temple (ex. 1 S 2, 29 ; 2 Ch 36, 15) dans le corpus

---

Symmaque qui a le plus influencé la Vg (p. 159) : "Hunc autem Symmachum esse, praeter stylum elegantiorem arguit ipsa versio Hieronymiana (quam ad Symmachianam prae ceteris conformatam esse saepius observavimus)". Un exemple parmi tant d'autres : Comm Is 63, 2 par Jérôme : "Pro torculari quod Hebraici dicitur GETH, Theodotio ipsum verbum Hebraicum posuit FURA. Sed melius in hoc loco Symmachus, quem et nos secuti sumus" (Roger Gryson et Corinne Gabriel, *Commentaires de Jérôme sur le prophète Isaïe*, Livres XVI–XVIII, Freiburg – Breisgau (1999), 1781). Jennifer M. Dines, "Jerome and the Hexapla : The Witness of the Commentary on Amos", dans Alison Salvesen, *Origen's Hexapla and Fragments* (Texte und Studien zum Antiken Judentum 58) Tübingen (1997), 436–21, a compté, pour le Commentaire d'Amos, huit utilisations explicites de Symmaque, cinq d'Aquila, et deux de Théodotion (432).

140. Dans ce verset 6, Jérôme suit clairement l'interprétation du Tg (à partir du sens de l'araméen נצח), alors qu'au v. 3, il a traduit le sens de l'hébreu (sanguis eorum "leur sang"). Il exerce manifestement son pouvoir de décision face aux diverses traductions qui l'ont précédé et choisit d'offrir à quelques versets d'intervalle une variation qui ménage tous les sens convoyés par la racine נצח. Force est de constater qu'il peut donc décider à l'occasion de suivre ou non l'interprétation des LXX, des réviseurs grecs ou du Tg (y compris quand le texte a été traduit d'après l'araméen).

biblique ; c'est l'une des appellations du Temple dans la littérature rabbinique. Peut-être avons-nous ici les traces d'un phénomène apparenté à celui qui s'imposera dans le judaïsme rabbinique, qui consiste à désigner Dieu "le Lieu" (הַמָּקוֹם).[141]

LXX Jr 31[38], 13a

De même, la LXX de Jr 31[38], 13a n'est pas sans intérêt pour notre problématique :

- TM : "Alors la vierge prendra joie à la danse, et, ensemble (יַחְדָּו), les jeunes et les vieux" (BJ)
- LXX : τότε χαρήσονται παρθένοι ἐν συναγωγῇ νεανίσκων καὶ πρεσβῦται χαρήσονται "alors se réjouiront les jeunes filles dans la compagnie des jeunes gens, et les vieillards *se réjouiront*…"

Ainsi que l'a signalé le LEH (s.v. χαίρω), la traduction de l'adverbe יַחְדָּו "ensemble" par le verbe χαίρω s'explique aisément : le traducteur a lu le verbe חדה "se réjouir", à l'inaccompli *qal* 3ème masculin pluriel. Dans un contexte général de joie (après le verbe שׂמח, traduit d'ailleurs par חדא dans le Tg), cette vocalisation pouvait sembler légitime (et représentait d'ailleurs peut-être la vocalisation originelle). Si l'on veut analyser les choses plus finement, il faut remarquer que חדה est certes présent dans le corpus biblique (par exemple en Ex 18, 9), mais que cette racine est surtout attestée en araméen. Pour autant qu'elle n'ait pas coïncidé avec le texte original (ce qui est toujours une possibilité), cette tradition de vocalisation ou cette lecture de la part du traducteur grec a pu s'imposer principalement en raison de la diffusion de l'araméen.

LXX Ez 17, 6

En Ez 17, 6a, le sens attesté en syriaque aurait été ressenti comme convenant mieux :

---

141. Philon, *De somniis*, I, 63 : "Troisièmement, c'est Dieu lui-même qui est appelé lieu, du fait qu'Il contient toutes choses et n'est contenu absolument par rien, qu'Il est le refuge de toutes choses et parce qu'Il est son propre lieu, étant contenu en lui-même et enveloppé par lui seul".

- TM : "et elle (la graine) germa et devint une vigne *exubérante* (סֹרַחַת), modeste de taille…"
- LXX : καὶ ἀνέτειλεν καὶ ἐγένετο εἰς ἄμπελον ἀσθενοῦσαν καὶ μικρὰν τῷ μεγέθει "et elle poussa et devient une vigne *faible* et petite quant à sa taille"

Clairement, le traducteur grec a interprété ce participe סֹרַחַת selon le sens qu'il a en syriaque[142] (plutôt qu'en araméen : סרח III : "pourrir, pécher" ; סרח II a également un sens de faiblesse, mais de faiblesse sexuelle, à côté de son sens principal, qui correspond au sens de l'hébreu : "être ou rendre large, étendre"), sans doute parce qu'il était embarrassé face à cette vigne décrite comme à la fois "exubérante, féconde", mais de taille modeste ; elle sera donc faible, avec le même verbe que LXX Ml 3, 11 : καὶ διαστελῶ ὑμῖν εἰς βρῶσιν καὶ οὐ μὴ διαφθείρω ὑμῶν τὸν καρπὸν τῆς γῆς καὶ οὐ μὴ ἀσθενήσῃ[143] ὑμῶν ἡ ἄμπελος ἡ ἐν τῷ ἀγρῷ λέγει κύριος παντοκράτωρ. Pour la LXX, qui ménage donc une progression, ce n'est que dans un deuxième temps, au v. 8, avec le deuxième aigle, que la vigne est devenue grande (εἰς ἄμπελον μεγάλην).

LXX Ab 1, 1b

- TM : "Un message ! Nous l'entendons, il vient du Seigneur, tandis qu'un *héraut* (צִיר) est envoyé parmi les nations : "Debout ! À l'assaut de la ville ! Au combat !" (TOB)
- LXX : ἀκοὴν ἤκουσα παρὰ κυρίου καὶ περιοχὴν εἰς τὰ ἔθνη ἐξαπέστειλεν "… j'ai entendu un message (qui vient) du Seigneur et il a envoyé contre les nations *un siège*"

---

142. Payne Smith, *Thesaurus syriacus*, col. 2732 sqq : corrupit, laesit, vitiavit (virginem) ; peccavit, inique egit ; Part pass. : corruptus, vitiatus, perditus, afflictus, (Metaph.) ; consecratus ; *ethpeel* : corruptus, depravatus est, perditus est, pravus, perditus ; *pael* : valde corrupit, vitiavit, perdidit ; part. pass : *injuria affectus est* (2 S 4, 4 ; 9, 3.13) ; dilaceravit, dilaniavit ; *ethpaal* laesus, perditus est, mutilatus est (2 M 7, 7) ; *aphel* proposuit, designavit, protulit. Karl Brockelmann, *Lexicon syriacum*, 497–98 : part. *peal* סריחא : *mutilatus*, *debilis*, procax, indecorus ; סרח *pael* : turbavit, vastavit, pervertit, *debilitavit*, corrupit, interfecit. Aquila a transcrit le mot : σωρηχ ; Symmaque : ἡπλωμένη "qui se déploie, qui s'étend" ; Théodotion : ἀχρεία "inutile".
143. TM : תְּשַׁכֵּל ; la traduction de la LXX semble bien refléter la racine כשל "trébucher" en relation de métathèse, car LXX ἀσθενέω traduit majoritairement ce verbe (alors que שכל est traduit généralement par ἀτεκνόω).

Le mot צִיר figure également en Jr 49, 14 et Is 13, 8 ; il vaut la peine de comparer les traductions de ces passages avec celle d'Abdias 1, 1 :

Jr 49, 14a
- TM : "... tandis qu'un héraut (צִיר) est envoyé parmi les nations"
- LXX (30, 8) : ἀκοὴν ἤκουσα παρὰ κυρίου καὶ <u>ἀγγέλους</u> εἰς ἔθνη ἀπέστειλεν
- Aquila : ... καὶ <u>περιοχὴ</u> εἰς τοῖς ἔθνεσι ἀπεστάλη

Is 13, 8
- TM : " Ils sont frappés d'épouvante, les crampes (צִירִים) et les douleurs les saisissent" (TOB)
- Théodotion : ταραχθήσονται. περιοχαί

La LXX, qui, en Jr 49, 14 [30, 8], présente la traduction צִיר "le messager, le héraut" (parallèle, en Pr 13, 17, à מַלְאָךְ) par son équivalent grec ἄγγελος, offre, en Ab 1, 1, la traduction περιοχή,[144] tout comme Aquila en Jr 49, 14 ; par ailleurs, ce même substantif a été utilisé par Théodotion pour traduire l'homonyme צִירִים "les douleurs, les crampes, les convulsions" d'Is 13, 8.

Comment interpréter περιοχή ? J'opte pour le sens (ordinaire dans la LXX) de "détresse, siège" que lui accorde le dictionnaire de Liddell – Scott – Jones,[145] car je ne crois pas qu'il faille lui donner, comme le voulait W. Rudolph (reprenant la thèse ancienne de Capelle), le sens de "contenu d'un écrit", d'où "message" que revêt περιοχή en Actes 8, 32 (ἡ δὲ περιοχὴ τῆς γραφῆς ἣν ἀνεγίνωσκεν : le passage de l'Ecriture qu'il lisait)[146] : d'une part, le traducteur grec disposait du substantif courant ἄγγελος s'il avait réellement voulu suivre le texte hébreu, et, d'autre part, le sens de "message" pour περιοχή (la portion de texte, le passage) serait légèrement forcé.

---

144. Julius A. Bewer, *Obadia* (ICC), 38, recommandait de lire, non pas περιοχή, mais περίοχον "one who rides around" ; mais à cet adj. περίοχος, le dictionnaire LSJ ne reconnaît que le sens de "supérieur, éminent". LEH propose également cette correction avec ce même sens "one who rides around, a messenger".

145. περιοχή : IV *straitness*, = θλῖψις, συνοχή, Phot. ; esp. *siege* ... Takamitsu Muraoka, *A Greek-English Lexicon of the Septuagint*, Leuven (2009), traduit ainsi le passage : "he dispatched a besieging army in the nations" (une armée assiégeante) ; Même traduction dans LEH.

146. Wilhelm Rudolph, *Joel, Amos, Obadja, Jona* (KAT XIII, 2), Gütersloh (1971), 301 ; Schleusner, *Lexicon in LXX*, s.v. περιοχή. Cfr. dictionnaire LSJ : *portion circumscribed or marked off, section of a book*, Cic. Att. 13.25.3, Act. Ap. 8. 32.

Le substantif περιοχή correspond, en effet, dans la LXX, à l'hébreu מבצר,[147] מצודה/מצד[148] et à מצור,[149] "le rempart, la ville fortifiée, le siège". Le substantif le plus proche graphiquement de ציר est bien évidemment מצור.

Ce n'est pourtant pas ce substantif hébreu, mais, vraisemblablement, son équivalent araméen qui a influencé les traducteurs grecs : l'hébreu מצור est en effet généralement traduit dans le Tg par צִיר qui a les deux significations de מצור, à savoir : "détresse"[150] et "siège"[151] (mais ce substantif ne traduit jamais l'hébreu צירים "les douleurs").

En interprétant le texte hébreu d'après son homographe araméen, le traducteur grec a explicité le TM : le messager envoyé aux nations est un messager de malheur ;[152] le commentaire vient ainsi s'inscrire dans le texte lui-même. Le fait que nous retrouvons ce type d'interprétation chez les traducteurs postérieurs Aquila (très littéral) et Théodotion montre que ceux-ci étaient aussi influencés par l'araméen. Le traducteur grec de la LXX, qui pourtant est face à un parallélisme des deux membres de la phrase ("nouvelle"// "messager"), s'y est laissé aller, peut-être justement en raison du parallélisme qui garantit que le sens est inscrit dans la traduction, lui permettant dès lors d'élargir le propos. Nous serions alors déjà dans une mentalité pré-rabbinique, qui affirme qu'il n'y a pas de redondance dans la Bible.[153]

---

147. Ps 108[107], 11.
148. 1 S 22, 4.5 ; 2 S 5, 7. 9.17 ; 23, 14 ; 1 Ch 11, 5.7.16 ; Jr 51[28], 30 ; Ez 12, 13 ; 17, 20.
149. 2 R 19, 24 ; 24, 10 ; 25, 2 ; 2 Ch 32, 10 ; Ps 31[30], 22 ; 60[59], 11 ; Na 3, 14 ; Za 12, 2 ; Jr 19, 9 ; Ez 4, 2.
150. Tg Dt 28, 53.55.57 ; Jr 19, 9. Pour la LXX, la détresse est conçue comme quelque chose qui entoure, comme un siège : cfr. Ps 32, 7a : TM "tu es pour moi une cachette, tu me gardes (נצר) de l'angoisse" – LXX σύ μου εἶ καταφυγὴ ἀπὸ θλίψεως τῆς περιεχούσης με "tu es mon refuge contre la détresse qui m'entoure". La LXX a interprété נצר d'après צור (cfr. צור על – περιέχειν : Aquila Dt 20, 12 et Ez 4, 3).
151. Tg Dt 20, 19 ; 2 R 24, 10 ; 25, 2 ; Jr 52, 5 ; Ez 4, 3.7.8 ; 5, 2 ; Na 3, 14 ; Za 12, 2 ; 2 Ch 32, 10.
152. La BdA 23.4–9, 99, note Ab 1, arrive à la même conclusion ("le grec explicite seulement le contenu de la mission"), mais ne considère pas le chemin emprunté par la LXX. Le commentateur hésite entre une "erreur de vocalisation ou une substitution volontaire", apparemment à partir de מצור.
153. Même discours chez les Pères : par exemple Basile de Césarée, *Sur l'origine de l'homme*, SC 160 : 1, 15 : "Et Dieu créa l'homme. Il le créa à l'image de Dieu" (1, 27) N'as-tu pas remarqué que cette proposition est incomplète ? "Créons l'homme à notre image et à notre ressemblance". La délibération comprenait deux éléments : "à l'image"

LXX Jon 4, 8

- TM : וַיִּשְׁאַל אֶת־נַפְשׁוֹ לָמוּת litt. "et il demanda à son âme de mourir"
- LXX : καὶ ἀπελέγετο τὴν ψυχὴν αὐτοῦ "et il renonça à son âme"

Pour la BdA, la traduction grecque est une "traduction libre, avec l'hapax LXX *apológo*, de l'hébraïsme : "et il demanda que son âme meure".[154] Apparemment, le traducteur a voulu s'écarter d'une traduction littérale qui lui paraissait incompréhensible en grec, ou du moins étrange, se démarquant ainsi du traducteur de 1 R 19, 4 qui a, pour sa part, traduit la même expression de façon strictement littérale : καὶ ᾐτήσατο τὴν ψυχὴν αὐτοῦ ἀποθανεῖν. Mais peut-être cette traduction n'est-elle pas si libre qu'il y paraît. Il convient, en effet, de considérer la possibilité de l'influence du syriaque שאל, qui, au *ethpeel*, a les sens de "refuser, repousser, écarter, décliner, *renoncer à*".[155] Le traducteur aurait interprété : il *renonça à* son âme pour mourir, et aurait laissé tomber le "pour mourir", dans une traduction plus grecque et plus concise.

LXX Ha 3, 6

En Ha 3, 6, le verbe נתר "bondir, sursauter"[156] a été traduit en grec par l'hapax dans la LXX διατήκω "fondre, se dissoudre", sous l'influence inconsciente, sans doute, de l'araméen נתר, qui signifie "tomber, se flétrir, dépérir" (Tg Is 1, 30 ; 33, 9 ; 34, 4 ; 40, 7 ; 64, 5 ; Jr 17, 8 ; Ez 17, 9 ; Os 1, 3, etc.).[157]

- TM : "Il s'est arrêté, il a pris la mesure de la terre. Il a regardé et *fait sursauter* (וַיַּתֵּר) les nations. Les montagnes éternelles se sont dis-

---

et "à la ressemblance". L'exécution n'en contient qu'un. Dieu a-t-il délibéré d'une façon et puis changé d'avis ? Quelque repentir au cours de la création n'est-il pas intervenu ? N'y a-t-il pas eu impuissance du Créateur, qui décide une chose et en réalise une autre ? Ou bien bavardage dans les paroles ? [...] Si en effet il s'agit de la même chose, il est superflu de dire deux fois les mêmes choses. Dire qu'il y ait une parole vaine dans l'Ecriture est un blasphème redoutable. Mais, en vérité, l'Ecriture ne parle pas en vain".

154. BdA 23.4-9, 161.
155. Payne Smith, *Thesaurus syriacus*, col. 4005-6 : se excusavit, refugit, detractavit, recusavit, abdicavit (officium), abnegatus fuit.
156. Traduit, par exemple, par πηδάω "sauter" en Lv 11, 21.
157. Ce verbe est sans doute utilisé en Jb 6, 9 (aramaïsme).

loquées, les collines antiques se sont effondrées. À lui les antiques parcours !" (TOB)
- LXX : ἔστη καὶ ἐσαλεύθη ἡ γῆ ἐπέβλεψεν καὶ <u>διετάκη</u> ἔθνη διεθρύβη τὰ ὄρη βίᾳ <u>ἐτάκησαν</u> βουνοὶ αἰώνιοι

Le traducteur est ainsi resté spontanément dans le champ sémantique de la dissolution des roches et des cœurs, habituel dans les tableaux apocalyptiques, présentant des verbes comme מוג ou מסס "fondre", ou encore מקק "pourrir, s'écouler en pus" (par ex. Mi 1, 4 ; Na 1, 5).

LXX Ha 3, 16a

- TM : "J'ai entendu ! Mon sein frémit. À ce bruit mes lèvres tremblent (צָלֲלוּ) ..." (BJ)
- LXX : ἐφυλαξάμην καὶ ἐπτοήθη ἡ κοιλία μου ἀπὸ φωνῆς <u>προσευχῆς</u> χειλέων μου "J'ai monté la garde (= שמר pour le TM שמע) et mes intestins ont frémi au son de la *prière* de mes lèvres".

Le verbe צלל a le sens de "résonner, tinter", ce que la LXX traduit ordinairement par l'équivalent grec ἠχέω (1 S 3, 11 ; 2 R 21, 12 ; Jr 19, 3) ; il a, dans ces trois passages, "les oreilles" pour sujet. Pour ce verset, où "les lèvres" sont le sujet, HALOT recommande la traduction "trembler".

Ainsi que le fait remarquer la BdA,[158] la traduction de la LXX repose évidemment sur le verbe araméen très fréquent צלי "prier"[159] (traduisant généralement l'hébreu קרא ou צעק "crier vers, invoquer" ; פלל ou עתר "prier, supplier").

En araméen, les deux verbes צלל et צלי coexistent, développant des formes assez proches, comme nous le voyons d'après la traduction araméenne de ce verset :

- Tg Ha 3, 16 : לקל מליא אילין צלא ספותי "au son de ces paroles, mes lèvres ont frémi"

Le verbe géminé צלל est ici à l'accompli *peal* 3 fém. pl., même si l'on attendrait plutôt צָלָה ; si le traducteur grec est parti de traditions fixées en

---

158. BdA 23.4-9, 298.
159. L'équivalent hébreu צלה a une signification tout à fait différente, puisqu'il signifie "rôtir".

araméen, comme je le suggérerai plus loin, l' *aleph* a pu le mener plutôt sur la piste de צלא / צלי (même si le *pael* accompli 3 fém. pl. aurait été différent : צליא), surtout avec "lèvres" comme sujet. Les confusions entre ces deux verbes ne sont de toute façon possibles qu'en araméen. Dès lors, soit on imagine que le traducteur grec est parti d'interprétations fixées en araméen qui l'ont écarté du texte hébreu, soit on penche pour une interprétation volontaire d'après l'araméen. Il n'est pas exclu, en effet, que dans cette doxologie, le traducteur ait vu l'introduction de la prière comme opportune.

LXX So 1, 12b

Le TM de So 1, 12b annonce que le Jour de Yhwh est proche : "En ce temps-là, je fouillerai Jérusalem aux flambeaux, je visiterai les hommes *qui s'épaississent sur leur lie*, ceux qui disent dans leur coeur : Yhwh ne peut faire ni bien ni mal". L'expression "qui s'épaississent sur leur lie" (הַקֹּפְאִים עַל־שִׁמְרֵיהֶם), càd qui croient échapper à la vindicte comme du vin qui vieillit tranquillement dans sa cave, a été traduite différemment en grec : "... je sévirai contre les hommes *qui méprisent leurs commandements...*" (τοὺς καταφρονοῦντας ἐπὶ τὰ φυλάγματα αὐτῶν).[160]

Le verbe קפא "se figer, se coaguler, s'épaissir" ne semble pas avoir été insurmontable pour les traducteurs grecs dans les autres passages où il figure, puisqu'il est rendu par le verbe grec équivalent πηγνύναι.[161] Aussi a-t-on proposé de lire, au lieu du verbe καταφρονεῖν, le verbe καταφορεῖν (καταφοροῦντας), dénominatif de καταφορά "le sommeil léthargique", qui aurait traduit en termes concrets le verbe métaphorique קפא.[162] Cependant, dans la LXX on ne rencontre jamais ni le substantif καταφορά ni le verbe καταφορεῖν : Aquila seul utilise le substantif pour traduire l'hébreu תרדמה.[163]

Dès lors, le traducteur grec ne se serait-il pas basé, pour sa traduction, sur le sens du verbe קפא en hébreu tardif, qui signifie "être léger,

---

160. Le verbe καταφρονεῖν + ἐπί dans Tb 4, 18 (+ gén.) est renseigné par LEH. Le pronom αὐτῶν équivaut souvent à ἑαυτῶν dans la LXX (Jérôme traduit la traduction de la LXX par "qui contemnunt custodias suas").

161. En Ex 15, 8 ; Jb 10, 10 (A) ; Si 43, 20.

162. Cette suggestion de Biel a été retenue par Schleusner, *Lexicon in LXX*, s.v. καταφορέω. Quoique le dictionnaire de Liddell et Scott – Jones ne donne pas, pour καταφορέω, le sens de "dormir", Schleusner a cependant trouvé cette signification chez Hésychius : καταφορεῖν = ὑπνοῦν. Ziegler cite cette conjecture dans son apparat critique ; W. Rudolph l'a adoptée dans son commentaire (KAT XIII/3, 263, 12c).

163. Gn 2, 21 ; 1 S 26, 12 ; Pr 19, 15 ; Is 29, 10.

flotter, être au sommet" ? Le participe passif קפוי a pris le sens de "être peu estimé" ; ainsi, dans TB *Pes.* 50a, קפוי est employé comme antonyme de יקר "précieux". C'est, selon moi, sur le champ sémantique de ce verbe tardif que le traducteur grec s'est basé.[164]

Le substantif hébreu שֶׁמֶר "la lie" – que le traducteur grec des Ps connaît[165] – a été considéré comme un substantif de la racine שמר "garder, observer" (מִשְׁמֶרֶת[166] ou peut-être מִשְׁמָר[167]).

A l'instar du Tg qui "délie" souvent les métaphores pour la meilleure compréhension du lecteur[168] (ici : "les hommes qui se reposent[169] sur leurs richesses"), le traducteur grec a "traduit" de façon concrète l'expression

---

164. Il a pu être influencé par une autre donnée, qui n'aurait fait que le renforcer dans sa traduction : le verbe קפא a pour équivalent en syriaque (cfr. Pesh. Jb 10, 10), le verbe מסא "se coaguler", qui est en relation de métathèse avec l'hébreu מאס "mépriser". Il correspond à h. מסה / araméen מסי, mais le sens de l'hébreu et de l'araméen est quelque peu différent du syriaque, puisqu'il signifie "se liquéfier, fondre". Or, ce verbe h. מסה a deux synonymes proches, de même origine, vraisemblablement : מסס et מאס II, homonyme de מאס "mépriser" (par ex. Ps 58, 8 : יִמָּאֲסוּ כְמוֹ־מַיִם).

165. TM שֶׁמֶר – LXX τρυγία ("la lie") : Ps 75[74], 9. Ce substantif est également utilisé pour traduire שֶׁמֶר par Symmaque (Ps 75[74], 9 et Jr 48[31], 11) et Théodotion (Is 25, 6.6).

166. Le grec φύλαγμα correspond, en effet, toujours à l'hébreu מִשְׁמֶרֶת. Bien que Jérôme ait traduit LXX φυλάγματα par "custodias" (veille, garde), qui est effectivement l'un des sens possibles de מִשְׁמֶרֶת, la LXX semble bien avoir distingué φύλαγμα pour le commandement religieux et φυλακή pour la garde (cfr. LEH ; Muraoka, *Lexicon*, s.v. φύλαγμα, traduit ainsi le passage : "ordinances incumbent upon them"). Jérôme pensait-il, en traduisant la LXX, à l'organisation en gardes, laquelle remonterait à l'époque du premier Temple, si l'on en croit 1 Ch 24, 7–18 ? Cfr. les "mishmaroth" dans la littérature rabbinique (Jastrow cite Mish. *Ta'anith* 4, 2).

167. Ce substantif est utilisé au pluriel en Ne 13, 14, pour désigner le service du Temple.

168. Cfr. Roger Le Déaut, "*Un phénomène spontané de l'herméneutique juive ancienne : le "targumisme"*, Bib 52 (1971), 505–25. A la p. 510, Le Déaut explique : "Le Targum a pour premier but de faire comprendre le texte à un auditoire concret, et pour cela recourt à des solutions instantanées et simples. Le traducteur n'est pas, comme un moderne, face à un texte qui fait loi à peu près seul, mais il doit compter sur les exigences d'une assemblée liturgique. Une traduction n'est pas bonne ou mauvaise *en soi, mais pour qui* ? L'auditeur n'a pas la ressource de consulter des notes ; le contenu de celles-ci, avec l'exégèse que souvent elles supposent, le targum l'insère dans la trame du texte" (512). "Le souci de clarté pousse à donner la signification concrète d'une métaphore, d'une allégorie, d'une parabole. [...] Les comparaisons et les images sont traduites en langage concret, tout comme les métonymies".

"se figer sur sa lie".[170] Comme le constate la BdA, "le traducteur grec a transposé délibérément, selon le contexte, en accord avec plusieurs autres passages qui dénoncent ceux qui délaissent le droit",[171] mais il faut souligner que cette transposition s'est faite en gardant un lien matériel avec le TM, interprété vraisemblablement d'après l'hébreu tardif.

LXX Dn 11, 21.24.45

En Dn 11, 21.24, la traduction grecque ἐξάπινα "soudain" pour traduire le TM בְּשַׁלְוָה "en toute tranquillité" s'explique par l'expression araméenne proche בִּשְׁלָיָה "soudain". De même, en Dn 11, 45, le TM "la montagne de la sainte splendeur" (הַר־צְבִי־קֹדֶשׁ) a été traduit par τοῦ ὄρους τῆς θελήσεως τοῦ ἁγίου "la montagne de la volonté du saint", d'après l'araméen צבי "trouver plaisir, choisir, désirer".

LXX Dn 12, 2

Le substantif דֵּרָאוֹן "objet de répulsion" figure deux fois dans le corpus biblique, en Is 66, 24 et en Dn 12, 2, où il évoque le sort futur des "méchants". Quoique rare, la compréhension de ce mot n'était pas hors de la portée des traducteurs dans le verset de Daniel, où דֵּרָאוֹן a pour parallèle (ou glose ?) le substantif courant חֶרְפָּה "la honte, l'outrage, la disgrâce" (לַחֲרָפוֹת לְדִרְאוֹן עוֹלָם) qui aurait pu guider le traducteur grec, au moins dans une traduction approximative. Or, celui-ci semble bien avoir eu recours à l'araméen, puisqu'il traduit l'expression par : οἱ δὲ εἰς ὀνειδισμόν οἱ δὲ εἰς διασποράν καὶ αἰσχύνην αἰώνιον "… et ceux-là (se réveilleront) pour l'outrage,[172] et ceux-là pour *la dispersion* et la honte éternelle". La "dispersion" (il ne restera plus rien des coupables après le jugement) provient manifestement d'une lecture d'après l'araméen דרא "disperser"[173]

---

169. Ce verbe vient sans doute de Jr 48, 11 : וְשָׁקַט הוּא אֶל־שְׁמָרָיו.

170. De même, en Jr 48[31], 11, le traducteur grec a traduit le TM "qui se repose sur sa lie" en "qui se fie à sa gloire" (πεποιθὼς ἦν ἐπὶ τῇ δόξῃ αὐτοῦ).

171. BdA 23.4-9, 345-6 ; cfr. aussi p. 323.

172. Le verbe ὀνειδίζω (ainsi que les substantifs de la même famille : ὄνειδος, ὀνείδισμα et ὀνειδισμός) a adopté le champ sémantique de la racine hébraïque חרף "outrager" qu'il traduit très généralement et a donc évolué par rapport au sens courant du grec classique "reprocher".

173. Ce verbe est moins fréquent que son équivalent בדר, mais on le trouve, par exemple, en Tg Is 41, 16 ; Jr 4, 11 et 15, 7 (LXX διασπείρω).

(équivalent de l'hébreu pourtant bien distinct זרה). Il est probable que le substantif αἰσχύνην est un ajout postérieur destiné à "corriger" la traduction.[174] Théodotion, d'ailleurs, éliminera le substantif διασπορά, ne gardant que les deux autres : εἰς ὀνειδισμὸν καὶ εἰς αἰσχύνην αἰώνιον, dans le but de mieux adhérer à son modèle hébreu.[175]

LXX Ps 17[16], 11

- TM : "Les voici sur nos talons (אַשֻּׁרֵינוּ) ; maintenant ils m'entourent, l'oeil sur moi pour me terrasser" (TOB).
- LXX : "M'expulsant (ἐκβάλλοντές με), maintenant ils m'ont entouré ; ils ont posé leurs yeux pour me coucher à terre"

Qu'il s'agisse d'une forme du substantif אַשֻּׁר "le pas, la trace de pas" ou du verbe אשר "marcher, mener" (le HALOT suggère la traduction : "track me down"), le traducteur grec y a vu une forme (sans doute le *aphel*, bien distinct du *hiphil* hébreu, avec sa préformante en *aleph* plutôt qu'en *hé*) de la racine araméenne שׁדי "lancer",[176] le *resh* étant proche graphiquement du *daleth* et souvent confondu avec lui. Nous trouvons, en effet, quatre versets, où, pour l'araméen שׁדי, la LXX présente une forme de βάλλω ou un composé.[177]

LXX Ps 23[22], 4a

- TM : "Même si je marche dans *un ravin* d'ombre et de mort (בְּגֵיא צַלְמָוֶת), je ne crains aucun mal, car tu es avec moi ;" (TOB)

---

174. Dans l'édition de Göttingen, les éditeurs l'ont mis entre crochets.
175. La Vg Dn 12, 2, quant à elle, est passée par le verbe proche ראה "voir" (in obprobrium ut <u>videant</u> semper), comme l'ont fait toutes les Versions en Is 66, 24. En effet, דראון "objet de répugnance" y a été traduit par εἰς ὅρασιν dans la LXX ("et ils = les impies en décomposition seront *un spectacle* pour toute chair"). Le Tg et la Vg, pour leur part, coïncident dans leur interprétation de דראון, qu'ils décomposent en "assez" (די) + "vision" selon la technique du notarikon, puisque le Tg traduit מיסת חזינא "nous avons vu assez" et la Vg : usque ad satietatem visionis (Idem manuscrit lucianique 544 : ικανον οραν ; cfr. apparat critique de Ziegler).
176. Et non אשד comme le suggère le LEH, s.v. ἐκβάλλω, car ce verbe araméen est presque exclusivement utilisé dans le sens de "répandre" le sang.
177. Jg 20, 16 ; 2 Ch 26, 15 ; Jb 38, 6 ; Qoh 3, 6.

- LXX : ἐὰν γὰρ καὶ πορευθῶ <u>ἐν μέσῳ</u> σκιᾶς θανάτου οὐ φοβηθήσομαι κακά ὅτι σὺ μετ' ἐμοῦ

Nous n'avons pas d'autre occurrence du substantif גַּיְא "la vallée, le ravin" dans le livre des Psaumes, mais il est vraisemblable que ce mot ne présentait pas de difficultés particulières de compréhension, puisque dans tous les autres livres où il figure, les traducteurs le traduisent en général correctement.[178] Or le traducteur des Ps semble bien avoir lu spontanément, non pas le TM בְּגֵיא "dans la vallée" (avec un *yod*), mais בְּגוֹא (avec un *waw*), et l'avoir interprété d'après l'araméen courant בגו (écrit à l'occasion בגוא) "au milieu de", qui n'apparaît pas en hébreu biblique.[179] Dans la mesure où la traduction n'est pas fondamentalement différente de son modèle, qu'elle ne semble pas avoir voulu éviter un texte problématique ou avoir voulu imprimer une variation théologique essentielle, nous pouvons en conclure que le traducteur n'a pas eu conscience de passer par l'araméen. Ce qui est implique en outre que le traducteur grec n'avait pas de tradition de vocalisation bien établie à sa disposition. Nous trouvons le même phénomène en Jr 49, 19[30, 13],[180] où le TM מִגֵּאוֹן a été lu מִגֹּוא et, là encore, a été traduit d'après l'araméen (<u>ἐκ μέσου</u> τοῦ Ιορδάνου), puisque מִגֹּוא n'existe pas davantage en hébreu biblique. Par ailleurs en Jb 41, 7, le substantif גַּאֲוָה "l'orgueil, le sujet d'orgueil" a été traduit τὰ ἔγκατα αὐτοῦ "ses entrailles" par la LXX, le *hé* final ayant sans doute été interprété comme le suffixe possessif araméen de la 3ème personne masculin singulier.[181] Enfin, en Is 51, 23, le substantif גֵּו "le dos" a été traduit par τὰ μέσα "l'intérieur" par une partie de la tradition textuelle (mais AB = TM : τὰ μετάφρενά "le dos").

---

178. Ainsi, en Nb 21, 20 ; Dt 3, 29 ; Ez 6, 3 et 36, 6, nous trouvons la traduction νάπη "la vallée boisée, le ravin". En Dt 4, 46 ; Is 22,1.5 ; 40, 4 ; Jr 7, 32 ; Ez 31, 12 ; 35, 8 ; Za 14, 5 ; 2 Ch 26, 9 ; Neh 2, 15 et 3, 13, גַּיְא est traduit par φάραγξ "le ravin". En 1 S 17, 3, par αὐλών "la vallée". En Ez 36, 4, par χείμαρρος "le torrent". En Mi 1, 6 et Za 14, 4, par χάος "l'abîme". En Jr 2, 23 ; 19, 6 ; Ez 36, 11, par τὸ πολυάνδριον "la fosse commune". Enfin, en Dt 34, 6 et 1 Ch 4, 39, il est considéré comme un nom propre : Γαι.

179. Dans le Tg, בגו est la traduction habituelle de l'hébreu בְּתוֹךְ. Le HALOT conjecture l'existence d'un substantif II *גֵּו "l'intérieur" pour Jb 20, 25, mais normalement, il n'existe en hébreu que le substantif גֵּו "le dos". Le BDB, de son côté, répertorie l'araméisme II. גֵּו "le milieu" pour Jb 30, 5.

180. Le verset identique Jr 50, 44 a été traduit un peu différemment par la LXX (27, 44) : ἀπὸ τοῦ Ιορδάνου.

181. La traduction de la Vg (*corpus illius*) a sans doute pour origine le substantif proche גְּוִיָּה "le corps".

LXX Ps 51[50], 6

- TM : "Contre toi, et toi seul, j'ai péché, ce qui est mal à tes yeux, je l'ai fait, ainsi tu seras juste quand tu parleras, irréprochable (תִּזְכֶּה) quand tu jugeras" (TOB).
- LXX : σοὶ μόνῳ ἥμαρτον καὶ τὸ πονηρὸν ἐνώπιόν σου ἐποίησα ὅπως ἂν δικαιωθῇς ἐν τοῖς λόγοις σου καὶ <u>νικήσῃς</u> ἐν τῷ κρίνεσθαί σε "... afin que tu sois trouvé juste dans tes paroles et que tu vainques lorsque tu juges / es jugé"

La traduction du verbe זכה "être pur, innocent", qui vient en parallèle avec צדק "être juste", coïncide nettement avec le sens du syriaque זכא, dont le sens premier est celui de "vaincre, surmonter", et le sens second seulement, celui d'"être pur, irréprochable". Que le traducteur ait interprété בְשָׁפְטֶךָ par un Moyen ("dans ton fait de juger") ou par un Passif : "dans ton fait d'être jugé", tout naturellement, le contexte du procès a imposé le sens du syriaque (vaincre dans un procès, l'emporter). La Vg a conservé la traduction de la LXX : "vincas", même dans la Version "iuxta Hebraicum".

LXX Ps 65[64], 8

Comparons les Ps 65[64], 8 (שָׁאוֹן > שאה "causer un fracas") et Ps 89[88], 10 (בְּשׂוֹא > נשׂא "soulever") :

Ps 65, 8
- TM : מַשְׁבִּיחַ שְׁאוֹן יַמִּים שְׁאוֹן גַּלֵּיהֶם וַהֲמוֹן לְאֻמִּים "Il *apaise* le *vacarme* des mers, le *vacarme* de leurs vagues et le grondement des peuples" (TOB).
- LXX : ὁ συνταράσσων <u>τὸ κύτος</u> τῆς θαλάσσης <u>ἤχους</u> κυμάτων αὐτῆς ταραχθήσονται τὰ ἔθνη "toi qui *perturbes la cime* de la mer, *les bruits* de ses flots ; les peuples seront perturbés".

Ps 89, 10
- TM : אַתָּה מוֹשֵׁל בְּגֵאוּת הַיָּם בְּשׂוֹא גַלָּיו אַתָּה תְשַׁבְּחֵם "C'est toi qui maîtrises l'orgueil de la Mer ; quand ses vagues *se soulèvent*, c'est toi qui les *apaises*" (TOB).
- LXX : σὺ δεσπόζεις τοῦ κράτους τῆς θαλάσσης <u>τὸν δὲ σάλον</u> τῶν

κυμάτων αὐτῆς σὺ καταπραΰνεις "C'est toi qui maîtrises la force de la mer, et *l'agitation*[182] de ses flots, c'est toi qui l'apaises".

La LXX de Ps 89[88], 10 semble bien avoir lu שְׁאוֹן "le vacarme" à l'état construit[183] plutôt que le TM שׂוֹא "le lever", même si la traduction de ce substantif diverge de celle de LXX Ps 65[64], qui en offre deux traductions : τὸ κύτος τῆς θαλάσσης ἤχους κυμάτων αὐτῆς "la *cime* de la mer, le *vacarme* de ses flots". La traduction τὸ κύτος, qui apparemment désigne la canopée, la cime d'un arbre (d'après Dn 4, 11.22) pourrait indiquer, à l'inverse, que le traducteur a voulu rendre les deux variantes à sa disposition : שׁאה "faire du vacarme" et נשׂא "être élevé". Clairement, la tradition textuelle hésitait entre les deux racines.

Mais regardons ce qui nous intéresse : la traduction du *piel* שׁבח "apaiser" par le contraire συνταράσσω "perturber", au Ps 65, 8. Cette traduction pourrait s'expliquer par le verbe araméen en relation de métathèse בחשׁ, qui signifie "examiner, secouer, agiter", et plus particulièrement en syriaque : "perturber".[184] Il ne s'agit pas d'une ignorance, puisque le même verbe, dans le même contexte, a été correctement traduit au Ps 89.[185] Sans doute le traducteur (ou le scribe de la *Vorlage* ?) a-t-il tenu compte du verset suivant (v. 9), où les habitants des extrémités du monde s'effraient (וַיִּירְאוּ) devant les prodiges divins.

---

182. En LXX Jon 1, 15, ce substantif indique clairement la fureur de la mer.

183. C'est d'ailleurs la suggestion de la BHS.

184. Payne Smith, *Thesaurus syriacus*, col. 508 : agitavit ; metaph. cupiditate incendit ; cfr *aphel* agitavit valde = συνταράσσω Geop. 87.1. Michael Sokoloff, *A Syriac Lexicon*, Gorgias Press & Eisenbrauns (2009), 136 : "to impel, drive, excite ; to move ; to stir or poke a fire ; to rouse, restore fertility ; to disturb ; *pa.* to stir ; *aph.* to put in motion, stir up".

185. Nous trouvons une interprétation de nature similaire (TM שׁבח "apaiser" ; Pesh. et Tg (variante) חשׁב "méditer, réfléchir") en Pesh. et Tg Pr 29, 11 : pour le TM "Le sot donne libre cours à toutes ses passions, mais le sage, en les retenant, les *apaise* (יְשַׁבְּחֶנָּה)", la Pesh. (מתחשב) et le Tg (מחשב / מיחשל) ont traduit : "... mais le sage *planifie* / *médite* dans ses pensées". La variante חשׁל correspond également à חשׁב (cfr. Tg Ps 21, 12 et Tg Jb 21, 27, où ces deux verbes sont parallèles ; en Ps 35, 4.20 ; 36, 5 ; 41, 8 ; 140, 3.5 ; Jb 35, 2, le TM חשׁב a été traduit dans le Tg חשׁל).

LXX Jb 3, 3

- ♦ TM : "Périsse le jour où j'allais être enfanté et la nuit qui a dit : "Un homme *a été conçu* !" (TOB)
- ♦ LXX : ἀπόλοιτο ἡ ἡμέρα ἐν ᾗ ἐγεννήθην καὶ ἡ νύξ ἐν ᾗ εἶπαν ἰδοὺ ἄρσεν "Périsse le jour où je fus mis au monde et la nuit où on a dit : "*Voici un mâle*" !

La traduction ἰδοὺ "voici", pour l'hébreu הֹרָה "il a été conçu" (le verbe הָרָה étant très fréquemment utilisé avec יָלַד, comme c'est le cas dans ce verset également) ne peut s'expliquer que par l'araméen אֲרֵי / variante הֲרֵי "voici". Vu que la différence de sens est absolument minime, il y a toutes les chances que le traducteur grec ait spontanément pensé à cette conjonction araméenne fréquentissime ; il vit dans un monde où l'araméen s'est imposé, et certaines de ses traductions s'expliquent par le fait qu'il ne trace plus vraiment de frontières nettes entre l'hébreu biblique et l'araméen/l'hébreu post-biblique.

LXX Jb 10, 8

En Jb 10, 8, avec Dieu comme sujet (et Job comme objet), la LXX a traduit בלע "avaler, engloutir, anéantir" par le verbe παίω "frapper" ; tel est le deuxième sens du syriaque בלע.[186] Le traducteur grec a vraisemblablement renoncé à la notion d' "avaler" jugée trop anthropomorphique. Ce verbe, dans son sens premier "avaler" a été évité aussi bien par le Tg que par la LXX, du moins dans certains passages.

Ainsi, plutôt que de voir Dieu "avaler" (anéantir, faire disparaître)[187] la mort – ce qui serait pourtant une juste revanche sur le dieu cananéen Môt,

---

186. Payne Smith, *Thesaurus syriacus* : 1. deglutivit ; 2. vapulavit, caesus est ; *aphel* : percussit, vulneravit. Ce verbe est utilisé dans ce sens, par exemple, en Pesh. 19, 16 ; Nb 16, 26 ; Ex 22, 2 ; Jos 22, 20 ; 1 S 26, 10 ; 2 S 11, 15 ; Is 1, 5 ; 9, 13 ; 30, 31 ; Jr 51, 6 ; Za 13, 6 etc. Jastrow reconnaît, à côté du sens "avaler" (*swallow*), un sens "to receive blows", qui serait apparenté à celui du syriaque, mais peu attesté.

187. Clines, *Dictionary of Classical Hebrew*, par ex., distingue quatre racines בלע, la quatrième étant indiquée comme hypothétique. Pour Is 25, 8, les lexicographes suggèrent en général la forme *pual*, plutôt que *piel* (cfr. BHS app. crit.), mais le *piel* et le sens courant de "dévorer" ne me semblent pas devoir être rejetés pour cette glose, qui a été traduite très diversement par les Versions. Notons le sens bien concret en Jr 51, 34 ("il m'a avalée comme le dragon").

dont une lèvre est au ciel et une lèvre sur la terre[188] –, le Tg Is 25, 8 rapporte ceci (tout comme בְּלַע du v. 7[189]) aux hommes : "ils oublieront la mort pour toujours". Pour sa part, la LXX a fait de la mort le sujet du verbe : κατέπιεν ὁ θάνατος ἰσχύσας "l'ayant emporté, la mort a avalé".

De même, en LXX Ps 21[20], 10, le TM יְבַלְּעֵם (Yhwh les *engloutira* dans sa colère, le feu les avalera) a été traduit de manière plus neutre par συνταράξει "ébranlera, fera trembler". Il est clair que le parallèle אכל (traduit par καταφάγεται) pouvait guider, si besoin en était, le sens de בלע "engloutir, avaler" ; le traducteur grec (ou une variante sur sa *Vorlage* ?), par respect, a sans doute interprété בלע (généralement traduit par καταπίνω "avaler") d'après le proche בהל "bouleverser, terrifier" (métathèse, mutation de gutturale[190]), traduit généralement par ταράσσω "troubler, faire trembler, ébranler".[191] Il est vrai, d'une part, que ταράσσω sert à exprimer divers autres verbes hébreux, et, d'autre part, que בלע lui-même[192] a un champ sémantique plus large que "avaler", mais il reste que le traducteur ne s'est pas contenté de la traduction habituelle καταπίνω pour Dieu.

Enfin, en Jb 2, 3, où Dieu est également sujet de בלע, nous trouvons la traduction plus neutre ἀπόλλυμι "détruire" (qui est, effectivement, le sens figuré de בלע), tandis que le Tg a introduit l'hypostase "ma Parole". En Is 19, 3, nous trouvons le verbe διασκεδάννυμι "disperser".

---

188. Cfr. René Labat et alii, *Les religions du Proche-Orient asiatique*, Paris (1970), 421–22. La gloutonnerie de Môt est exprimée en divers autres passages du poème de "Baal et la Mort". En Pr 1, 12, nous trouvons : נִבְלָעֵם כִּשְׁאוֹל חַיִּים וּתְמִימִים כְּיוֹרְדֵי בוֹר BJ "Comme le shéol, avalons-les tout vifs...".

189. Traduit יסתלעמון "ils seront éliminés".

190. Kutscher, *The Language and Linguistic Background of the Isaiah Scroll*, 57–60, rappelle l'amuïssement des gutturales à la fin de la période du 2ème temple dans une frange de la population, sans doute à cause du grec (car l'amuïssement n'a pas eu lieu en araméen) dans les cercles urbains hellénisés, d'où les possibilités de confusions et de substitutions.

191. Nous trouvons une vingtaine d'attestations TM בהל - LXX ταράσσω dans Hatch - Redpath. Ainsi que trois attestations pour le composé συνταράσσω en Da[Th]. En Is 3, 12, nous rencontrons la même transformation : TM "ils ont effacé (בִּלֵּעוּ) les chemins que tu suis". - LXX : καὶ τὸν τρίβον τῶν ποδῶν ὑμῶν ταράσσουσιν. Dans ce verset d'Is, c'est sans doute pour adapter le vocabulaire au "chemin", car en 9, 15, dans un contexte similaire, le verbe בלע a été traduit par son équivalent habituel : καταπίνω.

192. Que l'on reconnaisse une seule racine à sens un peu plus large que "avaler, détruire", ou que l'on reconnaisse, avec HALOT, plusieurs racines homonymes, dont III בלע ? = בלל : "rendre confus" : Is 3, 12 ; 19, 3 ; 28, 7 ; Qoh 10, 12.

Ceci dit, nous trouvons également des traductions plus ou moins littérales. En Ps 55[54], 10 et en Lm 2, 2.5, la LXX a choisi, pour traduire בלע avec Dieu comme sujet, le verbe καταποντίζω "jeter à la mer (d'après son étymologie), submerger". Est-ce une atténuation ? A première vue, oui. Cependant, καταποντίζω semble bien avoir été ressenti comme synonyme de καταπίνω (cfr. Ps 69[68], 16 : καταποντίζω // καταπίνω) ; d'ailleurs, καταποντίζω traduit aussi בלע en 2 S 20, 19.20 et Qoh 10, 12, où Dieu n'est pas sujet. Les corrections par respect restent assez rares (et non systématiques) dans la LXX, et certainement pour les Ps, si l'on compare le Ps 21 (atténuation par respect) et le Ps 55 (traduction apparemment littérale). Comme l'exprime si bien Siegert :[193] "Fragen wir nochmals : Wie lässt sich die Uneinheitlichkeit des Septuaginta-Psalters erklären ?"

En ce qui concerne le Tg, au Ps 55, 10, nous trouvons le verbe סַלְעֵם, qui traduit le plus souvent בלע "avaler, détruire", tandis qu'en Lm 2, 2.5, nous trouvons le verbe moins anthropomorphique שֵׁיצֵי "détruire". Certes, au v. 2 בלע est parallèle à הרס "démolir", et au v. 5 à שחת *piel* "ruiner", mais peut-être faut-il envisager la possibilité que les Lm, considérées comme l'œuvre de Jr, et donc, comme la Torah et les Prophètes, aient été plus strictement censurées que les Ecrits ?

LXX Jb 34, 30 et 36, 16

Quand le traducteur de Job traduit à deux reprises חָנֵף "impie" par ὑποκριτής "dissimulateur, fourbe"[194] (Jb 34, 30 et Jb 36, 13), à côté de traductions plus conformes au sens de l'hébreu classique, comme ἀσεβής (Jb 8, 13 ; 15, 34 ; 27, 8) ou παράνομος (Jb 17, 8 ; 20, 5), il est manifestement influencé par le sens de la racine חנף en hébreu tardif et en araméen, qui a pris le sens de "ne pas être sincère, flatter,[195] tromper" ; la traduction de Jb 13, 16 en δόλος "fourberie" va dans le même sens. Il est significatif que

---

193. Siegert, *Zwischen Hebräischer Bibel und Altem Testament*, 311.
194. Cfr. Ceslas Spicq, *Notes de lexicographie néo-testamentaire. Supplément* (OBO 22/3), Göttingen (1972), 650–7. Spicq montre comment cette famille de mots a évolué, depuis le sens de "répondre" de ὑποκρίνομαι, puis "interpréter un songe ou un oracle", "interpréter", "déclamer", "faire semblant" (comme un acteur), "user de fourberie".
195. Cfr. Tg Ps 35, 16 traduit TM בְּחַנְפֵי par במילי שעיעותא : "par des paroles de douceur". L'association de חנף avec les paroles douces et flatteuses vient de Da 11, 32.

les traducteurs juifs postérieurs, Aquila,[196] Symmaque[197] et Théodotion,[198] désireux pourtant d'adhérer au texte hébreu, vont adopter à l'occasion, eux aussi, cette traduction en ὑποκριτής pour חנף. Bien sûr, Jérôme s'inspirant des Hexaples, systématisera la traduction "hypocrita" : Jb 8, 13 ; 13, 16 ; 15, 34 ; 17, 8 ; 20, 5 ; 27, 8 ; 34, 30 ; Is 9, 17 ; 33, 14[199] (ou une traduction équivalente en "simulator" : Vg Jb 36, 13 : Pr 11, 9 ; "simulare" en Da 11, 32). Le Tg, pour sa part, traduit souvent חנף par דילטור "délateur" (ex. Tg Jb 8, 13 ; 13, 16 ; 15, 34 ; 17, 8 ; 20, 5 ; 27, 8). En Jr 23, 11, enfin, le verbe חנף a été traduit dans le sens de la dissimulation (גניבו אורחתהון "ils ont caché leurs chemins").

LXX Jb 36, 22

Le TM pose la question rhétorique suivante : "Vois, Dieu est sublime par sa force et quel *professeur* lui comparer ?" Selon la traduction de la LXX, nous trouvons : "… car qui est *un puissant* comme lui ?" (τίς γάρ ἐστιν κατ' αὐτὸν δυνάστης). L'hébreu מוֹרֶה "enseignant, professeur"[200] a été spontanément interprété d'après le substantif araméen très fréquent מָרָא "le maître, le propriétaire",[201] sans doute sous l'influence de la "force" dans le stique précédent.

LXX Pr 24, 30

En Pr 24, 30, le "paresseux" du TM est traduit par "l'insensé" dans la LXX :

---

196. Jb 15, 34 ; 20, 5 ; Pr 11, 9 ; Is 33, 14.
197. Pr 11, 9 ; Is 33, 14 ; en Os 6, 9, ὑποκριτής semble traduire TM גְּדוּדִים.
198. Jb 15, 34 ; 36, 13 ; Pr 11, 9 ; Is 33, 14.
199. En Sira 1, 37, le substantif "hypocrita" traduit la LXX ὑποκρίνω, mais le texte hébreu est perdu.
200. Ce substantif a été traduit par le participe de παιδεύω en Pr 5, 13. En Ps 84[83], 7, l'homonyme מוֹרֶה "la pluie d'automne" (et en Ps 9, 21, le substantif homographe מוֹרֶה "la terreur") a été traduit νομοθέτης "le législateur" (même interprétation dans le Tg et la Vg Ps 84[83], 7 ; et Tg Jl 2, 23) ; le verbe יָרָה hiphil a été traduit par le verbe νομοθετέω en différents versets (Ex 24, 12 ; Dt 17, 10 ; Ps 24[25],8.12 ; 26[27],11). En Is 30, 20, enfin, "tes professeurs" ont été traduits par "ceux qui te font errer" (οἱ πλανῶντές σε), sans doute, ainsi que le suggère le LEH, d'après la racine מָרָה "se rebeller". Notons que le chêne (les chênes) de Moreh a été traduit par le chêne élevé, מוֹרֶה ayant été lu רומה (métathèse) : Gn 12, 6 ; Dt 11, 30 ; le même mécanisme a présidé à la traduction du mont Moriyya en mont "élevé" en LXX Gn 22, 2.
201. Ce substantif, dans la Peshitta, sera utilisé pour traduire le tétragramme.

- TM : "Je suis passé près du champ d'un paresseux (עָצֵל), près de la vigne d'un homme sans courage (חֲסַר־לֵב)" (TOB).
- LXX : ὥσπερ γεώργιον ἀνὴρ ἄφρων καὶ ὥσπερ ἀμπελὼν ἄνθρωπος ἐνδεὴς φρενῶν "Comme un champ (est) l'homme insensé et comme une vigne, l'homme qui manque de méninges"

Le vocable עָצֵל "paresseux" a pour équivalent l'araméen עטלא (c'est d'ailleurs la traduction du Tg). Or ce substantif, en syriaque, a pris un sens légèrement différent, puisqu'il signifie : "dur d'oreille, sourd, stupide". Le traducteur pourrait avoir été conduit à cette traduction influencée par le syriaque en raison du parallèle "manquant de coeur", qui peut être compris comme signifiant manquant d'intelligence, même si עָצֵל tirait l'expression plutôt vers : celui qui manque de courage.[202]

LXX Pr 29, 13

En Pr 29, 13, le mot h. רָשׁ "le pauvre" a été interprété par la LXX d'après l'araméen רשא ("prêter") = h. נשא, puisqu'il est traduit par δανειστής "le créancier", ainsi que nous le trouvons dans certains manuscrits du Tg : רשיא "le créancier" (tandis que d'autres manuscrits présentent la traduction מסכינא "le pauvre"= TM = Pesh.). Le traducteur connaît pourtant le sens de רָשׁ, puisque, dans le passage plus ou moins similaire des Pr 22, 2, qui met en scène, cette fois, "le riche" et "le pauvre" qui se rencontrent, il a traduit fidèlement רשׁ par le mot grec équivalent πτωχὸς (πλούσιος καὶ πτωχὸς ; idem Pesh. et Tg : עתירא ומסכינא). Cette traduction, qui passe par l'araméen, lui permet d'offrir un meilleur parallèle au deuxième sujet, le "débiteur", qui suit immédiatement.

- TM : רָשׁ וְאִישׁ תְּכָכִים נִפְגָּשׁוּ מֵאִיר־עֵינֵי שְׁנֵיהֶם יְהוָה "Le pauvre et l'oppresseur se rencontrent : tous deux reçoivent de Yahvé la lumière" (BJ).

---

202. Le traducteur de la BdA 17, 301, note que : "le 'paresseux' est devenu en grec un 'insensé', *aphrôn* ; la dimension intellectuelle est d'autant plus affirmée que ce mot résonne avec *endees phrenôn* au stique b, qui traduit comme toujours l'hébreu *ḥasar-lêb*, "dénué de coeur".

- LXX : δανιστοῦ καὶ χρεοφειλέτου ἀλλήλοις συνελθόντων ἐπισκοπὴν ποιεῖται ἀμφοτέρων ὁ κύριος "Lorsqu'un créancier et un débiteur se rencontrent, le Seigneur les "visite" tous les deux"

Le traducteur grec a également modifié le reste de la phrase au profit de la traduction stéréotypée plus neutre (qui reflète le champ sémantique de פקד : "visiter pour le bien ou pour le mal", "punir"), qui évite l'illumination des yeux du créancier.

LXX Ct 2, 17

En Ct 2, 17 (et 4, 6 idem), le verbe נוס "s'enfuir" (וְנָסוּ הַצְּלָלִים) a été traduit par καὶ κινηθῶσιν αἱ σκιαί "(jusqu'à ce que) bougent/tremblent les ombres". Pour le verbe κινέω au passif, le LEH recommande de traduire, pour ce verset, "disparaître" (*to move away, to disappear*) ; sans doute est-ce, en gros, le sens général de la proposition. Cependant, le sens premier imprimé par le traducteur est vraisemblablement celui de "trembler". En effet, les traducteurs grecs ressentaient κινέω comme signifiant également "trembler", puisque ce verbe traduit l'hébreu נוע en Jg 9, 9.11.13 ; 1 S 1, 13 ; 2 S 15, 20 ; 19, 21 ; 2 R 23, 18 ; Ps 22[21], 8 ; Jb 16, 4 ; So 2, 15. Or le verbe du TM נוס en syriaque a précisément cette signification de "trembler".[203] Le verset a donc été traduit d'après le sens de ce verbe en syriaque. Comme cela n'apporte rien de fondamentalement différent à la traduction (TM : s'enfuir / LXX : trembler), ce cas pourrait apporter un indice que les traducteurs ne traçaient pas toujours une frontière bien nette entre l'hébreu et l'araméen/ le syriaque, soit par manque de vigilance de leur part, soit qu'ils ne posaient pas la question en ces termes.

LXX Si 14, 20

- TM : אשרי אנוש בחכמה יהגה ובתבונה ישעה "Heureux l'homme qui médite sur la sagesse et qui contemple l'intelligence"
- LXX : μακάριος ἀνήρ ὃς ἐν σοφίᾳ μελετήσει καὶ ὃς ἐν συνέσει αὐτοῦ διαλεχθήσεται "Heureux l'homme qui s'occupe de la sagesse et qui raisonne avec son intelligence"

---

203. Payne Smith, *Thesaurus syriacus*, col. 2325 : trepidavit, timuit.

Le verbe שעה "regarder, contempler, faire attention à" a été traduit par διαλέγομαι "parler avec, discourir", sans doute à partir du sens de l'araméen שעי, qui au *ithpeel* a cette signification de "raconter, discuter". Ce verbe, très fréquent, traduit en général la racine hébraïque ספר "raconter".[204]

1.6. Le grec de la LXX : un grec de traduction retaillé non seulement sur l'hébreu, mais aussi sur l'araméen

Ainsi que je l'ai présenté avec les exemples קשר, פקד et נחם dans la notice très générale d'introduction sur cette langue très particulière, le grec biblique a souvent adopté le champ sémantique bipolaire (ou pluri-polaire) de son modèle hébreu, mais il faut souligner maintenant que cette bipolarité pouvait certes être déjà présente dans l'hébreu biblique, mais qu'elle pouvait aussi se partager entre l'hébreu et l'araméen (ou le syriaque), ainsi que nous l'avons déjà perçu pour συκοφαντέω.

1.6.1. Les traductions de פקד

Reprenons, pour commencer, l'exemple du verbe פקד. La LXX utilise presque systématiquement ἐντέλλομαι "ordonner" pour traduire l'hébreu צוה de même sens. Dès lors, pourquoi ἐντέλλομαι traduit-il à six reprises le TM פקד (1 S 25, 7.15.21 ; Is 13, 4.11 ; 2 Ch 36, 23) ? Certes, dans son sens "appointer, nommer, charger de", פקד se rapproche assez fort de "ordonner, commander", ce qui pourrait expliquer LXX Is 13, 4 et 2 Ch 36, 23. Mais en fait, la réponse se trouve vraisemblablement dans le champ sémantique de l'araméen פקד, dont le sens premier est précisément celui de "commander" et qui, dans le Tg, traduit massivement le TM צוה.[205]

Examinons de plus près 1 S 25, 21. Dans ce verset 21 (tout comme déjà au v. 7 et 15), nous avons le verbe פקד *niphal* dans son sens plus rare "être perdu, manquer",[206] ce que la LXX a traduit par deux verbes, le verbe dont nous venons d'expliquer l'origine araméenne ἐντέλλομαι, suivi

---

204. Par exemple en Tg Gn 24, 66 ; 29, 13 ; 37, 9.10 ; 40, 8.9 ; 41, 8.12 ; Ex 9, 16 ; 10, 2, etc.

205. Par ex. Gn 2, 16 ; 3, 11.17 ; 6, 22 ; 7, 5.9.16 ; 12, 20 ; 18, 19 ; 21, 4 ; 26, 11 ; 27, 8, etc.

206. Nous trouvons également cette signification de "manquer" en 1 R 20, 39 : "Surveille cet homme ! S'il vient à manquer (אִם־הִפָּקֵד יִפָּקֵד), ta vie répondra pour la

du verbe λαμβάνω. Le TM "C'est donc en vain que j'ai protégé au désert tous les biens de cet individu sans que rien en *disparaisse*" (וְלֹא־נִפְקַד) est devenu en grec : "... et nous *n'avons pas donné l'ordre de prendre* (καὶ οὐκ ἐνετειλάμεθα λαβεῖν) quoi que ce soit de tout ce qui était à lui". Pour pouvoir donner son sens au verset, le traducteur a dû avoir recours à deux verbes.

Aux vv. 7 et 15, en revanche, le traducteur s'était contenté de ἐντέλλομαι seul, ce qui modifiait le sens de l'énoncé ; sans doute est-ce pour cela qu'il a réagi au v. 21.

- v. 7 : καὶ οὐκ ἐνετειλάμεθα αὐτοῖς οὐθέν "nous ne leur avions donné aucun ordre"
- v. 15 : οὐδὲ ἐνετείλαντο ἡμῖν "et ils ne nous ont pas donné d'ordre" (pour TM : nous n'avons rien fait disparaître).

En Is 13, 11a, enfin, nous retrouvons פקד dans son sens "visiter, châtier" :

- TM : וּפָקַדְתִּי עַל־תֵּבֵל רָעָה וְעַל־רְשָׁעִים עֲוֹנָם "Je punirai le monde pour sa méchanceté, les impies pour leurs crimes".
- LXX : καὶ ἐντελοῦμαι τῇ οἰκουμένῃ ὅλῃ κακὰ καὶ τοῖς ἀσεβέσιν τὰς ἁμαρτίας αὐτῶν "et *j'ordonnerai* des maux pour l'univers habité et (*et je châtierai*), pour les pécheurs, leurs fautes"

Nous constatons, dans ce dernier exemple, que la traduction influencée par l'araméen se heurte au deuxième complément d'objet. Faut-il dès lors supposer que, dans le chef du traducteur grec d'Is au moins, le verbe ἐντέλλομαι "ordonner" en grec classique avait totalement épousé le champ sémantique de פקד araméen (*ordonner*), augmenté de celui de l'hébreu (*inspecter, châtier*) ? C'est probable.

---

sienne". Pour ce verset, le traducteur grec a choisi une traduction de sonorité proche : ἐὰν δὲ ἐκπηδῶν ἐκπηδήσῃ "si s'échappant, il s'échappe...".

1.6.2. Les racines בעת et בהל[207]

Etudions en parallèle LXX Jr 8, 15 et 14, 19, dont l'énoncé hébreu est identique :

- TM Jr 8, 15 : קַוֵּה לְשָׁלוֹם וְאֵין טוֹב לְעֵת מַרְפֵּא וְהִנֵּה בְעָתָה "Nous attendions la santé, mais rien de bon, le moment où nous serions guéris, mais c'est *la peur* qui vient" (TOB).
- LXX : <u>συνήχθημεν</u> εἰς εἰρήνην καὶ οὐκ ἦν ἀγαθά εἰς καιρὸν ἰάσεως καὶ ἰδοὺ <u>σπουδή</u> "*Nous nous sommes rassemblés* pour la paix et il n'y avait pas de bonnes choses pour le temps de la guérison et voici *la hâte / l'épouvante*".
- TM Jr 14, 19b : idem
- LXX : <u>ὑπεμείναμεν</u> εἰς εἰρήνην καὶ οὐκ ἦν ἀγαθά εἰς καιρὸν ἰάσεως καὶ ἰδοὺ <u>ταραχή</u> "*Nous attendions* la paix et il n'y avait pas de bonnes choses pour le temps de la guérison, et voici *le tremblement*[208]".

Si on compare LXX Jr 8, 15 et 14, 19b,[209] on constate, d'une part, que le traducteur a utilisé tour à tour les deux sens des racines hébraïques homonymes קוה, à savoir "attendre, espérer" (ce qui est le sens du TM des

---

207. Joosten, "On the LXX Translators' Knowledge of Hebrew", 173-74, a évoqué le problème de la compréhention de בהל, mais n'a pas donné un tableau complet des données.

208. Le verbe ταράσσω, que l'on traduit, en grec classique, par "troubler, perturber", a pris, d'après ses divers emplois dans la LXX, un champ sémantique qui, au passif, recouvre les différentes nuances de "être troublé, être bouleversé, être en tumulte, trembler". Ce sens "trembler" s'applique tant aux tremblements de terre (par ex. LXX Ps 18[17], 8 ; Jr 4, 24 ; Am 8, 8 etc.) qu'aux tremblements dus à la terreur (par ex. LXX Gn 42, 28 etc.). En Jdt 16, 10, nous avons d'ailleurs, comme parallèle à ταράσσομαι, le verbe φρίσσω "se hérisser d'horreur, frissonner, trembler". Il n'est pas rare, en outre, que là où nous trouvons (συν)ταράσσομαι / ταραχή dans la LXX, nous ayons זוע / זעיע "trembler /tremblement " dans le Tg (par ex. Tg Dt 2, 25 ; 2 S 22, 8 ; Is 24, 19 ; 64, 1 ; Ez 30, 4.9.16 ; 32, 2.16 ; Est 4, 4 ; 7, 6), ou encore le synonyme רתת "trembler" (Tg Ps 55, 5 = LXX Ps 54, 5). Ce sens de "trembler" doit également être préféré pour certains versets du NT : par exemple, en Lc 1, 12, où nous trouvons "la crainte" pour parallèle (καὶ ἐταράχθη Ζαχαρίας ἰδὼν καὶ <u>φόβος</u> ἐπέπεσεν ἐπ' αὐτόν). Idem Mt 14, 26 ; Mc 6, 50 ; Lc 24, 38 etc.

209. Ces deux passages sont en principe de la même main, puisque aucune hypothèse sur les différents traducteurs / réviseurs de Jérémie n'envisage une césure entre ces deux chapitres.

deux versets) et "se rassembler" ; et, d'autre part, que le substantif בְּעָתָה "l'alarme, terreur", qui ne se rencontre que dans ces deux passages de Jr, a été traduit par ταραχή "le trouble, le tremblement" en 14, 19, ce qui correspond plus ou moins au sens de l'hébreu, mais par σπουδή "la hâte" (si l'on s'en tient au sens du grec classique) en 8, 15. Or ce sens de "hâte" est celui de la racine araméenne בעת.[210]

Nous ne trouvons que deux fois le substantif בְּעָתָה dans le corpus biblique, mais le verbe בעת "*piel* : terrifier ; *niphal* : être terrifié" est, quant à lui, davantage attesté, dans des passages où le contexte de terreur ne laisse planer aucun doute. Comment ce verbe a-t-il été traduit dans la LXX ? En général par des équivalents grecs.[211] En 1 Ch 21, 30, toutefois, nous trouvons une traduction équivalente à celle du substantif בְּעָתָה de Jr 8, 15, puisque בָּעַת a été traduit par κατασπεύδω, qui, en grec classique, signifie "se hâter". Certes, cette signification est dans le prolongement sémantique de בָּעַת "être terrifié" : quand on est terrifié, on fuit à toutes jambes ; et nous le voyons particulièrement dans ce passage des Ch, où le sens du TM (David *était terrifié* devant l'épée du Seigneur) et la traduction de la LXX, si l'on respecte le sens du grec classique (David *prit ses jambes à son cou* devant l'épée du Seigneur) sont très proches. Quoique modeste, il s'agit néanmoins d'une variation sémantique.

Le traducteur de Jr et celui des Ch ont donc été influencés par l'un des deux sens possibles de l'araméen בעת, qui se partage entre ces deux significations de "terrifier, être terrifié" (comme en hébreu) et de "se hâter", quoique avec une nette prédominance du premier sens.[212]

Elargissons encore le tableau. La racine biblique בהל présente exactement le même champ sémantique à deux pôles que בעת : "être épou-

---

210. Cfr. Jastrow, *Dictionary*, s.v. בעת : "*ithp.* to be afraid, to be agitated, anxious, in haste".

211. A savoir : πνίγω "étouffer" en 1 S 16, 14.15 ; θαμβέω "terrifier" en 2 S 22, 5 et Dn Th 8, 17 ; par ταράσσω "troubler, perturber, faire trembler" en Est 7, 6 et Ps 18 [17], 5 ; par καταπλήσσω "terrifier" en Jb 7, 14 et 13, 21 ; par στροβέω "causer de la détresse" en Jb 9, 34 ; 13, 11 et 33, 7 ; par κατέχω "saisir" en Jb 15, 24 ; par ὄλλυμι "détruire" en Jb 18, 11 ; par βαπτίζω "submerger" en Is 21, 4 ; et par θορυβέω "jeter dans la confusion" en Dn 8, 17.

212. Dans le Tg, nous trouvons בעת avec cette signification de "se hâter" en Tg 1 S 23, 26.

vanté" – "se hâter", ce deuxième sens étant tardif[213] et influencé par l'araméen.[214]

Dès lors, sans doute faut-il faire l'hypothèse que ces deux racines sémitiques bipolaires (même si un sens dérive assez logiquement de l'autre) ont imprimé dans la langue de la LXX un élargissement sémantique inverse pour le verbe grec σπεύδω (et ses composés) et le substantif σπουδή, qui à côté du sens classique "hâte / se hâter", ont adopté la signification "affolement, épouvante / s'affoler, être terrifié". Ceci explique donc que, en Ex 15, 15, dans un contexte de tremblement (avec la présence du substantif רעד), le verbe בהל a été traduit par σπεύδω ; tout comme en Jg 20, 41 (A et S), 1 S 28, 21 et So 1, 18b (σπουδή).

En Dn 4, 16, la LXX ne suit pas littéralement l'hébreu, mais le verbe בהל, utilisé deux fois dans le verset, semble bien avoir été traduit, la première fois, par σπεύδω (et force est de lui attribuer, là encore, le sens non classique de "être affolé"), puis, la seconde fois, par "craindre et être pris de tremblements" (φοβηθεὶς τρόμου λαβόντος αὐτὸν). La traduction de Théodotion diverge un peu, puisque le premier בהל est traduit par le verbe équivalent συνταράσσω au passif "trembler", tandis que le deuxième בהל seul est traduit par κατασπεύδω, ce qui tend bien à indiquer que ces verbes étaient ressentis, dans le grec de la LXX, comme synonymes. De même, en Dn 5, 6, le verbe בהל semble avoir été doublement traduit dans la LXX par κατασπεύδω et σπεύδω, tous deux manifestement dans le sens de "être affolé".

Prenons enfin un exemple avec un autre verbe hébreu : המה "s'agiter, être ému" :

- TM Jr 31[38], 20b : עַל־כֵּן הָמוּ מֵעַי לוֹ רַחֵם אֲרַחֲמֶנּוּ נְאֻם־יְהוָה "et en mon coeur, quel émoi pour lui ! Je l'aime, oui, je l'aime – oracle du Seigneur" (TOB).
- LXX : διὰ τοῦτο <u>ἔσπευσα</u> ἐπ' αὐτῷ ἐλεῶν ἐλεήσω αὐτόν φησὶν κύριος

---

213. On ne le trouve, en effet, que dans des textes tardifs : en Est 2, 9 et 8, 14 ; Pr 28, 22 ; Qoh 5, 1 et 7, 9 : LXX σπεύδω ; Est 6, 14 : LXX : ἐπισπεύδω ; 2 Ch 26, 20 et 35, 21 : LXX : κατασπεύδω.

214. Idem en hébreu post-biblique.

Il est évident que la traduction "c'est pourquoi *je me suis hâté* à son sujet" n'a aucun sens,[215] et qu'il faut, là encore, passer au registre de l'affolement, du tourment : "c'est pourquoi *je me suis tourmenté* à son sujet". De même, en Si 2, 2, nous n'avons pas conservé l'hébreu, mais clairement σπεύδω a le sens de "être affolé" (puisqu'il est question de détresse).

Si l'élargissement sémantique de σπεύδω (et ses composés) avait été limité à un traducteur, en particulier l'un des traducteurs du Pentateuque, l'on aurait pu penser que ce traducteur puisait (volontairement ou involontairement) dans les ressources de l'équivalent araméen de בעת ou בהל, et que les traducteurs postérieurs ont suivi le mouvement et adopté cette traduction stéréotypée. Mais devant les divers témoignages de cet élargissement, force est de tenter de reconstruire et d'expliquer autrement le phénomène.

Sans doute faut-il imaginer que les traducteurs grecs se basaient, pour leurs traductions, sur des équivalences hébreu biblique – araméen fixées sous forme de listes,[216] ou même sur des "proto-targumim", oraux ou écrits, ancêtres de nos Targumim.[217] Ceci permettrait d'expliquer diverses coïncidences entre les traductions grecques et des champs sémantiques araméens, ou encore diverses coïncidences entre les traductions grecques et les traditions d'interprétation telles que nous les trouvons fixées dans les Targumim.[218]

---

215. C'est la traduction de Brenton, mais pour lui conférer du sens, il introduit le verbe "aider" : therefore I made haste *to help* him).

216. Ce type de procédé était traditionnel dans le Proche Orient antique, puisque, comme le rappelle A. Léonas, "à partir des Sumériens, le savoir a été conçu et transmis sous la forme de répertoires partout au Proche Orient, y compris dans l'ancien Israël" (Léonas, *Recherches sur le langage de la Septante*, 143). Dans les lettres d'El Amarna, par exemple, nous trouvons une tablette portant "une liste sans parallèles de mots égyptiens écrits en cunéiforme syllabique avec les équivalences en babylonien, écrites soit de façon syllabique, soit de façon logographique" (*Les Lettres d'El-Amarna*, Paris (1987), 17)

217. Cfr. Déjà Zecharias Frankel, *Vortudien zu der Septuaginta*, Leipzig (1841), 32, mentionnait la suggestion d'Azaria di Rossi dans son *Meor Einayim* que la LXX ait été la traduction d'un targum araméen tel que celui utilisé par Esdras, ainsi que le rappelle Leonard H. Brockington, "Septuagint and Targum", ZAW 66 (1954), 84 n. 1.

218. Joosten, "On Aramaising Renderings in the Septuagint", 598, affirme que les traductions grecques influencées par l'araméen "probably attests to a living Aramaic substratum during the time the version (= LXX) was made". Idem Joosten, "A Syntactic Aramaism in the Septuagint : ἰδού in temporal expressions", 40 : "as in the Gospels

En ce qui concerne l'éventualité d'une première forme de targum, J. Trublet, dans son chapitre sur la "Constitution et clôture du canon hébraïque"[219] rappelle qu'au retour d'exil, bien des gens ne comprenaient plus l'hébreu, ainsi qu'il pourrait bien être noté en Ne 8, 8, encore que l'interprétation de ce verset ne soit pas évidente,[220] et qu'il fallait, pour les besoins de la liturgie, traduire le texte de la Torah, en araméen vraisemblablement ; J. Trublet ajoute que, si l'on en croit le TB *Meg* 3a, Onqelos n'aurait fait que remettre en vigueur cette traduction araméenne ayant pris jour au temps d'Esdras.[221] R. Le Déaut, pour sa part, hésite à remonter jusqu'au temps d'Esdras, mais suppose "qu'en Palestine, on connaissait l'usage du Targum (oral seulement ?) à l'époque où on traduisait la Torah en grec à Alexandrie".[222] Et, s'il doute qu'on puisse affirmer l'existence d'un contact direct entre la LXX et une *version* araméenne, il reconnaît l'influence d'un *milieu* araméen.[223] En tout cas, si l'on en croit S.D. Fraade, la

---

so in the Septuagint, they (the Aramaisms) are highly intriguing. Explaining their presence is not self-evident. In some cases they may indicate that the translators had access to Aramaic translations of at least part of the Biblical text". Comme autre explication possible concernant ces aramaïsmes, J. Joosten évoque des traducteurs grecs de langue maternelle araméenne, qui pensent en araméen.

219. Dans Christoph Theobald et alii, *Le canon des Ecritures* (Lectio Divina, 140), Paris (1990), 81.

220. Ce verset a été traduit diversement : "Ils lurent dans le livre de la Loi de Dieu, en l'expliquant, en en donnant le sens et en faisant comprendre la lecture" (Pléiade) ; "Et Esdras lut dans le livre de la Loi de Dieu, traduisant et donnant le sens : ainsi l'on comprenait la lecture" (BJ) ; "Ils lisaient dans le livre de la Loi de Dieu, de manière distincte, en en donnant le sens, et ils faisaient comprendre ce qui était lu" (TOB). René G.J. Venema, *Reading Scripture in the Old Testament*, OTS 48, Leiden – Boston (2004), 169–70, expose toutes les interprétations de ce verset et conclut, pour sa part, qu'il n'est pas plausible qu'il s'agisse là des débuts de la traduction araméenne orale, malgré les affirmations du Talmud ; pour cet auteur, il faut sans doute penser plutôt à une lecture explicative ("a way of reading that is also explanatory").

221. Dans Theobald, *Le canon des Ecritures*, 116.

222. Le Déaut, "La Septante, un Targum ?", in R. Kuntzmann (éd.), *Etudes sur le judaïsme hellénistique*, Paris 1983 (LD 119), 153–54.

223. Le Déaut, "La Septante, un Targum ?", 164–65 : "Plus évidents apparaissent les contacts de la version grecque avec un milieu araméen ; mais pas forcément celui du Targum. Ainsi on a parfois traduit un mot hébreu, comme s'il s'agissait d'un terme araméen homonyme, ou encore utilisé l'équivalence araméenne comme issue dans des cas obscurs. Ce qui est certain, c'est que les traducteurs ont souvent fait appel à une lecture "araméenne" de certains termes pour donner du texte une interprétation nouvelle".

pratique d'accompagner la lecture du texte biblique par le Tg araméen est certifiée par les écrits tannaïtiques et les précède donc.[224]

Une autre chose est sûre, concernant une forme écrite de traduction araméenne, c'est qu'à Qumran, on a trouvé des restes de Tg, dont le Targum du Lévitique (4Q156 ; 4QtgLev) et le Targum de Job de la grotte 11 (11Q10 ; 11QtgJob[225]), lequel date vraisemblablement du temps de Gamaliel l'Ancien.[226] Et, plus tard certes, il est certain que Jésus sur la croix invoque Dieu par les paroles du Ps 22, 2 formulées en araméen (Mt 27, 46 ; Mc 15, 34).

Si des formes de Tg existaient à l'époque des LXX, il serait bien étonnant que les savants traducteurs (qu'ils fussent d'Alexandrie ou d'ailleurs) n'aient pas eu accès à ce type de traditions, qu'elles aient été orales[227] ou écrites, sous formes de lexiques ou de traductions.

1.7. Les traducteurs grecs influencés par des traditions d'équivalences hébreu – araméen ou des "proto-targumim"

Prenons divers exemples où l'hypothèse de listes d'équivalences (orales ou écrites) à la disposition du traducteur grec permettrait d'expliquer la divergence de la LXX par rapport au TM.

---

224. Steven D. Fraade, "Locating Targum in the Textual Polysystem of Rabbinic Pedagogy", BIOSCS 39 (2006), 69–91 ; en particulier 78.

225. Même si D. Shepherd préfère ne pas parler de "targum" : cfr. David Shepherd, *Targum and Translation : A Reconsideration of the Qumran Aramaic Version of Job*, SSN 45, Assen (2004). Pour Shepherd, beaucoup d'écarts de 11Q10 par rapport au TM sont partagés par la Peshitta de Job et témoignent sans doute de préférences communes ou d'une *Vorlage* similaire.

226. Fernandez Marcos, *The Septuagint in Context*, 85 : "Targum Onkelos and Targum Jonathan are only revisions based on a biblical text of earlier Targums that were in circulation at least for private use". Dans sa note 1, il renvoie son lecteur, concernant l'existence de ces Targumim anciens à A. Diez Macho, "Targum", EncBibl VI (1965), 865–81, à la page 867, et commente : "Remains of some of them have been found in Qumran, such as the Targum of Job from Cave 11, written in the time of Gamaliel the Elder, Paul's teacher".

227. Alison Salvesen, "Early Jewish Biblical Interpretation", dans John Barton (éd.), *The Biblical world*, London – NY (2002), 323–32. A la p. 329, Mme Salvesen affirme que, quoique l'on ait trouvé des fragments de Targumim pour les livres de Job et du Lévitique à Qumran, les traductions araméennes des Ecritures dans le cadre de la synagogue ont dû rester au stade oral pendant un certain temps, dans le désir, sans doute, de maintenir la primauté et l'autorité du Texte hébreu.

1.7.1. TM : abandonner – LXX : abattre

En Ez 31, 12, nous trouvons deux fois le verbe נָטַשׁ "abandonner" : "Des étrangers, les plus tyranniques des nations, l'ont abattu, puis *abandonné* (וַיִּטְּשֻׁהוּ). Son branchage est tombé sur les montagnes et dans toutes les vallées, ses branches ont été brisées dans tous les lits des ruisseaux de la terre, tous les peuples de la terre ont quitté son ombre puis l'ont *abandonné* (וַיִּטְּשֻׁהוּ)" (TOB). Le Tg a traduit ce verbe, comme cela lui arrive souvent,[228] par l'araméen רטשׁ de même signification. La LXX a, quant à elle, rendu les deux וַיִּטְּשֻׁהוּ par κατέβαλον et ἠδάφισαν, deux verbes plus ou moins synonymes signifiant "abattre", "précipiter au sol". Or c'est précisément le sens de l'*hébreu* רטשׁ (piel) ! Le traducteur, influencé par les "proto-targumim", avait en tête רטשׁ, plutôt que נָטַשׁ, mais l'a interprété d'après la signification qu'il a en hébreu !

1.7.2. TM : brèche – Tg : force

En Ez 13, 5a, le TM "Vous n'êtes pas montés *sur les brèches* (בַּפְּרָצוֹת)" a été traduit : οὐκ ἔστησαν ἐν στερεώματι "Ils ne se sont pas dressés *avec force / dans une forteresse*…". Dans l'ensemble, les traducteurs grecs ne semblent pas avoir eu de difficultés à comprendre le substantif פֶּרֶץ "la brèche", qui est souvent traduit par son équivalent grec διακοπή,[229] tandis que le verbe est assez généralement traduit par διακόπτω.[230] Or, le traducteur d'Ezéchiel a traduit פֶּרֶץ par στερέωμα, un substantif dont le sens de base est la solidité, la fermeté, la force. Ce substantif στερέωμα traduit toujours le רָקִיעַ, le substantif que, suivant la Vg, nous avons appris à traduire "le firmament", mais il a aussi été utilisé pour traduire תֹּקֶף "la confirmation" en Est 9, 29, et סֶלַע "le roc" en Ps 18[17], 3 et 71[70], 3. Ce qui est intéressant, c'est que dans ces deux versets des Psaumes, nous trouvons, pour στερέωμα en grec, l'araméen תקוף "la force" dans le Targum.

Or, si l'on passe en revue les traductions du Tg pour la racine hébraïque פרץ, nous trouvons très souvent – à côté de la traduction équivalente mais plus restreinte en תרע "perforer" / תרעתא "la brèche" – la racine תקף.[231]

---

228. Par exemple, Tg Ex 23, 11 ; Jg 6, 13 ; 15, 9 ; 1 S 4, 2 ; 17, 28 ; 30, 16 ; 2 S 5, 18.22 ; etc.
229. Jg 21, 15 ; 2 S 5, 20.20 ; 6, 8.8 ; 1 Ch 13, 11.11 ; 14, 11.11 ; Jb 28, 4 ; Mi 2, 13.
230. Gn 38, 29 ; 2 S 5, 20 ; 6, 8 ; 2 R 14, 13 ; 1 Ch 13, 11 ; 14, 11 ; 15, 13 ; Mi 2, 13.
231. Cette traduction correspond assez bien à certains usages de פרץ, dans le sens

Ainsi, en Gn 38, 29, lorsque, à la naissance de Perets, la sage-femme s'écrie : מַה־פָּרַצְתָּ עָלֶיךָ פָּרֶץ "Comme tu t'es ouvert une brèche !", nous trouvons dans le Tg : "quelle grande force (תקוף) est sur toi !" Nous trouvons cette traduction de פרץ par la racine תקף en Tg Gn 28, 14 ; 30, 30.43 ; 38, 29 ; Ex 1, 12[232] ; 19, 22[233] ; 1 S 28, 23 ; 2 S 13, 25.27 ; 2 R 5, 23 ; 1 Ch 4, 38 ; 1 Ch 13, 2 ; 2 Ch 31, 5 ; Jb 1, 10 ; 16, 14 ; 28, 4 ; 30, 14 ; Ps 60, 3 ; 80, 13 ; 89, 41 ; 106, 23. 29 ; 144, 14 ; Qoh 10, 8 ; et Is 54, 3. Clairement, la traduction d'Ez 13, 5 a pour origine l'équivalence traditionnelle que nous retrouvons entre le TM פרץ et le Tg תקף, même si le Tg de ce verset d'Ez a traduit la racine פרץ par son équivalent תרע.[234] La suite du verset dans la LXX continue d'ailleurs à diverger du TM, puisque le traducteur grec semble avoir interprété la racine du TM גדר "mur" par le proche עדר "troupeau".[235]

De même, en Ez 22, 30a, le seul autre passage d'Ezéchiel où il est question de brèche et de mur, le traducteur grec s'est éloigné du langage concret du TM pour une traduction de style targumique, où la métaphore est déliée. En effet, le TM : "J'ai cherché parmi eux un homme qui relève *la muraille* (גָּדֵר), qui se tienne devant moi, *sur la brèche* (בַּפֶּרֶץ) pour le bien du pays..." est devenu en grec : "et je cherchais parmi eux un homme se comportant *avec droiture* (ὀρθῶς) et se tenant *avec intégrité* (ὁλοσχερῶς) en ma présence au moment décisif pour la terre..."[236]

Peut-être pouvons-nous émettre l'hypothèse que cette traduction n'est pas si libre qu'elle y paraît et qu'elle s'explique par la grande proximité matérielle des deux mots araméens : תריעתא "la brèche" (racine תרע) et

---

"insister, exercer une pression" (ex. 1 S 28, 23), que l'on doive y voir une racine homonyme de פרץ "faire une brèche" (avec HALOT) ou non (BDB).

232. Idem LXX : (ἐγίνοντο) ἴσχυον σφόδρα σφόδρα.

233. La tradition textuelle est partagée : certains manuscrits présentent le verbe קטל "tuer".

234. Tg Ez 13, 5 : לא קמתון בתרעתא "vous ne vous êtes pas dressés sur les brèches...".

235. Serait-ce l'influence d'une transmission orale ? Le 'aïn est souvent transcrit par un *gamma* dans la LXX, indice qu'il devait être entendu comme un son proche de cette lettre grecque : par exemple, la ville de צֹעַר - Ζογορα (Gn 13, 10) ; le beau-père de Moïse רְעוּאֵל - Ραγουηλ (Ex 2, 18) ; le mont עֵיבָל - Γαιβαλ (Dt 27, 4) ; la reine Athalie, עֲתַלְיָה - Γοθολια (2 R 8, 26), etc.

236. Le Tg s'éloigne partiellement du TM, mais conserve la mention de la brèche : "J'ai recherché parmi eux devant moi un homme qui aurait pour lui ses bonnes œuvres et qui se tiendrait *sur la brèche* (בתרעתא) devant moi et qui demanderait pitié pour le peuple de la terre afin qu'elle ne soit pas détruite, et je ne l'ai pas trouvé".

תריצותא / תריצתא "la probité, la droiture" (racine תרץ), surtout avec la parenté phonétique de *tsadé* et *'aïn*.[237]

LXX Gn 45, 5 ; 1 S 20, 7 et Jb 19, 11 présentent un profil similaire. En effet, pourquoi le verbe hébreu חרה "être véhément, s'enflammer" (la colère) est-il traduit, non par l'un de ses équivalents principaux (ὀργίζω, θυμόω, λυπέω, βαρυθυμέω, ἐκκαίω, παροξύνω), mais par l'adjectif σκληρός "dur, pénible" en Gn 45, 5, par l'adverbe σκληρῶς en 1 S 20, 7 et par l'adverbe δεινῶς "de manière terrible" en Jb 19, 11 ?

Prenons par ex. Gn 45, 5a :

- TM : "Mais maintenant ne soyez pas chagrins et *ne vous fâchez pas* (וְאַל־יִחַר בְּעֵינֵיכֶם) de m'avoir vendu ici" (BJ)
- LXX : νῦν οὖν μὴ λυπεῖσθε μηδὲ <u>σκληρὸν</u> ὑμῖν φανήτω ὅτι ἀπέδοσθέ με ὧδε "A présent donc ne vous chagrinez pas et que *cela ne paraisse pas dur* de m'avoir vendu ainsi…"
- Tg : וכען לא תתנססון ולא <u>יתקף</u> בעיניכון ארי זבינתון יתי הלכא

Sans doute parce que la traduction la plus usuelle pour l'hébreu חרה dans le Tg est araméen תקף "être fort, véhément", et que dans ce verset, cette signification offre un meilleur parallèle avec le verbe עצב "éprouver de la peine, se chagriner" que la colère du TM.

La coïncidence LXX σκληρός - Tg תקף se rencontre à diverses reprises (Gn 45, 5 ; 1 S 5, 7 ; 1 S 20, 7 ; 2 S 2, 17 et Is 27, 8).

1.7.3. Araméen סבר : espérer – comprendre, être intelligent

Prenons un autre exemple, tiré d'Osée :

- TM Os 2, 17a : וְנָתַתִּי לָהּ אֶת־כְּרָמֶיהָ מִשָּׁם וְאֶת־עֵמֶק עָכוֹר לְפֶתַח תִּקְוָה "Et de là-bas, je lui rendrai ses vignobles et je ferai de la vallée de Akor *une porte d'espérance…* (TOB)

---

237. Puisque beaucoup de vocables hébraïques en *tsadé* ont leur équivalent en *'aïn* en araméen (à côté des équivalents possibles en *tsadé* et en *teth*) : ex. l'arbre h. עֵץ - araméen אָע (le א initial est né par dissimilation) ; la terre : אֶרֶץ - אַרְעָ etc. Cfr. Carl Brockelmann, *Grundriss der Vergleichenden Grammatik der Semitischen Sprachen*, I, Hildesheim (1961), 128 ("Zischlauten und Dentale").

• LXX (2, 15) : καὶ δώσω αὐτῇ τὰ κτήματα αὐτῆς ἐκεῖθεν καὶ τὴν κοιλάδα Αχωρ <u>διανοῖξαι σύνεσιν αὐτῆς</u>

Au lieu de parler de la "porte d'espérance", la LXX (suivie par la Pesh.) a vu dans l'expression לְפֶתַח תִּקְוָה une proposition finale : "pour ouvrir (= לִפְתֹּחַ) son intelligence". Mais pourquoi le traducteur grec a-t-il traduit l'hébreu תִּקְוָה "l'espoir" par σύνεσις "l'intelligence" ? Faut-il, comme H. Nyberg, y voir une leçon inepte et corrompue,[238] ou se contenter, avec S.P. Carbone et G. Rizzi, d'y voir une interprétation de nature midrashique,[239] ou encore reprendre une des explications anciennes ? Diverses explications ont été données, en effet, dont aucune ne me semble satisfaisante. Ainsi, Grotius pensait autrefois à קַו d'Is 28, 10 et au procédé éducatif qui consiste à "tracer des lignes".[240] W. Rudolph, quant à lui, partait de תִּקְוָה "la corde" (Is 21, 18) : celui qui veut en dénouer les noeuds doit y employer son intelligence.[241] L'hypothèse de A. Kaminka semblait déjà plus pertinente : la LXX se serait basée, non sur קָוָה I "espérer", mais sur קָוָה II "collecter, rassembler". Kaminka rapprochait ceci de Za 9, 12, où תִּקְוָה "l'espoir" a été traduit par συναγωγή, et de Mi 5, 6, où קָוָה "espérer" l'a été par συνάγω ; le substantif σύνεσις aurait ici le sens de "réunion".[242] Le substantif σύνεσις a, certes, le sens d'union dans l'Odyssée, mais son sens principal reste celui d'intelligence ; et dans la traduction de la LXX Os,[243]

---

238. Henrik S. Nyberg, *Studien zum Hoseabuche : Zugleich ein Beitrag zur Klärung des Problems der alttestamentlichen Textkritik*, Uppsala (1935), 23.

239. Sandro P. Carbone et Giovanni Rizzi, *Osea. Lettura Ebraica, Greca e Aramaica*, Bologna (1992), 96 n. 33 : la LXX, qui "interpreta secondo il midrash haggadah", soulignerait ainsi que c'est un signe destiné à avoir une intelligence spirituelle encore plus profonde.

240. Ceci nous est rapporté par Schleusner, *Lexicon in LXX*, s.v. σύνεσις.

241. Wilhelm Rudolph, *Hosea* (KAT XIII, 1), Gütersloh (1966), 74.

242. Armand Kaminka, *Studien zur Septuaginta an der Hand der zwölf kleinen Prophetenbücher* (MGWJ 33), Frankfurt (1928), 15. En fait, cette opinion avait déjà été émise par K. Vollers, "Das Dodekapropheton der Alexandriner", ZAW 3 (1883), 219-72, en particulier 224. Elle est reprise dans la BdA 23.1, 75-76. Joosten, "Exegesis in the Septuagint Version of Hosea", dans Johannes C. de Moor (éd.), *Intertextuality in Ugarit and Israël* (OTS 40), Leiden (1998), 62-85, a adopté cette explication mais en soulignant que, après avoir traduit d'après ce verbe homonyme "unir", le traducteur grec aurait attribué au substantif son sens habituel d'intelligence (75). Il souligne lui-même que ce procédé peut paraître bizarre, mais que l'on en trouve d'autres exemples.

243. Le LEH ne lui reconnaît d'ailleurs que ce sens-là : *faculty of comprehension*,

il s'agit manifestement de l'intelligence, car que signifierait "pour ouvrir son union" ?

En fait, si le traducteur grec consultait effectivement des listes d'équivalences ou des traditions herméneutiques fixées en araméen,[244] il a forcément dû tomber sur la racine araméenne courante סבר. Or ce verbe est utilisé (à côté du sens "porter") tant dans le sens d'*espérer*[245] (qui est celui du TM) que dans celui de *comprendre, raisonner, être intelligent*.[246] Ainsi, en 1 R 3, 11, nous avons l'équivalence : TM verbe בין "être intelligent, discerner, comprendre" – LXX : σύνεσιν – Tg : סברותא. Le traducteur des XII, se basant sur ces listes ou proto-targumim, a pu très légitimement être porté à traduire סבר dans le sens de l'intelligence, plutôt que celui de l'espérance. Si l'écart n'était pas volontaire, il faudrait en déduire que, chez certains traducteurs, la couche araméenne (liste d'équivalences ou proto-targumim) l'aurait "emporté" sur le modèle hébreu.

Quoi qu'il en ait été, la traduction grecque exprime maintenant l'idée que c'est au désert que s'ouvrira l'intelligence d'Israël, qui renoncera aux Baals pour le culte exclusif de Yahvé. Car cette *intelligence*, aux allures si grecques, a vraisemblablement ici un sens strictement religieux bien juif, ainsi que nous l'apprend la LXX Pr 28, 7 : φυλάσσει νόμον υἱὸς συνετός "un fils intelligent garde la Loi" ; ou encore Pr 10, 9b[247] (avec le substantif syno-

---

intelligence ; *understanding* ; et de fait, aucun passage de la LXX présentant ce substantif n'a de sens si on le traduit par "réunion".

244. Ces proto-targumim ne coïncidaient pas forcément avec les traductions araméennes qui seront fixées par écrit plus tard. Ainsi, le Tg Os 2, 17 est lui-même fort différent du TM et de la LXX, puisqu'il traduit "en porte d'espérance" par לתחמודי נפש "en délices pour la gorge". Cette expression revient en Mi 7, 3, pour traduire (fidèlement) le TM הַוַּת נַפְשׁוֹ.

245. Cfr. Gn 49, 18 ; Ps 37, 34 et Pr 20, 22 : TM קוה pi. – Tg סבר ; Jr 14, 8 ; 17, 13 ; 50, 7 et 1 Ch 29, 15 : TM מִקְוֶה – Tg סיבורא ; Jr 19, 11 ; 31, 17 ; Pr 11, 7. 23 ; 19, 18 ; Jb 11, 18 ; 14, 7 et Rt 1, 12 : TM תִּקְוָה – Tg סיבורא. En outre, l'aramaïsme שבר piel "attendre, espérer" se présente dans quelques passages bibliques : Ps 104, 27 ; 119, 166 ; 145, 15 ; Est 9, 1 ; Rt 1, 13. C'est en pensant à cette racine que la LXX d'Is 66, 9a a traduit le verbe proche שבר (au *hiphil* : faire ouvrir le sein maternel). De même, au Ps 69[68], 21, le TM שבר "briser" (le coeur) a été interprété d'après שבר "espérer" (προσδοκάω), en raison de la présence du verbe קוה "espérer" dans le verset.

246. Cfr. Dt 32, 29 ; 1 S 3, 8 ; 2 S 12, 19 ; 1 R 3, 9 : TM בין – Tg סבר.

247. Cette traduction (avec σύνεσις comme parallèle) est reprise en doublet en Pr 13, 15 (destinée, vraisemblablement, à lutter contre l'hellénisation de la Palestine, comme le soutient Johann Cook, "On the Role of External Traditions in the Septuagint", dans Cook (éd.), *Septuagint and Reception* (VTSup 127), Leiden-Boston (2009),

nyme διανοία) : τὸ γὰρ γνῶναι νόμον διανοίας ἐστὶν ἀγαθῆς "connaître la Loi est le fait d'une bonne intelligence".[248]

Pour le traducteur grec, face, sans doute à cette ambiguïté inscrite dans la tradition exégétique araméenne, l'ouverture de l'intelligence religieuse d'Israël semblait judicieuse et appropriée dans la vallée d'Acor, vallée où fut lapidé Achan (LXX Akhar[249]), ainsi que sa famille, pour avoir transgressé l'anathème ordonné par Dieu, selon Jos 7, 24sqq (jouant sur la racine עָכַר "perturber, troubler").[250] Il est intéressant de remarquer, en effet, que cette racine עכר, en 1 R 18, 18, est clairement liée à l'abandon des commandements divins et au culte des Baals. En outre, il faut élargir l'arrière-plan culturel au Deutero-Isaïe (Is 65, 10) et aux Chroniques (1 Ch 2, 7), comme le fait M. Michael, dans le paragraphe de son article consacré aux traditions concernant Achan/Achor dans l'ancien Israël.[251] Ainsi qu'il le souligne (p. 737), le motif Achor/Achan, avec ses polarités piété / sacrilège et fidélité / infidélité, semble avoir joué un rôle important dans la période post-exilique. En privilégiant le sens "intelligence", plutôt que

---

24 n. 28. Idem Cook, "Theological/Ideological Tendenz in the Septuagint – LXX Proverbes. A Case Study", dans Florentino García Martínez et Marc Vervenne (éd.), *Interpreting Translation* (BETL 192), Leuven, 2005, 65–79 ; en particulier 75–76. En résumé, Cook insiste sur le fait que, si la traduction des Pr date des débuts de l'hellénisation de la pensée juive hellénistique, elle reste plus juive qu'il n'y paraît.

248. De même, en Dt 4, 6 et en 1 Ch 22, 12, l'intelligence (LXX σύνεσις) semble liée à la pratique des commandements. En 2 Ch 30, 22, Ezéchias parle aux lévites et à tous ceux qui ont "une bonne intelligence" de Dieu (τῶν συνιόντων σύνεσιν ἀγαθὴν τῷ κυρίῳ). Au Ps 53[52], 3, l'homme intelligent recherche Dieu (συνίων ἢ ἐκζητῶν τὸν θεόν). Au Ps 111[110], 10, l'intelligence est d'observer la crainte du Seigneur. En Jb 28, 28, l'intelligence consiste à s'écarter du mal. En Si 9, 15, les hommes "intelligents" (συνετῶν) s'entretiennent de la Loi divine. En Sg 4, 9, l'intelligence est en parallèle avec une vie sans tache. En LXX Dn 12, 3, enfin, c'est à ces gens "intelligents" qu'est promise la vie éternelle.

249. Cf. Matthew Michael, *The Achan/achor Traditions : The Parody of Saul as "Achan" in 1 Samuel 14 :24–15 :35*, Old Testament Essays 26/3 (2013), 730–60 ; à la p. 735 de son article, l'auteur consacre la note 23 à cette modification scribale, dont le but a sans doute été de respecter le jeu de mots entre le personnage et la racine עכר "troubler".

250. Michael Fishbane, *Biblical Interpretation in Ancient Israel*, Oxford (1985), 361 : (concernant le texte hébreu d'Os, mais cette remarque s'applique aussi à la LXX) "In this forecast, one can hardly miss an allusion to the place where Israel first sinned upon entering the land".

251. Michael, *The Achan/achor Traditions*, 734–43.

celui d' "espoir", présents tous deux dans la racine araméenne סבר, la traduction grecque offre un meilleur contraste. La vallée d'Acor ("la vallée du trouble"), qui a été témoin du malheur né de l'abandon des commandements, verra maintenant le bonheur lié à l'intelligence religieuse.

En Os 13, 13, le col de l'utérus (בְּמִשְׁבַּר בָּנִים) a été traduit de manière "étymologique" par le traducteur des XII (ἐν συντριβῇ τέκνων "dans la brisure des enfants"), tandis que Is 37, 3 (comme déjà 2 R 19, 3) présente deux mots de même champ sémantique que l'hébreu : ἡ ὠδίν "les douleurs de l'enfantement, le travail" et τίκτω "enfanter". Comme le traducteur des XII devait vraisemblablement avoir accès au moins à la traduction des R, sa traduction "étymologique" est donc un choix conforme à son idéal de littéralité, poussé à l'extrême.

Ce qui est intéressant, c'est que le traducteur grec d'Is 66, 9, qui connaît donc le sens de מַשְׁבֵּר, traduit pourtant le verbe שׁבר hiphil (dans un contexte d'enfantement) d'après la racine proche aramaïsante שׂבר "espérer", pour obtenir une traduction plus désincarnée, puisqu'elle concerne Dieu :

- TM : "Ouvrirais-je le sein (הַאֲנִי אַשְׁבִּיר) pour ne pas faire naître ? dit Yahvé. Si c'est moi qui fais naître, fermerai-je le sein ? dit ton Dieu". (BJ)
- LXX : ἐγὼ δὲ ἔδωκα τὴν προσδοκίαν ταύτην καὶ οὐκ ἐμνήσθης μου εἶπεν κύριος οὐκ ἰδοὺ ἐγὼ γεννῶσαν καὶ στεῖραν ἐποίησα εἶπεν ὁ θεός

"Moi, *j'ai donné cette espérance* et tu ne t'es pas souvenue de moi, a dit le Seigneur. N'est-ce pas moi *qui ai fait celle qui enfante et la stérile* ? a dit Dieu".

1.7.4. Araméen שׁרי : commencer – demeurer

La racine araméenne largement attestée שׁרי a un champ sémantique assez étendu, puisqu'elle compte trois significations principales : "délier, relâcher" (= h. פתח, נתר, חלץ) ; "s'installer, demeurer" (= h. חנה,[252] ישב et

---

252. La racine חנה "camper" a développé un sens militaire, tout comme son substantif מחנה "le campement (nomade), le camp militaire". Le verbe araméen שׁרי, qui traduit généralement חנה, a pris un sens plus pacifique que "camper", puisqu'il signifie principalement "résider, demeurer", tandis que son substantif משׁרי a pris le sens plus militaire de "camp, siège", tout comme מחנה. L'ambivalence de cette racine שׁרי

שׁבן) ; et "commencer" (= h. חלל *hiphil*). Ceci pourrait expliquer la LXX de Jos 7, 7, où l'exclamation de regret de Josué : "Si seulement *nous nous étions décidés à nous installer* au-delà du Jourdain" (לוּ הוֹאַלְנוּ וַנֵּשֶׁב) a été traduite "si seulement *nous étions restés et nous nous étions installés* près du Jourdain" (εἰ κατεμείναμεν καὶ κατῳκίσθημεν). Concernant cette traduction du TM יאל en κατομένω, la BdA fait l'hypothèse que le traducteur grec aurait interprété la racine יאל d'après la racine proche יחל "attendre".[253] Cependant, ce verbe κατομένω traduit à l'occasion le TM ישׁב (Nb 20, 1 ; 22, 8 ; Jos 2, 22)[254] et est donc synonyme de κατοικίζω : il a dès lors bien le sens de "demeurer, s'installer". Or יחל signifie "attendre, s'attarder, espérer" plutôt que "s'installer, demeurer". D'autre part, cette racine יחל est traduite assez généralement par le grec ὑπομένω[255] ou encore, surtout dans les Ps, par ἐλπίζω[256] : nous ne trouvons pas de traduction par κατομένω. Enfin, l'association ישׁב + יאל est attestée à sept reprises dans le corpus biblique, dont une autre fois dans le même livre de Josué (Jos 17, 12), où elle a d'ailleurs reçu la traduction habituelle de ce verbe יאל,[257] ce qui rend moins probable une erreur de transmission ou de lecture.

Ce verbe hébreu יאל II "être résolu à, se décider à, accepter de, entreprendre, *commencer*" est, en effet, pratiquement toujours traduit par une traduction stéréotypée en שׁרי "commencer" dans le Tg (Gn 18, 27[258] ; Dt 1, 5 ; Jos 17, 12 ; Jg 1, 27.35 ; 19, 6 ; 2 S 7, 29 ; 2 R 5, 23 ; 2 R 6, 3 ; 1 Ch 17, 27 ; Jb 6, 9.28) et par son équivalent grec ἄρχομαι dans la LXX (Gn 18, 27[259] ; Dt 1, 5 ; Jos 17, 12 ; Jg 1, 27.35 ; 17, 11 ; 19, 6 (A) ; 2 S 7, 29 ; Jb 6,

---

a permis au Tg Is 31, 4b de "démilitariser" l'affirmation du TM "C'est ainsi que le Seigneur, le tout-puissant, descendra sur la montagne de Sion, sur sa colline, pour y *faire la guerre* (לִצְבֹּא)", puisque dans le Tg, nous trouvons : "Ainsi se révélera la Royauté de Yhwh pour *demeurer* (למשׁרי) sur la montagne de Sion et sur sa hauteur".

253. BdA 6, 130.

254. De même, μένω traduit à l'occasion ישׁב : Gn 24, 55 ; Ps 9, 8 ; 102[101], 13 ; Za 14, 10 ; idem παραμένω : Gn 44, 33 ; ὑπομένω : Nb 22, 19 ; διαμένω : Ps 61[60], 8. Le seul cas où nous aurions peut-être le verbe יחל traduit par μένω est 2 S 18, 14, qui présente vraisemblablement une double traduction du TM אֹחִילָה par ἐγὼ ἄρξομαι οὐχ οὕτως μενῶ, où ἄρχομαι correspond à la racine proche חלל "commencer" et μένω à יחל.

255. 2 R 6, 33 ; Jb 6, 11 ; 14, 14 ; 32, 16 ; Lm 3, 21 et Mi 7, 7.

256. Ps 31[30], 25 ; 32[31], 18 ; 33[32], 22 ; 38[37], 16 ; 42[41], 6.12, etc.

257. καὶ ἤρχετο ὁ Χαναναῖος κατοικεῖν ἐν τῇ γῇ ταύτῃ "et le Cananéen *commença* à habiter dans cette terre".

258. A côté de la variante en סגי.

259. Lorsque le LEH, s.v. ἄρχομαι suggère que, en Gn 18, 27, la traduction ἠρξάμην

9 ; Os 5, 11 ; idem Vg : coepi). Dès lors, la traduction inhabituelle de Jos 7, 7 pourrait s'expliquer par le champ sémantique de שׁרי : plutôt que le sens "commencer" habituel pour l'expression, le traducteur grec de Josué a considéré le sens "demeurer". Est-ce parce qu'il convient mieux au passage que la traduction systématisée (qu'il a adoptée en 17, 12) ?

1.7.5. Araméen קשׁט : préparer – substantif קשׁוט : la vérité

Dans cinq passages bibliques, la racine hébraïque כון "être ferme, fixé, établi, préparé" a été traduite par le verbe araméen plus ou moins équivalent קשׁט "aller droit, bien viser (l'archer) ;[260] rendre droit, préparer".[261] Or, ce verbe a développé un substantif très fréquent : קְשׁוֹט "la vérité". Ceci nous permet peut-être de comprendre – à côté de la traduction la plus attestée pour la racine כון en ἕτοιμος / ἑτοιμάζω "prêt/préparer"[262] – la traduction de נָכוֹן en LXX Gn 41, 32 et Jb 42, 7.8 par ἀληθής "vrai" ; et en Ps 5, 10 par ἀλήθεια "vérité". Certes, nous voyons en Dt 13, 15 (= 17, 4) que les deux notions sont liées,[263] mais le champ sémantique de l'équivalent araméen קשׁט a vraisemblablement influencé les traducteurs grecs.

"j'ai commencé" reflète, non le TM חוֹאַלְתִּי, mais la racine חלל "commencer" (הַחִלֹּתִי), c'est méconnaître les traductions habituelles de la LXX et du Tg de la racine יאל.

260. La forme araméisante קשׁט "l'arc" de Ps 60, 6 (pour l'hébreu קֶשֶׁת) a dès lors été traduite dans le Tg par "la droiture d'Abraham" (קוּשְׁטֵיהּ דְּאַבְרָהָם). On trouve également l'araméisme קשׁט "vérité" en Pr 22, 21 dans l'expression קֹשְׁטְ אִמְרֵי אֱמֶת, mais comme la LXX ne l'a traduite que par deux substantifs : ἀληθῆ λόγον, des critiques y ont vu une glose araméenne.

261. Tg 1 S 23, 23 ; 26, 4 ; Os 6, 3 ; Am 4, 12 ; Na 2, 4. A côté de cette traduction en קשׁט, ou encore en זמן "appointer, préparer", en כון "être droit, ferme", en עתד "être prêt" et en שׁכלל "former, fonder", le verbe h. כון est généralement traduit par le verbe araméen תקן, de même champ sémantique.

262. Cfr. Marguerite Harl, *La langue de Japhet. Quinze études sur la Septante et le grec des chrétiens*, Paris (1992), 154–5, signale que les Pères n'ont pas adopté ce néologisme sémantique, puisqu'ils se sont sentis obligés de préciser que ἑτοιμάζω (ou le substantif qui en dérive) est employé de façon inusuelle. Cette traduction prédominante ἕτοιμος / ἑτοιμάζω figure d'ailleurs à côté d'autres verbes ou adjectifs tels que θεμελιόω "fonder" ; ἀνορθόω / διορθόω / κατορθόω / κατευθύνω "diriger, rendre droit" ; εὐθύς / εὐθής "droit" ; καταρτίζω "restaurer" ; στερεόω "rendre ferme" ; οἰκοδομέω "bâtir" et κτίζω "fonder".

263. "Et voici que la chose est *véritable* (אֱמֶת) et *assurée* (נָכוֹן)". LXX Dt 13, 15 : καὶ ἰδοὺ ἀληθὴς σαφῶς ὁ λόγος ; Dt 17, 4 : καὶ ἰδοὺ ἀληθῶς γέγονεν τὸ ῥῆμα.

1.7.6. Araméen צהב I : polir ; צהב II : être en colère

En Ez 21, 14, la LXX traduit "l'épée affûtée et polie" (חֶרֶב הוּחַדָּה וְגַם־מְרוּטָה) par un ordre : "épée, sois affûtée et *mets-toi en colère*" (ῥομφαία ὀξύνου καὶ θυμώθητι). Pourquoi cette traduction de la racine מרט "polir" par le verbe θυμόω ? Faut-il, comme le suggère le LEH, lire plutôt ἑτοιμάσθητι "sois prête" ? Cette suggestion s'explique vraisemblablement par le fait que cette racine מרט a été traduite par l'adjectif ἕτοιμος "prêt" dans les versets suivants, en Ez 21, 15.16.16, mais les deux formes verbales θυμώθητι et ἑτοιμάσθητι sont assez différentes. En outre, le passif de ἑτοιμάζω a plutôt le sens de "être établi" dans la LXX ;[264] l'impératif moyen conviendrait mieux (ἑτοιμάζου),[265] mais serait encore plus éloigné matériellement de θυμώθητι.

En araméen, il existe deux racines צהב homonymes : צהב I "polir" ; צהב II "être en colère".[266] Ces racines, que les lexicographes modernes distinguent, devaient vraisemblablement être perçues comme une même racine à deux pôles. Si le traducteur grec se basait sur des traditions d'équivalences hébreu – araméen, cette traduction s'expliquerait aisément, d'autant que la racine grecque qui précède, ὀξύνω, est, elle aussi, ambivalente, puisqu'elle signifie tant "aiguiser" que "mettre en colère, provoquer" : le champ sémantique double de l'araméen ne devait pas lui paraître incongru.

1.7.7. Araméen פרק : racheter – séparer – cesser

Pourquoi le traducteur grec en Is 29, 22 a-t-il traduit TM פדה "racheter" par ἀφορίζω "séparer, délimiter" ? Ainsi que le souligne R. Le Déaut, "La Septante fait intervenir ici le thème théologique de l'élection de la maison de Jacob au lieu du thème midrashique de la délivrance d'Abraham",[267] mais cet auteur n'a pas cherché ce qui a permis cette modification. Là encore, il est intéressant de regarder la traduction araméenne habituelle de פדה. En effet, le Tg traduit presque systématiquement ce verbe hébreu par l'araméen פרק, qui comporte, entre autres, ces deux significations de

---

264. Cfr. LXX 1 S 20, 31 ; 1 R 2, 12 ; 2 R 12, 12 ; 2 Ch 8, 16 ; 35, 16 ; Est 5, 14 ; Tb 6, 18 ; Ps 89[88], 3 etc.

265. Suggéré par P. Katz et repris par la LXX de Göttingen dans l'apparat critique.

266. Cfr. 2 Ch 4, 16 (צהב polir) : TM : נְחֹשֶׁת מָרוּק - Tg : נחש מצהב ; 1 S 1, 6 (צהב irriter) : TM : וְכִעֲסַתָּה - Tg : ומצהבא לה.

267. Le Déaut, *Introduction à la littérature targumique*, Rome (1966), 161 n. 4.

"racheter, libérer, délivrer"²⁶⁸ et "arracher, diviser, séparer".²⁶⁹ Ce champ sémantique étendu s'explique aisément : en "séparant" la victime de ses ennemis, on la délivre. Le traducteur grec, se basant sur l'équivalence habituelle qui sera reflétée dans le Tg (TM פדה - Tg פרק), et influencé par le double champ sémantique de פרק, a infléchi, sans doute volontairement, le sens du texte. Si, dans le TM, Dieu a *racheté* Abraham, en grec, nous avons maintenant le thème privilégié de la *séparation*²⁷⁰ de la maison de Jacob à partir d'Abraham :

- TM : לָכֵן כֹּה־אָמַר יְהוָה אֶל־בֵּית יַעֲקֹב אֲשֶׁר פָּדָה אֶת־אַבְרָהָם ... le Dieu de la maison de Jacob, lui qui *a racheté* Abraham" (TOB).
- LXX : διὰ τοῦτο τάδε λέγει κύριος ἐπὶ τὸν οἶκον Ιακωβ ὃν <u>ἀφώρισεν</u> ἐξ Αβρααμ "c'est pourquoi, ainsi parle le Seigneur sur la maison de Jacob, qu'il *a mise à part* à partir d'Abraham"
- Tg = TM : בכין כדנן אמר יוי על בית יעקב ד<u>פרק</u> ית אברהם

La LXX de Jr 7, 10 s'écarte également du TM :

- TM : "... puis vous venez vous présenter devant moi dans cette Maison sur laquelle mon nom a été proclamé en disant : *"Nous sommes sauvés !"* et puis vous continuez à commettre toutes ces horreurs ?"
- LXX : ... καὶ εἴπατε <u>ἀπεσχήμεθα</u> τοῦ μὴ ποιεῖν πάντα τὰ βδελύγματα ταῦτα "... et vous avez dit : *nous nous sommes abstenus* de faire toutes ces horreurs".

Comment expliquer que, pour le TM : "nous sommes sauvés" (נִצַּלְנוּ), le traducteur grec affirme : "nous nous sommes abstenus" ? Pour moi, cette traduction divergente se base, elle aussi, sur l'ambivalence de la racine araméenne פרק, qui, nous venons de le voir, a un large champ sémantique, puisqu'elle comporte – outre les significations de "délivrer" et "séparer"

---

268. Cfr. par ex. Ex 13, 13.15 ; 21, 8 ; 34, 20 ; Lv 19, 20 ; 27, 27.29 ; Nb 3, 49 ; 18, 15.16.17 ; Dt 7, 8 ; 9, 26 etc.

269. Cfr. par ex. Ex 28, 28 ; 32, 2.3.24 ; Lv 1, 17 ; 1 R 19, 11.

270. Cfr. dans ce sens en Si 47, 2 : ὥσπερ στέαρ <u>ἀφωρισμένον</u> ἀπὸ σωτηρίου οὕτως Δαυιδ ἀπὸ τῶν υἱῶν Ισραηλ "Comme la graisse qu'on prélève sur les sacrifices de salut, ainsi David fut mis à part parmi les fils d'Israël" (TOB). En LXX Is 52, 11, le verbe ἀφορίζω signifie "se séparer pour préserver sa pureté".

– l'idée de "cesser". Ainsi, en Pr 23, 4, le TM חדל "cesser, s'abstenir"[271] est traduit par le même verbe grec que dans Jr (ἀπόσχου) et par l'araméen פרק dans le Tg. Or, ce verbe פרק traduit très souvent l'hébreu "sauver", quel que soit le verbe hébreu.[272] Le large champ sémantique de cette racine פרק a dû influencer le traducteur grec, qui offre une traduction plus puissante et bien dans la continuation du v. 8 (qui évoque les paroles mensongères du peuple).

1.7.8. Araméen סיע : aider – former une bande

Examinons la LXX de Za 1, 15 :

- TM : וְקֶצֶף גָּדוֹל אֲנִי קֹצֵף עַל־הַגּוֹיִם הַשַּׁאֲנַנִּים אֲשֶׁר אֲנִי קָצַפְתִּי מְּעָט וְהֵמָּה עָזְרוּ לְרָעָה "Mais je suis violemment irrité contre les nations *bien établies* ; alors que moi, je n'étais que faiblement irrité, elles, elles sont venues *ajouter* à son malheur" (TOB).
- LXX : καὶ ὀργὴν μεγάλην ἐγὼ ὀργίζομαι ἐπὶ τὰ ἔθνη <u>τὰ συνεπιτιθέμενα ἀνθ' ὧν</u> ἐγὼ μὲν ὠργίσθην ὀλίγα αὐτοὶ δὲ <u>συνεπέθεντο</u> εἰς κακά "et je me courrouce d'un grand courroux contre les peuples *qui se joignent pour les attaquer*, parce que, quand je n'étais que légèrement courroucé, *ils se sont joints pour attaquer* pour le malheur".

Comment expliquer la traduction de שאננים "insouciants, arrogants" et de עזרו "aider, concourir à" (?)[273] par le même verbe grec συνεπιτιθέναι

---

271. Ce verbe חדל fréquent a été traduit par πτοέω "(Passif) sursauter, craindre" en Ez 2, 5.7, influencé par le verbe araméen דחל en relation de métathèse, comme le signale le LEH, s.v. πτοέω. Ce verbe דחל "craindre" n'existant pas en hébreu, cette traduction constitue un indice de plus qu'il y a eu parfois recours volontaire à l'araméen. En tout cas, en Ez 3, 27, le traducteur a traduit les deux attestations de חדל d'après son sens par ἀπειθέω "être désobéissant". Le fait qu'il soit attesté dans ce verset, dans le même type de formulation, devait garantir la transmission correcte de Ez 2, 5.7 : la lecture par métathèse a dû être volontaire (par le traducteur ou par les scribes de la Vorlage ?).

272. TM נצל : Ex 6, 6 ; Ps 79, 9 ; TM ישע : Ex 2, 17 ; 14, 30 ; 15, 2 ; Jb 26, 2 ; 40, 14 ; Lm 4, 17 ; 1 Ch 11, 14 ; 16, 35 ; 18, 13 ; 19, 12.19 ; 2 Ch 20, 9 ; 32, 22, etc. ; TM גאל : Gn 48, 16 ; Ex 15, 13 ; Lv 25, 25.26.30 etc.

273. Quelle est la signification de עזר dans ce verset ? Faut-il traduire "aider", dans le sens de "concourir à" ? Les hypothèses concernant une racine homonyme עזר II vont dans deux directions. Soit d'après l'arabe ġazara (غزر ; Edward W. Lane, *Arabic-*

"assaillir ensemble, s'acharner ensemble contre" ? Pour ce qui est de la traduction du TM עזרו par LXX συνεπιτίθημι, la traduction grecque a vraisemblablement pour origine le champ sémantique de la racine araméenne סיע, qui, au *pael*, signifie "aider" (= TM עזר), et, au *ithpael*, "se grouper, former une bande" (d'où συνεπιτιθέναι) ;[274] le traducteur est passé ainsi d'un sens à l'autre. C'est en tout cas ce verbe סיע qu'a utilisé le Tg pour rendre TM עזר.[275]

Ceci étant établi, pourquoi le TM שאננים "insouciants, florissants, arrogants" a-t-il été traduit par le même verbe grec "assaillir ensemble", quand d'ordinaire la signification de שאן est plus ou moins respectée ?[276] J.F. Schleusner suggérait une traduction à partir du verbe proche שנא "haïr". Pour ma part, je pense que le traducteur grec est plutôt parti de la racine proche שאה "être tumultueux", dans la mesure où le substantif שאון (encore plus proche matériellement de שאן, de par sa terminaison en *nun*) exprime le vacarme des peuples *groupés en armées* en Is 13, 4 ou 17, 12.13, par exemple. La Peshitta, en tout cas, a traduit l'expression

---

English Lexicon, Londres (1873), 2254), dont le causatif signifierait "faire augmenter" : ainsi, Rudolph, KAT XIII/4, 73, traduit : "Sie machten viel zum Bösen hin". Ce sens est également adopté par Carol et Eric Meyers, *Haggai, Zechariah* (The Anchor Bible), New York (1987), 122 ("they multiply calamity"). Soit d'après le sens de l'équivalent ougaritique "héros, guerrier" (Cfr. HALOT עזר II). Quoi qu'il en soit, les Versions anciennes conservées de ce verset (Vg : adiuverunt ; Tg : מסייעין) ont compris "aider", et c'est probablement le point de départ de la LXX également, qui, pour la plupart des cas mentionnés par HALOT sous עזר II, les a traduits par βοηθέω (1 Ch 12, 1 ; Ez 30, 8 ; 2 Ch 26, 15) / βοήθεια (Ps 89[88], 20) / βοηθός (Ez 12, 14). Cependant, des traductions comme celle de 1 Ch 5, 20 et 2 Ch 26, 7 ; 28, 23 (κατισχύω : l'emporter sur) ou Da 11, 34 (συνάγειν ἰσχὺν : rassembler des forces) pourraient témoigner en faveur de cette racine עזר II.

274. Par exemple en Tg Is 1, 19 ; Jr 5, 7 ; Os 4, 14 ; Mi 2, 10 ; 4, 14 ; Jb 9, 13.

275. Cfr. aussi 2 Ch 15, 6 : pour le TM כתת "marteler, battre ; se battre", la LXX a πολεμέω "guerroyer" et le Tg סיעתא עבד "constituer des bandes (armées)".

276. Le sens "riche, richesse" choisi par le traducteur d'Isaïe (Is 32, 9 et 33, 20 : πλούσιος ; 32, 18 : πλοῦτος) est probablement un sens dérivé de "l'assurance" qui semble être le sens de base de cet adjectif, traduit souvent par le Tg par la racine שלי / שלו "être tranquille, en sécurité" (Tg Jb 12, 5 ; Ps 123, 4 ; Is 32, 9.11.18 ; 33, 20 ; Am 6, 1 ; Za 1, 15). Au Ps 123[122], 4, nous trouvons le verbe εὐθηνέω : "être florissant, prospère" ; cette traduction coïncide avec celle du Tg Is 33, 20 : באצלחותה בשליותה "dans sa prospérité dans sa tranquillité" (double traduction). Quant à la traduction d'Am 6, 1 (τοῖς ἐξουθενοῦσιν Σιων "ceux qui méprisent Sion"), elle a manifestement pour origine des textes tel le Ps 123[122], 4, où la moquerie des gens prospères (הַשַּׁאֲנַנִּים) est parallèle au *mépris* des orgueilleux (הַבּוּז לִגְאֵיוֹנִים – LXX : ἡ ἐξουδένωσις τοῖς ὑπερηφάνοις).

du TM הגוים השאננים par עממיא דמתרגשין "les peuples qui grondent, tumultueux", ce qui suggère qu'elle partait de שאה.²⁷⁷ Par ailleurs, en 2 R 19, 28, c'est le Tg, cette fois, qui présente la même interprétation de שאן d'après le proche שאה, puisqu'il traduit le TM שַׁאֲנַנְךָ "ton arrogance" par אתרגשתך "ton tumulte". Et il n'est pas exclu que ce soit aussi le cas pour la traduction de la LXX de ce même verset des R : τὸ στρῆνός σου.²⁷⁸ Pour Liddell et Scott – Jones (repris tel quel par LEH²⁷⁹), ce substantif τὸ στρῆνός exprimerait l' "insolence, arrogance". Certes, nous trouvons peut-être cette signification dans une épigramme de l'Anthologie palatine, où il est question de l'ambition (?) qui tue,²⁸⁰ mais le sens n'est pas assuré. Dès lors, pour notre verset des R, il me semble que cette interprétation de LSJ s'inspire du sens de l'hébreu et ne traduit pas le sens exact du mot grec. En effet, si l'on regarde les mots de la même famille, on constate qu'ils ont un sens différent, évoquant tous le vacarme ou le tumulte, le déchaînement.²⁸¹ Dès

---

277. Pour les critiques, la traduction de la Peshitta refléterait un texte hébreu en שאג "rugir" au lieu du TM שאן : par ex. Anthony Gelston, *The Peshitta of the Twelve Prophets*, Oxford (1987), 128 (qui reprend l'hypothèse de M. Sebök) ; Albert Petitjean, *Les oracles du Proto-Zacharie*, Paris (1969), 83 et Rudolph, KAT XIII/4, 73. Mais le verbe h. שאג n'est jamais traduit par רגש dans la Peshitta (mais bien, le plus souvent, par נהם), alors que le substantif שאון est à l'occasion traduit par le syriaque רגושיא : par ex. Pesh. Is 13, 4 ; 17, 12 ; Je 25, 31 (id. Tg Is 13, 4 ; 17, 12.13 ; 24, 8 ; 25, 5 ; Ps 65, 8 etc.).

278. Le passage similaire en Is 37, 29 a été traduit tout à fait différemment par la LXX, puisque le TM "ton arrogance" a été traduit "ton amertume" (ἡ πικρία σου). La traduction du Tg, en revanche, est plus ou moins identique.

279. La BdA 23.10–11, 226, lui reconnaît pour sa part les sens "orgueil", "luxe". De fait, στρῆνός a certainement le sens de "luxe" en Apocalypse 18, 3 (c'est le sens donné par Bauer) ; mais pour le sens "orgueil", je le crois inspiré de l'énoncé hébreu, tout comme LSJ et LEH.

280. Le Pr. Auwers de l'Université Catholique de Louvain a attiré mon attention sur cette épigramme, qui figure dans l'*Anthologie Palatine*, VII, éd. Pierre Waltz, Paris (1960), 144. Un comparse reproche à un certain Gessios d'être descendu dans la demeure de Hadès, nu et sans sépulture, dans un nouvel appareil funèbre ; ce à quoi Gessios répond, indigné : τὸ στρῆνός donne aussi la mort. Mais s'agit-il forcément de l'ambition, de l'insolence ? L'on pourrait également comprendre qu'un enterrement qui fait beaucoup de bruit et d'agitation est le contraire d'un enterrement tout simple comme le sien.

281. LSJ : l'adjectif στρηνής signifie "rough, harsh" (*esp. of sound*) ; le verbe στρηνιάω "run riot, wax wanton" ; στρηνόφωνος "rough- or loud-voiced" ; στρηνύζω "trumpet", *of elephant*.

lors, ce sens qui s'accorde avec le Tg me semble devoir être privilégié.²⁸² Ce type d'exemple montre que le vocabulaire de la LXX doit absolument être étudié dans un contexte plus large, en tenant compte des traditions d'interprétation conservées par le Tg.

1.7.9. Araméen כבישא : la chaussée – כביש / מכבש : écrasé

La LXX de Jl 2, 8 traduit le TM (difficile) : גֶּבֶר בִּמְסִלָּתוֹ יֵלֵכוּן "(chaque) homme sur sa chaussée, ils marchent" par le grec καταβαρυνόμενοι ἐν τοῖς ὅπλοις αὐτῶν πορεύσονται "alourdis par leurs armes, ils marcheront". Cette traduction pourrait avoir pour origine la traduction fréquente de la racine hébraïque סלל (aussi bien le verbe סלל "élever une chaussée, aplanir une route"²⁸³ que le substantif מְסִלָּה "la chaussée"²⁸⁴) par la racine כבש "presser, écraser, aplanir, conquérir" dans le Targum. Ainsi, le Tg de Jl traduit l'expression "sur sa chaussée" par בכבישיה. Le participe מכבשין / כבישין "écrasés", plutôt qu'une lecture fautive du TM ou une erreur de copiste suggérée par la BdA,²⁸⁵ ne serait-il pas à l'origine de la traduction grecque, un peu arrangée d'après le contexte guerrier (ajout des armes d'après le sens viril de גֶּבֶר) ?

---

282. Je choisis donc le premier sens donné par Joseph H. Thayer, *Thayer's Greek-English Lexicon of the New Testament* : "excessive strength which longs to break forth, over-strength". Ceci correspond bien avec la remarque de Pierre Chantraine, dans son *Dictionnaire étymologique de la langue grecque*, Paris, Klincksiek (2000), 1064 : "Malgré son attestation relativement tardive, cette famille de mots expressifs semble ancienne. Elle doit avoir le sens de violence en général, l'emploi de στρηνής pour la voix comportant une restriction".

283. Tg Ex 9, 17 ; Jb 19, 12 ; 30, 12 ; Jr 18, 15.

284. Tg Nb 20, 19 ; Jg 5, 20 ; 20, 31.32.45 ; 21, 19 ; 1 S 6, 12 ; 2 S 20, 12.13 ; 2 R 18, 17 ; 2 Ch 9, 11 ; Is 7, 3 ; 11, 16 ; 19, 23 ; 33, 8 ; 36, 2 ; 40, 3 ; 49, 11 ; 59, 7 ; Jl 2, 8. En revanche, le substantif סֹלְלָה "le talus" est toujours traduit par מליתא de même signification.

285. BdA 23,4–9, p ; 60 : "La divergence s'explique difficilement : confusion de lecture (*geber*, ici au sens de "chacun", lu *kabed*, "lourd") ou erreur (?) de copiste (*en tois hodois*, "dans leurs voies", recopié *en tois hoplois*) entraînant le remaniement du verset ?"

1.7.10. Araméen נסס : être chagriné – être faible

Les traductions de la racine עצב "peiner" ; passif : "être peiné, affligé" par la LXX en Ne 8, 10 (διαπίπτω "s'évanouir") et 11 (καταπίπτω idem) sont manifestement influencées par le champ sémantique d'une des traductions habituelles du Tg de ce verbe par l'araméen נסס *ithpeel* "être troublé, chagriné, être faible". Le sens de "faiblesse" est d'ailleurs le sens principal en syriaque. Clairement le traducteur grec de Néhémie avait en tête la tradition d'équivalence h. עצב – araméen נסס et il a privilégié le sens de faiblesse, car le texte continue : "car la joie de Yhwh est votre refuge". Le substantif מָעוֹז a été interprété comme venant de la racine עזז "être fort"[286] et traduit par ἰσχύς. Le texte grec a donc sa cohérence propre : μὴ διαπέσητε ὅτι ἐστὶν ἰσχὺς ὑμῶν "ne vous évanouissez pas, car Il est votre force" (plutôt que le TM : "ne vous affligez pas, car la joie du Seigneur est votre refuge").

1.7.11. Araméen יצא : exprimer – fleurir

Le verbe ἀνατέλλω semble bien avoir été influencé par le double champ sémantique de l'araméen יצא, puisque, à côté des sens attestés "se lever" (soleil, astres) et "pousser" (plantes), il a développé le sens de "exprimer".

Examinons d'abord les deux premiers sens. En LXX Za 3, 8 ; 6, 12 et Jr 23, 5, le "germe" davidique צֶמַח est rendu par le grec ἀνατολή, qui désigne, en grec classique et en grec biblique, l'Orient, le lever du soleil. Toutefois, il ne s'agit pas là d'un traitement de faveur réservé au rejeton messianique (quel qu'il soit[287]). En effet, outre les autres attestations de ce substantif,[288] le verbe צמח "germer" est également majoritairement rendu par le verbe grec ἀνατέλλω, ou ses composés.[289] Clairement ἀνατέλλω a développé un sens botanique dans la *koinè*, en Egypte en tout cas,[290] comme nous le

---

286. Ce que certains lexicographes modernes réfutent, préférant une racine עוז "chercher refuge".

287. Cécile Dogniez, "La reconstruction du Temple selon la Septante de Zacharie", dans André Lemaire, *Congress Volume Leiden 2004* (VTSup 109), Leiden – Boston (2006), 45-64 ; en particulier 56-7.

288. Par ex. Ez 16, 7 : כְּצֶמַח הַשָּׂדֶה - ἡ ἀνατολὴ τοῦ ἀγροῦ "l'herbe des champs".
289. Par ex. ἐξανατέλλω : Gn 2, 9 ; Ps 132[131], 17 ; προανατέλλω : Ez 17, 9.

290. Cfr. Fernandez Marcos, *The Septuagint in Context*, 9 : "Moreover, the discussion took on a new twist, turning the argument from the papyri against Deissmann himself : the many Jews residing in the Nile valley could have influenced the pecu-

montre un papyrus du troisième siècle avant notre ère,²⁹¹ et ce sens est bien affirmé dans la LXX.²⁹² La traduction de la LXX Is 4, 2 fait figure d'exception, avec le verbe ἐπιλάμπω "éclairer" pour rendre le substantif צֶמַח, mais nous restons dans le registre lumineux.²⁹³ Les traductions en βλαστάνω "germer" (2 S 23, 5 ; Qo 2, 6) ; ἀναβλαστάνω (Jb 5, 6 ; 8, 19) ; ἐκβλαστάνω (Jb 38, 27 ; Is 55, 10) sont absolument minoritaires.

Vu son évolution sémantique dans la *koinè* (égyptienne), le verbe biblique ἀνατέλλω (et, chez Is, ἐπιλάμπω) a été choisi comme épousant parfaitement les contours de la racine צמח, dont le champ sémantique semble bien avoir pour sens de base : "poindre, apparaître". Ce sens de base a été développé dans plusieurs directions : pour la germination des plantes, pour l'apparition des cheveux ou de taches suspectes, ou au contraire de la guérison (Is 58, 8), pour l'apparition de la lumière et en particulier le lever du soleil.²⁹⁴ Ce dernier sens, qui est encore discret en hébreu, va s'affirmer en syriaque, puisque R. Payne Smith²⁹⁵ répertorie les significations suivantes, concentrées principalement sur la lumière : צמח : *apparuit, prodiit, (lux) orta est, effulsit, splenduit, fulsit* ; au *aphel*, à côté des sens lumineux

---

liarities of the Greek of Egypt". Le champ sémantique de צמח a pu influencer le grec d'Egypte parlé par les nombreux Juifs.

291. Ce papyrus est répertorié sur le site papyri-info, sous la référence p.tebt.3.1.703 = HGV P.Tebt. 3 .1 703 = Trismegistos 5315 = berkeley.apis.234 ; Instructions of a Dioecetes to a Subordinate – ca. 210 v.Chr. – Tebtynis (Arsinoites). Le substantif ἀνατολή se trouve à la ligne 51 : après l'ensemencement (l. 49 : ὁ σπόρος), le surveillant doit examiner attentivement la pousse : οὕτως γὰρ τὴν [[τ]] ἀνατολὴν ἀκριβῶς ἐπόψει. En revanche, pour le verbe ἀνατέλλω, je n'ai trouvé qu'un seul papyrus datant d'avant notre ère sur le site papyri-info : restitué (d'après le contexte), ἀνατέλλω a le sens de "se lever", puisque le "soleil" (d'après le contexte immédiat) en est le sujet.

292. Cfr. Gn 3, 18a : וְקוֹץ וְדַרְדַּר תַּצְמִיחַ לָךְ - LXX ἀκάνθας καὶ τριβόλους ἀνατελεῖ σοι "il fera pousser des épines et des bruyères pour toi" ; Os 10, 4 : וּפָרַח כָּרֹאשׁ מִשְׁפָּט עַל תַּלְמֵי שָׂדָי - LXX ἀνατελεῖ ὡς ἄγρωστις κρίμα ἐπὶ χέρσον ἀγροῦ "le jugement poussera comme l'herbe folle sur le sol sec du champ". Pour un sens "botanique" : Gn 3, 18 ; 19, 25 ; Dt 29, 22 ; 2 R 19, 29 ; Is 44, 4.26 ; 58, 11 ; 61, 11 ; 66, 14 ; Ps 65[64], 11, Os 10, 4. Cfr. BdA 23. 10-11, 182-3, confirme ce sens végétal.

293. Brockington, "Septuagint and Targum", ZAW 66 (1954), 80-88, soulignait à propos de cette traduction d'Is 4, 2, l'influence d'un milieu parlant araméen, puisque צמח "briller" est le sens araméen (p. 84).

294. Cfr. Daniel Grossberg, "The dual Glow/Grow Motif", Bib 67 (1986), 547-54. Les pages consacrées à la racine צמח sont les p. 547-50.

295. Payne Smith, *Thesaurus syriacus*, col. 3415-16. Idem Sokoloff, *A Syriac Lexicon*, 1292-3.

(*apparebit, effulsit, illuminavit, resplenduit*), on a aussi *germinare fecit* (Jr 33, 15) ; le substantif צמחא : *germen* (Jr 33, 5.15) ; *radius, splendor, elucidation, explanatio*. L'utilisation de ἀνατέλλω, tant pour le sens "se lever, apparaître" (lumière, cheveux ; comme en grec classique), que pour le sens "germer" était un choix judicieux des traducteurs.

Il est intéressant de noter, cependant, que LXX Jg 16, 22, pour צמח dans le sens "pousser", présente le verbe ἀνατέλλω dans l'Alexandrinus (qui reflète l'ancienne traduction grecque), quand nous trouvons βλαστάνω "germer" dans le Vaticanus, une recension appartenant au groupe *kaige* qui se distingue donc par sa volonté de littéralité. Pour le traducteur du Vaticanus, qui adhère vraisemblablement à un grec plus classique (moins égyptien ?), ἀνατέλλω n'a donc pas été jugé adéquat pour traduire צמח "pousser" ; βλαστάνω a été préféré, bien que le verbe hébreu ait pour sujet la chevelure qui se remet à pousser. Cependant, ce traducteur grec semble à son tour avoir modelé le champ sémantique du verbe grec βλαστάνω sur l'hébreu, car ce verbe, en grec classique, ne s'utilise pas pour les cheveux qui poussent.

En LXX Ha 2, 3a, nous retrouvons ce verbe ἀνατέλλω pour traduire le TM יָפֵחַ :

- TM : כִּי עוֹד חָזוֹן לַמּוֹעֵד וְיָפֵחַ לַקֵּץ וְלֹא יְכַזֵּב "car c'est encore une vision concernant l'échéance. Elle aspire à sa fin, elle ne mentira pas" (TOB)
- 1QpHab VII, 6 : יפיח
- LXX : διότι ἔτι ὅρασις εἰς καιρὸν καὶ <u>ἀνατελεῖ</u> εἰς πέρας καὶ οὐκ εἰς κενόν
- Vg : quia adhuc visus procul, et <u>apparebit</u> in finem, et non mentietur
- 8ḤevXIIgr : ... κ]αιρὸν καὶ <u>ἐμφανήσεται</u> ...[296]

Le sens du verbe hébreu du TM יָפֵחַ est discuté. Les commentateurs médiévaux, Rashi, Ibn Ezra et Radaq, donnaient au mot יָפֵחַ d'Ha 2, 3 le sens très général de "dire" (tous trois ont utilisé, pour l'expliquer, la racine דבר). Rashi précisait que c'était ce même verbe qui figurait dans les Proverbes[297]

---

296. Idem Version copte akhmimique ; cfr. Dominique Barthélemy, *Les devanciers d'Aquila* (VTSup 10), Leiden (1963), 232.

297. Pr 6, 19 ; 12, 17 ; 14, 5.25 ; 19, 5.9. En Pr 6, 19 ; 14, 5.25 et 29, 8, le Tg a traduit ce verbe par l'araméen מליל.

et il dérivait ce sens de "parler" à partir du sens "souffler" qu'a רוח :[298] פוח
היוצא מן הפה קורהו פיח "le souffle qui sort de la bouche, on l'appelle פיח".
Mais il est probable qu'il faut, ainsi que le font les lexicographes modernes
(HALOT), tenir compte de deux racines homonymes, פוח I "souffler" et
פוח II "témoigner", forme secondaire de יפח.[299] En Ps 12, 6 et Pr 12, 17, le
Tg a en tout cas traduit פוח par l'araméen סהד "témoigner".[300] Maintenant,
s'agit-il d'un verbe (comme l'ont pensé les Versions), d'un adjectif verbal
(D. Pardee[301]) ou d'un substantif (D. Clines[302]), la question reste discutée.
Par ailleurs, A. Ehrlich[303] avait proposé comme texte primitif, au lieu de
la particule עוד,[304] le substantif עד "le témoin", ce qui n'était pas dénué de
sens, évidemment.[305]

---

298. Par ex. en Ez 21, 36.

299. Cfr. le substantif יפח dans le Ps 27, 12, parallèle à עד. Nous pourrions comparer יפח à l'ougaritique *yph* "le témoin" : cfr. Mitchell Dahood, "Hebrew – Ugaritic Lexicography III", Bib 46 (1965), 311–32 (*yph* : 319–20) ; Gregorio Del Olmo Lete et Joaquin Sanmartin, *A Dictionary of the Ugaritic Language in the Alphabetic Tradition*, Leiden (2003), 974.

300. Cfr. David M. Stec, *The Targum of Psalms* (Aramaic Bible 16), 43 n. 9 : "It is particularly interesting that in the present verse TgPss, in rendering MT by the *aphel* of *shd*, "testify, call to witness", provides us with ancient evidence to support some conclusions reached by modern scholarship".

301. Pour un résumé des positions (en particulier celle de D. Pardee) et des opinions traditionnelles sur la traduction de la LXX, cfr. Robert Haak, *Habakkuk*, Leiden (1992), VTSup 44, 56–57.

302. *Dictionary of Classical Hebrew*, s.v. יָפֵחַ II ; Clines traduit : "for there is still a vision for the appointed time and a witness for the end".

303. Arnold B. Ehrlich, *Randglossen zur Hebräischen Bibel*, vol. 5 : *Ezechiel und die kleinen Propheten*, Leipzig (1912), 302.

304. Cfr. Tg : ארי עתידא נבואתא לזמן שמתקן קצא "car la prophétie est prête (עוד a été développé en עֲתִידָא) pour (son) temps et la fin est fermement établie". Le Tg essaie toujours de rester proche du texte source, surtout en cas de difficulté. Nous avons d'autres exemples. Ainsi, en 1 R 1, 42 (idem 1 Ch 11, 12), un "homme de valeur" (אִישׁ חַיִל) devient un "homme craignant les péchés" (גבר דחיל חטאין), puisqu'il s'agit d'un fils de prêtre.

305. Là aussi, on pourrait se demander si la particule עוד ne doit pas être considérée comme une forme du *verbe* עוד "témoigner", ce qui constituerait un excellent parallèle à פוח / יפח (s'il faut y voir un verbe avec les Versions). Nous pourrions dès lors traduire par : "Car la vision donnera son témoignage sur le temps fixé, et elle témoignera sur la fin". Quoi qu'il en soit dans les détails, le sens global de la phrase est assuré.

Commençons par les Versions autres que la LXX. Les traductions de la Vg (apparebit) et de 8ḤevXIIgr (ἐνφανήσεται) suggèrent plutôt une lecture יפע ("briller", avec variation de gutturale). Ceci rejoindrait la traduction de la LXX des Ps 50 [49], 2 (הוֹפִיעַ – ἐμφανῶς ἥξει – apparuit) et 80 [79], 2 (הוֹפִיעָה – ἐμφάνηθι – ostendere).

La traduction de la LXX Ps 94 [93], 1 (הוֹפִיעַ – ἐπαρρησιάσατο) pourrait, pour sa part, refléter une traduction opérée à partir du verbe proche *hiphil* הֵפִיחַ, ainsi que nous l'inférons de la LXX = Vg du Ps 12, 6 :

- TM Ps 12, 6 : אָשִׁית בְּיֵשַׁע יָפִיחַ לוֹ "... je porte secours à celui sur qui l'on souffle !" (Pléiade)
- LXX : θήσομαι ἐν σωτηρίᾳ <u>παρρησιάσομαι</u> ἐν αὐτῷ "je viendrai au secours ; je parlerai *ouvertement / librement / avec confiance* en lui"

A l'inverse, la Peshitta et Symmaque pourraient avoir lu la racine proche יפע :

- Pesh. Ps 12, 6 : אעבד פורקנא גליאית "j'opérerai la délivrance ouvertement"
- Symm. : τάξω σωτήριον <u>ἐμφανές</u>

Revenons à la traduction de LXX Ha 2, 3 ἀνατελεῖ. Le verbe grec ἀνατέλλω "se lever (astre), faire pousser, pousser, fleurir" pourrait donc correspondre :

– soit à יפע (= ויפע comme Vg et 8ḤevXIIgr ; avec changement de la gutturale finale comparé au TM ויפח[306]), quoique nous n'ayons aucune attestation de l'équivalence יפע - ἀνατέλλω dans aucune des traductions grecques : c'était là l'avis de Schleusner,[307] par exemple ;
– soit à פרח (= יפרח ; une consonne de plus que le TM יפח) : c'est l'opinion de W. Rudolph ou de la BdA.[308]

---

306. Il est évident que les gutturales étaient particulièrement vulnérables. Cfr. les traductions de Ps 97[96], 11 : le TM présente le verbe זרע, que les Versions ont lu זרח "se lever" : TM : אוֹר זָרֻעַ לַצַּדִּיק וּלְיִשְׁרֵי־לֵב שִׂמְחָה (TOB : Pour le juste une lumière est semée ; et c'est une joie pour les cœurs droits) – LXX : φῶς <u>ἀνέτειλεν</u> τῷ δικαίῳ ... – Tg : נהור דנח ומיטמר לצדיקיא ולתריצי ליבא חדווא.

307. Schleusner, *Lexicon in LXX*, s.v. ἀνατέλλω : "Legisse videntur ויפע, et apparebit seu illucescet".

308. Cfr. TM פרח – LXX ἀνατέλλω : Lv 14, 43 ; Is 66, 14 ; Os 10, 4 ; Ps 72[71], 7 ;

Telle est donc l'alternative donnée par la critique pour cette traduction de la LXX (et parfois même pour le texte hébreu lui-même).

Rapprochons ceci du Tg des Pr 19, 5 (approx. id. 19, 9) :

- TM : עֵד שְׁקָרִים לֹא יִנָּקֶה וְיָפִיחַ כְּזָבִים לֹא יִמָּלֵט "Le faux témoin ne restera pas impuni, celui qui *témoigne* des mensonges n'échappera pas".
- LXX : μάρτυς ψευδὴς οὐκ ἀτιμώρητος ἔσται ὁ δὲ ἐγκαλῶν ἀδίκως οὐ διαφεύξεται "un faux témoin ne restera pas impuni et *celui qui accuse* injustement ne sera pas sauvé"
- Tg : שהדא דשיקרא לא נזדכי ודמביעי ודמועי כדבותא לא נתפלש נתמליו[309] "un témoin mensonger ne sera pas innocenté et *celui qui laisse éclater / exprime* des mensonges ne sera pas sauvé."

L'expression יָפִיחַ כְּזָבִים "celui qui témoigne des mensonges" a donc été traduite par l'araméen דמועי כדבותא (éd. Lagarde) : ce participe *aphel* מועי provient de la racine יעא (= hébreu יצא "sortir, se lever"), qui, au causatif, peut s'employer dans le sens de "faire sortir, exprimer, dire",[310] mais qui, au *peal*, a le sens de "pousser, fleurir",[311] comme le verbe ἀνατέλλω utilisé par la LXX.

Nous pouvons donc conclure que la traduction de la LXX Ha 2, 3 reflète bien le TM, et non une autre leçon (יפע ou יפרח), mais le TM יפח interprété à partir de traditions exégétiques fixées en araméen, et qu'elle a donc pour origine le champ sémantique bipolaire de ce verbe araméen יעא "pousser, fleurir" – "exprimer".[312] Faut-il aller plus loin et élargir encore

---

92[91], 7 ; Pr 11, 28. Rudolph, KAT XIII/3, 212 ; BdA 23.4–9, 274. Cette lecture פרח est également suggérée par LEH. Quant à Muroaka, *A Greek-English Lexicon of the Septuagint*, il élargit le sens de ἀνατέλλω, puisque, à côté des sens habituels ("to spring up, sprout ; to rise above the horizon, come up"), il lui reconnaît une signification plus générale "to appear, become visible" pour Ha 2, 3 ; mais dans le bas de la rubrique, il groupe Ha 2, 3 avec les références concernant h. פרח. Ne serait-il pas influencé par ces passages où פרח s'applique à l'apparition de la lèpre (BDB פרח II) ?

309. Ce verbe est la leçon du texte Zamora de Diez Merino ; le verbe suivant est la leçon de Lagarde.
310. Par ex. Ps 19, 3a : TM : יוֹם לְיוֹם יַבִּיעַ אֹמֶר - Tg יומא ליומא מוסיף וממעי מימרא (ומחוי variante).
311. Par ex. Nb 17, 23 : TM פרח - Tg יעא - LXX ἀνατέλλω.
312. Notons qu'en Is 13, 10, יצא "se lever" (soleil), l'équivalent h. de יעא, a été traduit par ἀνατέλλω par la LXX.

le champ sémantique du grec biblique ἀνατέλλω en le décalquant sur ce vocable araméen, ou supposer, en tout cas, que les juifs hellénophones le ressentaient comme tel ? C'est une possibilité raisonnable.

1.7.12. Syriaque קריתא : la poutre – le scarabée

En Ha 2, 11, le TM évoque le souverain chaldéen qui a pillé et massacré d'innombrables nations et contre qui témoignent les maisons dévastées : "Oui, la pierre du mur criera, *et la poutre* (וְכָפִיס) de la charpente lui répondra", ce qui dans la LXX est devenu : διότι λίθος ἐκ τοίχου βοήσεται καὶ κάνθαρος ἐκ ξύλου φθέγξεται αὐτά "C'est pourquoi une pierre criera depuis le mur et *un scarabée* clamera ces (mots) depuis le bois".

Le substantif כָּפִיס est un hapax dans le corpus biblique, mais il apparaît à Qumran.[313] Les lexicographes – ceux du moins qui se refusent à corriger le TM d'Habaquq[314] – s'accordent à y voir un terme désignant une pièce de la charpente (une poutre, les chevrons ?).[315] C'est vraisemblablement le sens qu'il a, par exemple, en 1QHª XIV, 25–26[316] :

---

313. Clines, *Dictionary of Classical Hebrew*, s.v. כָּפִיס : beam, rafter : 1QpHab 10, 1 ; Hb 2, 11 ; 1QH 6, 26.36 (= références dans Florentino Garcia Martínez et Eibert Tigchelaar, *The Dead Sea Scrolls Study Edition*, Leiden – NY – Köln (1997) : 1QpHab IX, 15 ; X, 1 ; 1QHª XIV, 26.36).

314. Aron Pinker, "Castanets", ZAW 114 (2002), 618–21 corrige le TM par כפים מעץ, qui serait, selon lui, une expression désignant des castagnettes, des "paumes" (le substantif כף) de bois. Cependant, nous n'avons pas d'attestation de cette expression dans le corpus biblique ni dans la littérature post-biblique, ni dans les autres langues sémitiques, ce qui me semble réduire l'intérêt de cette contribution.

315. Wilhelm Gesenius, *Thesaurus philologicus criticus linguae Hebraeae et Chaldaeae Veteris Testamenti*, digessit et ed. Aem. Roediger, Leipzig (1829–58 ; 2ᵉ éd.), s.v. כָּפִיס : "prob. tignum transversum, canterius (Sparren), a connectendo" (poutre transversale, chevron). HALAT, s.v. כָּפִיס : "mhe. Balken : Sparren aus d. Gebälk" (chevrons de la charpente). TB *Hagiga* 16 a : "ce que tu dis, qui sera témoin contre moi ? Ce seront les pierres et *les poutres* de la maison d'un homme (אבני ביתו וקורות ביתו של אדם) qui témoigneront contre lui ainsi qu'il est dit (Ha 2, 11)". Radaq (reprenant Resh Laqish ; s'inspirant du Tg) : "le *kaphis*, c'est une partie de la poutre du toit (littéralement : voûte) des maisons, et la poutre elle-même est aussi nommée ainsi, et ses morceaux réunis forment la charpente" : כפיס הוא מרהיט קרוי הבתים שנקרא הרהיט גם כן כפיס ושפאיה אסורים מריש היא.

316. La référence ancienne (Eliezer Sukenik et André Dupont-Sommer) était QH 6, 26.

כי אתה תשים סוד על סלע וכפיס על קו משפט ... "Car c'est toi qui (26) mettras la fondation sur le rocher et *la charpente* sur le cordeau de justice".[317]

Les traducteurs anciens ont interprété כָּפִיס de semblable manière. La Pesh. Ha 2, 11 a utilisé le mot סכתא "le clou, le coin, la cheville" (qui sert à fixer les poutres ?). Le Tg a explicité le substantif par שיפא מגו מרישא "une cheville à l'intérieur de la poutre/charpente". La Vg a traduit les deux mots כָּפִיס מֵעֵץ par "lignum quod inter iuncturas aedificiorum est". Dans son Commentaire,[318] Jérôme explique le sens de "kaphis" : "Quod enim lingua Hebraica dicitur *chaphis*, lignum significat, quod ad continendos parietes in medio structurae ponitur, et vulgo apud Graecos appellatur ἱμάντωσις". Ce substantif grec ἱμάντωσις cité par Jérôme comme équivalent de כָּפִיס apparaît en LXX Si 22, 16a (dont le texte hébreu est perdu) : "Comme une *armature* de bois (ἱμάντωσις ξυλίνη)[319] assemblée dans une construction ne sera point disloquée par un tremblement de terre, ainsi un coeur établi dans un dessein mûrement réfléchi ne perdra pas son assurance au moment voulu" (TOB). La Pesh. Si 22, 16 a traduit par ערקתא דקיסא "une poutre de bois" et la Vg par *loramentum ligneum* "un assemblage de bois".

Le substantif כָּפִיס est donc un terme architectural. Pourquoi ce terme a-t-il été traduit en grec par le substantif κάνθαρος, dont le sens courant est celui de "scarabée" ?

Ce substantif κάνθαρος, affirmait W. Gesenius, à la suite de Cyrille d'Alexandrie,[320] n'aurait pas, dans ce passage, sa signification habituelle

---

317. C'est la traduction traduction d'André Dupont-Sommer, *Les écrits esséniens découverts près de la mer Morte*, Paris (1980), 235. Martinez et Tigchelaar, *The Dead Sea Scrolls Study Edition*, vol 1, 177 : "for you (26) place the foundation upon rock, and beams to the correct size".

318. *Commentarii in Prophetas Minores*, CC.SL. LXXVI A, 605.

319. Liddell – Scott – Jones (idem LEH) traduit ce substantif hapax : *piece of timber used instead of a bond-stone*. Le sens de base du substantif ἱμάς, ἱμάντος est celui de courroie de cuir (tout comme *loramentum*), mais avec l'adjectif ξύλινος, force est d'imaginer un assemblage de bois qui ressemble sans doute à un assemblage par courroies de cuir.

320. Gesenius, *Thesaurus*, s.v. כָּפִיס. Le texte de Cyrille d'Alexandrie se trouve au t. 71 de la PG de Migne (1864), 881–82 : "Il faut savoir que, au lieu de dire κάνθαρος ἐκ ξύλου, les autres interprètes ont traduit ἔνδεσμος ξύλου. D'où, il faut considérer que l'on appelait *peut-être* à cette époque "scarabées" les ceintures de maisons et leurs assem-

de "scarabée", mais aurait revêtu un sens technique architectural, qui rejoindrait les traductions de Symmaque (σύνδεσμος οἰκοδομῆς ξύλινος) et de Théodotion (σύνδεσμος ξύλου).[321] Fr. Rehkopf, dans son *Septuaginta-Vokabular*,[322] suit Gesenius, puisqu'il donne au mot κάνθαρος les sens de "coupe, chevron, poutre du toit" (Becher, Sparren, Dachbalken). Mais force est de constater que Cyrille tâche, tant bien que mal, de donner un sens à la traduction de la LXX à partir des autres traductions grecques (qui, elles, confèrent un sens architectural à כפיס), et qu'il ne s'agit de rien d'autre que de suppositions (τάχα που "peut-être" !).

J.F. Schleusner partait, quant à lui, de la deuxième signification de κάνθαρος, à savoir "la coupe à larges anses", pour attribuer au mot grec, à cause de leur forme ronde similaire, le sens de "nœud" du bois ("nodus sive locus durior in ligno") ; quant à כָּפִיס, il le traduisait par "ver"[323] (une des éditions grecques anonymes citées par Jérôme présentait le texte "vermis" ; l'autre offre un texte fautif[324]). Ce sens de "nœud" est retenu – à côté du scarabée – par le LEH ("knot, beetle"), mais il me semble abusif de passer

---

blages de bois, ou σύνδεσμος, en ce que cela maintenait le toit posé sur eux comme au moyen de multiples pattes" (mis en italiques par mes soins).

321. Cfr. Thucydide, *Guerre du Péloponnèse*, II, LXXV, 5 : "les poutres de bois maintenaient l'ensemble (Ξύνδεσμος δ' ἦν αὐτοῖς τὰ ξύλα), pour éviter que la construction, en prenant de la hauteur, n'offrît trop peu de résistance" (traduction J. de Romilly, éd. Les Belles Lettres).

322. Friedrich Rehkopf, *Septuaginta-Vocabular*, Göttingen (1989), 151.

323. Schleusner, *Lexicon in LXX*, s.v. κάνθαρος. Schleusner est peut-être influencé par Ibn Ezra, qui donne ce sens de "nœud" à כָּפִיס (et non à κάνθαρος !) : "l'endroit dur dans le bois des poutres, qui est appelé "nœud/lien" en français" (כפיס המקום הקשה בעצי הקורות והוא הקרוי קשר בלעז). Par ailleurs, le substantif κάνθαρος désigne, chez Hérodote, *Hist.* (Thalie) 3, 28, quelque chose que le taureau Apis présente sous la langue. Hérodote ne nous en dit pas plus. En revanche, Pline l'Ancien, *Hist.*, 8, 184, détaille cette marque : "nodus sub lingua, quem cantharum appellant". Il s'agit d'une nodosité sous la langue. Schleusner, qui affirme pourtant avoir déduit le sens "nœud" de la "coupe", est peut-être redevable à Pline.

324. Cfr. *Commentarii in Prophetas Minores*, CC. SL LXXVI A, 605 : "Reperi [...] duas alias editiones, in quarum una scriptum est : Quia lapis de pariete clamabit quasi vermis in ligno loquens, et in altera : Lapis enim de pariete vociferabitur, et σκώληξ de ligno loquetur ea". A propos de ce mot grec σκώληξ (ver, lombric), cfr. Barthélemy, *Les devanciers d'Aquila*, 226 n. 3 : "Ici toutes les éditions donnent σκώληξ. C'est un cas typique de fausse restitution que les éditeurs se sont empruntée les uns aux autres sans contrôler les manuscrits. [...] Ce mot κολεός se retrouve [...] dans l'Histoire des animaux d'Aristote (593a 8) où les principaux commentateurs [...] estiment que ce mot désigne le pic-vert".

du sens de "coupe" à celui de "nœud" du bois, aussi conservé-je à χάνθαρος sa signification première de "scarabée", comme le fait T. Muraoka dans son Lexique ("dung-beetle")[325] et, à sa suite, les traducteurs de la BdA.[326] C'est, du reste, cette dernière signification qu'a inscrite Jérôme dans sa traduction latine de la LXX, et qu'a véhiculée la tradition.[327]

Parmi les explications répertoriées par J.F. Schleusner, examinons celle de Schindler, qui éclairait la traduction "scarabée" d'après le mot hébreu חפושית "le scarabée"[328] = arab. ḫunfas (avec nun épenthétique), mot que les rabbins transcriront כנפוס en écriture hébraïque.[329] Ce rapprochement כנפוס / חפושית / כָּפִיס n'est pas exclu, mais ne me semble pas décisif, car la transcription de l'arabe, plus proche de כָּפִיס, est bien plus tardive et ne doit pas intervenir dans le débat.

Je préfère poser l'hypothèse suivante : le traducteur grec aurait été influencé par deux substantifs homonymes en syriaque : קרי, קריתא : "la poutre" (et donc synonyme de כָּפִיס)[330] et קריתא : "le ver du blé ou charançon, semblable au scarabée, nocif pour le grain".[331] En araméen, nous

---

325. Muraoka, *A Greek-English Lexicon of the Septuagint*, 362.

326. BdA 23.4–9, 280 n. Ha 2, 11.

327. Henry B. Swete, *An introduction to the Old Testament in Greek*, Cambridge (1914 ; 2ᵉ éd.), reprint New York (1968), 468, cite deux passages d'Ambroise qui sont des réminiscences de la LXX d'Ha : *in Luc* XXIII : "bonus vermis qui haesit in ligno (Ps XXI. 7), bonus scarabaeus qui clamavit e ligno [...] clamavit quasi scarabaeus Deus Deus meus" ; *Or. de obitu Theodosii* 46 : "(Helena) adoravit illum qui pependit in ligno [...] illum (inquam) qui sicut scarabaeus clamavit ut persecutoribus suis Pater peccata donaret".

328. Cfr. Meir Lubetski, "Beetlemania of Bygone Times", JSOT 91 (2000), 3–26. A la p. 4 n. 3, l'auteur présente les différentes orthographes de ce substantif. L'article, très instructif, explique que le צלצל de Dt 28, 42 et Is 18, 1 doit se traduire par le "scarabée" et illustre de manière archéologique la présence de la culture égyptienne à l'époque d'Isaïe.

329. "Igitur, ut observat Schindlerus, acceperunt pro arab. חנפוס ex hebr. חפושית, quod est scarabaeus. Rabbini arabicum scribunt כנפוס. Est autem nun epentheticum".

330. Brockelmann, *Lexicon Syriacum*, 696 : *trabs, lignum*. Payne Smith, *Thesaurus syriacus*, col. 3717 : *trabs* Gn 19, 8 ; Ct 1, 16.

331. Brockelmann, *Lexicon Syriacum*, 696 : *curculio, myzetes, scarabaeo similis, frumento infestus*. Idem Sokoloff, *A Syriac Lexicon*, 1411 : קריתא *beam* ; קריתא *weevil similar to a beetle which infects grain*. Brockelmann a peut-être pu donner ce sens assez précis à קריתא à partir d'une scholie répertoriée dans Frederick Field, *Origenis Hexaplorum Fragmenta*, vol II, 228 n. 49. En effet, à propos de la Syh Ps 78, 46, qui présente la traduction קריתא, Field cite l'explication d'une scholie : "scarabaeo parvo similis est, et exsugit [...] spicam et non producit fructum". Payne Smith, *Thesaurus syriacus* (col.

avons également, à côté du verbe dénominatif קרי "mettre des poutres", un substantif (rarement attesté, certes) désignant une bestiole nuisible : בָּרְיָא / קַרְיָא "un ver qui s'attaque aux pavots".[332]

Le champ sémantique double fixé ainsi en syriaque ou en araméen aurait incité, spontanément ou de manière plus consciente, le traducteur bilingue à passer d'une notion à l'autre. Notons, par ailleurs, que "la poutre" se dit ערקתא en syriaque, quand il existe une racine ערק "ronger" :[333] le traducteur grec aurait-il, en outre, été influencé par ces homonymes ?

Par le biais de ces homonymes, la traduction grecque rompt le parallélisme pour spécifier ce qui, dans le bois de la poutre, fait entendre sa voix : c'est le scarabée, l'animal sacré de l'Egypte ancienne. F. Siegert, dans son introduction à la Septante, offre quelques paragraphes sur ce qu'il appelle l'"Ägyptisches Kolorit" de la traduction grecque :[334] ce scarabée n'est-il pas le fleuron de cette teinte égyptienne ?

3717) y voit plutôt une sorte de sauterelle ("locustae species"), mais ce sens est sans doute influencé par le texte hébreu du Ps 78, 46. Le mot grec proche χανθαρίς a le sens d'insecte nuisible au grain (LSJ "beetle hurtful to corn"). Il a été utilisé par Symmaque en Os 13, 3 pour traduire עשן "la fumée" (peut-être à partir de עָשׁ "la mite").

332. Jastrow, *Dictionary* : "a worm in poppy". Levy, *Wörterbuch über die Talmudim und Midrashim* : "Fäulnis" (putréfaction ; pour l'étymologie, Lévy donne deux pistes possibles : soit le latin "caries" (ce qui impliquerait un mot apparu tardivement dans la langue) soit un substantif dérivé du verbe כרי "être malade").

333. Cfr. arabe ʿaraqa (عرق) : "rosit atque edendo denudavit carnem" (Georg Freytag, *Lexicon arabico-latinum* ; idem Lane, *Arabic-English Lexicon*, 2017–18) ; ʿaraqah : "lignum transversum inter duo parites fulcimenta" (une poutre transversale entre deux parois d'appui) : pl. : "lorum, quo captivus constringitur" (la courroie qui lie un captif) (Freytag) ; ʿurûqah : "chenille, ver qui ronge la vigne" (Reinhart Dozy, *Supplément aux dictionnaires arabes* ; mais dans la troisième éd., celle de 1967, Dozy se demande si ce mot arabe ne vient pas, en fait, du latin "eruca", la chenille, ce qui impliquerait un mot apparu tardivement).

334. Siegert, *Zwischen Hebräischer Bibel und Altem Testament*, 186–7 (par. 3.8). Le Déaut, "La Septante, un Targum ?", 170–71, avait déjà mentionné ces diverses adaptations égyptiennes.

1.8. Le cas particulier des Proverbes

1.8.1. Comment expliquer les coïncidences entre LXX, Pesh. et Tg des Proverbes ?

Le cas des Proverbes est à part. Nous y trouvons, en effet, un nombre particulièrement élevé de coïncidences entre la LXX, la Pesh. et le Tg. La nouvelle édition de la Bible de ce livre, la Biblia Hebraica Quinta Proverbs (J. de Waard), qui, plus que la BHS, suggère des pistes pour l'origine des traductions divergentes des Versions, est donc particulièrement utile.

En 1998, R.J. Owens résumait ainsi les points sur lesquels s'accordaient la majorité des chercheurs :[335] 1. Le Tg des Pr partage quantité de leçons variantes avec la Peshitta (plus d'un tiers de ses versets) ; 2. Le texte du Tg des Pr présente, à côté des traits normaux de l'araméen targumique, bon nombre de syriacismes ; 3. La Peshitta des Pr contient diverses leçons qui coïncident avec la LXX ; pour le reste, la traduction syriaque semble bien être basée sur une *Vorlage* très proche du TM ; 4. Le Tg des Pr contient diverses leçons qui coïncident avec la LXX ; 5. Le Tg des Pr diverge de la Peshitta dans un bon nombre de versets, où il y a accord avec le TM ; quelles que soient les autres sources que le Tg consultait, il avait accès à un texte hébreu. Pour Owens, les abondants syriacismes présents dans le Tg Pr (vocabulaire, morphologie et syntaxe) impliquent une forte dépendance sur la Peshitta.

De fait, divers auteurs s'accordent dans les grandes lignes pour expliquer les nombreuses coïncidences entre la LXX, la Pesh. et le Tg Pr comme suit. Le traducteur de la Pesh. Pr a bien certainement puisé dans la LXX, plus que tous les autres traducteurs de la Peshitta, au moins dans les passages où sa *Vorlage* hébraïque présentait des difficultés textuelles ou éthiques. C'est l'avis, par exemple, de P. Steyn.[336] De même, J. Joosten trace le portrait d'un traducteur relativement médiocre en hébreu comme en grec (ainsi, il lui arrive de suivre une leçon erronée et dénuée de sens de la LXX), qui à l'occasion présente même des traductions doubles où sont

---

335. Robert J. Owens, "The Relationship between the Targum and Peshitta Texts of the Book of Proverbs : status questionis", dans Paul V.M. Flesher (éd.), *Targum and Peshitta*, Targum Studies, vol. 2 (South Florida Studies in the History of Judaism 165), Atlanta (1998), 195–207. Le résumé se trouve aux p. 204-5.

336. Pieter E. Steyn, *External Influences in the Peshitta Version of Proverbs* (Ph. D. thesis), University of Stellenbosch (1992).

combinées ses deux sources (à moins qu'il ne se soit agi au départ de notes dans la marge).[337] Pour M. Fox, toutefois, cette démarche ne trahit pas forcément l'incompétence linguistique du traducteur syriaque ; au contraire, il lui semble avoir une bonne connaissance de l'hébreu (du texte consonantique, en tout cas, car parfois il trahit des vocalisations différentes de la tradition tibérienne) et du grec, naviguant de manière souple, créative et active entre ses deux sources.[338] Face à la LXX, le traducteur syriaque peut soit préférer son modèle hébreu ; soit garder le sens général de l'hébreu mais "picorer" ("cherry-picking") des éléments de la LXX ; soit au contraire, garder le sens du grec tout en reprenant des éléments à l'hébreu. Il peut même emprunter un stique à l'hébreu et l'autre au grec. Les doubles traductions ont pour but de préserver tous les matériaux disponibles.

Quant au Tg, il ne peut pas être utilisé comme preuve d'une tradition d'interprétation indépendante commune quand il y un accord LXX – Pesh – Tg face au TM, car le Tg Pr est pour l'essentiel une transcription de la Peshitta des Proverbes.[339] En effet, M. Weitzman[340] précise que, contrairement aux autres Kethoubim, où les parallèles sont très rares entre

---

337. Jan Joosten, "Doublet Translations in Peshitta Proverbs", dans Peter B. Dirksen and Arie Van Der Kooij (éd.), *The Peshitta as a Translation : Papers Read at the II Peshitta Symposium Held at Leiden 19–21 August 1993* (Monographs of the Peshitta Institute Leiden 8), Leiden (1995), 63–72. Cfr. 72 : "Working on the Hebrew and the Greek texts of the Proverbs simultaneously, but endowed with no particular skill in dealing with either language, the author of Peshitta Proverbs produced a very loose translation that incorporated elements from both his sources. [...] It is not impossible that one of each set of double translations (excepting 18 :22) was intended to feature in the margin, as a type of textual note".

338. Michael V. Fox, "How the Peshitta of Proverbs Uses the Septuagint", JNSL 39/2 (2013), 37–56. Aux p. 53–54, Fox établit le profil du traducteur syriaque : possédant une bonne connaissance de l'hébreu, il a exercé activement son jugement sur ses deux sources. Sa double compétence s'explique vraisemblablement parce qu'il était juif et avait appris l'hébreu (sans doute en le mémorisant par répétitions) ; mais un juif christianisé, qui avait donc aussi accès à la LXX.

339. Fox, "How the Peshitta", 40 : Le Tg "is essentially a modified transcription of S(yriac)-Prov and as such could serve as a medieval conduit for G(reek)'s interpretations into Jewish exegesis". Idem dans Joosten, "La Peshitta de l'Ancien Testament et les Targums", 97 : "le rapport entre la Peshitta et le Tg des Pr représente un cas tout à fait particulier, puisque le Targum juif des Pr s'appuie directement sur la version syriaque. La priorité de la Peshitta a été démontrée de façon concluante par Melamed".

340. Michael P. Weitzman, *The Syriac Version of the Old Testament. An Introduction*, Cambridge (1999), 109–10.

la Peshitta et le Tg, le Tg Pr est exceptionnel dans la mesure où le nombre des parallèles et leurs caractéristiques montrent clairement une dépendance linguistique[341] et littéraire du Tg sur la Peshitta (y compris dans les passages où la Pesh. suit la LXX contre le TM). Pour expliquer comment la Peshitta a pu être prise comme base d'un Tg juif, Weitzman nous rappelle que les Tg des hagiographes, contrairement aux Tg de la Torah et des Prophètes, n'avaient pas de fonction liturgique ou de statut officiel dans les synagogues ; ils ont sans doute été réalisés par des particuliers pour des particuliers. Bien sûr le traducteur du Tg a aussi consulté l'hébreu, il a pu enlever des matériaux qui ne correspondaient pas à l'hébreu et traduire des versets indépendamment de la Peshitta.[342]

Dès lors, nous trouvons bon nombre de cas où la LXX, la Pesh. et le Tg coïncident dans leur écart face au TM, mais il s'agit simplement d'une influence de la LXX sur la Peshitta, reprise par le Targum. Outre les cas mentionnés par A. Kaminka,[343] voici d'abord un exemple qui montre l'indépendance relative et la créativité du traducteur syriaque :

LXX, Pesh. et Tg Pr 1, 24a

- TM : "Puisque j'ai appelé et que *vous avez refusé* (וַתְּמָאֵנוּ), puisque j'ai étendu la main sans que nul y prenne garde" (BJ)

---

341. Le Tg des Pr présente donc un mélange d'éléments d'araméen occidental à côté d'araméen oriental dérivé de la Peshitta. Par exemple, la racine קצר "être court" dans l'expression hébraïque "court de colère", càd colérique, impatient (קְצַר־אַפִּים) est traduite, quand elle apparaît dans les Pr 14, 17.29, par la racine כרא qui, *en syriaque*, signifie "être court". En Ex 6, 9, par contre, קצר est traduit par la racine plus habituelle dans ce contexte עיק "être étroit, angoissé". Un autre exemple : le TM שית "placer, mettre" est pratiquement toujours traduit dans le Tg par l'équivalent araméen שוי ; dans les Pr cependant, ce verbe est principalement (Pr 22, 17 ; 24, 32 ; 26, 24 ; 27, 23 + Is 26, 1) traduit par la racine סום, qui existe certes en araméen, mais a plus le sens de "attacher, lier", alors qu'en syriaque, elle a précisément le sens de h. שית.

342. Un bel exemple de traduction où le Tg s'inspire de la Peshitta mais en tâchant de se rapprocher de son modèle hébreu est Pr 17, 14a : pour le TM "C'est libérer les eaux qu'entamer une querelle", la Pesh. a traduit "Celui qui répand le sang excite le procès devant le gouverneur" ; le Tg a repris "les eaux" du TM, tout en gardant "le sang" de la Pesh. et obtient un texte sensé : "Celui qui répand le sang comme de l'eau incite une dispute".

343. Armand Kaminka, "Septuaginta und Targum zu Proverbia", *HUCA* 8-9 (1931-32), 169-91, offre aux p. 178-91 une liste de traductions communes LXX/ Tg ("Übereinstimmung der LXX mit Targum").

- LXX : ἐπειδὴ ἐκάλουν <u>καὶ οὐχ ὑπηκούσατε</u> καὶ ἐξέτεινον λόγους καὶ οὐ προσείχετε "puisque j'appelais et *vous n'avez pas obéi* ; et j'étendais *des paroles*, et vous ne faisiez pas attention".

A côté de quelques rares traductions plus sophistiquées,[344] le verbe מאן "refuser" est habituellement traduit de manière plus concrète par une formule avec la négation : οὐ + "vouloir" (θέλω ou βούλομαι[345]) ; οὐ + "permettre" (ἀφίημι) ; οὐ + "pouvoir" (δύναμαι). Ainsi, dans l'un des deux autres versets des Pr où figure מאן, nous rencontrons cette traduction simplifiée (LXX Pr 21, 7 : οὐ γὰρ βούλονται).[346] Ici, il s'agit du verbe ὑπακούω (lequel traduit principalement l'hébreu שמע) ; nous trouvons, en Est 1, 12, la traduction proche : οὐκ εἰσήκουσεν.

Ce qui est intéressant, c'est que la Peshitta (idem Tg) a repris la formulation négative de la LXX, mais a adopté un verbe qui reste proche du TM מאן "refuser", à avoir le verbe en métathèse אמן "croire, faire confiance". Ordinairement, la Peshitta traduit ce verbe מאן par l'expression צבא + לא "ne pas vouloir" (ex. Pesh. Gn 37, 35 ; 39, 8 ; 48, 19 ; Ex 4, 23 ; 7, 14.27 ; etc. ; Pr 21, 25), tandis que le Tg utilise toujours son équivalent סרב "refuser".

- Pesh. : על דקרית ולא הימנתון וארימת קלי ולא שמעתון "parce que j'ai crié et *vous n'y avez pas ajouté foi*, et j'ai élevé la voix et vous n'avez pas écouté".
- Tg : על דקריתי ולא הימנתון ארימית אידי ולא אציתתון "parce que j'ai crié, et *vous n'y avez pas ajouté foi* ; j'ai levé la main et vous n'avez pas écouté".

Clairement, la Peshitta, comme la LXX, a voulu s'écarter de la formulation du TM, trop concise (vous avez refusé ... de quoi ?), mais en gardant le contact matériel avec le TM (אמן / מאן) et en mettant dès lors l'insistance sur la confiance que l'on doit avoir en la Sagesse. Par ailleurs, la LXX, suivie

---

344. Par exemple : ἀπειθέω "désobéir" (2 R 5, 16 ; Za 7, 11) ; ἀνανεύω "faire signe que non" (Ex 22, 16 ; Neh 9, 17) ; ἀπαναίνομαι "refuser" (Ps 77[76], 3).

345. Par ex. Jr 13, 10 : TM הַמֵּאֲנִים לִשְׁמוֹעַ אֶת־דְּבָרָי – LXX τοὺς μὴ βουλομένους ὑπακούειν τῶν λόγων μου.

346. L'autre passage, Pr 21, 25, a été traduit par la négation + προαιρέω "choisir, préférer".

par la Peshitta (mais non par le Tg), a renoncé à la main pour "les paroles" et la "voix" d'après le contexte.

Pr 1, 27 et 3, 25

Le second exemple va nous amener au point suivant. Dans deux passages des Pr (Pr 1, 27 et Pr 3, 25), la traduction du substantif שׁוֹאָה coïncide là encore dans les trois Versions.[347] Dans ces deux versets, certes, les traducteurs respectent la signification étymologique du substantif שׁוֹאָה, mais, comme ce n'est pas le cas ailleurs pour la LXX, une telle coïncidence ne laisse pas d'intriguer :

> Pr 1, 27 :
> - TM : "Quand l'épouvante tombera sur vous *comme une tempête* (כְּשׁוֹאָה Qere), quand le malheur fondra sur vous comme un typhon, quand l'angoisse et la détresse vous assailliront..." (TOB)
> - LXX : καὶ ὡς ἂν ἀφίκηται ὑμῖν <u>ἄφνω</u> θόρυβος ...
> - Pesh. (1, 26) : דלוחיא ואבדנא <u>מן שליא</u> ...
> - Tg : ... כל ייתי <u>בשליא</u> דלוחיכון

> Pr 3, 25 :
> - TM : "Ne crains pas une terreur soudaine, *ni l'irruption* (וּמִשֹּׁאַת) des méchants, quand elle viendra ;" (TOB)
> - LXX : καὶ οὐ φοβηθήσῃ πτόησιν ἐπελθοῦσαν οὐδὲ <u>ὁρμὰς</u> ἀσεβῶν ἐπερχομένας
> - Pesh. : ולא תדחל מן דלוחיא דמן שליא ומן <u>חאפא</u> דחטיא מא דאתא
> - Tg : לא תדחל מן דלוחיא מן שליא ומן <u>חיפא</u> דרשיעי כד ייתי

Dans ces deux passages, en effet, le substantif שׁוֹאָה (ce qui éclate subitement, d'où : la tempête, le typhon, – et ses conséquences – la dévastation, la ruine ; cfr. en outre Pr 3, 25 et Is 47, 11, où le substantif est accompagné de l'adv. "soudain") est traduit par LXX ἄφνω = Pesh. מן שליא = Tg בשליא "subitement, soudain" (1, 27) et par LXX ὁρμή "mouvement violent, assaut" = Pesh. חאפא = Tg חיפא "assaut, irruption, attaque impétueuse, violence" (3, 25). Ce dernier substantif n'est utilisé dans le Tg qu'à un autre verset des Pr, en 27, 4, pour traduire שֶׁטֶף "le flot impétueux", là encore comme dans

---

347. Cette coïncidence est répertoriée par Kaminka (179), mais non commentée.

la Peshitta. En effet, la racine hébraïque שׁטף est généralement traduite dans le Tg soit par la même racine שׁטף,[348] soit par la racine נגד "couler",[349] soit par la racine גבר "être fort",[350] ce qui confirme l'hypothèse que le Tg a suivi la Peshitta. Si nous sortons des Pr, en Ps 32, 6, la Peshitta traduit aussi שֶׁטֶף par חאפא.[351]

Remarquons que les traductions de ce substantif dans le reste du corpus biblique sont, pour la LXX du moins, différentes. Nous trouvons en Jb 30, 3 : TM שׁוֹאָה וּמְשֹׁאָה – LXX συνοχὴν καὶ ταλαιπωρίαν "affliction et misère" – Tg שׁווחא ורגושתא "la fosse et la commotion" ; en Jb 30, 14 : TM תַּחַת שֹׁאָה – LXX ἐν ὀδύναις "dans les peines" – Tg תחות רגושא "sous la commotion" ; en Jb 38, 27 : TM שֹׁאָה וּמְשֹׁאָה – LXX ἄβατον καὶ ἀοίκητον "l'inaccessible et l'inhabité" – Tg רוגשא ואתרגושתא "la commotion et l'ébranlement" ; en Ps 35, 8 : TM שׁוֹאָה et בְּשׁוֹאָה – LXX (34, 8) παγίς et ἐν τῇ παγίδι "(dans) le piège" – Tg שׁליא et בשׁליא "calamité soudaine – soudain" ; en Ps 63, 10 : TM : לְשׁוֹאָה – LXX (62, 10) εἰς μάτην "en vain" (= לַשָּׁוְא) – Tg לקבורתא "dans la tombe" ; en Is 10, 3 : וּלְשׁוֹאָה – LXX ἡ θλῖψις "l'angoisse" – Tg ולריגוש עקא "la commotion de l'angoisse" ; en Is 47, 11 : פִּתְאֹם שֹׁאָה – LXX ἐξαπίνης ἀπώλεια "soudain la ruine" – Tg בתכיף אתרגשא "soudain l'ébranlement" ; en Ez 38, 9 : TM כַּשֹּׁאָה – LXX ὡς ὑετὸς "comme une pluie" – Tg כאתרגושא "comme un ébranlement" ; en So 1, 15 : TM שֹׁאָה וּמְשׁוֹאָה – LXX ἀωρίας καὶ ἀφανισμοῦ "(jour) de mauvais moment et de disparition" – Tg רגוש ואתרגושא "de commotion et d'ébranlement".

En revanche, nous constatons que le Tg Ps 35, 8 (שׁליא et בשׁליא ; Pesh. שׁליא מן בישׁתא "un fléau subit" coïncide avec la traduction des trois Versions en Pr 1, 27. Certes, שׁוֹאָה implique quelque chose de subit, mais la traduction de la LXX Pr 1, 27 montre que le traducteur grec des Pr était au fait de l'exégèse juive commune. Nous y reviendrons.

1.8.2. Comment expliquer les coïncidences entre la LXX et le Tg uniquement ?

Prenons maintenant deux cas non mentionnés ou non développés par A. Kaminka, des cas où la LXX et le Tg coïncident, alors que la Peshitta suit le TM.

---

348. Lv 6, 21 ; 15, 11.12 ; 1 R 22, 38 ; Jb 14, 19 ; 38, 25 ; Ps 14, 4 ; Is 28, 2.
349. 2 Ch 32, 4 ; Ps 69, 3 ; 78, 20 ; Ct 8, 7.
350. Is 8, 8 ; 10, 22 ; 28, 15.18 ; 30, 28 ; 66, 12 ; Jr 47, 2 ; Ez 13, 11.13 ; 38, 22.
351. En Jb 38, 25, la Peshitta n'a pas traduit שֶׁטֶף.

Pr 1, 21b

En Pr 1, 21b, tant la LXX (δυναστῶν) que le Tg (רברב) évoquent le(s) chef(s), absents du TM et de la Peshitta :

- TM : בְּרֹאשׁ הֹמִיּוֹת תִּקְרָא בְּפִתְחֵי שְׁעָרִים בָּעִיר אֲמָרֶיהָ תֹאמֵר "aux points les plus bruyants, dans la ville, elle appelle ; à l'entrée des portes elle prononce ses discours" (Pléiade)
- LXX : ἐπ' ἄκρων δὲ τειχέων κηρύσσεται ἐπὶ δὲ πύλαις δυναστῶν παρεδρεύει ἐπὶ δὲ πύλαις πόλεως θαρροῦσα λέγει "au sommet des murailles (= חֹמוֹת) elle clame ; *aux portes des chefs elle siège* ; *aux portes des villes* elle dit en exhortant"
- Tg : בריש בירתא מכרזא ובמעלא דתרעי רברב מילהא אמרא "Au sommet de la citadelle elle clame ; et à l'entrée *des portes du chef*, elle dit ses discours".

La LXX présente une double traduction, puisque πύλαις πόλεως "les portes de la ville" correspond au TM שְׁעָרִים בָּעִיר, tandis que πύλαις δυναστῶν "les portes des chefs" coïncide avec le Tg דתרעי רברב. La "porte des chefs" pourrait être la leçon plus ancienne (née peut-être d'une double lecture שָׂרִים / שְׁעָרִים ?),[352] et un ajout postérieur (les portes de la ville) a vraisemblablement ramené la LXX à plus de conformité avec le TM. Puisque la Peshitta coïncide avec le TM, comment expliquer l'accord de la LXX et du Tg ? Faut-il imaginer que le Tg reflète un texte plus ancien de la Peshitta, laquelle aurait été, elle aussi corrigée, d'après le TM ? C'est une possibilité.

Pr 1, 31

En Pr 1, 31, l'h. מֹעֲצֹתֵיהֶם "leurs conseils, délibérations" a été explicité par "leur impiété" (ἀσέβεια) – un thème cher au traducteur grec des Pr[353] – au lieu de βουλή, ou un mot apparenté, en grec, et par "le vin de l'iniquité de leurs voies" en araméen (le vin ayant sans doute été introduit pour faire

---

352. Les "portes des chefs" sont également mentionnées en Pr 8, 3, mais seulement dans la LXX, et non dans le Tg, sans doute par harmonisation avec 1, 21.

353. Cfr. Johann Cook, "Theological/Ideological Tendenz in the Septuagint – LXX Proverbes. A Case Study", dans Florentino García Martínez et Marc Vervenne (éd.), *Interpreting Translation* (BETL 192), Leuven (2005), 65–79 ; en particulier p. 71 et suivantes.

pendant au "fruit" du stique parallèle). Il y a donc coïncidence entre la LXX et le Tg, mais, là encore, pas avec la Peshitta (= TM).

- TM : וְיֹאכְלוּ מִפְּרִי דַרְכָּם וּמִמֹּעֲצֹתֵיהֶם יִשְׂבָּעוּ "ils mangeront donc du fruit de leurs errements (litt. de leur chemin), ils se rassasieront de leurs propres conseils !" (BJ)
- LXX : τοιγαροῦν ἔδονται τῆς ἑαυτῶν ὁδοῦ τοὺς καρποὺς καὶ τῆς ἑαυτῶν ἀσεβείας πλησθήσονται
- Tg : ואכלו מן פרי אורחתהון ויין עולא דאורחתהון

Cette traduction peut avoir pour origine des versets tel Ps 5, 11, où les délibérations (מֹעֲצֹתֵיהֶם) et l'impiété (פִּשְׁעֵיהֶם) sont mises en parallèles. Mais, là encore, la coïncidence de la LXX et du Tg ne peut se justifier par une influence de la Peshitta sur le Tg que si la Peshitta a été corrigée ultérieurement pour coïncider avec le TM. A moins qu'il ne faille envisager une exégèse commune reflétée par la LXX et le Tg, peut-être à partir de versets comme le Ps 5, 11. Nous verrons plus loin différents cas, dans tout le corpus biblique, de coïncidences entre LXX et Tg.

1.8.3. Traductions de la LXX Pr influencées par l'araméen

Parmi les diverses théories plus anciennes tâchant d'expliquer les coïncidences entre les Versions des Proverbes, A. Kaminka[354] avait postulé une *Vorlage* pré-tannaïtique commune, datant au plus tard du 3ème siècle avant notre ère et trahissant une influence alexandrine. Nous avons vu que les théories plus récentes ramenaient, avec raison, les écarts de la Peshitta (suivis par le Tg) à une influence de la LXX. Cependant, divers indices pourraient suggérer, pour certaines traductions grecques s'écartant du TM, l'existence d'une source (orale ? écrite ?) d'origine araméenne, un "proto-targum" que les traducteurs grecs auraient consulté à côté de leur texte hébreu. Examinons quelques exemples.

---

354. Armand Kaminka, "Septuaginta und Targum zu Proverbia", HUCA 8-9 (1931-32), 173 : "Wenn daher in unserm Buche T. so zahlreiche und dabei mit G. übereinstimmende Abweichungen vom MT zeigt, so können diese nur aus einer *sehr frühen, vortannaitischen* Zeit stammen und sich auf eine Vorlage beziehen, die älter ist als die soferische Redaktion. Diese hat nach meiner a.a. Stelle dargelegten Annahme spätestens im *dritten vorchristlichen* Jahrh. unter alexandrinischem Einflusse stattgefunden" (souligné par l'auteur).

1.8.3.1. Araméen שְׁעִיעַ : lisse ; שַׁעֲא : le moment

En Pr 5, 3b, le TM affirme que le palais de la femme étrangère est plus onctueux que de l'huile. Or la LXX semble bien avoir rendu l'adjectif חָלָק "lisse, glissant, onctueux" (= Pesh. רכיכא "mou, tendre") par l'expression πρὸς καιρὸν "pour un temps, sur le moment".

- TM : כִּי נֹפֶת תִּטֹּפְנָה שִׂפְתֵי זָרָה וְחָלָק מִשֶּׁמֶן חִכָּהּ "Oui, les lèvres de la dévergondée distillent le miel et sa bouche est plus *onctueuse* que l'huile" (TOB).
- LXX : μέλι γὰρ ἀποστάζει ἀπὸ χειλέων γυναικὸς πόρνης ἣ <u>πρὸς καιρὸν</u> λιπαίνει σὸν φάρυγγα "… elle qui, *pour un temps/au bon moment*, engraisse ta gorge"

Comment expliquer cette traduction de la LXX ? S'agit-il d'une addition, comme l'affirme la BdA ?[355] Mais alors חָלָק ne semble pas avoir été traduit. Or le traducteur des Pr connaît la signification de cette racine, puisqu'il a traduit le verbe חלק dans son sens de "flatter" en Pr 28, 23 par le néologisme γλωσσοχαριτέω.[356] En Pr 7, 21, la "flatterie (חֵלֶק) de ses lèvres" est rendue de manière très concrète par "les pièges (subst. βρόχος) de ses lèvres". Si l'on considère le Tg, on s'aperçoit que חלק a été traduit par l'adjectif שְׁעִיעַ de même signification que l'hébreu.[357] Le traducteur grec n'aurait-il pas été influencé par le substantif araméen proche שעה / שַׁעֲא "le moment, l'heure" (idem, syriaque et hébreu post-biblique) ? Cela voudrait dire que la source araméenne sur laquelle le traducteur se serait basé partiellement a occulté l'hébreu, dans la mesure où cette modification ne semble pas essentielle.

---

355. BdA 17, 187. Idem William Loader, "The Strange Woman in Proverbs, LXX Proverbs, and Aseneth", dans Johann Cook (éd.), *Septuagint and Reception* (VTSup 127), Leiden-Boston (2009), 214 : "… having no equivalent in the Hebrew text. LXX probably intends a specific warning".

356. En Pr 7, 5, la traduction est similaire : ἐάν σε λόγοις τοῖς πρὸς χάριν ἐμβάληται "si elle t'enveloppe de paroles d'une grâce (trompeuse)". Ce verset concerne également la femme dévergondée. En Ez 12, 24, le présage trompeur (חלק) a été traduit μαντευόμενος τὰ πρὸς χάριν.

357. Idem, par exemple, en Gn 27, 11 : TM איש חלק ; Tg גבר שעיע ; Pesh. גבר שעע.

1.8.3.2. Araméen חטף : saisir avec violence – faire quelque chose en hâte

Prenons un autre cas plus complexe qui me fait pencher pour des listes d'équivalences ou même des "proto-targumim" sur lesquels se seraient basés les traducteurs grecs (certainement, le traducteur des Pr) : la traduction de חמס "la violence, l'injustice" dans les Proverbes. Alors que le traducteur grec a traduit d'autres occurrences de חמס en respectant plus ou moins le sens que ce substantif a en hébreu,[358] à plusieurs reprises, il offre une traduction basée vraisemblablement sur le synonyme araméen חטף :

Pr 10, 6

- TM : בְּרָכוֹת לְרֹאשׁ צַדִּיק וּפִי רְשָׁעִים יְכַסֶּה חָמָס "Bénédiction sur la tête du juste ! mais la bouche des méchants dissimule *la violence*" (TOB) (= Peshitta traduit חמס par עוּלָא).
- LXX : εὐλογία κυρίου ἐπὶ κεφαλὴν δικαίου στόμα δὲ ἀσεβῶν καλύψει <u>πένθος ἄωρον</u>[359] "Bénédiction du Seigneur sur la tête du juste, mais *un deuil prématuré* recouvrira la bouche des impies".

Pr 13, 2

- TM : מִפְּרִי פִי־אִישׁ יֹאכַל טוֹב וְנֶפֶשׁ בֹּגְדִים חָמָס "Du fruit de ses paroles chacun tire une bonne nourriture, mais la vie des perfides n'est que *violence*" (TOB).
- LXX : ἀπὸ καρπῶν δικαιοσύνης φάγεται ἀγαθός ψυχαὶ δὲ παρανόμων <u>ὀλοῦνται ἄωροι</u> "Des fruits de la justice se nourrit le juste ; mais les âmes des impies *périront prématurément*".
- Peshitta : ונפשתהון דעולא נאבדן "... mais les âmes des impies *périront*"

---

358. Par exemple, ἀσεβέω "être impie" en Pr 8, 36 ou παράνομος "injuste, impie" en Pr 4, 17 et 16, 29.

359. Sabine Van Den Eynde, "Blessed by God – Blessed be God", in Garcia Martinez and Vervenne, *Interpreting Translation*, 415–36, souligne que le grec εὐλογέω n'a en général plus son sens classique de "chanter les louanges", mais a adopté le champ sémantique de ברך "bénir" (435–36). Ceci s'applique évidemment aussi au substantif εὐλογία.

Pr 10, 11
- TM : מְקוֹר חַיִּים פִּי צַדִּיק וּפִי רְשָׁעִים יְכַסֶּה חָמָס "La bouche du juste est une fontaine de vie, mais celle des méchants dissimule *la violence*" (TOB) (= Peshitta traduit חמס par עוּלָא).
- LXX : πηγὴ ζωῆς ἐν χειρὶ δικαίου στόμα δὲ ἀσεβοῦς καλύψει <u>ἀπώλεια</u> "... mais *la ruine* recouvrira la bouche de l'impie".

Les traducteurs de la LXX ne traduisent pas tous ni toujours de la même manière le substantif חמס, mais leurs traductions tournent en général autour des notions d'injustice ou d'impiété.[360] En LXX Pr, les deux traductions en "décès prématuré" (ainsi que la traduction sans doute apparentée ἀπώλεια "la ruine") s'écartent résolument des traductions habituelles : elles ont, selon moi, pour origine l'équivalence h. חמס – aram. חטף, puisque, en effet, la racine hébraïque חמס est presque systématiquement traduite par la racine araméenne חטף dans le Tg, à commencer par le Tg de ces versets de Proverbes.[361] Or, cette racine, qui a pour sens premier "saisir avec violence" (comme en hébreu) a développé un sens secondaire de "faire quelque chose en hâte".[362] En syriaque, l'expression מותא חטיפא signifie d'ailleurs précisément une mort précipitée, subite.[363]

Le traducteur grec a manifestement voulu donner un tour moral à son dicton, comme il le fait souvent,[364] et, à partir du champ sémantique

---

360. ἀδικία Gn 6, 11.13 ; 49, 5 ; Jg 9, 24 ; Ps 7, 17 ; 11[10], 5 ; 27[26], 12 ; 58[57], 3 ; 72[71], 14 ; Ez 45, 9 ; Jl 4, 19 ; Am 3, 10 ; Jon 3, 8 ; ἀδικέω Gn 16, 5 ; Ha 1, 2 ; ἄδικος Ex 23, 1 ; Dt 19, 16 ; 2 S 22, 3 ; Jb 16, 17 ; Ps 18[17], 49 ; 25[24], 19 ; 35[34], 11 ; 140[139], 2.5.12 ; ἀδίκημα 2 S 22, 49 ; ἀνομία Ps 55[54], 10 ; 74[73], 20 ; Is 53, 9 ; 59, 6 ; 60, 18 ; Ez 7, 23 ; 8, 17 ; 28, 16 ; ἀσέβεια Ps 73[72], 6 ; Jr 6, 7 ; Ez 12, 19 ; Ab 1, 10 ; Mi 6, 12 ; Ha 1, 3 ; 2, 8 ; 2, 17.17 ; So 1, 9 ; Ml 2, 16 ; ἀσεβής Ha 1, 9 ; ἀσεβέω Pr 8, 36 ; ὄνειδος Jb 19, 7 ; Pr 3, 31 ; 26, 6 ; παράνομος Pr 4, 17 ; 16, 29 ; ἀθεσία Jr 20, 8 ; μόχθος Jr 51[28], 35 ; ψευδής Am 6, 3.

361. Ainsi, pour les versets cités : TM חמס – Tg Pr 10, 6 חטופא ; 10, 11 חטופיא ; 13, 2 : תתחטף.

362. Jastrow, *Dictionary*, s. v. חטף : 2. to do a thing with haste.

363. Payne Smith, *Thesaurus syriacus*, col. 1248 : מותא חטיפא : mors praeceps, subita.

364. Johann Cook, "Exegesis in the Septuaginta", JNSL 30 (2004), 1–19, donne quelques exemples de LXX Pr pour souligner le fait que le traducteur grec rend son texte plus "religieux" par deux techniques principales : en accentuant les contrastes entre les "bons" et les "méchants" et en amplifiant les stiques concernant les "bons". Notons que cette traduction moralisante peut parfois être la trace d'une connaissance d'une double tradition textuelle de la part du traducteur grec. Ainsi, en Pr 13, 11a, le

double de l'araméen חטף, a inscrit le sort mérité par les méchants dans son texte : une mort prématurée. Il rejoint ainsi un thème classique des livres de sagesse (Pr 10, 27 : "La crainte du Seigneur accroît les jours, mais les années des méchants seront raccourcies"), même si cette thèse a été battue en brèche, par exemple, par Qohelet.[365]

De même, en Pr 11, 30b, pour un texte hébreu massorétique différent, mais sans doute fautif (וְלֹקֵחַ נְפָשׁוֹת חָכָם "le sage captive (?) les âmes"[366]), le traducteur grec affirme : ἀφαιροῦνται δὲ ἄωροι ψυχαὶ παρανόμων "mais les âmes des méchants sont retranchées prématurément".[367] Pour le TM חָכָם, il faut sans doute lire חָמָס avec le traducteur grec, qui l'a interprété deux fois : ἄωροι "prématurés" (d'après l'araméen חטף) et παρανόμων "mauvais" (d'après l'hébreu חמס). Il s'agit donc bien là, me semble-t-il, sur base de l'équivalent araméen,[368] de modifications délibérées destinées à exprimer la vue moralisatrice du traducteur concernant les méchants dans ces versets.

TM exprime l'idée que "une fortune (née) de la vanité/ de l'idolâtrie (הוֹן מֵהֶבֶל) s'amenuisera". Or, le traducteur grec a traduit doublement מֵהֶבֶל : "Une richesse acquise à la hâte (ἐπισπουδαζομένη = h. מבהל, sans doute la leçon originelle ; idem Vg : festinata) avec injustice (μετὰ ἀνομίας idem Tg מן עילא = TM הֶבֶל "vanité, idole, idolâtrie") s'amenuisera". Dès lors, le deuxième stique a également été "moralisé" par l'ajout de "avec piété" (μετ' εὐσεβείας).

365. Qohelet affirme, en effet, avoir vu des justes traités comme des méchants et des méchants traités comme des justes (7, 15 ; 8, 14) ; il a vu aussi des méchants mis au tombeau comme si le souvenir de leurs méfaits avait été oublié (8, 10). En fait, pour lui, tous les hommes partagent le même sort, "le juste et le méchant, le bon et le mauvais, le pur et l'impur, celui qui sacrifie et celui qui ne sacrifie pas, le bon est comme le pécheur, celui qui prête serment comme celui qui craint de prêter serment" ; une vanité de plus, et non des moindres (Qo 9, 2-3).

366. Cette traduction en "captiver" adoptée par la TOB et la BJ, ou en "attirer" (Pléiade), est séduisante en français, mais néglige le fait que l'expression נֶפֶשׁ + לקח signifie "prendre la vie" dans le sens de faire mourir (1 S 24, 12 ; 1 R 19, 10.14 ; Ps 31, 14 ; Pr 1, 19 ; Ez 33, 6 ; Jon 4, 3). Nous trouvons également l'expression avec le verbe צוד "capturer la vie" en Ez 13, 18 sqq.

367. Peshitta : "mais les âmes des méchants sont dispersées" (ומתבדרן נפשתא דעולא), peut-être à partir de חלק "partager", plutôt que de לקח.

368. Jb 15, 33 présente également la racine חמס : TM יַחְמֹס כַּגֶּפֶן בִּסְרוֹ "(le méchant) secoue comme une vigne ses fruits verts", et sa traduction évoque aussi quelque chose de prématuré (τρυγηθείη δὲ ὥσπερ ὄμφαξ πρὸ ὥρας "qu'il soit moissonné comme le fruit vert avant l'heure"), mais, outre la présence des fruits verts, cela ne fait que reprendre une idée déjà présente au verset précédent.

Il l'exprime encore dans divers autres versets, là encore modifiés selon ses vues, quoique plus librement sans doute :

Pr 11, 3
- TM : תֻּמַּת יְשָׁרִים תַּנְחֵם וְסֶלֶף בּוֹגְדִים יְשָׁדֵּם "L'intégrité des hommes droits les guidera, mais la ruse des perfides les ruinera" (TOB).
- LXX : ἀποθανών δίκαιος ἔλιπεν μετάμελον πρόχειρος δὲ γίνεται καὶ ἐπίχαρτος ἀσεβῶν ἀπώλεια "Mourant,[369] le juste laisse des regrets, mais la ruine des impies est *déjà prête* et cause de joie".

Pr 13, 23
- TM : רָב־אֹכֶל נִיר רָאשִׁים וְיֵשׁ נִסְפֶּה בְּלֹא מִשְׁפָּט "Les sillons des pauvres abondent de nourriture, mais tel périt *faute d'équité*" (TOB) ; Tg : idem.
- LXX : δίκαιοι ποιήσουσιν ἐν πλούτῳ ἔτη πολλά ἄδικοι δὲ ἀπολοῦνται συντόμως "Les justes jouiront de nombreuses années dans la richesse, mais les méchants périront *rapidement*".

Cette vue sur la rétribution terrestre immédiate des méchants est la conception traditionnelle du Proche Orient ancien,[370] qui a été certes contestée, mais que nous trouvons encore affirmée jusque dans des écrits tardifs.[371] Les autres traducteurs de la LXX peuvent à l'occasion trahir également cette conception. Ainsi, en Jb 9, 29, le TM affirme : "Et si j'ai commis le mal, à quoi bon me fatiguer en vain ?". Or le traducteur grec, se basant sur la proximité de הֶבֶל et la négation poétique בַּל, ainsi que sur la proximité des racines יָגַע "se fatiguer" et גָּוַע "périr", a traduit : ἐπειδὴ δέ εἰμι ἀσεβής διὰ τί οὐκ ἀπέθανον "puisque je suis impie, pourquoi ne suis-je pas mort ?"

---

369. Il y a eu inversion des consonnes entre les racines תמם "être intègre" (TM) et מות "mourir" (LXX). Nous trouvons la même inversion, mais dans l'autre sens, en Pr 14, 32 : TM בְּמוֹתוֹ – LXX : τῇ ἑαυτοῦ ὁσιότητι (= leçon originale בתומו).

370. Cfr. par exemple, *Hymne à Shamash* 88-90 : "Celui qui a levé [les yeux] sur la femme de son compagnon, prématurément [...] ; un collet dangereux lui est préparé" etc. (traduction Marie-Joseph Seux, *Hymnes et prières aux dieux de Babylonie et d'Assyrie*, Paris (1976), 57).

371. Cfr. Sagesse 4, 3-5 ; Si 5, 4 ; 9, 11-12. Philon, *De Praemiis et poenis*, 110, affirme *a contrario* : "Nul ne saurait mourir subitement ou prématurément de ceux dont les lois sont la règle, nul ne saurait être frustré d'aucun des âges octroyés par Dieu au genre humain".

Examinons maintenant LXX Pr 13, 15, qui exprime toujours la même idée, mais au moyen d'une autre technique :

- TM : "Le bon sens procure la faveur, mais le chemin des perfides est solide (וְדֶרֶךְ בֹּגְדִים אֵיתָן)".
- LXX : "… mais les chemins des esprits forts (sont) *en ruine*. (… ὁδοὶ δὲ καταφρονούντων ἐν ἀπωλείᾳ)
- Pesh. : "… mais le chemin des méchants est (destiné) *à la destruction*" (ואורחא דעולא לאבדנא).
- Tg : "… mais le chemin *solide* des pillards[372] sera détruit". (וארחא תקיפא בזוזי תיבד)

Le Tg a donné une double traduction du TM איתן : la première, תקיפא "fort, solide", correspond au sens de l'hébreu ; la seconde, תיבד, s'accorde avec la Peshitta et la LXX pour infléchir le texte hébreu à partir, sans doute, du Ps 1, 6b (וְדֶרֶךְ רְשָׁעִים תֹּאבֵד), par intertextualité,[373] plus conforme à la doctrine traditionnelle de la rétribution.[374]

---

372. A côté des traductions en שקר "tromper" et אנס "opprimer", le Tg a traduit à plusieurs reprises TM בגד "tromper" par בזז "piller" : Jb 6, 15 ; Ps 25, 3 ; 119, 158 ; Pr 2, 22 ; 11, 3.6 ; 13, 2 ; 21, 18 ; 22, 12 ; 25, 19 ; Is 24, 16 (au point que Jastrow s.v. בגד suggère un sens de base "piller" pour cette racine). Cette traduction habituelle du Tg pourrait expliquer LXX de ce verset des Pr, LXX Os 6, 7 et Ha 1, 13 et 2, 5 (ainsi que Ha 1, 5), où TM בגד est traduit par καταφρονέω / καταφρονητής "mépriser / méprisant", en raison de la proximité matérielle entre בזז "piller" et בזה / בוז "mépriser" (araméen בוז : "mépriser" et "piller").

373. M. D'Hamonville, dans ses notes (BdA 17, 238) pense, pour sa part, que la traduction de la LXX reflète une interprétation d'après אֵידָם "leur ruine", ce qui me semble moins probable. Nous avons un phénomène similaire en Pr 10, 7, où les traductions de la LXX, la Pesh. et le Tg coïncident pour passer du verbe "pourrir" ("le nom des méchants *pourrit*") du TM au verbe "s'éteindre", là encore par harmonisation intra-biblique, dans les *Vorlage* ou dans les traditions exégétiques, à partir de Pr 13, 9b (idem 24, 20), où ce verbe "s'éteindre" est utilisé.

374. De même, LXX Pr 13, 1 (mais pas le Tg) a infléchi le texte pour évoquer la perdition du fils rebelle : le TM "Un fils sage reflète l'éducation du père, l'esprit fort n'écoute pas le reproche (גְּעָרָה)" est devenu : "Un fils prudent obéit à son père, mais un fils désobéissant (court à sa) perte (ἐν ἀπωλείᾳ)". En revanche, le TM similaire a été traduit littéralement en LXX Pr 13, 8b (πτωχὸς δὲ οὐχ ὑφίσταται ἀπειλήν). Au vu de tous les passages délibérément modifiés, je ne crois pas qu'il y ait eu une erreur interne au grec ayant abouti à la transformation de ἀπειλή en ἀπωλεία en Pr 13, 1.

Prenons un autre cas de coïncidence entre la LXX, la Pesh. et le Tg des Proverbes[375] qui se rattache à notre problématique du sort du juste et de l'injuste. En Pr 12, 21a, le TM affirme qu'*aucun malheur n'atteindra le juste* (לֹא־יְאֻנֶּה לַצַּדִּיק כָּל־אָוֶן) tandis que les méchants sont remplis de maux. La LXX, suivie par la Pesh. et le Tg, présente un premier stique différent :

- LXX : "Aucune injustice ne *plaira* au juste, mais les impies seront remplis de maux". (οὐκ ἀρέσει τῷ δικαίῳ οὐδὲν ἄδικον ...)
- Pesh. : "Rien de ce qui est criminel *n'est beau* (aux yeux) de l'homme juste..." (... לא שפיר לגברא זדיקא מדם דעתא)
- Tg : "Aucune méchanceté *n'est belle* (aux yeux) du juste..." (לא שפיר לצדיקא כל מידעם רעאתא ...)

Si le traducteur grec, suivi par le traducteur de la Peshitta (et le Tg),[376] est bien certain que les méchants seront accablés de maux et qu'ils auront droit à une mort prématurée, il est moins affirmatif en ce qui concerne le juste qui serait forcément épargné ;[377] il se contente de proclamer plus modestement, dans le premier stique, que le juste répugne à l'iniquité. Clairement, à l'origine de cette version, il y a une interprétation (ou peut-être une *Vorlage*) portant, non sur le verbe rare אָנָה "survenir, rencontrer" du TM, mais le verbe proche נָאָה "être beau", en relation de métathèse[378] (ou peut-être une interprétation à partir du syriaque הנא "être agréable, plaire" ?). Des textes comme Sg 4, 7–17 en sont venus, d'ailleurs, à envisager la possibilité de la mort prématurée du juste,[379] suite probablement à

---

375. Kaminka, "Septuaginta und Targum zu Proverbia", 182, mentionne l'accord des Versions, mais ne développe pas.

376. L'araméen et le syriaque שפיר correspond bien au grec ἀρέσκω : cfr. LXX et Tg Gn 34, 18 ; 41, 37 ; Lv 10, 20 ; Dt 1, 21, etc.

377. En revanche, l'énoncé similaire en Ps 91[90], 10, a été traduit littéralement : οὐ προσελεύσεται πρὸς σὲ κακά "ils ne s'approcheront pas de toi, les maux". Nous avons des affirmations semblables en Si 7, 1 : "Ne fais pas le mal et aucun mal ne t'arrivera" ; et Qoh 8, 5a : "Celui qui observe le commandement ne connaîtra rien de mauvais".

378. La BdA 17, 232 constate simplement la perspective différente des LXX et n'offre aucune explication pour cette traduction. Schleusner, *Lexicon in LXX*, s.v. ἀρέσκω, suggérait pour cette traduction une lecture de l'hébreu d'après les racines אוה "désirer" ou אבה "vouloir", mais ces deux verbes ne sont jamais traduits par ἀρέσκω.

379. Cfr. aussi Qoh 7, 15 : "Dans ma vaine existence, j'ai tout vu : un juste qui se perd par sa justice, un méchant qui survit par sa malice" ; et 8, 14 : " Il est un fait, sur

l'expérience humaine commune, certainement après les persécutions des partisans des Maccabées.

De même, la Vg Pr 12, 21 s'est écartée volontairement du TM : non *contristabit iustum quicquid ei acciderit impii autem replebuntur malo.* "Rien de ce qui lui arrivera n'attristera le juste, mais les impies seront remplis de maux". L'écart de la Vg s'explique aisément : au lieu de la racine אָנָה,[380] Jérôme a interprété le verset d'après la racine proche יָנָה au *hiphil* : opprimer, maltraiter.[381]

1.8.3.3. Jeu de mots entre araméen קדל : nuque ; דלק : brûler ?

En Pr 29,1, le verbe très courant שבר "briser" (d'ordinaire traduit par συντρίβω) a été traduit par φλέγω "enflammer" par la LXX :

- TM : "L'homme qui, réprimandé, raidit la nuque *sera brisé* (יִשָּׁבֵר) soudain et sans remède !" (TOB)
- LXX : "L'homme qui fait des reproches est meilleur que l'homme à la nuque raide : soudain *l'objet des flammes* (φλεγομένου αὐτοῦ), il n'y a pas de guérison (pour lui)"
- Pesh. et Tg : "l'homme *qui n'accepte pas* les reproches et dont la nuque est raide sera soudain brisé ; il n'y a pas de guérison pour lui". Le texte hébreu a été explicité selon leur compréhension, mais ils ont bien compris "briser".

Pourquoi, dans la LXX, ce verbe "enflammer" pour le verbe hébreu très fréquent שבר, alors qu'en Pr 6, 15b, dans un énoncé très proche, le traducteur grec a bien reconnu ce verbe, puisqu'il l'a traduit par καὶ συντριβὴ ἀνίατος "et une brisure sans guérison". Certes, il pourrait s'agir d'une traduction libre, évoquant le châtiment brûlant du Jour de Yhwh (ex. Ml 3, 19 : "Car voici que vient le jour, brûlant comme un four. Tous les arrogants

---

la terre, qui est vanité : il est des justes qui sont traités selon le fait des méchants, et des méchants qui sont traités selon le fait des justes. J'ai déjà dit que cela est aussi vanité".

380. Or ce verbe אָנָה, Jérôme le connaît, puisqu'en Ps 91[90], 10, il l'a traduit par le verbe *accedere* "s'approcher" : "non *accedet* ad te malum…".

381. Cfr. TM ינה – Vg *contristare* : Vg Gn 22, 21 ; Ex 22, 21 ; Ex 25, 14 ; Lv 25, 14 ; Dt 23, 17, etc. Ceci m'amène à rejeter l'affirmation de la BHQuinta (apparat critique et commentaire, p. 42*), selon laquelle Jérôme serait parti du substantif אֲנִיָּה "la lamentation".

et les méchants ne seront que paille. Le jour qui vient les embrasera, dit le Seigneur le tout-puissant. – Il ne leur laissera ni racines ni rameaux".

Si l'on devait, au contraire, chercher une explication liée plus étroitement à l'énoncé du verset, deux hypothèses se présentent à mon esprit. Sur la copie (en hébreu, car en araméen nous aurions eu תבר) sur laquelle le traducteur se serait basé, il aurait lu non שבר, mais le verbe très proche matériellement שגר, qui, en syriaque (principalement) et en araméen (par ex. Tg Ez 39, 9[382]), signifie précisément "allumer, brûler". Il s'agirait donc d'une erreur matérielle interprétée d'après l'araméen. La deuxième hypothèse est sans doute plus hasardeuse. La nuque (h. עֹרֶף), en araméen, se dit קדל ; or, le verbe en relation de métathèse דלק signifie "enflammer", tant en hébreu qu'en araméen.[383] La LXX reflète-t-elle dès lors une tradition fixée en araméen, où, par un jeu de mots, l'on mettait en rapport la partie coupable (la nuque) et le châtiment (être brûlé) ?

1.8.3.4. Araméen סתר : (se) cacher – démolir

Pr 22, 3a (idem 27, 12) affirme que "l'homme avisé, quand il voit le mal, *se cache*" (Qere וְנִסְתָּר / Kethib וְיִסָּתֵר). Le traducteur grec a rendu Pr 27, 12 de manière littérale : πανοῦργος κακῶν ἐπερχομένων ἀπεκρύβη "le malin, quand des maux approchent, reste caché". En revanche, en Pr 22, 3, nous trouvons : "le malin, voyant un méchant *taillé en pièces*,[384] en est lui-même puissamment instruit" (πανοῦργος ἰδὼν πονηρὸν τιμωρούμενον κραταιῶς αὐτὸς παιδεύεται). La traduction est plus longue que l'original, et s'explique vraisemblablement par une double traduction du verbe סתר : en effet, le participe τιμωρούμενον pourrait avoir comme origine l'existence en hébreu

---

382. A côté d'un homonyme שגר "couler".

383. Cfr. Da 7, 9 : נוּר דָּלִק – Da(Th) : πῦρ φλέγον.

384. Le verbe τιμωρέω, en grec classique, signifie "*venger* quelqu'un qui a subi un tort injuste, *punir* celui qui lui a fait subir ce tort". Ainsi, en 4 Ma 18, 5, il est parallèle avec κολάζω "punir". Cependant, ce verbe peut clairement prendre un sens plus fort, par exemple en 2 Ma 7, 7, où l'on demande au deuxième des sept frères s'il mangera du porc "plutôt que ton corps *soit déchiré* membre par membre" (πρὸ τοῦ τιμωρηθῆναι τὸ σῶμα κατὰ μέλος). Le sens "punir" choisi par la Vg (puniretur) est manifestement trop faible. En Ez 5, 17 et 14, 15, τιμωρέω vient dans un contexte d'envoi de bêtes sauvages. Quant au substantif τιμωρία, en Pr 19, 29, il traduit TM מַהֲלֻמוֹת "les coups". Il est également utilisé en 1 Esd 8, 24, dans une liste de châtiments comptant par ailleurs la mort, l'amende et le bannissement ; la Vg l'a traduit par "cruciatus" (torture, supplice). En 2 Ma 6, 26, la Vg a rendu τιμωρία par "supplicium" et en Pr 24, 22, par "ruina".

tardif et en araméen d'une racine homonyme סתר signifiant "défaire, abattre, démolir",³⁸⁵ tandis que παιδεύεται correspond probablement au verbe proche יְוָסֵר.

En ce qui concerne les Proverbes, donc, il est manifeste que le traducteur grec a souvent infléchi son texte pour faire place à son idéologie, ainsi que le soutient J. Cook.³⁸⁶ Certes, d'autres phénomènes ont sans doute joué. D'une part, il est probable qu'il avait à sa disposition une *Vorlage* hébraïque différant à l'occasion de ce qui va s'imposer comme TM, ainsi que l'affirme E. Tov.³⁸⁷ En outre, nous constatons des écarts qui coïncident souvent avec les traductions de la Peshitta et du Tg, ce que beaucoup de chercheurs interprètent, ainsi que nous l'avons mentionné, comme une influence plus ou moins directe de la LXX sur ces deux Versions.³⁸⁸ Par

---

385. Il est utilisé, par exemple, en Tg 2 R 11, 18 pour traduire le TM נתץ "briser". En Tg Pr 15, 25, il traduit נסח "dévaster" (la maison des orgueilleux). Il est encore utilisé en Tg Jr 1, 19 (anéantir les prophéties) ; et en Tg So 2, 14 (détruire les plafonds).

386. Johann Cook, "Theological/Ideological "Tendenz" in the Septuagint – LXX Proverbs. A case Study", présente ses conclusions à la 79 : "I hope I have been able to demonstrate that the Greek translator of Proverbs did not just express some theologoumena, as argued by Tov, but that he also systematically introduced "theological" or perhaps I should say "ideological" perspectives into the translation".

387. Emmanuel Tov, *The Greek and Hebrew Bible. Collected Essays on the Septuagint*, Brill (1999). Aux p. 419–31, E. Tov évalue les "Recensional Differences between the Masoretic Text and the Septuagint of Proverbs" et conclut (424–25) : "However, there are indications that beyond the aforementioned instances *(of changes made either by the translator or during the course of the textual transmission of the translation)* there are also major differences between the two texts deriving from a different Hebrew Vorlage used by the translator. This situation makes the text-critical evaluation of the LXX of Proverbs very difficult" ; (431) : "When Proverbs was translated into Greek, presumably in the second century BCE, a scroll was used that contained an editorial stage of the book differing from that now contained in the MT. Such an understanding parallels views developed previously regarding other biblical books". Un exemple concret de cette *Vorlage* différente du TM serait peut-être perceptible en Pr 15, 4, par exemple, puisque, pour la racine שבר du TM (= Vg : conteret), nous pouvons restituer, derrière le grec (πλησθήσεται = Pesh. נסבע = Tg נשבע), la racine proche שבע "être rassasié".

388. Cfr. John F. Healey, dans son Introduction à l'Aramaic Bible 15, *Proverbs*, 9–10 : "It is thus likely that the revision which led to the formation of S (= *Peshitta*) also took into account an LXX text available to the reviser. There is also, however, evidence for LXX influence of some sort on TgProv. Kaminka listed 85 cases in which Tg and LXX agree against MT. [...] It is difficult to estimate the extent to which we should

ailleurs, nous avons vu que, pour certaines traductions, il semble bien y avoir eu une influence de l'araméen ; il faut donc se poser la question de savoir si le traducteur grec n'avait pas également à sa disposition une version / *Vorlage* araméenne à côté du texte hébreu (quelque différent qu'il ait pu être du TM). Ainsi, Kaminka, pour sa part, tenait le Tg de Pr pour antérieur à la LXX.[389] Nous avons vu que les chercheurs jugent actuellement le Tg Pr comme dépendant de la Peshitta. Comme divers cas tirés d'autres livres que de la LXX Pr présentent le même phénomène, l'hypothèse de listes d'équivalences ou de "proto-targumim" me semble préférable.

1.9. Traductions grecques ayant sans doute pour origine deux vocables araméens proches, dans les Proverbes, mais aussi dans les autres livres

Certaines traductions de la LXX Pr et d'autres livres ne me semblent pouvoir s'expliquer qu'à partir de champs sémantiques araméens, ainsi que nous l'avons vu, mais aussi à partir de vocables araméens lus fautivement, ou différemment, comme nous allons le voir. Notons que L. Delekat avait déjà offert quelques exemples de ce phénomène.[390]

---

ascribe this phenomenon to a) a knowledge of a specific LXX tradition or the LXX text, b) knowledge of variant traditions including eventually incorporated in LXX, c) use of a common Hebrew *Vorlage* different from that behind MT".

389. Kaminka, "Septuaginta und Targum zu Proverbia", 169–191.

390. Lienhard Delekat, "Ein Septuagintatargum", VT 8 (1958), 225–52. Cet article est d'accès difficile, en raison du fait que l'hébreu, l'araméen et le syriaque sont en transcriptions, mais les trois exemples les plus convaincants qu'il donne sont sans doute Is 6, 6 (237) ; Is 10, 27 (242) et Is 51, 4 (243-4). En Is 6, 6, pour le TM ("et l'un des séraphins "vola"), nous trouvons dans la LXX : "et fut envoyé" (καὶ ἀπεστάλη) ; la leçon du Tg ואשתוי "et fut placé" est fautive pour ואשתדי "et surgit" ainsi que le confirme Jastrow. La traduction de la LXX a vraisemblablement pour origine cette forme ואשתדי lue ואשתדר "et fut envoyée". En Is 10, 27, le substantif "fardeau" (סֹבֶל) est traduit par φόβος "la peur" ; sans doute faut-il y voir une mauvaise lecture du Tg מרותיה "sa domination" (Is 9, 3 ; 10, 27 et 14, 25) en מורתיה "sa crainte". En Is 51, 4, la traduction de לְאֻמִּים "peuples" par οἱ βασιλεῖς "les rois" repose sur la traduction habituelle du Tg מלכון "royaumes", lue מלכין "rois". Delekat se demandait, dès lors, si la LXX n'était pas la révision d'un targum araméen égyptien, soit sans recours au texte hébreu (244) soit avec recours (252). Les transcriptions de substantifs masculins pluriels en "-in", plutôt que en "-im" pourraient être un indice de ce substrat araméen ; toutefois, il pourrait également s'agir de termes "techniques" araméisés (246). Concernant Is 51, 4, l'hypothèse de J. Koenig pourrait également être prise en considération, partant elle aussi de l'araméen. Jean Koenig, *L'herméneutique analogique du judaïsme*

1.9.1. Araméen בשמא : le baume ; בשמא : par le nom

Prenons d'abord quelques exemples toujours dans les Proverbes. Le TM Pr 27, 16 présente un texte tout à fait sensé. Mettant en garde à propos de la femme querelleuse, il en souligne le caractère instable : צֹפְנֶיהָ צָפַן־ רוּחַ וְשֶׁמֶן יְמִינוֹ יִקְרָא "La retenir ? Autant retenir du vent ou, de la main (droite), saisir *de l'huile* !" (TOB)

Les traductions de la LXX, de la Peshitta et du Tg diffèrent du TM :[391]

- LXX : βορέας σκληρὸς ἄνεμος ὀνόματι δὲ ἐπιδέξιος καλεῖται "le vent du nord est un vent violent, mais *le nom* par lequel il est appelé, c'est "favorable".
- Pesh. : רוחא גרביא קשיא ובשמא דימינא מתקריא "le vent du nord est violent, et par un nom favorable il est appelé"
- Tg : רוחא גרבייתא קשיא ובשמא / ובשמא דימינא מתקריא "Le vent du nord* est violent, et par un nom / et un baume favorable il est appelé". *Variante : רוחא גבריתא "le vent violent"

Pour ce qui est du 1er stique, nous constatons que les trois traductions ont interprété le verbe צפן "mettre en réserve, garder" d'après le substantif צָפוֹן "vent du nord". Par ailleurs, la mention de l'adjectif "dur, pénible, violent",[392] qui se retrouve dans la LXX (σκληρὸς) comme dans la Pesh. et le Tg (קשיא), a probablement pour origine la proximité matérielle de deux mots araméens qui constituent les deux leçons en relation de métathèse que nous trouvons dans la tradition textuelle du Tg : רוחא גרביתא "Le vent du nord"[393] et רוחא גבריתא "le vent violent".

---

antique d'après les témoins textuels d'Isaïe (VTSup 33), Leiden (1982),161–172, analyse les 4 versets d'Is (Is 34, 1 ; 41, 1 ; 43, 4 ; 43, 9) où לְאֻמִּים a été traduit par ἄρχοντες, tout comme déjà en LXX Gn 27, 29 ; cette traduction s'expliquerait par l'influence thématique de Gn 49, 7 et par l'existence d'un terme homonyme לם / לאם, emprunté à l'assyrien *limu* "éponymat / éponyme" (dépositaire de l'autorité sur des populations nombreuses).

391. Kaminka, "Septuaginta und Targum zu Proverbia", 190, mentionne l'accord de LXX et Tg, mais développe assez peu.

392. L'expression "vent violent" figure en Is 27, 8 : TM בְּרוּחוֹ הַקָּשָׁה - LXX τῷ πνεύματι τῷ σκληρῷ.

393. Nous trouvons également en Pr 25, 23 : TM רוּחַ צָפוֹן - Pesh. רוחא גרביא - Tg רוחא גרביתא. Dans les autres passages du Tg, TM צָפוֹן est rendu par l'équivalent. Mais en syriaque, גרביא "vent du nord" est très fréquent.

Dans le deuxième stique, ces trois Versions ont interprété le verbe parallèle קרא "rencontrer, entrer en contact avec" d'après l'homonyme plus courant "appeler". Mais pourquoi la LXX est-elle passée, à partir de "l'huile" du TM (שמן), au "nom" (= h. שם) ? La LXX avait-elle une autre *Vorlage* ? Ou s'agit-il d'une spéculation traditionnelle ? Notons qu'en Qoh 7, 1a, l'huile et le nom sont rapprochés au stade de l'hébreu déjà, en raison, sans doute, de la proximité matérielle de ces deux mots : "Mieux vaut un nom (שֵׁם) que de l'huile (מִשֶּׁמֶן) fine". De même, en Ct 1, 3a, les deux substantifs ont été rapprochés : "ton nom est une huile qui s'épanche". Par ailleurs, au Ct 4, 10b, le TM "huile" a été traduit par "nom" dans le Tg, rapproché du "baume". En effet, le TM : "... et l'odeur de tes huiles (שְׁמָנַיִךְ), plus que tous les baumes (בְּשָׂמִים)" devient dans le Tg : "et *le bon nom* des justes sent meilleur que *leurs baumes*".

Une troisième voie pourrait, cependant, être envisagée pour la LXX Pr 27, 16. En effet, à une époque où les points diacritiques ne distinguaient pas le "shin" du "sin" dans l'écriture carrée, la traduction du Tg est ambiguë : s'agit-il, au fait, du substantif בשמא = בסמא "l'huile parfumée, le baume" (= TM שֶׁמֶן)[394] ou bien de la préposition "beth" et du "nom" (בשמא = LXX ὀνόματι, au datif[395]) ? Le Tg traduit d'ordinaire l'hébreu שמן par l'araméen משחא, toutefois, en Pr 21, 17, nous trouvons la traduction בוסמא / בסאמא, vraisemblablement inspirée de la Peshitta (בסמא). La traduction grecque pourrait avoir pour origine une source sémitique, qui aurait occulté pour elle la leçon hébraïque שֶׁמֶן.

1.9.2. Araméen גרי : se battre ; אגרא : le salaire

A côté des diverses traductions grecques de מָדוֹן / מִדְיָן "querelle" correspondant plus ou moins au sens de ce substantif,[396] il vaut la peine d'examiner LXX Pr 19, 13b :

---

394. C'est la traduction choisie par Healey, *Proverbs* (Aramaic Bible 15), 56 : "The north wind is harsh but she is called the balm of the right hand". Il commente (p. 57 n. 5) : "MT of v. 16 is difficult. Tg attempts a literal translation, though it is obscure. In v. 16b bšm' dymyn' could also mean "by the name of the right hand", though this would still be obscure. S apparently intends this". Healey ne fait pas le lien avec la LXX.

395. Dans la LXX Pr, nous trouvons différents cas où la préposition hébraïque *beth* est traduite par un datif sans préposition : par ex. Pr 3, 19 (1er *beth*) ; 5, 22 ; 6, 2.13 etc.

396. Pr 10, 12 : νεῖκος "querelle" ; Pr 16, 28 : κακα "des maux" ; Pr 18, 18 : ἀντιλογία "controverse, procès" ; Pr 23, 29 : κρίσις "jugement, procès". Pr 15, 18 a reçu une tra-

- TM : "Un fils insensé est une calamité pour son père ; les *querelles* de femmes (מִדְיְנֵי אִשָּׁה) : une gouttière qui ne cesse de couler" (TOB).
- LXX : "Un fils insensé est une honte pour son père, et des *vœux faits à partir du salaire d'une prostituée* (εὐχαὶ ἀπὸ μισθώματος ἑταίρας) ne sont pas purs".

D.-M. D'Hamonville, dans la Bible d'Alexandrie,[397] voit dans le stique b une réminiscence de Dt 23, 19, verset qui, en effet, interdit d'apporter au Temple, comme paiement d'un vœu, *le salaire d'une prostituée*, même si le terme "prostituée" n'est pas le même en grec (μίσθωμα πόρνης). Mais la BdA ne précise pas comment le traducteur grec en est arrivé à μίσθωμα "le salaire, les gages". Si nous regardons la traduction araméenne, nous constatons que le Tg traduit toujours מָדוֹן / מִדְיָן par l'araméen תגרא de même signification[398] (racine גרי "se battre"[399]). Or, le "salaire" en araméen est très proche, puisqu'il se traduit par אגרא. En raison de la proximité entre ces deux substantifs araméens אגרא – תגרא, le traducteur grec (ou déjà sa source araméenne, s'il disposait de "proto-targumim" écrits ; confusion ? intention ?) est passé au salaire d'une femme, dont il a fait une prostituée, vraisemblablement guidé par Dt 23, 19. Ce salaire des prostituées semble en tout cas avoir été un thème important, puisqu'on le retrouve aussi en Mi 1, 7 (Samarie).[400]

---

duction amplifiée : cfr. Johann Cook, "The Ideology of Septuagint Proverbs", dans Bernard A. Taylor (éd.), *X Congress of the IOSCS Oslo Congress, 1998* (SBLSCS 51), Atlanta (2001), 463–79. En particulier 474.

397. BdA 17, 269.

398. Le Tg n'a pas suivi ici la Peshitta : רניה דאנתתא "(et comme le ruissellement qui tombe goutte à goutte telle est) *la pensée* des femmes". La Pesh. est sans doute partie, dans ce verset, du sens de base de la racine דִין "juger, exercer son jugement", d'où penser, réfléchir. En Pr 16, 28 ; 23, 29 et 29, 22, elle a traduit מָדוֹן par דינא "procès". Pourtant, en Pr 21, 19 et 25, 24, elle traduit bien "une femme querelleuse" (אנתתא נציתא) ; en Pr 26, 21, elle traduit "un homme chicanier" (גברא טרכנא). Et en Pr 26, 20, elle a traduit par מצותא "la querelle" : en 28, 25, par חרינא "la dispute".

399. Le Tg a pu s'inspirer, dans le choix de son verbe, de Pr 15, 19, où le verbe hébreu גרה est utilisé avec מָדוֹן comme complément.

400. Ces gages feront aussi l'objet de discussions talmudiques, par exemple TB *Aboda Zara* 17a.

1.9.3. Araméen גרי : se battre ; גירא : le plâtre ; גייר : commettre l'adultère

Nous trouvons un autre cas basé sur cette racine araméenne גרי "se battre". En effet, en Pr 21, 9, nous trouvons dans le TM : "Mieux vaut habiter un coin sous les toits que partager[401] la maison d'une femme querelleuse". De nouveau, cette femme querelleuse (אֵשֶׁת מִדְיָנִים) est traduite dans le Tg par la racine גרי (איתתא תיגרניתא), qui vient d'ailleurs faire assonance avec le "toit" traduit איגרא, qui est sa traduction habituelle pour h. גָּג. Or l'énoncé grec est tout à fait différent : "mieux vaut habiter dans un coin à l'air libre que dans des (maisons) *passées à la chaux* avec de l'injustice, etc." (ἐν κεκονιαμένοις μετὰ ἀδικίας). Le traducteur grec connaît le sens de אֵשֶׁת מִדְיָנִים, puisqu'il le traduit correctement (soit par l'adjectif λοίδορος "qui insulte, qui cherche querelle", soit μάχιμος "agressif") en Pr 21, 19 ; 25, 24 (dont l'énoncé est similaire) et 27, 15.[402] Alors, d'où vient cette chaux ? En araméen et en hébreu tardif, nous trouvons le substantif גיר "la chaux"[403] et le verbe גייר "passer à la chaux". Ainsi, en Dt 27, 2, pour le TM שִׂיד "la chaux", nous avons LXX κονία et Tg גירא.[404] La traduction grecque, partant manifestement de la proximité en araméen de גרי "se battre" et גירא "la chaux", oppose dès lors le coin du misérable exposé à l'humidité et aux moisissures, à la maison rendue imperméable et saine grâce à la chaux, mais qui est habitée par l'injustice, selon un ajout moralisateur habituel chez le traducteur grec des Proverbes. Cet ajout de l'injustice pourrait d'ailleurs lui-même partir de l'araméen גור "avoir des relations sexuelles illicites" ; *pael* גייר : "séduire, commettre l'adultère".

---

401. Ce que la TOB traduit par "partager", c'est la finale du TM : וּבֵית חָבֶר (litt. et une maison de communauté). Bien que la LXX et la Peshitta reflètent plus ou moins ces mots hébreux (LXX : ἐν οἰκίᾳ κοινῇ ; Pesh. : "plutôt que vivre avec une femme querelleuse"), le Tg présente la traduction וביתא טרקא "et une maison barricadée", ce qui supposerait l'h. ובית בריח (cfr. Tg Jb 26, 13), ce qui me semble avoir plus de sens.

402. Dans ce verset, nous trouvons une autre interprétation à partir de l'araméen : dans l'expression du TM דֶּלֶף טוֹרֵד "une pluie incessante", le verbe h. טרד "couler sans cesse" a été interprété d'après l'une des significations de l'araméen טרד "bannir, chasser" : σταγόνες ἐκβάλλουσιν "des gouttes chassent, etc.".

403. Nous le trouvons aussi en Is 27, 9, emprunté sans doute à l'araméen (selon BDB).

404. En variante, à côté de סִידָא.

1.9.4. Araméen סטי : s'écarter ; שטי : être insensé

En Pr 13, 14b, la LXX affirme que "l'*insensé* mourra dans un piège" pour le TM : "L'enseignement du sage est une fontaine de vie *pour s'écarter* des pièges de la mort". L'insensé de la LXX (ὁ ἄνους), pour le TM לָסוּר "pour s'écarter" pourrait bien remonter à un texte araméen lu différemment. En effet, ce verbe סוּר est traduit dans la Peshitta et dans le Tg par l'équivalent סטי (= h. שָׂטָה) ; or le verbe שטי "être insensé" est très proche matériellement de סטי /h. שָׂטָה. Dès lors, la LXX Pr offre un contraste, ainsi qu'elle tend à le faire, entre la loi du *sage* et *l'insensé*. En effet, il faut souligner avec J. Cook[405] que ce traducteur, qui a souvent donné un tour plus moral à ses dictons, l'a fait principalement au moyen de deux procédés : par l'accentuation des contrastes entre les "bons" et les "méchants" et par l'amplification des stiques concernant les "bons".

1.9.5. Araméen מוהבתא : le cadeau ; מבהנותא : la honte

En Pr 19, 6, le TM מַתָּן "le cadeau" a été traduit en grec par ὄνειδος "la disgrâce, la honte" :

- TM : "Nombreux ceux qui flattent en face un notable, et tout le monde est l'ami de qui fait *des cadeaux* (לְאִישׁ מַתָּן)" (TOB).
- LXX : "Beaucoup courtisent la face des rois, mais tout méchant est *une honte* (ὄνειδος) pour l'homme".

Le TM offre un texte bien balancé, avec ses deux stiques parallèles. La traduction grecque, en revanche, est gauche et abrupte. Cette traduction un peu boiteuse pourrait bien avoir pour point de départ la proximité matérielle entre les substantifs araméens מוהבתא "le cadeau" (> verbe יהב = Pesh. et Tg) et מבהנותא / בהתא "la honte" (verbe בהת). Ainsi, en Tg Pr 25, 14, la tradition manuscrite est partagée entre ces deux substantifs מוהבתא (= TM מַתָּת "le cadeau" : édition Lagarde) et מבהנותא (édition Zamora).

Nous pourrions d'ailleurs avoir quelque chose de similaire en Os 10, 6b, mais en sens inverse : le substantif hapax du TM בָּשְׁנָה "la honte" (suivi dans le membre suivant par le verbe בּוֹשׁ "être honteux", qui guide pourtant

---

405. Par exemple Johann Cook, "Exegesis in the Septuaginta", JNSL 30 (2004), 1–19. Cfr. aussi, Bible d'Alexandrie 17, 64–65 ; 71 ; 82–84 ; 122–26.

bien le sens du verset) a été traduit par "en cadeau" (ἐν δόματι). Là encore, la proximité de ces deux substantifs araméens a peut-être joué. Ou alors בְּשָׁנָה a été interprété dans les "proto-targumim" supposés comme le nom de lieu Bashan,[406] en hébreu, בָּשָׁן, avec "hé" directionnel[407] ou comme une variante féminine. La traduction araméenne ordinaire de Bashan est, en effet, מַתְנָן,[408] qui évoque fortement l'hébreu מַתָּנָה / araméen מתנא "le cadeau, le don".[409]

Si l'une de ces deux hypothèses passant par l'araméen était correcte, il s'agirait dès lors d'une traduction qui impliquerait là encore l'existence de traditions exégétiques araméennes sur lesquelles se serait basé le traducteur, surtout pour les Proverbes, mais pas uniquement. Mais y avait-il une volonté consciente de s'écarter du TM, ou bien la couche araméenne a-t-elle occulté le TM ? Il faut constater que la LXX a choisi un passage dont le sens est exprimé de façon double : l'un des membres du parallélisme (בְּשָׁנָה) est modifié, dans le cadre d'une harmonisation sur un autre passage (Os 9, 1), ainsi que nous allons le voir, mais le sens reste inscrit dans le membre parallèle restant (וְיָבוֹשׁ). Toutefois, pour équilibrer le débat, il faut rappeler la tendance très littéraliste du traducteur des XII. Ce serait alors inconsciemment que le traducteur se serait laissé influencer par la couche araméenne. Je penche donc pour la première solution, en raison du parallélisme, mais en laissant la deuxième porte ouverte.

Comment comprendre la traduction de la LXX ? La BdA voit dans "Ephraïm" un complément d'objet, le sujet étant "le roi de Iarim" dont on vient de parler. Le "don" ferait écho au "présent" du TM : "Et lui (= le taurillon, objet d'adoration), l'ayant lié, on l'a mené chez les Assyriens, en présent pour le roi de Iarim ; avec un don, il (= le roi) recevra Ephraïm, et

---

406. Jérôme, en tout cas, interprétait le nom de lieu Bashan comme signifiant "la honte" (racine בוש) : *Commentarii in Prophetas Minores*, CC.SL 76, 257–58 (Am 4, 1) : "Verbum autem Domini quod vaccae Basan iubentur audire [...] recte appellantur vaccae pinguissimae, sive vaccae ignominiosae ; hoc enim interpretatur Basan, id est αἰσχύνη" ; 520 : "Carmelus interpretatur scientia circumcisionis, Basanitis confusio" ; 530 : "quia Basan, confusionem et ignominiam sonat".

407. Toutefois, le "hé" directionnel aurait sans doute été traduit par une autre préposition que ἐν, probablement εἰς.

408. Tg Nb 21, 33 ; Is 33, 9 ; Jr 50, 19 ; Ez 27, 6 ; Mi 7, 14 ; Na 1, 4 ; Ps 22, 13 ; 68, 16 ; 135, 11 ; 136, 20. Dans Tg 1 Ch 5, 11, toutefois, nous trouvons בותנא.

409. Généralement traduit par δόμα dans la LXX ; par ex. Nb 18, 6.7 ; Ez 20, 26 ; 46, 16.17 ; Pr 18, 16 etc.

Israël aura honte de son dessein".[410] Ou bien, sur le mode ironique, comme le suggèrent S. Carbone et G. Rizzi, "comme un cadeau, il (= le roi étranger) accueillera (le prisonnier) Ephraïm", dont il usera selon son bon plaisir.[411]

Mais l'on pourrait également, me semble-t-il, voir dans Ephraïm le sujet du verbe δέξεται : "en cadeau, Ephraïm acceptera". Devant un texte difficile, le traducteur grec aurait choisi un topique très général, sans risques, insistant, selon un procédé d'exégèse atomisante (qui trouve certainement sa place dans les passages d'interprétation problématique !), sur la vénalité et la corruption d'Ephraïm, rejoignant ainsi des thèmes évoqués en Os 9, 1 : LXX : ἠγάπησας δόματα ; en Am 5, 11 : δῶρα ἐκλεκτὰ ἐδέξασθε.[412] Et en Ha 1, 3 b, la LXX a traduit le TM וּמָדוֹן יִשָּׂא "et la contestation s'élève" par καὶ ὁ κριτὴς λαμβάνει "le juge accepte" (un présent, précise la Peshitta) = hébreu דִּין יִשָּׂא, soulignant, là aussi, la vénalité (des juges dans ce cas-ci).

1.9.6. Araméen סהד : témoigner ; סעד : soutenir, aider

Examinons à présent les deux premiers mots d'Is 8, 20, dont l'énoncé hébreu est traduit très diversement en raison de son caractère peu clair[413] :

- TM Is 8, 20a : ... לְתוֹרָה וְלִתְעוּדָה
- LXX : νόμον γὰρ <u>εἰς βοήθειαν</u> ἔδωκεν "car Il a *donné* la Loi[414] comme aide ..."

Comment expliquer la traduction du TM תְּעוּדָה "le témoignage, l'attestation" – un substantif qui est traduit par μαρτύριον "le témoignage" en LXX

---

410. BdA 23.1, 135.
411. *Osea*, 195 n. 29 : "LXXOs ironizza […] asserendo che il re straniero accoglierà il prigioniero Efraim come un dono, di cui disporre a suo piacimento".
412. Idem Mi 3, 11.
413. TOB : "À l'instruction et à l'attestation ! S'ils ne s'expriment pas selon cette parole, pour eux point d'aurore…" ; Bible de Jérusalem : "Pour l'instruction et le témoignage, sûrement on s'exprimera selon cette parole d'après laquelle il n'y a pas d'aurore" ; Pléiade : "À l'enseignement et à l'attestation ! Malheur si l'on ne s'exprime pas conformément à cette parole, contre laquelle il n'y a point de conjuration magique !"
414. En hébreu, le subst. תּוֹרָה est généralement utilisé sans article ; les traducteurs grecs ont soit laissé νόμος sans article (ex. Pr 28, 7 : φυλάσσει νόμον υἱὸς συνετός), soit y ont ajouté un article (ex. Pr 28, 4 : οἱ ἐγκαταλείποντες τὸν νόμον ... οἱ δὲ ἀγαπῶντες τὸν νόμον).

Rt 4, 7[415] – par le grec βοήθεια "l'aide" ? Pour J.F. Schleusner, la traduction de la LXX serait basée sur le verbe *polel* עוֹדֵד "soutenir, restaurer".[416] Cependant, עוֹדֵד est traduit, dans les deux passages où il apparaît, non par βοηθεῖν "aider", mais par le verbe ἀναλαμβάνειν "prendre dans ses bras, restaurer, réconforter".[417] Certes, cet argument n'est pas décisif, d'autant qu'il s'agit de traducteurs différents, mais ceci m'incite néanmoins à envisager une autre hypothèse : la traduction de la LXX ne reposerait-elle pas sur la proximité entre la racine araméenne סהד "témoigner" (c'est la traduction du Tg pour תְּעוּדָה[418]) et l'hébreu/araméen סעד "soutenir, aider",[419] deux verbes ne différant que par leur gutturale à une époque d'amuïssement des gutturales ?[420] Le verbe h. סעד a été traduit par βοηθεῖν dans LXX Ps 94[93], 18 et 119[118], 117. Par cette traduction, qui serait le produit de traditions fixées en araméen (erreur ? spéculation savante, plus plausible pour le traducteur grec d'Isaïe ?), le traducteur a exprimé l'idée que c'est par l'intermédiaire de la Loi que Dieu vient en aide aux hommes.

---

415. Le troisième passage où figure ce substantif hébreu est Is 8, 16, où il semble bien avoir été traduit par φανερός εἰμι "être visible", puisque le TM : "Enferme l'attestation (תְּעוּדָה), scelle l'instruction parmi mes disciples" a été traduit : "Alors seront visibles (φανεροὶ ἔσονται) ceux qui scellent la Loi pour ne pas apprendre". Le traducteur a-t-il rapproché la racine עוד de ידע (cfr. LXX Is 64, 1 et Dn 3, 18) ? Cette traduction pourrait faire allusion à un parti antilégaliste, ainsi que le suggérait Koenig, *L'herméneutique analogique du judaïsme antique*, 118-35. Ceci dit, nous trouvons des affirmations du même genre dans TM Is 30, 9b : "ils ne veulent pas écouter la Loi du Seigneur". Le Tg s'écarte lui aussi du TM : "Prophète, garde le témoignage et ne témoigne pas contre eux, car ils n'écoutent pas ; scelle et cache la Loi car ils n'en veulent pas, ceux qui l'étudient".

416. Schleusner, *Lexicon in LXX*, s.v. βοήθεια : "Acceperunt quasi esset, non ab עוּד, testari, sed ab עוֹד, adhuc : unde verbum עוֹדֵד, sustentare".

417. Ps 146[145], 9 ; 147[146], 6. Au Ps 20, 9, le *hithpolel* וַנִּתְעוֹדָד a été traduit par καὶ ἀνωρθώθημεν "nous nous redresserons". Le Tg, pour sa part, a traduit ce verbe par סובר "soutenir" aux Ps 146, 9 et 147, 6, et par חיל *ithpael* "reprendre des forces" au Ps 20, 9. Le verbe עוֹדֵד a été traduit par Aquila, au Ps 146, 9, et par Symmaque, au Ps 147, 6, par ἀνακτάομαι "ranimer, restaurer" ; Symmaque a traduit le *hithpolel* par ὑπομένω "supporter, endurer, persister" (Field).

418. "Ainsi leur diront-ils : la Loi qui nous fut donnée en témoignage (לסהדו), c'est elle que nous écouterons…"

419. Ces deux verbes araméens forment des substantifs proches également : סהדא / סהיד "le témoin" et סעדא / סעיד "l'aide".

420. Kutscher, *The Language and Linguistic Background of the Isaiah Scroll*, 57-60.

1.9.7. Araméen איפרכיא : les gouverneurs ; אפריקיא : les Africains

Un cas un peu différent mais apparenté est la relation TM - LXX - Tg du Ps 72[71], 9, qui offre un véritable casse-tête :

- TM : "*Les nomades* (צִיִּים) s'inclineront devant lui, ses ennemis lécheront la poussière" (TOB).
- LXX : "Devant lui se courberont *les Ethiopiens* (Αἰθίοπες) et ses ennemis lécheront la poussière"
- Tg : "Devant lui se courberont *les gouverneurs* (איפרכיא) et ses ennemis lécheront la poussière".

La signification de l'hébreu צִי est discutée : un animal du désert (chacal, chat sauvage ?), un habitant (humain) du désert (> צִיָּה la terre desséchée) ? Pour ce verset, beaucoup de critiques suggèrent la lecture צָרִים "ennemis", qui offrirait un bon parallèle à אֹיְבָיו. Devant le roi se soumettraient *tous ses ennemis*. Viennent ensuite, au v. 10, les tributs des rois étrangers. Cette correction me semble cependant un peu boiteuse dans la mesure où l'on attendrait alors le suffixe possessif צָרָיו, ce qui nous éloigne graphiquement de צִיִּים.[421]

Quel qu'ait pu être le sens précis de צִיִּים, nous constatons que la LXX, ici et en Ps 74[73], 14, a traduit ce mot par "les Ethiopiens".[422] Le Tg, de son côté, l'a traduit par איפרכיא (Lagarde), qui est soit la transcription du grec ἐπαρχία "le siège de préfecture d'une province",[423] soit, vu le verbe au pluriel, le pluriel araméen de la transcription de ἔπαρχος, qui figure en Esr 5, 3.6 ; 6, 13 et 8, 36 pour traduire פֶּחָה "le gouverneur". Or en 2 Ch 21, 16, pour le TM כּוּשִׁים, nous trouvons LXX τῶν Αἰθιόπων et Tg אפריקאי "les Africains". Le traducteur grec des Ps s'est-il inspirée de traditions d'in-

---

421. En effet, si l'on examine l'écriture des manuscrits de Qumran, ou l'écriture des papyrus d'Egypte, ou même les alphabets plus anciens (cfr. Shemaryahu Talmon, "The Ancient Hebrew Alphabet and Biblical Text Criticism", dans Pierre Casetti et alii (éd.), *Mélanges Dominique Barthélemy : Etudes offertes à l'occasion de son 60e anniversaire* (OBO 38), Göttingen (1981), 497–530), le *yod* et le *resh* n'ont pas deux tracés si proches qu'on les confonde fréquemment.

422. C'est la traduction ordinaire de l'hébreu כּוּשׁ et son gentilice כּוּשִׁי : par ex. Ps 87[86], 4.

423. C'est le seul commentaire de l'Aramaic Bible 16, 140 n. 13 : "… a loan word from greek *eparchos*, for MT *syym*, "desert dwellers". D.M. Stec ne fait pas le lien avec la traduction de la LXX.

terprétation du mot rare צִיִּים fixées en araméen et, à partir de איפרכיא "les gouverneurs", par erreur, est arrivée à אפריקיא "les Africains", qu'il a rendu par "les Éthiopiens" ? Ou bien à l'inverse, les צִיִּים étaient-ils effectivement compris comme une peuplade du désert du sud de l'Égypte, d'où la traduction "les Éthiopiens" par la LXX et une orthographe erronée dans les manuscrits du Tg a transformé le correct אפריקיא "les Africains" en איפרכיא "les gouverneurs" (ce que je crois) ? De toute façon, on ne peut négliger la coïncidence entre ces deux traductions,[424] qui indique que les deux leçons circulaient vraisemblablement dans les Tg.

1.10. LXX Am 3, 15 : une transcription à partir de l'araméen ?

En Jr 36 [LXX 43], 22 et Am 3, 15, il est question du "palais d'hiver" (בית החרף), celui de Yoyaqim, roi de Juda, dans le premier cas ; celui de Samarie, dans le second. Comparons les deux traductions grecques :

- Jr 36[43], 22 : ἐν οἴκῳ χειμερινῷ "dans la maison hivernale" = TM
- Am 3, 15 : τὸν οἶκον τὸν περίπτερον "la maison *entourée d'une colonnade*".

Replaçons cette expression de LXX Amos dans l'intégralité du verset : "J'ébranlerai et je frapperai *la maison entourée d'une colonnade* tout comme la maison estivale, et disparaîtront les maisons d'ivoire et encore (littéralement : s'ajouteront) de nombreuses autres maisons, dit le Seigneur".

Comment expliquer cette traduction d'Am 3, 15 ? Le substantif חרף "hiver" n'est pas un hapax, puisqu'on le rencontre six fois dans le corpus biblique ; et, de toute façon, l'opposition à l'été (קיץ) dans quatre de ces passages, y compris Amos,[425] aurait pu guider un traducteur hésitant ou ignorant. En outre, en Jr 36[43], 22, le TM précise qu'on est au 9ème mois[426] et que le roi se chauffe à un braséro (LXX = TM). La voie de l'incertitude de la part du traducteur semble raisonnablement pouvoir être exclue.

---

424. La Peshitta n'intervient pas dans ce débat, dans la mesure où elle a traduit par גזרתא "les îles " = h. אִיִּים (d'après le v. 10).
425. Gn 8, 22 ; Ps 74, 17 ; Za 14, 8 ; Am 3, 15 ; et, en plus, Is 18, 6, où les verbes חרף et קיץ sont opposés.
426. La LXX ne présente pas de traduction pour cette précision, qui pourrait donc être une glose postérieure.

L'on pourrait alors penser à une divergence de la *Vorlage* de la LXX par rapport à ce qui est devenu le texte canonique. Toutefois, il n'existe pas de mot proche graphiquement de l'hébreu חרף qui, suite à une erreur matérielle ou à une modification volontaire, pourrait expliquer cette traduction, d'autant que le mot grec περίπτερος est très rare et a donc vraisemblablement été l'objet d'un choix délibéré. En effet, on ne le trouve qu'en Ct 8, 6, et dans un tout autre sens apparemment, puisqu'il est question des traits enflammés de l'amour : περίπτερα αὐτῆς περίπτερα πυρός φλόγες αὐτῆς ("ses étincelles, des étincelles de feu, ses flammes").[427] On n'a, par ailleurs, pas trace de son emploi par les traducteurs grecs postérieurs.

Comment, dès lors, comprendre cette divergence d'avec le texte hébreu ? J.F. Schleusner expliquait ainsi l'adjectif grec περίπτερος : "entouré d'une aile (architecturale), ailé, présentant des saillies ou ailes tout autour, ou plutôt recouvert de partout, (c'est là) où les orientaux et surtout les rois passaient l'hiver. Cfr Jr 36, 22. P. Zorn l'applique aux maisons qui, au moyen de tuyaux très semblables à des conduits, reçoivent de la fraîcheur à l'époque de l'été, (fraîcheur) distribuée çà et là en une répartition salutaire. Jérôme, commentant Amos : Au lieu d'une demeure d'hiver, les LXX ont traduit τὸν οἶκον τὸν περίπτερον, ce que nous avons compris comme (une demeure) avec ailes, parce qu'elle aurait de petites portes dans les baies, comme des ailes, pour repousser l'intensité du froid".[428] Ces considérations architecturales ne me paraissent ni convaincantes ni suffisantes pour expliquer la divergence. Cherchons cette fois du côté linguistique.

Si nous regardons la traduction de ce substantif חרף dans le Targum, nous trouvons systématiquement le substantif araméen סִתְוָא "l'hiver".[429]

---

427. Cfr. LSJ, s.v. περίπτερος : 1. flying round about (LXX Ca 8, 6) ; 2. with a single row of column all round it (LXX Am 3, 15 ; Vitr. 3.2.1) ; 3. surrounded by a gallery (Ath. Mech. 11.8). Le substantif πτερόν désigne les rangées de colonnes tout autour des temples grecs ("in Architecture, of *the rows of columns along the sides* of Greek temples").

428. Schleusner, *Lexicon in LXX*, s.v. περίπτερος : "circum alatus, pinnatus, circumquaque prominentias seu pinnas habentem, seu potius undique tectam, ubi hyeme agebant Orientales et praesertim reges. Vide Jerem. XXXVI (Vat. XLIII), 22. P. Zornius [...] explicat de domibus, quae per fistulas tubis simillimas refrigerium aestatis tempore accipiunt, salubri temperamento huc illuc digestum. [...] Hieronymus ad Amos l.c. : Pro domo hyemali τὸν οἶκον τὸν περίπτερον LXX transtulerunt, quod nos interpretati sumus pinnatam, eo quod ostiola habeat per fenestras, et quasi pinnas, ad magnitudinem frigoris depellendam".

429. Dans le corpus biblique, nous trouvons le substantif aramaïsant סְתָו en

Or, ce qui est intéressant, c'est que si nous vocalisons ce mot araméen différemment, nous obtenons la transcription du grec στοά "le portique à colonnade", un mot connu des traducteurs grecs, puisqu'il est attesté quatre fois dans la LXX.[430]

Nous savons que divers mots grecs et latins, transcrits en lettres hébraïques, seront accueillis dans les écrits targumiques et rabbiniques. Ainsi, dans le Tg 2 Ch 32, 28, nous trouvons, dans le même verset, le mot sémitique pour la "crèche, étable", אוריא, et le mot אסטבלין venu du latin *stabulum*. Le fait est établi, au point que Samuel Krauss, à la fin du 19ème siècle, a pu en répertorier deux volumes dans son ouvrage pionnier : "Griechische und lateinische Lehnwörter im Talmud, Midrasch und Targum".[431] Or אסטיו / סטיו (= στοά) semble bien figurer dans le Talmud de Jérusalem.[432] De même, M. Jastrow répertorie les mots araméens סְטָיו / אִסְטָיו, אִסְטְוָוא, אִיצְטְבָא, אִיסְטְבָא, qui, selon lui, viendraient de la racine סבב "entourer", et signifient précisément un portique, une colonnade.[433] La dénomination *Istba* semble d'ailleurs avoir été l'appellation courante du portique du

---

hapax en Ct 2, 11. Shalom M. Paul, *A Commentary on the Book of Amos*, Minneapolis (1991), 125, cite l'inscription de Barrakub, le roi araméen de Sam'al, qui évoque un palais d'hiver (בית שתוא) et un palais d'été (בית כיצא).

430. Ce substantif grec στοά traduit רצפה (dallage ? ou plutôt un bâtiment ? HALOT mentionne l'assyrien *riṣpu* "a building structure", *riṣiptu* "construction, erection of a building") en Ez 40, 18 ; אתיק "galerie" en Ez 42, 3 et 5 (ou בנין "bâtiment" ?). En 1 R 6, 33, enfin, il est difficile de préciser à quel mot hébreu correspond στοά. Il faut remarquer que רצפה est aussi traduit par περίστυλον "péristyle, galerie en colonnade" en Ez 40, 17.18 et 42, 3. En Ez 42, 5.5.5, il n'est pas facile de savoir à quel mot h. correspond περίστυλον. Les deux mots στοά et περίστυλον interviennent donc dans les mêmes versets, semblant désigner des réalités architecturales très proches, un περίστυλον étant peut-être composé de plusieurs στοαί.

431. Bien sûr, il faut le mettre à jour, ainsi que l'a suggéré et partiellement réalisé D. Sperber, qui a exploré plus particulièrement le vocabulaire juridique, maritime et biologique (par ex. Daniel Sperber, "Greek and Latin Words in Rabbinic Literature. Prolegomena to a New Dictionary", Bar Ilan 14/15 (1977), 70–78 ; Daniel Sperber, *A Dictionary of Greek and Latin Legal Terms*, Jérusalem (1984) ou encore Günther Zuntz, "Greek Words in the Talmud", Journal of Semitic Studies 1 (1956), 129–140. Mais beaucoup d'entrées de Krauss restent acquises.

432. Samuel Krauss, *Griechische und Lateinische Lehnwörter im Talmud, Midrasch und Targum*, mit Bemerkungen von I. Löw, Berlin (1899), vol. II, 79 : אסטיו JSukka 55a, 74 ; JTaan 66d, 69 Saülengang = 379 סטיו ; 117 אסטבא אצטבא.

433. M. Jastrow, qui, quand c'est le cas, précise l'étymologie grecque ou latine des mots, ne mentionne donc pas d'éventuelle influence de στοά pour ces vocables araméens.

Temple. J. Levy, pour sa part, dans son *Chaldäisches Wörterbuch über die Targumim* (s.v. סטיו), mentionnait bien le grec στοά à l'origine du substantif סטיו, ce qui semble être plus raisonnable que l'hypothèse de Jastrow (סבב).

Certes, les conventions de transcription qui seront adoptées dans les écrits rabbiniques sont différentes en ce qui concerne le son "t" (τ correspond à ט et non ת), mais s'il s'agissait, avec cette trace conservée chez le traducteur de la LXX des XII, des balbutiements de l'adoption de mots grecs en hébreu ou en araméen, cela n'aurait rien de surprenant de trouver l'équivalence τ = ת.

Ceci dit, ce type de perméabilité entre ces langues (qui aurait encouragé le traducteur grec à passer des consonnes de l'araméen סְתְוָא au grec στοά) est-il envisageable à cette époque ancienne, antérieure à l'époque rabbinique et, si c'est le cas, pouvons-nous imaginer une explication concrète pour ce passage ?

Pour la première question, nous pourrions rapprocher ceci de Si 40, 16a, qui présente dans son texte en hébreu, dans l'une des deux formes conservées, la comparaison בקרדמות : dans le contexte végétal qui est le sien, je ne vois qu'une seule manière de comprendre le mot קרדמות, non repris dans HALOT, Jastrow ou Levy :[434] comme une transcription du grec κάρδαμον "le cresson" (mis au pluriel féminin, ou avec une finale abstraite en "out"). Nous aurions donc ici un exemple de pénétration du grec dans la langue hébraïque attesté dans un texte datant d'avant la période rabbinique, puisque la traduction grecque de cet ouvrage a été réalisée vers − 130.

A l'inverse, d'ailleurs, nous devons supposer que, à côté de termes cultuels (par exemple, les βαχχουρίοι de Neh 13, 31, translittérant les בִּכּוּרִים "les prémices"[435]), certains termes architecturaux (par exemple le βεδεκ transcrit en 2 R 12, 9 le substantif rare בֶּדֶק "la brèche, la fissure", qui

---

434. Clines, *Dictionary of Classical Hebrew*, répertorie 3 substantifs קַרְדֹּם, dont les deux derniers marqués comme hypothétiques : 1. la hâche ; 2. le roseau (Si 40, 16 ?) et 3. la cardamome (Si 40, 16 ?).

435. Très importantes cultuellement, les prémices sont traduites en général par πρόδρομος, πρωτότοκος ou πρωτογένημα, comme par ex. peu avant, en Neh 12, 36 (le traducteur connaît donc la signification !). Un autre nom cultuel, qui a toujours été translittéré en Esdras et Néhémie où ils apparaissent principalement (οἱ ναθινιν, οἱ ναθινιμ et οἱ ναθιναῖοι), ce sont les servants du Temple appelés נְתִינִים. En 1 Ch 9, 2, ce groupe avait pourtant reçu une traduction : οἱ δεδομένοι. Le titre apparenté, décerné aux Lévites, les נְתוּנִים, en Nb 3, 9, avait déjà été traduit dans le même sens : δόμα δεδομένοι ; et le composé ἀπόδομα ἀποδεδομένοι en Nb 8, 16.19.

apparaît dans tout le passage : 2 R 12, 6.6.7.8.8.9.13 ; 22, 5[436] et dont le sens pouvait être déduit du contexte, d'autant que l'équivalent araméen בִּדְקָא existe) et botaniques (par exemple le terme ραθμ de 1 R 19, 4),[437] étaient entrés dans le grec des Juifs égyptiens. Il faut souligner que la révision de Théodotion présente un nombre considérable de translittérations, pour des mots traduits en général par la LXX, mais qui renvoient probablement à des réalités sans véritables équivalents en grec et que ce réviseur a choisi de ne pas traduire.

En LXX Is 19, 7, nous trouvons un cas plus troublant encore :

- TM : "La *jonchaie* le long du Nil (עָרוֹת עַל־יְאוֹר) et à son embouchure, tout ce qui pousse au bord du Fleuve, se desséchera, sera emporté : il n'y aura plus rien" (TOB).
- LXX : "et tout le ἄχι vert autour du fleuve et tout ce qui est semé près du fleuve deviendra sec, brûlé par le vent"

La transcription ἄχι correspond, non au TM עָרוֹת, mais au substantif אָחוּ "la jonchaie" (Gn 41, 2.18 ; Jb 8, 11 // גֹּמֶא "roseau, papyrus"), un substantif emprunté à l'égyptien ;[438] dans la mesure où ici il n'y figure pas dans le texte hébreu, contrairement à Gn 41, 2.18, il est probable que ce mot appartenait à la langue grecque des Juifs d'Alexandrie, emprunté lui aussi, directement à l'égyptien.[439]

---

436. En Ez 27, 9.27, les traducteurs grecs y ont vu un substantif signifiant "le conseil, le conseiller" (TM בִּדְקֵךְ ; LXX 27, 9 ἐνίσχυον τὴν βουλήν σου ; 27, 27 οἱ σύμβουλοί σου).

437. La translittération κασία, pour l'hébreu קְצִיעָה (encens tiré des fleurs séchées de cinnamome), quant à elle, semble s'être imposée anciennement dans la langue grecque (à partir de l'hébreu, de l'assyrien, de l'araméen ?), puisque nous la trouvons, par exemple, chez Sappho ou Hérodote.

438. Emil Kautzsch and Arthur E. Cowley, *Gesenius' Hebrew Grammar*, Oxford (1910), 5 (chap. 1.i). Cfr. aussi Robert Hiebert, "Lexicography and the Translation of a Translation : The NETS Version and the Septuagint of Genesis", BIOSCS 37 (2004), 85.

439. Mirjam Croughs, "Intertextuality in the Septuagint : The Case of Isaiah 19", BIOSCS 34 (2001), 81–94, a étudié différentes traductions dans la LXX Is 19 et conclut que le traducteur d'Is s'est inspiré de la LXX du Pentateuque. Pour cette traduction τὸ ἄχι τὸ χλωρόν, M. Croughs (87–88) pense à une influence de Gn 41. Dans sa note 15, l'auteure signale que le mot ἄχι apparaît dans l'un des papyri de magie d'Egypte.

Cette transcription grecque figure encore dans LXX Si 40, 16, mais le substantif hébreu qu'elle recouvre n'est pas évident, ainsi que mentionné plus haut :

- LXX Si 40, 16 : ἄχι ἐπὶ παντὸς ὕδατος καὶ χείλους ποταμοῦ πρὸ παντὸς χόρτου ἐκτιλήσεται "Le roseau qui pousse sur la bordure des eaux de n'importe quel fleuve se trouve arraché avant toute herbe" (TOB).

Le texte hébreu[440] se présente sous deux formes (16a) :

- כקרדמות על גפת נחל מפני כל מטר נדעכו "Comme (les pousses) de cresson (?) sur le bord du fleuve, avant toute pluie, ils furent piétinés".
- כקרמית על גפות נחל...חציר נדעך "Comme du Mélampyron (?) sur les bords du fleuve ... l'herbe ... a été piétiné(e)".

Quelle qu'ait été la forme ou la signification du premier mot – vraisemblablement un substantif du domaine botanique : pour la première variante (קרדמות), ainsi que nous l'avons suggéré, apparemment une transcription du grec κάρδαμον "le cresson" ; pour la seconde (קרמית), une céréale,[441] le grec ἄχι ne translittère pas, ici non plus, l'hébreu אָחוּ, mais "traduit" le substantif.[442] Clairement, il y avait des phénomènes d'interpénétration des langues.

Nous avons vu que bon nombre de traductions divergentes dans la LXX ne semblent pouvoir s'expliquer que par un passage par l'araméen, quel qu'il ait été. Dans le cas d'Amos 3, 15, face à l'équivalent araméen habituel de l'hébreu חֹרֶף "hiver", à savoir le substantif סתוא, le traducteur aurait été amené à penser à στοά. Ce mot grec était-il effectivement entré dans le vocabulaire araméen à l'époque hellénistique, écrit en alphabet carré, ou faut-il penser que le traducteur s'est laissé influencer par des traditions d'interprétation fixées en araméen (h. חֹרֶף = aram. סתוא), ou

---

440. Selon l'édition de l'Académie de la Langue Hébraïque ; idem éd. Beentjes.
441. Jastrow, *Dictionary* : "cow wheat, Melampyron, of which a coarse bread is made ; a weed found among Papaver Spinosum".
442. L'édition de la Vetus Latina de la deuxième moitié de Sira (Beuron) n'est pas encore réalisée.

bien encore est-ce une initiative consciente du traducteur bilingue désireux d'exprimer une réalité architecturale plus précise ? La démarche, dans une traduction qui en général est très littérale,[443] me semble trop précise pour pouvoir être imputée à la distraction.

Comment, dès lors, expliquer cette traduction tout à fait particulière ? Dans ce verset d'Amos, Dieu tonne contre le luxe de Samarie, et en particulier contre le palais d'hiver, le palais d'été (traduit fidèlement : LXX = TM) et les maisons d'ivoire ; il annonce la disparition de nombreuses autres maisons. Une précision architecturale aurait donc du sens dans ce passage d'Amos, sans que l'on puisse s'aventurer beaucoup plus loin dans la reconstitution d'un motif expliquant de cette initiative. Ce qui serait plausible, c'est que le traducteur grec ait visé un palais bien précis (dont il mentionne la caractéristique architecturale) de la Samarie de son temps, à une époque où les débuts du schisme samaritain ont attisé les tensions. J.-D. Macchi, dans son histoire des Samaritains, rappelle qu'une ville hellénistique avait été bâtie sur le sommet principal du Mt Garizim.[444] Peut-être faut-il penser à une allusion au temple d'Isis-Serapis ?[445] Quant à l'adop-

---

443. Cfr. Jan Joosten, "A Septuagintal Translation Technique in the Minor Prophets. The Elimination of Verbal Repetitions", dans Florentino García Martínez et Marc Vervenne (éd.), *Interpreting Translation* (BETL 192), Leuven (2005), 217-23, souligne le fait que, malgré la grande littéralité de LXX des XII, nous trouvons quelques originalités : "On the other hand, signs of freedom on the part of the translator are unmistakable. Occasionally the context inspires an original, or even a unique choice of words" (p. 217). C'est le cas ici.

444. Jean-Daniel Macchi, *Les Samaritains. Histoire d'une légende*, Genève (1994), 35. Cfr. aussi Magnar Kartveit, *The Origin of the Samaritans* (VTSup 128), Leiden – Boston (2009), 353 : "Archaeological, epigraphic and literary material all attest the existence of a cult in a shrine on Mount Garizim in the Hellenistic period". W.Edward Glenny, *Finding Meaning in the Text. Translation Technique and Theology in the Septuagint of Amos* (VTSup 129), Leiden – Boston (2009), 156, affirme, lui aussi, l'existence d'une communauté samaritaine sur le Garizim, rivale de la communauté juive de Jérusalem. Au second siècle avant notre ère, cette rivalité avait déjà débordé vers l'Egypte.

445. Cfr. SDB 11 (1991), col. 753 : "Sur la base des témoignages trouvés sous le temple de Kore, on peut supposer l'existence à Samarie d'un temple en l'honneur de Serapis-Isis construit au IIIe siècle et détruit par Jean Hyrcan en 108/107 av. J.-C. Une inscription dédicatoire en grec et des sculptures avec les symboles des Dioscures signalent la présence d'un tel temple". Jodi Magness, "The Cults of Isis and Kore at Samaria-Sebaste in the Hellenistic and Roman Periods", Harvard Theological Review 94/2 (2001), 157-77, qui a réexaminé les indices archéologiques, numismatiques et

tion d'un adjectif, περίπτερος, plutôt que de garder le substantif supposé στοά au génitif (si telle est bien l'explication de cette traduction), cela ne nous surprend guère, dans la mesure où les traducteurs grecs ont souvent eu recours à la tournure adjectivale pour rendre l'état construit de l'hébreu (cfr. le palais d'été : τὸν οἶκον τὸν θερινόν[446]). Cette traduction serait de toute façon la preuve de la familiarité du traducteur grec avec les traditions d'interprétation fixées en araméen, si l'araméen סתוא expliquait effectivement la divergence d'avec le modèle hébreu.

épigraphiques, confirme qu'un culte à Isis et Serapis était effectivement établi à Samarie dès la période hellénistique.
    446. Glenny, *Finding Meaning in the Text*, 55, cite quelques autres exemples pour Osée.

2
L'INFLUENCE SUR LES TRADUCTEURS DE LA LXX DES TRADITIONS EXÉGÉTIQUES COMMUNES AU JUDAÏSME ANTIQUE, QUE NOUS RETROUVERONS FIXÉES EN ARAMÉEN DANS LES TARGUMIM

2.1. Les fausses coïncidences d'interprétation liées vraisemblablement à la fluidité textuelle pré-canonique

La LXX offre donc des traductions basées sur la langue araméenne, sur des champs sémantiques araméens ou même, sans doute, sur des mots proches en araméen, mais aussi sur des traditions exégétiques communes au judaïsme antique que nous retrouverons fixées dans les targumim araméens.

Bien sûr, il faut être prudent et distinguer ce qui relève effectivement de l'exégèse et ce qui est le produit d'une leçon variante partagée apparemment par la *Vorlage* de la LXX et le Tg. Ainsi, pour le TM Is 26, 19 portant les רְפָאִים qui désignent tantôt des êtres légendaires du pays de Canaan, tantôt les mânes des défunts,[1] la LXX présente "les impies" (τῶν ἀσεβῶν = h. רְשָׁעִים). Or, dans le Tg, nous trouvons "*les impies à qui Tu as donné la puissance*" (ורשיעיא דיהבתא להון גבורא). B. Chilton, dans l'Aramaic Bible,[2] n'a pas signalé la double traduction du Tg, dont l'une rejoint la LXX (*les impies*), tandis que l'autre (*la puissance*) coïncide avec la traduction ordinaire des Rephaïm dans le Tg, puisqu'ils sont traduits presque systé-

---

1. En dehors de ce passage, la LXX offre les traductions suivantes pour h. רְפָאִים : "les géants" (τοὺς γίγαντας) : Gn 14, 5 ; Jos 12, 4 ; 13, 12 ; 1 Ch 11, 15 ; 14, 9 ; 20, 4 ; Jb 26, 5 ; Pr 21, 16 ; Is 14, 9 ; "les titans" (τῶν τιτάνων) : 2 S 5, 18 ; 2 S 5, 22 ; "les hommes primitifs" (τῶν γηγενῶν) Pr 2, 18 ; Pr 9, 18.
2. Bruce D. Chilton, *The Isaiah Targum* (Aramaic Bible 11), Edinburgh (1987), 52.

matiquement par גיבריא "les héros".[3] Or, lorsque le Tg présente une double traduction, c'est en général que le traducteur a connaissance de deux leçons variantes :[4] clairement circulaient des exemplaires avec le texte רְפָאִים, et d'autres avec la variante רְשָׁעִים (née sans doute par accident). Maintenant, peut-être le traducteur grec d'Is avait-il lui aussi connaissance des deux leçons et a-t-il *choisi* la variante רְשָׁעִים, plutôt que רְפָאִים.[5]

Plus complexe est le cas d'Is 17, 7 (idem v. 8 ; Is 31, 1 ; LXX Is 32, 3), où tant la LXX que le Tg traduisent le v. שעה "contempler"[6] par le plus concret "se fier à, s'appuyer sur" :

- TM : "Ce jour-là, l'homme *portera ses regards* (יִשְׁעֶה) sur celui qui l'a fait, et ses yeux verront le Saint d'Israël".(TOB)
- LXX : τῇ ἡμέρᾳ ἐκείνῃ <u>πεποιθὼς ἔσται</u> ἄνθρωπος ἐπὶ τῷ ποιήσαντι αὐτόν οἱ δὲ ὀφθαλμοὶ αὐτοῦ εἰς τὸν ἅγιον τοῦ Ισραηλ ἐμβλέψονται

---

3. Par ex. Tg Gn 14, 5.20 ; Dt 2, 11.20 ; 3, 11.13 ; Jos 12, 4 ; 13, 12 ; 15, 8 ; 17, 15, etc.

4. Citons deux autres exemples. Si le TM Is 19, 18 présente la leçon עִיר הַהֶרֶס (*ville de la destruction*), nous savons que la leçon originelle (préservée par 1QIsa[a] et divers manuscrits, ainsi que Symmaque) était עִיר הַחֶרֶס (*ville du soleil*), qui désignait Héliopolis, la leçon massorétique procédant, non d'une erreur, mais d'une volonté de dénigrement du temple d'Héliopolis, censé remplacer, en Egypte, celui de Jérusalem. Le Tg a préservé les deux leçons dans sa traduction : קרתא בית־שמש דעתידא למחרב "la ville de Beth-*Shemesh* (= soleil) qui est destinée à *être détruite*". De même, en Jb 36, 10, le Tg a donné une double traduction du TM אָוֶן, basée sur אוֹן et sur אַיִן ; sans doute, ces deux variantes avaient-elles cours, אַיִן ayant pris le sens d'idole (le néant) dont il faut se détourner : "… il leur a ordonné de se détourner *de leurs oeuvres mauvaises* qui ressemblent *à du néant*".

5. En LXX Is 26, 14a, tout comme en Ps 88[87], 11, les "Rephaïm" ont également disparu, au profit des "médecins" (racine רפא) dans une traduction qui souligne l'inutilité des médecins pour faire revivre les morts. Il s'agit ici d'une tradition de vocalisation différente, ou d'une traduction étymologisante, qui serait d'ailleurs peut-être conforme à l'étymologie réelle, puisque les lexicographes posent deux racines possibles pour ce substantif, soit רפא "guérir", soit רפה "être faible".

6. Traduit par ἐφοράω "contempler" en Gn 4, 4 ; par προσέχω "faire attention à" en Gn 4, 5 ; par μεριμνάω "se soucier de" en Ex 5, 9 ; par μελετάω "se soucier de" en Ps 119[118], 117 ; etc. En 2 S 22, 42, la LXX a traduit par "crier", sans doute d'après la tradition textuelle conservée en Ps 18 [17], 42 (même si là, nous trouvons le verbe κράζω). L'énoncé offre ainsi une paronomase : βοήσονται καὶ οὐκ ἔστιν βοηθός πρὸς κύριον καὶ οὐχ ὑπήκουσεν αὐτῶν. En outre, cela s'accorde avec le dernier verbe, le verbe "répondre".

♦ Tg : "En ce temps-là, l'homme *s'appuiera* (יסתמיך) sur le culte de celui qui l'a fait et ses yeux *espéreront* (יסברן) en la parole du Saint d'Israël".

Est-ce une interprétation commune, qui serait née à partir d'Is 31, 1, où nous trouvons les verbes proches שען "s'appuyer sur" (les forces humaines) en parallèle avec שעה "(ne pas) regarder" (Dieu) ? Ou bien avons-nous simplement affaire à une *lectio facilior* qui se serait imposée dans les *Vorlage* ? Certes, le verbe parallèle "voir" aurait dû guider les scribes vers שעה, mais peut-être faut-il tenir compte d'un désir de certains cercles de scribes, en cas de parallélisme, d'élargir précisément la palette.

Prenons un exemple dans un autre livre, avec Ps 97[96], 11 : pour le TM "une lumière a été *semée* (זָרֻעַ) pour les justes", nous avons dans la LXX : "une lumière *s'est levée* (ἀνέτειλεν) = h. זרח, ce qui est une leçon plus attendue, plus facile. Le Tg semble bien être basé sur les deux leçons, puisqu'il a traduit "une lumière s'est levée mais a été cachée" (דנח ומיטמר), le verbe "cacher" étant probablement une interprétation à partir de "semer". Ce serait dès lors le signe que les deux leçons s'étaient propagées, et qu'il ne s'agit pas d'une interprétation du traducteur grec.

2.2. Diverses coïncidences d'interprétation entre LXX et Tg

Mais, à côté de ce genre de cas liés plutôt aux variantes à une époque de fluidité textuelle, nous trouvons des traces de courants exégétiques qui ont influencé les traducteurs grecs dès avant qu'ils ne soient fixés par écrit dans les Targumim. Prenons, à côté de cas bien établis,[7] d'autres exemples. Bien sûr, certaines traductions communes relèvent plutôt du talent du traducteur à faire passer dans la langue cible le sens véritable du texte, quitte à s'en écarter un peu, mais quand les traductions de la LXX et du Tg diver-

---

7. Par exemple, la traduction de différents verbes hébreux signifiant "insulter, outrager" ou "mépriser" avec Dieu comme objet par le verbe ressenti comme moins offensant παροργίζω "irriter" (גדף "insulter" : Ez 20, 27 ; נאץ "mépriser" : Is 1, 4) ou surtout par le verbe synonyme παροξύνω (גדף : Nb 15, 30 ; Is 37, 23 ; חרף "insulter" : Pr 14, 31 ; 17, 5 ; נאץ : Nb 14, 11.23 ; 16, 30 ; Dt 31, 20 ; 32, 19 ; 1R 12, 14 ; Ps 10[9], 3.13 ; 74[73], 10.18 ; 107[106], 11 ; Is 5, 24). Cette traduction coïncide avec la traduction habituelle du Tg en רגז "mettre en colère, irriter", une traduction qui s'est systématisée pour des raisons de respect.

gent davantage et dans le même sens, nous pouvons parler d'une tradition d'interprétation.

2.2.1. Quelques cas exposés rapidement

En Gn 12, 20 et 18, 16, la LXX et le Tg s'écartent de leur traduction habituelle du TM שלח piel "renvoyer, laisser partir, raccompagner", à savoir (ἐξ)αποστέλλω pour la LXX et שלח pour le Tg, au profit d'une traduction plus spécifique : συμπροπέμπω et לוי aphel "raccompagner" pour ces deux versets uniquement.[8]

En Gn 20, 13, le TM affirme que Dieu a fait errer (תעה hiphil) Abraham. Tant la LXX que le Tg s'écartent de cette formulation. Pour le traducteur grec, Dieu a "conduit" (ἐξάγω) Abraham ; il n'utilise pas le verbe πλανάω qui est la traduction habituelle. Le Tg a développé une formule à deux pôles : "lorsque les nations *ont erré* derrière les œuvres de leurs mains et que Dieu *m'a conduit* à sa crainte...".

En Gn 20, 16, l'expression כְּסוּת עֵינַיִם "couverture, vêtement pour les yeux" n'a pas été traduite littéralement : la LXX comme le Tg ont indiqué le sens figuré de l'expression dans ce passage : εἰς τιμὴν τοῦ προσώπου σου "pour l'honneur de ta face"[9] – כסות דיקר עינין "couverture d'honneur pour tes yeux".

En Gn 26, 35, les femmes hittites d'Esaü sont cause d'amertume (מֹרַת רוּחַ) pour ses parents : la LXX et le Tg ont interprété la racine √מרר "être amer" d'après la racine proche מרה "se rebeller" : LXX ἦσαν ἐρίζουσαι;[10] Tg מסרבן ומרגזן "rebelles et mettant en colère". Ce rapprochement des racines מרר / מרה est, de fait, très fréquent dans toutes les Versions. Nous le trouvons, par ex., dans Pesh. et Vg Os 14, 1a :

- TM : "Samarie expiera car elle s'est rebellée (מָרְתָה) contre son Dieu". (BJ)
- Pesh. :"Coupable est Samarie, parce qu'elle *a irrité* (מרמרת) son Dieu"

---

8. Nous trouvons aussi quelques traductions de שלח par ἐκπέμπω dans la LXX, mais le Tg présente sa traduction habituelle שלח, sauf en 2 S 19, 32 où nous avons, comme en Gn12, 20 et 18, 16, לוי aphel.

9. Alors que כסות dans les autres passages, est traduit en général par ἱματισμός ou περιβόλαιον "manteau, couverture, vêtement".

10. Ce verbe ἐρίζω traduit en effet מרה en 1 S 12, 14.15 (= Tg סרב).

- Vg : Pereat (= LXX) Samaria quoniam *ad amaritudinem concitavit Deum suum* "Périsse Samaria, qui a incité son Dieu à l'amertume"

La Peshitta et la Vulgate d'Os 14, 1a ont toutes deux traduit le TM √מרה d'après le verbe proche √מרר "être amer"[11] : cette équation vulgarisatrice (qui fait disparaître la rébellion contre Dieu et ménage donc le respect qui lui est dû[12]) "se rebeller contre Dieu" = "le rendre amer, l'irriter" est courante de la part de la Peshitta principalement,[13] de la Vulgate,[14] de la

---

11. Ou, peut-être, d'après le syriaque מר *amarus, acerbus fuit*, qui fait son *pael* en מרי : cfr. Payne Smith, *Thesaurus syriacus*, col. 2200 : "מרי forma irreg. quasi e מרא *amarum reddidit*". Le verbe syriaque מרא au *pael* (= מרי) signifie "lutter" (col. 2211) : *contendit, certavit*.

12. Le Tg a traduit "parce qu'elle s'est révoltée *contre la Parole* de son Dieu". Samarie ne s'est pas rebellée contre Dieu, mais contre sa Parole. Ce targoumisme est fréquent, certainement dans la Torah et les Prophètes.

13. Anthony Gelston, *The Peshitta of the twelve Prophets*, Oxford (1987), 143–44, avait noté le fait : "In the following ten instances the Peshitta translators seem to have confused two similar Hebrew roots : ... Hs XIV 1 מרה "be rebellious" – מרר "be bitter" (Vg) [...] ; These nineteen instances may be held to indicate limitations in the translators' knowledge of biblical Hebrew". Gelston n'avait pas établi un tableau complet de la situation, englobant les autres passages de la Peshitta et les autres Versions, ce qui amoindrit considérablement l'intérêt de son étude, et particulièrement dans un cas comme celui-ci, où un petit indice cache un océan souterrain !
    - TM מרה *qal* – Pesh. מרמר : Ex 20, 10.24 ; 27, 14 ; Dt 21, 18.20 (//סרר) ; 1 S 12, 15 ; 1 R 13, 21 ; Is 63, 10 ; Jr 4, 17 ; 5, 23 (//סרר) ; Ps 5, 11 ; 78, 8 (//סרר) ; 105, 28 ; Lm 1, 18.20 ; 3, 42.
    - TM מרה *hiphil* – Pesh. מרמר : Dt 1, 26.43 ; 9, 7.23.24 ; 31, 27 ; 1S 12, 14 ; Is 3, 8 ; Ez 20, 8.13.21 ; Ps 78, 17.40.56 ; 106, 33 ; 43 ; 107, 11. La Peshitta connaît cependant le sens de h. מרה, puisqu'en Jos 1, 18 ; Is 1, 20 et Ps 106, 7, elle l'a traduit par le verbe אתחרי "résister, se disputer avec", ce qui correspond bien au sens du verbe hébreu (cfr. syriaque מרא *pael* "lutter avec"), quoiqu'il soit aussi utilisé pour traduire √מרר en Pesh. Gn 49, 23. En 1 R 13, 26 et Ez 5, 6, le TM √מרה a été traduit d'après la racine proche √מור "changer, altérer", par le syr. √חלף (cfr. TM מור – Pesh. חלף : Lv 27, 10.33 ; Jr 2, 11 ; Ez 48, 14 ; Os 4, 7 ; Ps 106, 20...); le Tg Ez 5, 6 présente la même particularité.

14. TM מרה – Vg : exasperare : *qal* : 1 S 12, 15 ; Jr 5, 23 ; *hiphil* : 1 S 12, 14; irritare : *hiphil* : Ez 20, 8.13; exacerbare : *hiphil* : Ez 20, 21; ad iracundiam provocare : *qal* : Is 1, 20 ; 63, 10 ; Jr 4, 17 ; Lm 1, 18 ; 3, 42 ; *hiphil* Dt 9, 7 ; Ps 106(105), 7 ; Ne 9, 26 (//מרד); provocare : *qal* : Ps 5, 11 ; 78(77), 8 ; Is 3, 8 ; *hiphil* Ps 78(77), 8.17.40.56 ; 106(105), 33.43 ; 107(106), 11 ; amaritudine plenum esse : *qal* Lm 1, 20.

Septante,[15] d'Aquila et Symmaque[16] et du Targum.[17] Dans le corpus biblique lui-même, nous avons sans doute déjà un rapprochement entre ces deux racines מרה et מרר, en Jr 4, 17–18 : "… car *elle s'est révoltée* (מָרָתָה) contre moi, oracle de Yahvé. (Ta conduite et tes actions t'ont valu cela.) Voilà ton malheur, comme il est *amer* (מָר) ! comme il te frappe au coeur !" (BJ) La LXX Jr a adouci l'affirmation choquante (lue comme une 2e personne, de מור "échanger" ?[18]) : ὅτι ἐμοῦ ἠμέλησας λέγει κύριος "parce que tu m'as négligé, dit le Seigneur". Cette différence de traitement entre LXX Os et Jr pourrait être un indice en faveur de l'hypothèse de traducteurs différents.

En Gn 31, 20, l'expression hébraïque "voler le coeur" (גנב את־לב) dans le sens "tromper" a été traduite en grec et en araméen par "dissimuler, cacher (un fait)" (κρύπτω et כסי).

En Gn 31, 36, le TM "quelle est ma faute, que tu te sois enflammé (דָלַקְתָּ) après moi ?" est devenu en LXX (κατεδίωξας) et en Tg (רדפתא) : "… que tu m'aies poursuivi". Les deux Versions ont traduit le verbe d'après son sens dérivé : "poursuivre ardemment".[19]

En Ex 21, 6,[20] tant la LXX que le Tg ont évité de traduire par "Dieu" le ou les personnages énigmatiques (Dieu ? dieux domestiques ?[21] juges ?)

---

15. TM מרה – LXX παραπικραίνειν : *qal* : 1 R 13, 21.26 ; Ps 5, 11 ; 78(77), 8 ; 105(104), 28 ; Lm 1, 18.20 ; *hiphil* : Dt 31, 27 ; Ps 78(77), 17.40.56 ; 106(105), 7.33.43 ; Ez 20, 13.21. En Ez. 2, 3, c'est le verbe synonyme מרה (= Tg סרב) que la LXX a traduit par παραπικραίνειν. La BdA 5 (Le Dt) n'a pas plus que Gelston autrefois établi un tour d'horizon de cette traduction pour Dt 31, 27 (p. 319 et 330, n. Dt 32, 16).

16. TM מרה – Aquila et Symmaque παραπικραίνειν : Jr 5, 23.

17. TM מרה – Tg ארגיז : *qal* Ps 78, 8 ; *hiphil* Ps 78, 1.40.56 ; Is 3, 8. Tg Ez 5, 6 : √שנא correspond à h. √מור. Notons que le verbe מרה de Nb 20, 10 a été interprété d'après la racine proche ירה "enseigner" (substantif מורה) par le Tg Neofiti I : les rebelles (הַמֹּרִים) du TM sont devenus "*ceux qui font la leçon à leurs maîtres, quand ils auraient besoin d'apprendre*" (דמלפין מלפניהון די צרכו למילף). Roger Le Déaut, *Targum du Pentateuque* III, *Nombres*, SC 261, Paris (1979), 183 n. 10, signale que "une autre exégèse midrashique fréquente rattache le terme à μωρός (fou) : ainsi Nombr. R. (759)".

18. En Jr 2, 11 ; Os 4, 7 ; et Ps 106, 20, le peuple est accusé de vouloir *échanger* leur gloire (ou plutôt la gloire de Dieu, sans doute *tiqquney sopherim*) contre des idoles.

19. En Lm 4, 19, רדף et דלק sont parallèles (et ont été traduits tous les deux par רדף dans le Tg; la LXX a utilisé deux verbes différents : διώκω "poursuivre" et ἐξάπτω "allumer, enflammer"; au passif, ce verbe signifie en grec classique "s'enflammer"; le traducteur a donc traduit le verset de manière littérale).

20. Cet exemple était cité par Leonard H. Brockington, "Septuagint and Targum", ZAW 66 (1954), 80–88, en particulier à la p. 86.

21. Cfr. J. M. Trotter, "Death of the אלהים in the Psalm 82", JBL 131 (2012), 229.

DES TRADITIONS EXÉGÉTIQUES COMMUNES AU JUDAÏSME ANTIQUE 143

qui doivent être témoins du désir de l'esclave hébreu de rester chez son maître après ses six ans de service et désigné(s) sous le nom de הָאֱלֹהִים : la LXX l'a traduit par τὸ κριτήριον τοῦ θεοῦ "le tribunal de Dieu" et le Tg par דיניא "les juges".²² Toutefois, quand, en Ex 22, 7.8.27, les אֱלֹהִים reviennent, dans le même contexte de jugement d'affaires domestiques, le (même) traducteur grec renonce au "tribunal de Dieu" d'Ex 21, 6 pour une traduction littérale : ἐνώπιον τοῦ θεοῦ ("devant Dieu"), tandis que le Tg reste cohérent avec lui-même et traduit "devant les juges".²³

En Ex 31, 17, tant la LXX que le Tg ont reculé devant l'affirmation du TM que Dieu "reprend son souffle". En effet, ils ont traduit "le septième jour, il a chômé et repris son souffle" (שָׁבַת וַיִּנָּפַשׁ) par ἐπαύσατο καὶ κατέπαυσεν "il a cessé et s'est arrêté" et שבת ונח "il a cessé et s'est reposé". La Vg a traduit les deux verbes par un seul : ab opere cessavit "il a mis une fin à son action". En Ex 23, 12, lorsque le sujet était "le fils de la servante et l'étranger", et non Dieu, ce verbe נפש était traduit par ἀναψύχω "se rafraîchir, respirer" et שקט "se tenir tranquille".

En Ex 32, 11, la LXX coïncide tout à fait avec le Tg, puisqu'elle a traduit חלה "apaiser la face" par δέομαι "prier, implorer"; ce sont généralement les verbes ἐξιλάσκομαι, δέομαι²⁴ ou ζητέω (1 S 13, 12 ; 1 R 13,6 ; 2 R 13, 4 ; Jr 26[33], 19 ; Za 8, 21.22 ; Ml 1, 9 ; Ps 119[118], 58 ; 2 Ch 33, 12) qui traduisent חלה ; il s'agit donc d'une traduction habituelle, mais la LXX a introduit la préposition habituelle dans le Tg "en face de, devant" :

- TM Ex 32, 11a : וַיְחַל מֹשֶׁה אֶת־פְּנֵי יְהוָה אֱלֹהָיו
- Tg : וצלי משה קדם יוי אלהיה
- LXX : καὶ ἐδεήθη Μωυσῆς ἔναντι κυρίου "Et Moïse implora *devant* le Seigneur"

En Dt 26, 17 (idem v. 18), l'emploi rarissime du verbe אמר au *hiphil* (qui aurait le sens de "faire prêter serment") a été traduit par la LXX

---

22. Cette traduction du Tg revient quelques versets plus loin, en Ex 21, 22, pour traduire, cette fois les פְּלִלִים du TM, personnages qui semblent assurer certains arbitrages comme ici, pour le cas d'une femme qui fait une fausse-couche suite à une bousculade. Pour ces פְּלִלִים, la LXX a traduit μετὰ ἀξιώματος "selon son évaluation".
23. Cette traduction TM אֱלֹהִים - Tg דיניא se retrouve encore en Tg Ml 3, 8. Par ailleurs, en Na 1, 2, le Dieu "jaloux" du TM fait place, dans le Tg, à un "Dieu juge".
24. Ces deux verbes "adoucir la face" et "implorer" étaient ressentis comme plus ou moins synonymes : par ex. TM 1 R 13, 6. Dans le Tg, nous trouvons deux verbes synonymes : צלי et בעי.

(αἱρέω), le Tg (חטב) et la Vg (elegere) par "choisir" : "c'est Yhwh que tu as choisi pour être ton Dieu".

En Dt 29, 19, la malédiction qui "repose" (רָבְצָה) sur l'homme idolâtre a été traduite, aussi bien dans la LXX que dans le Tg par "adhérer" (LXX : κολληθήσονται; Tg : ידבקון), au lieu d'utiliser l'un des verbes qui traduisent ordinairement רבץ.[25]

En Dt 32, 10, le verbe générique du TM מצא "trouver, rencontrer" ("Il *rencontre* son peuple au pays du désert, dans les solitudes remplies de hurlements sauvages : il l'entoure, il l'instruit, il veille sur lui comme sur la prunelle de son œil") a été traduit, tant dans la LXX (αὐταρκέω) que dans le Tg (סופיק צורכיהון)[26] dans le sens plus concret de "pourvoir aux besoins".

En Dt 33, 16, le TM "celui qui demeure dans le buisson" (שֹׁכְנִי סְנֶה) a été atténué en une expression moins anthropomorphique dans la traduction grecque "celui qui apparaît dans la bruyère" (τῷ ὀφθέντι ἐν τῷ βάτῳ), ainsi que dans le Tg : "celui dont la demeure est dans les cieux et qui est apparu à Moïse dans le buisson".

En Jg 3, 20, la chambre haute "de rafraîchissement" (עֲלִיַּת הַמְּקֵרָה) d'Eglon a été traduite, tant par la LXX (τῷ ὑπερῴῳ τῷ θερινῷ = Vg : in aestivo cenaculo) que par le Tg (עלית בית־קיטא) "chambre haute estivale". Plutôt que de traduire littéralement l'hébreu, les traducteurs ont donné la fonction concrète de la chambre haute : elle sert en période d'été.

En 2 R 18, 5.24, nous trouvons sous la plume du traducteur plutôt littéraliste des R la traduction de la racine בָּטַח "se fier à, avoir confiance" par ἐλπίζω "espérer". D'où vient cette traduction en ἐλπίζω / ἐλπίς (au lieu de πείθομαι; ἀσφαλῶς ou εἰς ἀναψυχήν[27]) que nous rencontrons tant pour le

---

25. Pour le Tg, principalement l'équivalent araméen רבע et שרי "demeurer" ; pour la LXX, ἡσυχάζω "être au repos" (Gn 4, 7 ; Jb 11, 19) ; ἀναπαύω M. "se reposer"/ἀνάπαυσις "repos" (Gn 29, 2 ; 49, 14 ; Is 13, 20.21 ; 14, 30 ; 17, 2 ; 27, 10 ; Ez 34, 15) ; συναναπαύομαι "se coucher avec" (Is 11, 6) ; κοιμάω MP "se coucher" (Gn 49, 9) ; πίπτω "tomber" (Ex 23, 5) ; θάλπω "couver" (Dt 22, 6) ; κατασκηνόω "demeurer, se reposer" (Ps 23[22], 2) ; κοιτάζω MP "se coucher" (Ps 104[103], 22 ; Ct 1, 7 ; Jr 33[40], 12 ; So 3, 13) ; ἐγκάθημαι "être allongé" (Ez 29, 3) ; κοιμάω + ἀναπαύω (Ez 34, 14) ; καταλύω "loger, s'installer" (So 2, 7) ; νέμω "paître" (So 2, 14).

26. Ce type de traduction plus concrète n'est pas rare dans le Tg : ainsi par exemple, nous trouvons la même expression "pourvoir aux besoins" dans le Tg Os 13, 5, pour le TM plus neutre : "Moi, je t'ai connu au désert" (ידע), ou en Jr 31, 2, pour le TM "ce peuple a trouvé grâce au désert" (מָצָא חֵן). La mention du désert appelle ce type de traduction dans le Tg.

27. Par ex. en Jr 49, 31[LXX 30, 26].

verbe (בָּטַח - ἐλπίζω : une quarantaine d'attestations) que pour le substantif (בֶּטַח, בִּטָּחוֹן, מִבְטָח - ἐλπίς : une vingtaine d'attestations) ? Le champ sémantique de la confiance s'étend logiquement à l'espoir,[28] la traduction n'est pas incompréhensible. Ce qui est intéressant, c'est de constater que nous trouvons la même évolution dans le Tg. En effet, si la traduction courante pour l'hébreu בטח est l'araméen רחץ / substantif רוחצן, nous trouvons aussi – dans le Tg des Ps et des Pr uniquement – la racine סבר "espérer/espoir"; par ex. Ps 4, 6 : TM וּבִטְחוּ – LXX καὶ ἐλπίσατε – Tg וסברו ; Ps 4, 9 : TM לָבֶטַח – LXX ἐπ' ἐλπίδι – Tg בסיברא ;[29] idem Tg Ps 37, 5 ; 40, 4 ; 52, 9.10 ; 56, 12 ; 62, 9 ; 119, 42 ;143, 8 ; Pr 1, 3.33 ; 3, 5.23 ; 10, 9 ; 11, 15.28 ; 14, 16 ; 16, 20 ; 28, 1 ; 28, 25 ; 29, 25.

En Is 2, 19b (idem 2, 21), nous trouvons le verbe ערץ "trembler de peur; faire trembler, terrifier" (utilisé souvent en parallèle avec le verbe ירא "craindre"; par ex. Dt 1, 29) traduit en grec par θραύω "mettre en pièces, briser", tout comme dans le Tg (qui s'est, par ailleurs, soucié de donner une connotation morale au verset). Le TM "quand il se lèvera pour *faire trembler* la terre" (לַעֲרֹץ הָאָרֶץ) est donc devenu dans la LXX : "lorsqu'Il se lèvera pour *pulvériser* (θραῦσαι) la terre"; et dans le Tg : "lorsqu'Il se révélera pour *briser les impies* (למתבר רשיעי) de la terre".

La traduction du verbe ערץ ne devait pourtant pas offrir de difficulté, en raison du parallélisme cité plus haut et du contexte. Ainsi, en Dt 1, 29, il a été traduit par πτήσσω "se coucher de peur, être terrifié"; en Dt 7, 21 par τρέω "fuir de peur"; en Dt 31, 6 par δειλιάω "craindre"; tandis que le Tg, dans ces trois passages, présente le verbe תבר "briser".[30] Le traducteur grec d'Is a manifestement été influencé par l'interprétation que nous trouvons majoritairement dans le Targum.[31] D'où vient cette interprétation ? L'on pourrait y voir le fruit d'une interprétation par métathèse de ערץ en רעץ, puisque en Ex 15, 6, le verbe רעץ "briser" (apparenté au plus fréquent רצץ) a été traduit en grec par θραύω et en araméen par תבר. Ou alors le fruit d'une réflexion par intertextualité basée sur Jos 1, 9, où le v. ערץ est parallèle au v. חתת "être brisé". En effet, pour le TM אַל־תַּעֲרֹץ וְאַל־תֵּחָת "ne

---

28. Cfr. Jb 11, 18a : וּבָטַחְתָּ כִּי־יֵשׁ תִּקְוָה "tu auras confiance car il y a de l'espoir"; LXX πεποιθώς τε ἔσῃ ὅτι ἔστιν σοι ἐλπίς.

29. Il y a d'ailleurs hésitation car nous trouvons aussi la leçon variante plus littérale : לרוחצן. Même variation en Tg Ps 21, 8 ; 22, 5.10 ; 26, 1 ; 27, 3 ; 28, 7.

30. Idem Dt 20, 3 ; Jb 13, 25 ; 31, 34 ; Ps 10, 18.

31. La deuxième interprétation consiste à traduire h. ערץ par la racine תקף "être fort" (concerne Dieu) : Tg Is 8, 12.13 ; 29, 23 ; 47, 12.

crains pas, ne te laisse pas abattre", le Tg utilise תבר pour l'hébreu חתת : לא תדחל ולא תתבר.³²

En Is 7, 2.6, les verbes rares du TM, נחה "prendre position" (HALOT s.v. נחה II) ou "se reposer" (BDB s.v. נוּחַ ; cfr. Vg : requievit) pour le v. 2 et קוּץ I "terrifier" (קוּץ II "démolir") pour le v. 6, ont été traduits par un verbe moins dramatique, tant par la LXX (συμφωνέω; συλλαλέω "s'accorder avec, parler avec") que par le Tg (חבר "s'associer avec").

En Is 22, 23, le "clou" du TM (יָתֵד) a été décrypté tant par la LXX (ἄρχοντα "chef") que par le Tg (אמרכל "officier").

En Is 31, 8, tant la LXX que le Tg ont traduit "ses jeunes gens seront soumis *à la corvée* (לָמַס)" par "à la défaite" (εἰς ἥττημα – לתבר), alors que généralement la LXX traduit מַס par φόρος, et le Tg par la périphrase מסקי מסין "ceux qui payent les taxes". Le substantif ἥττημα est un hapax dans la LXX, mais le verbe ἡττάω (P. "être défait") est très fréquent dans LXX Is, puisqu'il y est utilisé douze fois, sur un total de 17 emplois. Il traduit le verbe חתת en Is 8, 9 (trois fois) ; 20, 5 ; 30, 31 ; 31, 4.9 ; 51, 7 (dans tous ces versets, Tg תבר) ; le verbe דקר "transpercer" en Is 13, 15 ; le verbe בגד "tromper" en Is 33, 1 ; le verbe רשע hiphil "convaincre de culpabilité" en Is 54, 17 ; le verbe מסס "fondre, s'affaiblir" en Is 19, 1. Est-ce à partir de ce verbe que la LXX et le Tg ont interprété le substantif "la corvée" ? Toujours est-il qu'ils présentent la même traduction.

En Is 54, 8, l'expression בְּשֶׁצֶף קֶצֶף "dans un débordement de colère" a été traduit de manière assez proche par la LXX (ἐν θυμῷ μικρῷ "dans une petite colère") et par le Tg (בשעא זעירא "pour un petit moment"), avec le mot "petit" en commun qui restreint l'intensité ou la durée de la colère divine.

Si nous comparons la traduction du mot יד dans le sens de "monument, mémorial" (le contexte est très clair), en 2 S 18, 18 et Is 56, 5, nous constatons que la LXX de 2 S 18, 18 est strictement littérale (καὶ ἐκάλεσεν τὴν στήλην Χεὶρ Αβεσσαλωμ) ; c'est un choix, manifestement, car la mention de la "stèle" juste avant aurait pu guider les traducteurs en cas d'ignorance. En revanche, le traducteur d'Isaïe s'est écarté de la traduction littérale et a adopté une traduction (τόπον ὀνομαστόν "un *lieu* portant leur nom") qui rejoint celle du Tg des deux passages (2 S 18, 18 : אתרא דאבשלום "lieu d'Absalon"; Is 56, 5 : אתר ושום "un lieu et un nom").

---

32. Dans ce verset, la LXX a, au contraire, tiré le sens vers "craindre" : μὴ δειλιάσῃς μηδὲ φοβηθῇς "ne sois pas craintif et n'aie pas peur".

En Is 64, 6, le TM un peu difficile מוג "fondre" ("Tu nous as fait fondre sous l'emprise de nos péchés") a été interprété en grec (καὶ παρέδωκας ἡμᾶς) et en araméen (ומסרתנא) comme une forme de מגן "livrer".

En Is 65, 22, l'arbre du TM (הָעֵץ), qui promet déjà de longs jours, a été traduit, tant par la LXX que par le Tg "l'arbre de vie" (τοῦ ξύλου τῆς ζωῆς – אילן חייא); ainsi que l'avait noté R. Le Déaut, "les auteurs de la version grecque et araméenne témoignent du progrès doctrinal réalisé à leur époque, en substituant la promesse de l'immortalité à celle d'une longévité extraordinaire".[33]

En Jr 3, 17 (idem 7, 24), l' "obstination" (שְׁרִרוּת) du cœur est traduite par "pensées" du cœur tant par la LXX (ἐνθύμημα; on s'attendrait à un substantif du genre σκληροκαρδία comme en Jr 4, 4) que par le Tg (הרהור). Le Tg a traduit l'abstrait שְׁרִרוּת par le concret הרהור "pensée, méditation, imagination débridée",[34] dans tous les versets où figure encore ce mot : Dt 29, 18 ; Ps 81, 13 ; Jr 9, 13 ; 11, 8 ; 13, 10 ; 16, 12 ; 18, 12 ; 23, 17. La LXX, pour sa part, est plus variée, puisque nous trouvons aussi πλάνη en Jr 23, 17 ; ἀποπλάνησις "errance, erreur" en Dt 29, 18 ; ἐπιτήδευμα "occupation, pratique" en Ps 81[80], 13 ; ἀρεστός "agréable, acceptable" en Jr 9, 13 ; 16, 12 ; 18, 12.

En Jr 13, 22b, l'euphémisme "tes talons ont été violentés" du TM (נֶחְמְסוּ עֲקֵבָיִךְ),[35] qui vient juste après "les pans de ta robe ont été relevés", a été traduit par la LXX "pour que tes talons soient *montrés en exemple*" (παραδειγματισθῆναι τὰς πτέρνας σου) et par le Tg "et ta honte[36] *a été vue*" (אתחזי קלניך).

En Jr 14, 19, pour l'affirmation du TM que l'âme de Dieu *est dégoûtée* de Sion, plutôt qu'une traduction littérale en βδελύσσω (ex. Lv 26, 11) ou προσοχθίζω (ex. Lv 26, 44), la LXX présente une traduction moins affective : l'âme de Dieu *s'en est allée* (ἀπέστη) de Sion. C'est un targoumisme : nous trouvons, en effet, le même type de traduction dans le Tg, avec le verbe רחיק, dont le sens premier est "être loin", puis "avoir de l'aversion pour" : la Parole de Dieu s'est éloignée de Sion / a eu de l'aversion pour Sion. De

---

33. Le Déaut, *Introduction à la littérature targumique* (première partie), 163.

34. Jastrow, *Dictionary*, s.v. הַרְהוּר : *thought, meditation, heated imagination*. Levy, *Wörterbuch über Talmudim und Midrashim* : "das Nachsinnen, Nachdenken; Phantasiegebilde".

35. La Vg est restée plus proche du TM : pollutae sunt plantae tuae ("tes plantes de pied ont été souillées/ déshonorées").

36. Euphémisme pour ta nudité, tes "parties honteuses".

même, le premier verbe "mépriser" (מאס) a été traduit de manière plus neutre par ἀποδοκιμάζω "juger indigne".

En Ez 7, 19, pour le TM "leur or deviendra une souillure", ni la LXX ni le Tg n'ont traduit littéralement le mot נִדָּה "impureté mensuelle, souillure" : l'une et l'autre l'ont traduit par "être méprisé" (ὑπεροράω - בוסרן ; idem Tg 7, 20).

L'affirmation que Dieu a "exploré" la terre promise (Ez 20, 6) a été atténuée dans la LXX en "préparer" (ἑτοιμάζω); cette interprétation se trouve aussi dans le Tg de Dt 1, 33 (לאתקנא ; idem Tg Nb 10, 33), qui est le seul autre texte à présenter la même affirmation.

En Os 6, 11, pour le TM "Il/on *a préparé* une moisson pour toi" (שָׁת קָצִיר לָךְ), on trouve, tant dans la LXX (ἄρχου τρυγᾶν "*commence* à moissonner") que dans le Tg (שריאו לאסגאה חובין "ils *ont commencé* à accumuler les péchés, pour eux viendra la fin"), une interprétation du verbe שית "préparer, mettre" par "commencer",[37] alors que la traduction du Tg de TM שית est pratiquement toujours en שוי "placer, mettre". Les traductions de la LXX pour שית sont un peu plus souples et plus variées (par ex. τίθημι, ἐπιτίθημι, καθίστημι, ἐφίστημι, ἐπιβάλλω, etc.) surtout chez les traducteurs plus anciens,[38] mais c'est la seule fois où l'on trouve un tel écart.

Au Ps 114[113], 1, la LXX et le Tg ont traduit de manière semblable "le peuple au langage incompréhensible" (לעז, que nous retrouverons chez Rashi pour désigner le français de son époque) ; c'est un peuple "barbare" (ἐκ λαοῦ βαρβάρου - מעמי ברבראי). Le seul autre passage de la LXX (mis à part son usage dans 2 Ma) où figure l'adjectif βάρβαρος est Ez 21, 36, traduisant le proche בער "être abruti" (= Vg : insipientium); le Tg a traduit par le très général רשיעין "les impies".

2.2.2. Gn 3, 15b et 16b

Le cas de Gn 3, 15b et 16b nécessite un plus long développement. Examinons d'abord la LXX et le Tg Gn 3, 15b :

---

37. Ainsi que l'a signalé la BdA 23.1, 110.
38. Par ex., en Gn 30, 20, le traducteur de la Gn a traduit les deux occurrences de שית d'après leur sens dans le récit. Pour le TM plus neutre "il *mit* pour lui des troupeaux à part et il ne les *mit* pas dans les bêtes de Laban", nous trouvons dans la LXX : "il *sépara* (διαχωρίζω) pour lui des troupeaux pour lui seul et il ne les *mélangea* pas (μίγνυμι = Tg ערב) aux troupeaux de Laban".

- TM : "Je mettrai l'hostilité entre toi et la femme, entre ta descendance et sa descendance. Celle-ci te *meurtrira* (יְשׁוּפְךָ) à la tête et toi, tu la *meurtriras* (תְּשׁוּפֶנּוּ) au talon". (TOB)
- LXX : … αὐτός σου τηρήσει κεφαλήν καὶ σὺ τηρήσεις αὐτοῦ πτέρναν "… lui, il *observera / épiera* ta tête et toi, tu *observeras / épieras* son talon".
- Tg : יהי נטר לך מא דעבדת ליה מלקדמין ואת תהי נטר ליה לסופא … "…il *gardera* (son hostilité) à ton sujet pour ce que tu lui as fait au début et toi, tu (la) *garderas* à son sujet jusqu'à la fin"

Le verbe rare שׁוּף signifie apparemment "meurtrir (en frottant)"[39] ; il n'est attesté, outre Gn 3, 15, que dans deux autres passages, en Jb 9, 17 et au Ps 139, 11 (pour autant qu'il ne s'agisse pas d'une racine homonyme pour ce dernier passage, où le sens "meurtrir, écraser" est plus difficile[40]). Dans l'hébreu biblicisant de Qumran, ce verbe semble bien avoir conservé le sens de base "frotter", puisqu'il apparaît, ainsi que le signale D. Clines, dans le CD 11, 4, qui défend de se vêtir le jour du shabbat d'un vêtement sale ou d'un vêtement pris de la réserve sans qu'ils soient lavés dans l'eau (כובסו במים) ou *frottés d'encens* (שופים בלבונה).

Flavius Josèphe, dans ses *Antiquités*, nous transmet un récit amplifié de l'épisode au jardin d'Eden, mais qui pourrait coïncider avec le sens du TM : "Il priva aussi le serpent de la parole, irrité de sa malice envers Adam ;

---

39. Je suis la traduction du BDB plutôt que celle du HALOT, sur base des traducteurs juifs postérieurs. Le BDB et le HALOT ont adopté (contrairement à Clines, qui suggère la possibilité de deux racines homonymes pour ce verset : cfr. note suivante) l'hypothèse qu'il s'agit d'une seule et même racine שׁוּף attestée deux fois dans ce verset de Gn ; le BDB la traduit : "to bruise" (meurtrir). Cfr. Aquila Gn 3, 15 : προστρίβω "frotter contre, écraser"; Symmaque : θλίβω "presser, pincer". En Jb 9, 17, שׁוּף est traduit par ἐκτρίβω dans la LXX et דקדק "frotter contre, écraser" dans le Tg. Enfin, au Ps 139[138], 11, la LXX a traduit par καταπατέω "fouler aux pieds, écraser" et le Tg par קבל "s'obscurcir, assombrir", sans doute d'après le contexte, tout comme la Vg d'après l'hébreu a traduit par "operire" (recouvrir). L'araméen proche שׁפי signifie également "écraser". Le HALOT traduit שׁוּף "to grip someone hard" (saisir quelqu'un fortement, agripper, serrer).

40. David Clines, dans son *Dictionary of Classical Hebrew*, répertorie cinq racines שׁוּף homonymes hypothétiques (et sans appui dans les autres langues sémitiques), ce qui est sans doute exagéré. Ainsi, la suggestion שׁוּף V "spy" est clairement inspirée de notre traduction grecque. Par exemple, pour Ps 139, 11, il traduit שׁוּף V) : *"even in the darkness he watches me, or the darkness watches me* (unless שׁוּף II *conceal* or שׁוּף III *sweep over*).

il lui mit aussi du venin sous la langue, le désigna comme un ennemi du genre humain, et ordonna qu'on le *frappe* (φέρειν τὰς πληγὰς) à la tête, parce que c'est là que réside le danger pour l'homme, et là aussi que ses adversaires peuvent le mieux lui infliger un coup mortel ; enfin, il lui ôta les pattes, l'obligeant à se traîner en rampant".[41]

Si les traductions de שׁוּף dans la LXX et le Tg Gn s'écartent du sens reconnu au TM, elles semblent cependant coïncider dans leur divergence, puisque nous trouvons les verbes équivalents τηρέω et נטר "garder, observer, surveiller, épier". Nous avons, en effet, bon nombre de passages bibliques où, pour τηρέω dans la LXX, nous trouvons נטר dans le Targum;[42] ils traduisent en général l'h. שׁמר et ont adopté son champ sémantique. Ainsi, Philon précise bien, à propos de ce passage de la LXX Gn, que : "Le mot "observera" (τηρήσει) a deux sens : le premier, c'est : gardera et conservera (διαφυλάξει καὶ διασώσει) ; le second équivaut à : épiera pour détruire (τῷ ἐπιτηρήσει πρὸς ἀναίρεσιν). [...] Ainsi, l'insensé serait le gardien et le trésorier de la jouissance car elle s'y complaît ; et l'homme de bien, son ennemi, car il est aux aguets (καραδοκῶν) pour attendre le moment où il sera capable de l'attaquer et la détruire complètement".[43]

En ce qui concerne la traduction du Tg, ce verbe נטר a pris pour objet l'hostilité mentionnée au début du verset (*conserver son hostilité*), tandis que les objets du TM (la tête et le talon) ont été interprétés de manière symbolique comme le début et la fin. B. Grossfeld, le traducteur de l'Aramaic Bible, explique cette traduction à partir de la racine proche שׁאף "soupirer après, aspirer à", que le traducteur aurait traduite par la notion apparentée de "se souvenir, conserver (dans son cœur)".[44] Cependant, ce verbe שׁאף n'a jamais été traduit par נטר dans le Tg, pas plus d'ailleurs que par τηρέω dans la LXX ; en outre, les deux notions ne sont pas aussi proches qu'il le suggère.

---

41. Flavius Josèphe, *Les Antiquités juives*, I, 50, traduction E. Nodet, Paris (1992), 16. En revanche, divers apocryphes suivent la LXX : par exemple, la Vie grecque d'Adam et Eve 26, 4 (verbe τηρέω).

42. Pr 2, 11 ; 3, 1.21 ; 4, 23 ; 7, 5 ; 8, 34 ; 19, 16 ; 23, 26 ; Qoh 11, 4 ; Ct 8, 11.

43. Philon, *Legum allegoriae*, Introduction, traduction et notes par Cl. Mondésert, Paris (1962), 280–1.

44. Aramaic Bible 6, 47 n. 9 : "This Targum paraphrase revolves around the Hebrew root *shwp* – "bruise" which was understood as the root *sh'p* – "long for", and rendered by the somewhat related roots of "to remember" and "to guard/sustain (in one's heart)".

En ce qui concerne le verbe de la LXX τηρέω, Jérôme ne donne pas d'explication pour cette traduction divergente. Il constate simplement, après avoir cité le texte grec (traduit en latin), que le texte hébreu est meilleur que le grec, puisque, dit-il, nos pas sont gênés par la vipère et le Seigneur écrasera rapidement Satan sous nos pieds : "*Ipse servabit caput tuum, et tu servabis eius calcaneum* (= LXX). *Melius habet in hebreao ipse conteret caput tuum et tu conteres eius calcaneum. Quia et nostri gressus praepediuntur a colubro et dominus conteret satanan sub pedibus nostris velociter*".[45]

J.F. Schleusner réfutait d'autres lectures proposées (comme par exemple τρήσω, le futur de τετραίνω "perforer") et conservait le verbe de la LXX, estimant qu'il convenait bien pour rendre le verbe hébreu שׁוּף, qu'il comparait à l'arabe *shâfa* IV "regarder du haut de, fixer les yeux sur, guetter".[46] Toutefois, le "shin" hébreu correspond ordinairement à un "sin" en arabe ; l'équivalent supposé de שׁוּף serait dès lors le verbe *sâfa*, dont le sens de base est très différent : "sentir quelque chose, chasser".[47]

E. Tov, pour sa part, dans son chapitre "etymological exegesis", rapprochait LXX Gn 3, 15 de Gn 49, 17, où le serpent שְׁפִיפֹן (hapax) est traduit par le participe ἐγκαθήμενος "en embuscade" d'après une racine *shphph*.[48] Cependant, la racine araméenne שׁפף signifie "écraser", tout comme sa variante שׁפי, ce qui ne permet pas d'en inférer le sens "être en embuscade". En syriaque, il existe également une racine שׁף qui signifie "se mouvoir doucement, ramper" et qui pourrait être apparentée à שְׁפִיפֹן ;[49] mais là encore le sens "être en embuscade" n'est pas présent. Par ailleurs, le sens du grec ἐγκαθήμενος est plus neutre, puisque ce verbe traduit pratiquement toujours l'hébreu ישׁב "demeurer".[50] Le sens "être en embuscade" est donc

---

45. CC.SL LXXII, *Hebraicae quaestiones in libro Geneseos*, Brepols (1959), 5–6.

46. Nam τηρεῖν h.l. notat *insidiose observare, insidias struere*, quod bene convenit Hebr. שׁוּף, coll. Ar. *shâfa ex alto in aliquem prospicere s. oculos defigere, quod est insidiantium*. Cette hypothèse de l'existence d'une racine שׁוּף homonyme "regarder, guetter" est reprise par D. Clines, dans son *Dictionary of Classical Hebrew*.

47. Lane, *Arabic-English Lexicon*, 1469.

48. Emmanuel Tov, *The Text-Critical use of the Septuagint in Biblical Research*, Jerusalem Biblical Studies 3, Jerusalem (1981), 248.

49. HALOT ne répertorie pas cette racine syriaque, puisqu'il suggère une onomatopée à l'origine de ce substantif ("probably onomatopoeic, really the hisser") ; il évoque par ailleurs le serpent mythologique *shibbu* akkadien et les substantifs arabes *siff, suff, saff* désignant (d'après Freytag) des serpents venimeux.

50. Ex 23, 31.33 ; 34, 12.15 ; Lv 18, 25 ; Nb 13, 18.19 ; 14, 45 ; 22, 5 ; Dt 1, 46.46 ; 2,

un sens un peu outré pour ἐγκάθημαι. Peut-être E. Tov a-t-il été influencé par le Tg Gn 49, 17, qui, selon son habitude d'offrir un texte plus coulant, a introduit deux verbes après la mention de chaque serpent, puisque le TM נָחָשׁ עֲלֵי־דֶרֶךְ "un serpent sur le chemin" est devenu dans le Tg "comme un serpent venimeux, il *demeurera* (ישרי) sur le chemin", et "une vipère sur le sentier" a été traduit par "comme une vipère, il *sera en embuscade* (יכמון) sur le sentier". Mais ceci n'est qu'un procédé littéraire habituel au Tg, et le substantif hapax du TM שְׁפִיפֹן a été traduit par פתן "serpent" dans le Tg, et non par le verbe כמן "être en embuscade".

Dans le LEH, s.v. τηρέω, une correction d'après le verbe proche τείρω "frotter fort, user en frottant, causer de la détresse" a été suggérée. Outre le fait que ce verbe n'est jamais utilisé dans la LXX, la coïncidence avec le Tg nous pousse à écarter cette suggestion.

La traductrice de la BdA, M. Harl, conserve τηρέω et explique que le traducteur grec emploie deux fois le verbe τηρέω, "garder, observer, guetter", qui convient aussi bien à l'homme qu'au serpent, pour le TM שׁוּף, "écraser" ou "viser", que l'on doit traduire différemment selon que le sujet est l'homme ou le serpent, comme l'a fait la Vulgate : contero ("écraser"), insidio ("être en embuscade, guetter").[51]

De même, nous pourrions ajouter à cette remarque de M. Harl, que dans la Peshitta, nous avons aussi deux verbes différents : דוש "écraser" et מחא "frapper". Dans les Tg postérieurs (Neofiti et Ps-Jonathan), nous trouvons également – après le verbe נטר "garder" (la Loi) qui provient du Tg O[52] et après le verbe commun כוון "avoir l'intention de" –, l'utilisation de deux verbes différents : מחי "frapper" avec les hommes comme sujet et נכת "mordre" pour le serpent. Rashi lui aussi explique le premier שׁוּף par כתת "écraser", et le deuxième par le proche נשׁף "souffler" : "Quand le

---

10.12 ; 3, 29 ; Jg 2, 2 ; 1 R 11, 16 ; Ps 10, 8[9, 29] ; Is 8, 14 ; 9, 8) . En Ez 29, 3, ἐγκάθημαι traduit רָבַץ "être couché" et, enfin, en Nb 22, 11, ἐγκάθημαι n'a pas d'équivalent dans le TM ; il provient du texte similaire de Nb 22, 5.

51. BdA 1, 109. Notons que la traduction de la Vg fait un mélange entre le TM ("écraser") et la LXX ("être en embuscade, guetter"). Nous trouvons déjà la même chose dans la Vetus Latina : calcabis / observabis (édition de Beuron, par B. Fischer).

52. Le Tg Neofiti, par exemple, reprend donc le verbe "garder" : "Lorsque ses fils *garderont* la Loi etc". Mais la fin du verset donne à entendre le verbe שׁוּף et le substantif עָקֵב "talon" du TM : "car ils sont destinés à faire *la paix* (שפיותיה) à *la fin* (בעוקבה), au jour du Roi Messie". En effet, à côté de la racine שפי "écraser", il existe en araméen une racine homonyme שפי "être tranquille, soulagé" ; au pael : "tranquilliser, pacifier, satisfaire", d'où vient le substantif utilisé.

serpent s'approche pour mordre, il émet un souffle qui ressemble à un sifflement". En hébreu tardif, en effet, nous trouvons pour שׁוּף, entre autres, ce sens (pour le serpent) : "émettre un souffle empoisonné, empoisonner".[53]

J. Wevers signale également l'emploi de ce verbe τηρέω "plus neutre", sans doute, selon lui, parce que le traducteur avait des difficultés à saisir précisément le sens de שׁוּף.[54]

Mais ni la BdA ni J. Wevers ne mentionnent la coïncidence remarquable de LXX τηρέω (ou de la variante φυλάσσω[55]) avec le Tg נטר. Est-ce bien le désir d'offrir en grec un même verbe pour garder la même traduction aux deux שׁוּף du TM qui aurait guidé le choix du traducteur vers ce verbe τηρέω qui conviendrait tant au serpent qu'à l'homme ? Nous constatons que les autres traducteurs (Pesh., Vg, Targum samaritain) n'ont pas éprouvé ce scrupule. Et pourquoi le traducteur grec n'aurait-il pas alors choisi un verbe plus précis pour le sens "épier", comme ἐπιβλέπω ou ἐνεδρεύω "être à l'affût", car ce sens "épier" pour τηρέω n'est jamais qu'une signification dérivée, tirée du plus vaste champ sémantique de שׁמר ; le sens courant de τηρέω dans la LXX reste "observer, garder" (les commandements, par exemple) ou "garder, protéger" (une ville).[56] D'autant que τηρέω est un verbe assez rare dans les livres plus anciens de la LXX[57]; il est plus fréquent dans les traductions plus récentes, ainsi que le montrent les quinze attestations dans les Proverbes ou son emploi dans la littérature intertestamentaire.

Mais surtout, pourquoi le traducteur n'aurait-il pas choisi un verbe plus proche du sens du TM, comme τραυματίζω ou τιτρώσκω "blesser,

---

53. Jastrow, *Dictionary*, 1538 : "to blow, to emit poisonous breath, to poison".

54. John W. Wevers, *Notes on the Greek Text of Genesis* (SCS 35), Atlanta (1993), 44 : "This verb also accurs at Job 9 :17 and Ps 139 :11, but neither is any help in establishing its meaning. It has been variously interpreted to mean "crush", "bruise", or as שׁאף "pant after". Gen also had trouble with the verb and so used a neutral verb τηρέω "to watch carefully". The translator understood the mutually wary relations between man and snakes and chose a verb to bring this out".

55. Cfr. apparat critique de l'édition de Göttingen.

56. En grec classique, en tout cas, τηρέω ne semble pas avoir eu ce sens d'épier pour nuire. Nous trouvons certes, le sens "guetter", mais dans le sens de guetter l'arrivée de (LSJ II, 2 : *watch for one's coming up*), soit d'une personne ou d'une bête, soit du vent, des astres, de la nuit, ou encore d'une bonne occasion.

57. Ce sont les seuls deux usages dans la LXX Gn.

percer", ou encore λυμαίνομαι "blesser, faire du mal, maltraiter",[58] ou même un verbe moins précis comme μισέω "haïr",[59] tous verbes qui pourraient convenir aux deux sujets, si tels étaient ses scrupules de littéralité ? La coïncidence entre les deux traductions de la LXX et du Tg me semble indiquer qu'il faut remonter par-delà le traducteur grec, peut-être à une *Vorlage* différente du TM[60] (mais en général le Tg travaille sur un texte pratiquement stabilisé, donc lui au moins est bien parti de שׁוּף, et dès lors, le traducteur grec probablement aussi), ou, plus sûrement, à un courant d'interprétation qui a traversé différents cercles du judaïsme ancien.

La racine proche שׁאף[61] est attestée à deux reprises au Ps 56, aux v. 2 et 3, où elle a été traduite par καταπατέω "fouler aux pieds" dans la LXX[62] et par שׁפי "écraser, aplanir" dans le Tg. Or au v. 7 de ce même psaume, ces mêmes ennemis qui "écrasent" David, cachés (verbe צפן), "épient mes talons" (עֲקֵבַי יִשְׁמֹרוּ – LXX : τὴν πτέρναν μου φυλάξουσιν).[63] Serait-ce là la clé de notre traduction ?

Peut-être pouvons nous faire l'hypothèse que les scribes de la *Vorlage* de la LXX ou le cercle dans lequel travaillait le traducteur grec ont

---

58. En Is 65, 25, ce verbe est appliqué au serpent. En Da 6, 23, il a pour sujet les lions.

59. Ce verbe a servi à traduire le proche שׁאף en Ez 36, 3.

60. Nous ne possédons pas de recension qumranienne pour vérifier si la transmission à Qumran coïncidait avec le TM. Le pentateuque samaritain, pour sa part, présente le même texte que le TM.

61. S'agit-il d'une variante de שׁוּף ? Les lexicographes ne sont pas d'accord entre eux. Ce verbe présente certainement un sens "aspirer, avaler, soupirer après", mais à plusieurs reprises, il semble bien avoir été ressenti comme une variante de שׁוּף, comme l'indiquent les traductions du Ps 56[55], 2.3 et 57[56], 4 (καταπατέω) ; Am 2, 7 (πατέω + κονδυλίζω "frapper du point, maltraiter") et Am 8, 4 (ἐκτρίβω).

62. Pour rappel, c'est la traduction de שׁוּף par la LXX au Ps 139[138], 11.

63. Didyme l'Aveugle, *sur la Genèse. Tome I* (SC 233), Paris (1976), 236–7, mentionne lui aussi ce Psaume : "On trouve cela même dans les Psaumes : "Ils observeront (φυλάξουσιν) mon talon" ; le verbe φυλάττειν a ici le même sens que τηρεῖν dans notre passage ; il désigne l'acte d'épier (ἐπιτηρησαῖ), bien que nous n'ignorions pas que ces mots se trouvent aussi dans le sens de garder, protéger…". La traduction du Tg Ps 56, 7 est moins claire : אסתורי יטמרון "ils cachent / observent (?) mes pas". Sans doute le verbe טמר "cacher" est-il une erreur pour נטר "garder, observer" = TM, car nous trouvons cette leçon sur le papyrus 110 dans la marge. Cette confusion entre deux verbes proches pourrait avoir été amenée par ce qui précède : "ils dissimulent des pièges". En Tg Is 22, 18, nous avons une confusion de ce genre, puisque la tradition manuscrite est partagée entre les deux verbes : טמרתא / נטרתא.

été gênés d'une manière ou d'une autre par la teneur de ce qui s'imposera comme le TM et que, sur base du Ps 56 où שאף et שמר עקב décrivent les actions des ennemis de David, ils ont remplacés l'un par l'autre. Ce type de texte ou d'exégèse serait encore à l'origine de la leçon similaire du Targum.

Nous avons donc probablement la "méthode" (on remplace un mot par une expression parallèle dans un autre passage du corpus biblique en une sorte de *gezerah shawah*), mais le motif reste mystérieux, car je ne crois pas qu'un verbe commun pour deux sujets différents aurait arrêté le traducteur de la Gn, désireux le plus souvent de faire passer l'esprit plutôt que la lettre.[64]

Pour mieux nous prononcer, examinons rapidement différents aspects du traducteur grec de la Genèse. Certes, il conserve souvent les accusatifs internes,[65] mais pas systématiquement;[66] de même, l'infinitif absolu d'emphase est souvent traduit par un participe bien grec, ou même par une construction différente.[67] Face à un double emploi d'un même verbe hébreu, il lui arrive d'utiliser deux verbes grecs différents pour une meilleure compréhension ou pour plus de variété. Ainsi, en Gn 25, 21, le verbe עתר est utilisé d'abord au *qal* ("supplier") puis au *niphal* ("se laisser supplier, exaucer") ; or le traducteur grec a eu recours à deux verbes différents : δέομαι et ἐπακούω. Certes, les verbes habituels pour "prier" (εὔχομαι, προσεύχομαι, δέομαι), tout comme le verbe ἱκετεύω, ne peuvent être employés dans le sens passif, cependant le traducteur aurait pu utiliser comme complément de ἐπακούω (ou εἰσακούω) un substantif de la même

---

64. Il lui arrive, par exemple, de traduire un seul vocable hébreu par deux mots grecs lorsqu'il veut être plus précis : ainsi en Gn 20, 4, Abimelek, indigné par le mauvais procédé d'Abraham, demande à Dieu s'il fera mourir un peuple "juste" (גוי גַּם־צַדִּיק). Le traducteur grec traduit par ἔθνος ἀγνοοῦν καὶ δίκαιον "ignorant (qu'il pèche) et juste", pour bien souligner que la faute était involontaire. La particule גַּם, qui peut avoir un sens associatif, lui a permis cette traduction. En Gn 27, 9, le deux "bons" chevreaux du TM deviennent "tendres et bons" (ἁπαλοὺς καὶ καλούς) en grec pour mieux séduire le palais du vieil Isaac.

65. Par exemple Gn 12, 17 : καὶ ἤτασεν ὁ θεὸς τὸν Φαραω ἐτασμοῖς μεγάλοις, où ἐτασμός est sans doute un néologisme formé pour conserver la construction de son modèle hébreu. Ou encore Gn 19, 29 ; 25, 29 ; 27, 3.5 ; 27, 33.

66. Par exemple Gn 12, 5 : וְאֶת־כָּל־רְכוּשָׁם אֲשֶׁר רָכָשׁוּ - καὶ πάντα τὰ ὑπάρχοντα αὐτῶν ὅσα ἐκτήσαντο. De même en Gn 15, 10 ; 27, 34 ou 29, 13, le traducteur a renoncé à prendre un substantif de la même racine que le verbe.

67. Par exemple en Gn 26, 11 : TM : מוֹת יוּמָת - LXX θανάτου ἔνοχος ἔσται.

racine pour rendre le deuxième עתר (δέησις ou προσευχή), comme en 2 Ch 6, 19. On peut trouver d'autres exemples.[68]

Si nous voulons cerner encore davantage ce traducteur, rappelons-nous qu'il essaie certes à l'occasion de transposer les "jeux de mots" de son modèle. Ainsi, en Gn 3, 20, Eve est, dans un premier temps Zoé/Vivante, puisqu'elle est la mère des vivants (καὶ ἐκάλεσεν Αδαμ τὸ ὄνομα τῆς γυναικὸς αὐτοῦ Ζωή ὅτι αὕτη μήτηρ πάντων τῶν ζώντων),[69] même si en Gn 4, 1, il doit bien revenir à Eve (Εὕα). Mais dans l'ensemble, le traducteur de Gn s'est résigné au fait que les jeux de mots de l'hébreu soient perdus pour le lecteur de langue grecque ; ainsi la fameuse exclamation "on l'appellera femme (אִשָּׁה) car c'est de l'homme (מֵאִישׁ) qu'elle a été prise" (Gn 2, 23) n'a aucune résonance en grec (γυνή / ἐκ τοῦ ἀνδρὸς). De même, le nom d'Ishmaël (Gn 16, 11 ; 17, 20), le changement de nom d'Abram en Abraham (Gn 17, 5) ou de Jacob en Israël (Gn 32, 29), le nom d'Isaac,[70] celui de Jacob (Gn 25, 26 et 27, 36) ou d'Esaü – Edom (25, 30) restent incompréhensibles pour le lecteur grec ; ou encore, de tous les fils de Jacob, seul Issachar reçoit une explication ;[71] en Gn 35, 18, le changement de Benoni (traduit en Υἱὸς ὀδύνης μου) en Benjamin (simplement transcrit en Βενιαμιν) n'est pas autrement expliqué. En Gn 30, 8, non seulement le lecteur grec ne comprend pas pourquoi ce fils doit absolument s'appeler Naphtali, mais en

---

68. Gn 18, 5 : TM 2 x עבר - LXX : παρέρχομαι et ἐκκλίνω ; Gn 24, 41 : TM 2 x אָלָה - LXX : ἀρά et ὁρκισμός. En Gn 31, 15 : 2 x אכל - LXX : κατεσθίω et κατάβρωσις. Ou encore le verbe ספה au *niphal* ("être balayé") a été traduit par συναπόλλυμι en Gn 19, 15 et par le surcomposé συμπαραλαμβάνω au v. 19. En Gn 26, 13, nous trouvons 3 x גדל ; le traducteur a varié le vocabulaire (ὑψόω P., μείζων et μέγας γίνομαι).

69. Assez curieusement, le Tg a renoncé au rapprochement entre Eve et les vivants, puisqu'il traduit "puisqu'elle fut mère de tous les fils d'hommes" (היא הות אימא דכל בני־אנשא), alors qu'en araméen le jeu de mots était possible.

70. En Gn 21, 6, la double allusion en צחק du TM a d'ailleurs été traduite par deux vocables différents en grec : γέλως "le rire" et συγχαίρω "se réjouir avec", ce dernier verbe s'écartant du sens du rire qui sous-tend tout ce passage tournant autour de l'étymologie d'Isaac entre Gn 17, 17 et 21, 6 (tant le rire d'Abraham que celui de Sara). De même, en 26, 8, le traducteur n'a pas rendu le jeu de mots יִצְחָק מְצַחֵק.

71. LXX Gn 30, 18 : καὶ εἶπεν Λεια ἔδωκεν ὁ θεὸς τὸν μισθόν μου ἀνθ' οὗ ἔδωκα τὴν παιδίσκην μου τῷ ἀνδρί μου καὶ ἐκάλεσεν τὸ ὄνομα αὐτοῦ Ισσαχαρ ὅ ἐστιν Μισθός. En Gn 19, 37, la LXX donne une explication du nom de Moab qui n'est pas dans le TM, mais qui devait être dans sa *Vorlage*, car l'explication n'est compréhensible que pour ceux qui connaissent l'hébreu (Moab = מֵאָב) : τὸ ὄνομα αὐτοῦ Μωαβ λέγουσα ἐκ τοῦ πατρός μου οὗτος. Pour l'ancêtre des Ammonites, au v. 38, la LXX présente aussi une traduction du nom : καὶ ἐκάλεσεν τὸ ὄνομα αὐτοῦ Αμμαν υἱὸς τοῦ γένους μου.

plus les deux attestations de la racine פתל (quel qu'en soit le sens exact) ne sont pas traduites par des vocables apparentés.

De même, certaines villes ont certes reçu un nom grec qui rend pleinement justice au jeu de mots en hébreu (ex. Gn 11, 19 : Babel בָּבֶל Σύγχυσις – συνέχεεν;[72] Gn 33, 17 : סֻכּוֹת – Σκηναί ; en Gn 26, 20 : עֵשֶׂק כִּי הִתְעַשְּׂקוּ – Ἀδικία ἠδίκησαν;[73] Gn 26, 33 : Beer Sheva ; Gn 28, 19 : Bethel) ou moyennement justice (ex. Gn 26, 22 : רְחֹבוֹת / הִרְחִיב ; Εὐρυχωρία "vaste contrée" / πλατύνω "élargir"), mais la plupart des villes connues ont gardé leur nom, ce qui, en grec, ne permet plus de percevoir l'étiologie.[74] Le traducteur ne cherche pas forcément, lorsque son modèle hébreu emploie un mot rare, à trouver un mot grec également rare.[75] En général, le traducteur grec de Gn présente une traduction qui, certes, conserve l'ordre des mots de son modèle sémitique,[76] mais qui ne copie pas trop servilement celui-ci : il reste encore assez équilibré entre la langue source et la langue cible.[77] Pourquoi dès lors, ce traducteur aurait-il à toute force, en Gn 3, 15, voulu conserver le même verbe au détriment du sens du verset ?

---

72. Dans tous les autres passages, Babel reçoit son nom Βαβυλών.

73. Le traducteur a lu, non le TM עשׂק, mais עשׁק (avec *shin*).

74. Par exemple, le jeu de mots entre מִצְעָר (Gn 19, 20 : 2x μικρά) et le nom de la ville Tsoar (צוֹעַר – Σηγωρ) est perdu en grec (et en araméen זְעֵירָא – צוֹעַר).

75. Par exemple, en Gn 24, 17, le très rare גמא hiphil "faire avaler" vient en variante de שׁקה ; le traducteur l'a simplement rendu par ποτίζω, qui traduit d'ordinaire שׁקה (ex. Gn 24, 14.18.43.45.46).

76. Sauf, par exemple, en cas de phrases nominales, où il restitue un verbe qu'il place derrière le sujet, comme c'est la norme en grec : par exemple en Gn 13, 2 : Αβραμ δὲ ἦν πλούσιος σφόδρα κτήνεσιν καὶ ἀργυρίῳ καὶ χρυσίῳ.

77. Par exemple, en Gn 20, 15, l'idiome "ce qui est bon à tes yeux" devient "ce qui te plaît" (ἀρέσκω). En Gn 29, 6 (idem 37, 14 ; 43, 27.28, pour l'expression hébraïque "Y a-t-il une paix pour lui" (comment va-t-il), il la traduit par le verbe grec ὑγιαίνω, alors que les traducteurs plus littéraux adopteront la construction sémitique (ex. 1 S 10, 4 : καὶ ἐρωτήσουσίν σε τὰ εἰς εἰρήνην). En Gn 26, 18, la tournure en שׁוב pour indiquer la répétition d'une action est traduite par l'adverbe πάλιν "de nouveau". En Gn 31, 28 la tournure hébraïque "tu as été sot de faire" (הִסְכַּלְתָּ עֲשׂוֹ) a été traduite par la tournure adverbiale bien grecque "tu as agi sottement" (ἀφρόνως ἔπραξας). Par ailleurs, il n'est pas rare qu'au lieu de la parataxe de son modèle, il ait recours à la tournure participiale pour le premier des deux verbes coordonnés (par ex. Gn 24, 26 : καὶ εὐδοκήσας ὁ ἄνθρωπος προσεκύνησεν κυρίῳ) ou encore à une proposition pour le deuxième verbe (Gn 24, 56 : TM : שַׁלְּחוּנִי וְאֵלְכָה לַאדֹנִי – LXX : ἐκπέμψατέ με ἵνα ἀπέλθω πρὸς τὸν κύριόν μου). Enfin, il ajoute souvent un verbe aux relatives nominales du TM : par ex. Gn 24, 54 : TM הָאֲנָשִׁים אֲשֶׁר־עִמּוֹ – LXX : οἱ ἄνδρες οἱ μετ' αὐτοῦ ὄντες.

Serait-ce l'emploi du proche שאף dans un contexte de bête en chaleur en Jr 2, 24, qui aurait poussé certains cercles de scribes plus pointilleux (surtout pour la Torah) ou moins conservateurs que ceux qui ont transmis le TM à suggérer une sorte de Qere en שמר pour Gn 3, 15 (dont nous auraient gardé le témoignage la LXX et le Tg) d'après le Ps 56, grâce aux mots communs עקב "talon" et שאף / שוף, d'autant que en Am 2, 7, nous avons comme objet de שאף, "la tête", présente aussi en Gn 3, 15 ?

Ce qui pousserait encore à supposer une relecture particulière de Gn est le fait que le verset suivant (Gn 3, 16) semble lui aussi avoir fait l'objet d'une modification exégétique d'un texte que nous aurait cependant conservé le TM.

Le substantif תְּשׁוּקָה, d'une racine שׁוּק apparentée à שׁקק "avoir soif" (Is 29, 8 ; Ps 107, 9) apparaît à trois reprises dans le corpus biblique, en Gn 3, 16, en Gn 4, 7 et Ct 7, 11. En Gn 3, 16 et dans le Ct, il désigne apparemment l'attraction entre les sexes, le désir. En Gn 4, 7, ce sens serait trop restrictif, puisqu'il est question de la תְּשׁוּקָה du "péché qui guette à la porte" (?), ou si l'on suit l'intéressante suggestion de M.R. Schlimm,[78] du "démon-lion à la porte du péché". De même, dans la littérature qumranienne, תְּשׁוּקָה est utilisé de manière indépendante des textes bibliques et semble désigner plutôt une destination inexorable, une attraction fatale. Ainsi, en 1QS 11, 22, il est dit à propos de l'être humain : ולעפר תשוקתו "(l'homme n'est qu'une pincée d'argile) et vers la poussière est *sa destination finale* / la poussière est *tout ce qu'il peut désirer*" (?). En 1QM 15, 9–10 : "car ils sont une assemblée impie, et toutes leurs œuvres sont dans les ténèbres (10) et c'est vers elles qu'est leur *fascination* (?) / *destination*

---

78. Matthew R. Schlimm, "At Sin's entryway (Gen 4, 7). A reply to C.L. Crouch", ZAW 124 (2012), 409–15. Schlimm répond à Carly L. Crouch, "חטאת as Interpolative Gloss. A Solution to Gen 4, 7", ZAW 123 (2011), 250–8. Selon Crouch, חטאת "le péché" serait une glose interpolée ; et רבץ serait l'équivalent du génie assyrien *rabiṣu* "le guetteur". En modifiant simplement la ponctuation vocalique et les accents pour obtenir un groupe qui lie "porte" à l'état construit et le "péché" comme complément, Schlimm résout les problèmes grammaticaux (חטאת féminin, avec un participe et des suffixes possessifs masculins) et linguistiques (la porte ? quelle porte ? La langue biblique n'utilise pas "la" porte ni de manière concrète ni de manière métaphorique, sans préciser de quelle porte il s'agit) présentés par le stique et offre une explication éclairante du verset.

inexorable (?)". En 1QM 17, 4 : "car eux, c'est vers le désert et le chaos qu'est leur *destination inexorable* (?)" (כיא] המה לתהו ולבהו תשוקתם).[79]

Ce qui est intéressant, c'est que les traducteurs anciens – gênés par la connotation érotique ? – semblent, pour la plupart, avoir lu ou interprété ce substantif d'après la racine proche שוב "se détourner de, revenir", à savoir l'ambigu תשובה "le retour, la repentance, la rébellion" dans les trois passages où il apparaît.

Gn 3, 16

- TM : וְאֶל־אִישֵׁךְ תְּשׁוּקָתֵךְ (idem Pentateuque samaritain)
- LXX : καὶ πρὸς τὸν ἄνδρα σου ἡ ἀποστροφή σου "et vers ton mari ton retour, ta repentance" ou "et contre[80] ton mari ta rébellion" (?)
- Aquila : συνάφεια "l'union, la relation conjugale"[81]
- Symmaque : ὁρμή "l'élan, l'impulsion, l'assaut"
- Jérôme, *Hebraicae quaestiones* : "Pro conversione Aquila societatem, Symmachus appetitum uel impetum transtulerunt"[82]
- Tg O : ולות בעליך תהי תיובתיך "et vers ton mari sera ton retour"
- Tg Neof : ולוות בעליך יהוי מתביך idem
- Mais Tg Ps Jon : ולות בעליך תהי מתויך "et vers ton mari sera ton désir"[83]
- Vg : sub viri potestate eris

---

79. Joel N. Lohr, "Sexual Desire ? Eve, Genesis 3 :16, and תשוקה", JBL 130 (2011), 227–46, opte d'ailleurs pour le sens "retour" dans ces textes de Qumran.

80. Cette préposition peut avoir un sens hostile en grec classique (cfr. LSJ C4.); dans la LXX, on pourrait citer Os 12, 3. En LXX Nb 21, 25, le traducteur a choisi très finement cette préposition ambiguë, sans doute par respect pour Dieu (même si ce n'est plus le cas au v. 7) : καὶ κατελάλει ὁ λαὸς πρὸς τὸν θεὸν καὶ κατὰ Μωυσῆ "et le peuple émit des critiques *en s'adressant à Dieu ? vers Dieu ? concernant Dieu ? contre Dieu ? et contre Moïse*".

81. Ou la guerre ? Le verbe a les significations de "joindre, unir, combiner"; mais aussi de "engager le combat". Cependant la traduction de Jérôme (societatem) rend ce sens moins probable.

82. CC Series Latina LXXII, 6.

83. Jastrow, *Dictionary*, s.v. מְתוֹיָא : being carried, desire. R. Le Déaut traduit : "*ton désir* te portera vers ton mari" et note (Targum du Pentateuque, SC 245, 95) : "Une légère correction (*mtwwyk* au lieu de *mtbyk*) permettrait de traduire (Neofiti) comme dans Jo, *beth* et le double *waw* étant souvent confondus…". Le Déaut renvoie sur ce point à la grammaire de l'araméen judéen et palestinien de Dalman.

- Rachi : donne le synonyme תאוה "désir" et met en scène une femme dont le destin est de ne pas oser avouer à son mari son désir charnel : tout devra partir du mari.

Gn 4, 7
- TM : וְאֵלֶיךָ תְּשׁוּקָתוֹ
- LXX : πρὸς σὲ ἡ ἀποστροφὴ αὐτοῦ
- Tg O : אם לא תתוב "si tu ne te repens pas"
- Mais Tg Ps Jon : ולוותך יהוי מתויה "et vers toi sera son désir"
- Mais Vg : sub te erit appetitus eius

Ct 7, 11
- TM : וְעָלַי תְּשׁוּקָתוֹ
- LXX : ἐπ' ἐμὲ ἡ ἐπιστροφὴ αὐτοῦ
- Mais Tg : ועלי מתויה "et sur moi son désir"
- Vg : ad me conversio eius

Si l'on tient compte de toutes les données, seules les traductions d'Aquila et Symmaque Gn 3, 16, du Tg Ps-Jon Gn 3, 16 et 4, 7 et du Tg Ct 7, 11 (מתויא) et de la Vg Gn 4, 7 (appetitus), ainsi que le Targum Samaritain (עזרותך), reflètent le sens, apparemment, de TM תְּשׁוּקָה "désir, élan, attirance". Les autres traductions reflètent toutes la racine שׁוּב / araméen תוב. Faut-il, dès lors, conclure que ces traducteurs lisaient, non תְּשׁוּקָה, mais תְּשׁוּבָה, comme l'ont suggéré divers critiques (par ex. LEH s.v. ἀποστροφή) ? Mais si la lecture תְּשׁוּבָה s'était imposée dans les *Vorlage*, comment expliquer que le rare תְּשׁוּקָה (*lectio difficilior*) ait pu se maintenir dans le TM, d'autant que, ni en écriture ancienne ni en écriture carrée, les lettres *qoph* et *mem* ne se ressemblent aucunement ?

Et si, plutôt que de postuler un passage par l'hébreu תְּשׁוּבָה, on imaginait que tout part de l'araméen מְתוֹיָא "élan, désir" = TM, utilisé par le Tg Pseudo-Jonathan. Le *waw* n'aurait-il pas été compris comme un *beth*, dans la mesure où, en hébreu tardif, nous trouvons parfois ces deux lettres confondues, indice probable d'une prononciation similaire. Ce substantif מתויא "élan" est en effet très proche de מתבא "retour" utilisé par le Tg N Gn 3, 16.

Y aurait-t-il eu, de quelque manière que ce soit, confusion ou modification volontaire dans la tradition d'interprétation du mot תְּשׁוּקָה, mais à partir de l'araméen מתויא, indice que des "proto-targumim" circulaient et étaient utilisés par les traducteurs grecs, entre autres. Plutôt que d'évoquer la délicate question de l'attirance entre les sexes, divers milieux du judaïsme ancien (aussi bien LXX que Tg), partant de מתויא pouvant être une variante de מתבא, auraient évoqué la repentance d'Eve vis-à-vis de son mari qu'elle a induit en erreur. Cette traduction, initiée en Gn 3, 15, aurait évidemment été reprise en Gn 4, 7, et suivie par le traducteur du Ct, quelques centaines d'années plus tard. Toutefois, devant l'ambiguïté de ἀποστροφή, qui peut évoquer tant la repentance que la rébellion[84] (peut-être est-ce d'ailleurs à dessein que le traducteur de Gn 3, 15 a utilisé ce substantif : contre toi sera sa rébellion, mais tu la domineras), celui-ci aurait adopté le proche ἐπιστροφη, qui n'a jamais le sens de rébellion, mais toujours celui de conversion, de retour.[85]

2.2.3. Gn 40, 13.19.20

Dans les entretiens de Joseph avec le personnel disgracié du pharaon, c'est le rapprochement des deux sens de נשא, à savoir "élever" (Gn 40 au v. 13 adressé au chef des échansons : "dans trois jours le pharaon *relèvera* ta tête") et "enlever" (au v. 19 adressé au chef des panetiers : "dans trois jours et le pharaon *enlèvera* ta tête d'au-dessus de toi"), qui donne tout son piquant à Gn 40 et qui en assure la bonne transmission. Comment les traducteurs ont-ils transporté dans leurs traductions ce jeu de mots figurant dans leur original hébreu ? Tant la LXX que le Tg (tout comme la Vg) ont privilégié le motif du souvenir.[86] En effet, le premier נשא (v. 13) a été traduit d'après le verbe très proche graphiquement (avant l'introduction des points diacritiques à l'époque massorétique) נשה (= araméen נשא) "se souvenir" :

- LXX : ἔτι τρεῖς ἡμέραι καὶ μνησθήσεται Φαραω τῆς ἀρχῆς σου "dans trois jours le pharaon *se souviendra* de ta fonction"
- Tg : בסוף תלתה יומין ידכרינך פרעה "au bout de trois jours, le pharaon *se souviendra* de toi"

Au v. 20, nous retrouvons la même interprétation de נשא, d'autant plus nécessaire cette fois que l'unique verbe וַיִּשָּׂא a pour objets les deux

---

84. Par exemple en Jr 5, 6; 6, 19; 8, 5; 18, 12.

85. Je ne pense pas, en effet, qu'il faille distinguer un sens particulier pour ἐπιστροφή, comme le suggère le LEH, qui, influencé par le TM, traduit ce substantif par "attention portée à" (attention paid to : Ct 7,11).

86. La BdA 1, 271, signale la modification de la LXX, mais sans en expliquer l'intérêt dans son contexte immédiat.

hommes, bien que leurs destins soient radicalement différents. Le verbe plus neutre "se souvenir" permet plus facilement de conserver les deux compléments.[87] Les traducteurs ménagent dès lors eux aussi un suspense, avec leurs propres moyens : le chef des échansons, dont le pharaon *s'est souvenu* (LXX et Tg), néglige la demande de Joseph de *se souvenir de lui* (v. 14) et le laisse croupir en prison, puisqu'il ne s'est pas *souvenu* de lui (v. 23). Ce ne sera qu'au bout de deux ans que l'échanson réparera son ingratitude vis-à-vis de Joseph.

2.2.4. Le nazir en Gn 49, 26 et Dt 33, 16

Dans la LXX, le nazir est généralement traduit par un vocable évoquant le sacré ou le voeu (ἁγιάζω, ἡγιασμένον ναζιραῖον, ἀφαγνίσασθαι ἁγνείαν, ἁγίασμα, ἁγιασμός, ἅγιος, εὔχομαι, καθαριόω[88]) ou alors il a été simplement transcrit (ναζιραῖος). Dans le Tg, nous trouvons la plupart du temps l'équivalent נזירא. Mais en Tg Gn 49, 26, Joseph "nazir" parmi ses frères a été traduit dans le Tg par l'adjectif פרישא "mis à part, distingué, excellent", tout comme en Tg Dt 33, 16. Or, dans la LXX Dt, nous trouvons une traduction apparentée : Joseph est "glorifié" parmi ses frères (δοξασθεὶς ἐν ἀδελφοῖς). Normalement la racine araméenne פרש "agir de manière extraordinaire, affirmer clairement" correspond à l'hébreu פלא; ainsi par exemple en Ex 33, 16, nous trouvons le TM פלא – Tg פרש – LXX ἐνδοξάζω. Mais en Nb 6, 2b, nous trouvons précisément ce verbe פלא "agir de manière extraordinaire, prononcer un voeu"[89] en parallèle avec la racine נזר,[90] ce qui explique sans doute notre traduction de נזיר d'après פלא = aram. פרש en Tg Gn 49, 26 et Tg Dt 33, 16 (= LXX).

En Gn 49, 26, le traducteur grec avait traduit la même expression par ἐπὶ κορυφῆς ὧν ἡγήσατο ἀδελφῶν "(que la bénédiction vienne) sur la tête de ses frères dont il a pris le commandement",[91] influencé sans doute par נֵזֶר "la couronne".

---

87. La TOB choisit, elle aussi, un verbe plus neutre, pour les mêmes raisons : "Or, le troisième jour, qui se trouvait être l'anniversaire du Pharaon, celui-ci offrit un festin à tous ses serviteurs, et parmi eux *mit en évidence* le grand échanson et le grand panetier".
88. Cette traduction en "purifier" s'explique par la comparaison avec la neige et le lait qui suit ; de même le Tg a traduit ברירין "purs".
89. HALOT signale qu'en ougaritique, nous trouvons "*ndr* parallel with *plu, pla* vow, promise".
90. אִישׁ אוֹ־אִשָּׁה כִּי יַפְלִא לִנְדֹּר נֶדֶר נָזִיר לְהַזִּיר לַיהוָה.
91. La traduction de la BdA 1, 314, est un peu faible : "au-dessus de ses frères

2.2.5. Le verbe בטא "parler sans réfléchir" Lv 5, 4 ; Nb 30, 7.9 ; Ps 106[105], 33 ; Pr 12, 18

En Lv 5, 4.4 et au Ps 106[105], 33, le verbe hébreu בטא "parler impulsivement, sans réfléchir" a été traduit par "parler distinctement" tant par la LXX (διαστέλλω[92]) que par le Tg (פרש). De même, en Nb 30, 7.9, l'expression מִבְטָא שְׂפָתֶיהָ a été traduite par les substantifs dérivés des mêmes verbes ou de verbes apparentés : κατὰ τὴν διαστολὴν τῶν χειλέων (v. 7) – οἱ ὁρισμοὶ αὐτῆς οὓς ὡρίσατο "ses séparations qu'elle a séparées"[93] (v. 9) ; פירוש ספותהא (v. 7 et 9). En Pr 12, 18, le verbe בטא, dans l'expression יֵשׁ בּוֹטֶה, a également été traduit de manière plus neutre dans la LXX (εἰσὶν οἳ λέγοντες) et dans la Pesh. (אית דאמרין = Tg אית אמרין).[94] D. Clines[95] répertorie encore Si 5, 13 : כבוד וקלון ביד בוטא. C'est le seul passage où le traducteur grec a traduit le passage conformément au sens du verbe : δόξα καὶ ἀτιμία ἐν λαλιᾷ "gloire et déshonneur (sont) dans *le bavardage*".

---

dont il fut le guide". L'utilisation de ἡγούμενος en LXX Gen 49, 10 (et dans divers autres passages), en parallèle avec ἄρχων, indique plus le sens de chef que de guide. Le traducteur grec de Si 49, 15 s'est inspiré de ce texte (οὐδὲ ὡς Ιωσηφ ἐγεννήθη ἀνὴρ ἡγούμενος ἀδελφῶν στήριγμα λαοῦ καὶ τὰ ὀστᾶ αὐτοῦ ἐπεσκέπησαν), car le verset hébreu ne contient pas les qualificatifs appliqués à Joseph.

92. Paul Harlé et Didier Pralon, *Le Lévitique* (BdA 3), 100 n. 5, 4, affirment, à tort me semble-t-il, que : "Le mot hébreu du TM *lebatteh*, "sans réfléchir", n'a pas son correspondant dans le grec après *omosei*, "fait serment". Aussi bien dans l'édition de Rahlfs que dans celle de Göttingen, nous trouvons le mot διαστέλλουσα, que le rapprochement avec le Tg permet de comprendre. John W. Wevers, *Notes on the Greek Text of Numbers* (SBLSCS 46), Atlanta (1998), 497–98, n'a pas non plus rapproché la traduction grecque de celle du Tg et son commentaire est dès lors hasardeux : "I suggest the notion of thoughlessness, since διαστολή of the lips really implies the opening, the expanding of the lips; it refers to that which just fell out from the lips". De même, dans son commentaire du Lv (*Notes on the Greek Text of Leviticus* (SBLSCS 44), 54), il commente seulement la forme participiale du verbe διαστέλλω.

93. Ce n'est pas ici le verbe διαστέλλω et son subst. διαστολή, mais le sens de base de ὁρίζω est "séparer, déterminer", ce qui correspond également à פרש (cfr. Pr 18, 18 : TM יַפְרִיד - LXX ὁρίζει - Tg פרשא).

94. La traduction latine "promittit" s'inspire évidemment de la combinaison de בטא et de שבע de Lv 5, 4.

95. Dans son *Dictionary of Classical Hebrew*, D. Clines évoque également la possibilité de corriger מָטוֹב du Ps 39, 3 en une forme de ce verbe, mais cela n'apporte rien à notre enquête, car les traducteurs anciens ont clairement lu טוֹב "bon" (LXX ἐξ ἀγαθῶν ; Tg מן פתגמי אוריתא "des paroles de la Loi").

En Lv 5, 4, Nb 30, 7.9 ou Pr 12, 18, il s'agit d'un être humain qui laisse échapper un serment inconsidérément. Mais en Ps 106, il est question de Moïse et de l'épisode de Mériba : "(v. 32) Ils ont irrité Dieu près des eaux de Mériba et causé le malheur de Moïse (v. 33) en étant indociles à son esprit, et Moïse parla sans réfléchir". (TOB)

- TM Ps 106, 33 : כִּי־הִמְרוּ אֶת־רוּחוֹ וַיְבַטֵּא בִּשְׂפָתָיו
- LXX Ps 105, 33 : ὅτι παρεπίκραναν τὸ πνεῦμα αὐτοῦ καὶ <u>διέστειλεν</u> ἐν τοῖς χείλεσιν αὐτοῦ "parce qu'ils avaient irrité son esprit et *il parla distinctement* de ses lèvres"
- idem Vg iuxta LXX : et distinxit ; Vg iuxta Hebraicum : praecepit "il enseigna"[96]
- Tg Ps 106, 33 : ארום סריבו על רוח קודשיה <u>ופריש</u> בסיפוותיה "parce qu'ils s'étaient rebellés contre son esprit saint et *il parla distinctement* de ses lèvres"

Si nous n'avions que ce passage des Ps, l'hypothèse d'une adaptation par respect pour Moïse s'imposerait sans hésitation possible, mais le verbe בטא est utilisé pour n'importe quel homme ou femme qui prononce un serment à la légère dans les autres livres. Faut-il conclure que les traducteurs de LXX et Tg du Lévitique (qui ont travaillé les premiers), ayant à l'esprit le fait que ce verbe hébreu est utilisé pour Moïse dans les Ps, ont fixé une traduction qui évite de mettre Moïse dans l'embarras dans les Ps ? La coïncidence entre la LXX et le Tg serait un argument en faveur de cette hypothèse, qui impliquerait, de la part du traducteur de Lv et des traducteurs en général, un travail de traduction très réfléchi, soutenu par un courant exégétique affirmé dans différents cercles du judaïsme.

2.2.6. Jg 3, 23

Le cas de Jg 3, 22–23 est spécial, puisque nous sommes face à deux hapax qui semblent d'ailleurs désigner la même réalité. Or, nous trouvons une "traduction" dont le seul mérite est sans doute de rester proche de l'hébreu

---

96. L'araméen פרש correspond à l'hébreu פלא ; s'agit-il ici d'une spéculation entre פלא et אלף "enseigner" ? Notons que les nazirim de Am 2, 11.12 sont également traduits "les enseignants". Or nous avons vu que נזר a été traduit par la racine פרש dans Tg Gn 49, 26 et Dt 33, 16. Il pourrait s'agir de la même spéculation.

DES TRADITIONS EXÉGÉTIQUES COMMUNES AU JUDAÏSME ANTIQUE

dans sa sonorité, ainsi qu'une traduction "étymologique" d'après l'araméen qui semble bien coïncider avec le Tg.

- TM fin v. 22 : וַיֵּצֵא הַפַּרְשְׁדֹנָה – début v. 23 : וַיֵּצֵא אֵהוּד הַמִּסְדְּרוֹנָה

Les lexicographes ne s'accordent pas sur le sens des deux hapax des vv. 22 et 23. Pour l'hapax du v. 22, פַּרְשְׁדֹן, HALOT propose plusieurs pistes : il correspondrait peut-être à l'akk. *parašdinnu* "trou", ou au hittite *parašdu* "bouton", ou encore serait une déformation du substantif פֶּרֶשׁ "excréments trouvés dans les intestins". Quant à l'hapax du v. 23, מִסְדְּרוֹן, HALOT suggère "le lieu d'aisance, le cabinet" et BDB "la colonnade" (en tant que *rangée* de colonnes). Pour ma part, je suis volontiers l'option de la BdA (P. Harlé) qui, constatant la présence du même verbe, voit dans le début du v. 23, une reprise de la fin du v. 22, avec deux hapax probablement de même signification : le trou d'évacuation du lieu d'aisance de la chambre haute, qui permet à Ehoud de s'enfuir.

Qu'ont compris les Versions ?

- LXX v. 22 (Vaticanus ; pas traduit dans A) : καὶ ἐξῆλθεν Αωδ τὴν προστάδα "et Ehoud sortit vers le vestibule"
- Pesh. v. 22 : ונפק מסרהבאית "et il sortit précipitamment"
- Tg v. 22 : ונפק אכליה שפיך "et sa nourriture sortit, répandue"
- Vg v. 22 : (tam valide ut capulus ferrum sequeretur in vulnere ac pinguissimo adipe stringeretur nec eduxit gladium sed ita ut percusserat reliquit in corpore) statimque per secreta naturae alvi stercora proruperunt ("si fort que la garde suivit la lame dans la blessure et fut enserrée par la graisse très épaisse et il ne retira pas l'épée, mais elle resta dans le corps comme il avait frappé, *et aussitôt les excréments des intestins jaillirent par les parties privées*").

Tant le Tg que la Vg semblent être partis du substantif פֶּרֶשׁ "excréments". Le traducteur grec, quant à lui, semble bien, en ayant choisi προστάς "le porche, le portique, le hall d'entrée", qui à l'accusatif fait προστάδα, avoir eu le désir de suivre plus ou moins les sonorités de l'hébreu פַּרְשְׁדֹן.[97]

---

97. Nous trouvons dans la LXX plusieurs exemples de traduction de sonorité proche. Ainsi, en Pr 14, 18, le verbe כתר a été traduit par κρατέω, ce qui permet en outre au traducteur de "délier" la métaphore. Le TM " les gens avisés se font du savoir une couronne" devient en grec : "les gens avisés maîtrisent le savoir".

Examinons maintenant les traductions du v. 23 : וַיֵּצֵא אֵהוּד הַמִּסְדְּרוֹנָה

- LXX v. 23 (Alex.) : καὶ ἐξῆλθεν Αωδ εἰς τὴν προστάδα = v. 22 Vaticanus
- LXX v. 23 (Vat.) : καὶ ἐξῆλθεν τοὺς διατεταγμένους "et il passa devant les (gardes ?) appointés"
- Pesh. v. 23 : ונפק אהוד לכסטדון "et Ehoud sortit vers le vestibule à colonnades" (*vestibulum columnis fultum*[98])
- Tg v. 23 : ונפק אהוד לאכסדרא "et Ehoud sortit vers le hall à colonnades"
- Vg v. 23 : Ahoth autem clausis diligentissime ostiis cenaculi et obfirmatis sera (v. 24) per posticam egressus est ("mais Ehoud, après avoir fermé et barré consciencieusement les portes de l'étage par le verrou v. 24 sortit par l'arrière")

La traduction de la Vg, qui ne suit pas mot à mot le TM, ne nous donne pas d'indices sur sa compréhension de l'hapax. La LXX (τοὺς διατεταγμένους) y a distingué manifestement – dans un effort de traduction "étymologique" – la racine סדר / שׂדר, dont le sens de base est "disposer, mettre en ordre". Ainsi, le *substantif* שְׂדֵרָה désigne la rangée de soldats, ainsi qu'une réalité architecturale non déterminée avec précision. Le *verbe* סדר n'apparaissant qu'une seule fois dans le corpus biblique, dans le livre tardif de Ben Sira (50, 14 – LXX κοσμέω : mettre en ordre, arranger, préparer), alors qu'il est très fréquent en araméen et en syriaque, nous aurions ici encore un témoignage de l'influence de l'araméen sur les traducteurs grecs.

Ce qui est intéressant, c'est que la traduction du Tg du v. 23, אכסדרא (= gr. ἐξέδρα), semble aussi avoir distingué les trois consonnes סדר de l'hapax, dont il reste proche matériellement;[99] par prudence, parce qu'il en ignore le sens ? Si c'était le cas, nous aurions la même "technique" en cas d'incertitude que dans la LXX v. 22 et 23.

---

98. Payne Smith, *Thesaurus syriacus*, col. 1784.
99. Nous trouvons différents exemples de cette proximité sonore entre TM et Tg : ainsi, en Is 19, 15, le TM אַגְמוֹן "roseau" a entraîné le mot araméen rare היגמון, transcrit du grec ἡγεμών; en Jr 7, 29, la "fureur" de Dieu (עֶבְרָה) disparaît derrière les hommes qui ont transgressé (verbe עבר) Sa parole; en Mi 2, 9, les "femmes" de mon peuple (נְשֵׁי עַמִּי) sont interprétées d'après le proche "assemblée" (כנישתא דעמי).

Le substantif grec ἐξέδρα apparaît dans LXX Ez uniquement, à 17 reprises, pour traduire h. לִשְׁכָּה : le hall à colonnade dans un bâtiment religieux. Cette équivalence nous permet-elle d'élucider la LXX 1 Ch 9, 33 ?

- TM : "Voici les chantres, chefs de familles lévitiques. Ils avaient été détachés *dans les pièces* du Temple (בַּלְּשָׁכֹת), car ils étaient chargés d'officier jour et nuit". (BJ)
- LXX : "Et ceux-ci (sont) les chantres, chefs des familles des Lévites, des tâches quotidiennes leur ayant été *assignées* (διατεταγμέναι ἐφημερίαι), oui jour et nuit sur eux, sous forme de travaux".

Y a-t-il eu, à un moment donné, lors des tentatives de traduction, appel à l'équivalence hébreu לִשְׁכָּה – grec ἐξέδρα – araméen אכסדרא, ce dernier interprété là encore d'après la racine סדר, d'où LXX διατάσσω ? Notons cependant que TM לִשְׁכָּה est en général rendu par l'équivalent araméen לשכא. Mais si telle en était l'origine, cela impliquerait que la couche araméenne אכסדרא a occulté l'hébreu לִשְׁכָּה chez le traducteur grec.

2.2.7. 1 R 11, 36 et 15, 4

Dans quatre versets du corpus biblique, Dieu promet de laisser "une lampe" (נִיר) à Jérusalem pour David et ses fils : 1 R 11, 36 ; 15, 4 ; 2 R 8, 18 et 2 Ch 21, 7. Les quatre passages ont été décryptés par le Tg, comme c'est généralement le cas pour les métaphores : la lampe qui subsiste, c'est la royauté.[100] La LXX, quant à elle, a traduit littéralement "la lampe" dans deux des passages (2 R 8, 19 et 2 Ch 21, 7 : λύχνον), mais a traduit par "un établissement" en 1 R 11, 36 et "un reste" en 1 R 15, 4. Pour ce qui est du "reste" (κατάλειμμα), le traducteur pourrait avoir été influencé par le mot hébreu proche matériellement נִין "la descendance";[101] était-ce là une variante dans sa *Vorlage* ? Ou bien a-t-il délibérément décrypté la métaphore du texte ? En tout cas, le deuxième passage de 1 R est interprété

---

100. Idem Tg 2 S 21, 17 et Nb 21, 30 (ce dernier passage pour le verbe וַנִּירָם (racine ירה "viser, tirer") compris manifestement comme le substantif נִיר).

101. En Is 14, 22b, les mots "descendance" et "reste" sont mis en parallèle (σπέρμα semblant traduire les deux mots hébreux synonymes וְנִין וָנֶכֶד). Ce substantif apparaît aussi dans le texte hébreu de Si 47, 22, aussi en compagnie de נֶכֶד, et le groupe est traduit ἔκγονα καὶ σπέρμα; dans le même verset figure aussi κατάλειμμα, mais nous n'avons pas conservé l'hébreu de ce demi-verset.

plutôt que traduit. Concernant cette deuxième interprétation, "un établissement, une position, une place" (θέσις), je ne souscris pas à l'hypothèse proposée par LEH, qui le traduit par "adoption" et pense à גור[102] car ce type de traduction (la racine גור traduite par le substantif θέσις ou par le verbe fréquentissime τίθημι) ne se rencontre jamais dans la LXX. Selon moi, cette traduction a pour origine, non une lecture variante ou défectueuse à partir de גור "séjourner", mais une tradition d'interprétation telle que nous la retrouvons dans le Tg, qui, sauf en 2 Ch 21, 7, insère le verbe קיים "faire subsister, faire se dresser" (la royauté) dans ces passages :[103]

- TM 1 R 11, 36 : "À son fils, je donnerai une tribu afin que mon serviteur David ait toujours une lampe (נִיר) devant moi à Jérusalem, la ville que je me suis choisie afin d'y mettre mon nom". (TOB)
- LXX : τῷ δὲ υἱῷ αὐτοῦ δώσω τὰ δύο σκῆπτρα ὅπως ᾖ <u>θέσις</u> τῷ δούλῳ μου Δαυιδ "et à son fils je donnerai les deux sceptres afin qu'il y ait pour mon serviteur David *un établissement...*"
- Tg : "... et à son fils, je donnerai une tribu *pour faire subsister la royauté* (לקימא מלכו) pour David mon serviteur".

Le traducteur grec de 1 R (appartenant pourtant à une école littérale[104]) n'a pas hésité à s'écarter du sens du TM pour décrypter la métaphore, selon une interprétation traditionnelle.

2.2.8. Is 3, 16b

En Is 3, 16b, l'hapax עכס "faire tinter ses bracelets de cheville" a été interprété par métathèse dans le Tg, d'après le verbe fréquent כעס "irriter", d'où Tg רגז :[105]

---

102. LEH, s.v. θέσις : "1 Kgs 11,36 θέσις adoption – גור ? for MT ניר *lamp*".
103. Quoique Tg קיים corresponde plutôt à LXX (ἀν)ίστημι, nous trouvons aussi LXX (δια)τίθημι – Tg קיים : cfr. par ex. Gn 9, 17 ou 1 S 22, 13.
104. La situation est, bien sûr, plus complexe : cfr. Adrian Schenker, *Älteste Textgeschichte der Königsbücher. Die hebräische Vorlage der ursprünglichen Septuaginta als älteste Textform der Königsbücher* (OBO 199), Fribourg – Göttingen (2004).
105. C'est la traduction habituelle du Tg : cfr. Tg Dt 4, 25 ; 9, 18 ; 31, 29 ; 32, 16.19.21 ; Jg 2, 12 ; 1 S 1, 7 etc. Notons que, dans TB *Terumah* 16a, il y a un jeu de mots entre la fille de Caleb, Akhsah (עָכְסָה), et le verbe כעס "irriter" : tous ceux qui voyaient Akhsah s'irritaient contre leur femme ! (cfr. Jastrow, *Dictionary*, 656, s.v. כעס)

DES TRADITIONS EXÉGÉTIQUES COMMUNES AU JUDAÏSME ANTIQUE   169

- TM : "Yahvé dit : Parce qu'elles font les fières, les filles de Sion, qu'elles vont le cou tendu et les yeux provocants, qu'elles vont à pas menus, *en faisant sonner les anneaux de leurs pieds* (וּבְרַגְלֵיהֶ֖ם תְּעַכַּֽסְנָה)" (BJ)
- Tg : וברגליהון מרגזן "... et qu'elles irritent avec leurs pieds"[106]
- LXX : καὶ τοῖς ποσὶν ἅμα παίζουσαι. "... tout en jouant/taquinant/dansant avec leurs pieds"

Le verbe grec παίζω et ses composés traduit en général צחק / שחק dans ses différentes acceptions : le simple jeu, le jeu amoureux, la moquerie, le chant et la danse. Faut-il rapprocher la LXX du Tg et considérer que la traduction grecque se base aussi sur כעס, et que παίζω a suivi une évolution similaire à celle du français "agacer" : ennuyer, puis : aguicher ? C'est possible, car παίζω a pris un sens sexuel dans les passages où c'était le cas en hébreu pour שחק / צחק.[107] Toutefois, je n'ai pas trouvé d'attestation TM כעס – LXX παίζω (ou un composé). Si c'était le cas, cependant, ce serait particulièrement intéressant, car nous aurions la LXX, le Tg et la littérature rabbinique postérieure dans la même ligne exégétique. En effet, dans le traité TB *Shabb.* 62b, le verbe d'Isaïe est glosé d'après בָּעוּס, le participe passif de כעס : les filles de Sion font en sorte d'éveiller chez les hommes un désir brûlant comme le venin d'un serpent *excité*.

2.2.9. Is 40, 5

- TM Is 40, 5 : "Alors la gloire du Seigneur sera dévoilée et tous les êtres de chair *ensemble* (יַחְדָּ֑ו) verront que la bouche du Seigneur a parlé". (TOB)
- LXX : καὶ ὀφθήσεται ἡ δόξα κυρίου καὶ ὄψεται πᾶσα σὰρξ <u>τὸ σωτήριον τοῦ θεοῦ</u> ὅτι κύριος ἐλάλησεν "Et la gloire du Seigneur sera vue et toute chair verra *le salut* de Dieu, car le Seigneur a parlé".

Il est évident que le traducteur d'Isaïe connaît le sens du fréquent יַחְדָּ֑ו "ensemble" et que l'écart par rapport au TM est volontaire. Nous trouvons

---

106. L'AB 11 traduit "and inciting with their feet"; aucun commentaire n'accompagne cette traduction.

107. De même, en grec post-classique, nous trouvons ce sens sexuel pour le composé προσπαίζω; ainsi dans l'Anthologie Palatine 5.75, il est question d'une jeune fille qui "agace" l'auteur d'épigrammes.

d'ailleurs de nombreux autres passages de LXX Is où le "salut" divin a été incorporé dans la traduction, ainsi que le soulignait déjà L. Brockington :[108] par ex. LXX Is 38, 11 (TM לֹא־אֶרְאֶה יָהּ יָהּ - LXX οὐκέτι μὴ ἴδω τὸ σωτήριον τοῦ θεοῦ); ou encore 60, 6 (TM תְּהִלֹּת יְהוָה - LXX τὸ σωτήριον κυρίου[109]). Or nous trouvons cette même introduction du "salut" dans la traduction araméenne de versets qui n'en font pas mention – pour Isaïe – en Tg Is 13, 8 ; 30, 18 ; 38, 18 ; 40, 31 ; 49, 23 ; 50, 10 ; 60, 1 ; 64, 3. Le traducteur grec d'Isaïe, par ailleurs, a également introduit le thème de la sainteté. Ainsi en Is 27, 1, l'épée "dure" du Seigneur a été traduite "l'épée sainte" (קשה a été lu קדשה). Cette variation pourrait être née, chez le traducteur grec (ou déjà chez les scribes de la *Vorlage* de la LXX Is) sous l'influence du thème récurrent de la sainteté (et en particulier du titre "le Saint d'Israël"[110]) en Isaïe (par ex. Is 1, 4; 5, 16.19.24; 6, 3 le célèbre trishagion; 10, 20; etc.).[111]

2.2.10. Nb 23, 3 et Jr 3, 2

Le mot שְׁפִי "crête désertique" n'a pas reçu de traduction uniforme dans la LXX. En effet, en Nb 23, 3 et Jr 3, 2, il est rendu par l'adjectif εὐθύς "droit"; en Is 41, 18 par le substantif ὄρος "montagne"; en Is 49, 9 par ὁδός "chemin";[112] en Jr 3, 21 et 7, 29 par le substantif χεῖλος "lèvre" (= hébreu

---

108. Leonard H. Brockington, "Septuagint and Targum", ZAW 66 (1954), 80–88. Brockington se demandait d'abord si le nom du prophète n'aurait pas joué dans ces ajouts. Ensuite, il soulignait le fait que les ajouts ne sont pas situés aux mêmes versets dans la LXX et le Tg, ce qui montre leur indépendance respective dans le cadre d'une tradition exégétique commune qui a pu s'étendre de la Judée à la Diaspora (p. 80; 82-83; 85).

109. En TM Is 60, 18, nous trouvons la "louange" et le "salut" en parallèle.

110. Ce titre se rencontre 1 fois en 2 R 19, 22 ; Ps 71, 22 ; Jr 50, 29 ; et 19 fois en Isaïe.

111. Ce thème a vraisemblablement donné naissance à d'autres petites divergences du même genre. En Is 14, 27, le titre יְהוָה צְבָאוֹת est rendu par ὁ θεὸς ὁ ἅγιος. En Is 26, 21, le "lieu" de Dieu (מִמְּקוֹמוֹ) est traduit son "sanctuaire" (ἀπὸ τοῦ ἁγίου). En LXX Is 30, 19, le "peuple" qui est à Sion (עַם בְּצִיּוֹן) est devenu le "peuple saint" qui est à Sion (λαὸς ἅγιος ἐν Σιων). En Is 33, 5, "Dieu élevé" (נִשְׂגָּב יְהוָה) a été traduit "le Dieu saint" (ἅγιος ὁ θεὸς). En Is 60, 9, le "nom" du Seigneur (לְשֵׁם יְהוָה) a été amplifié en "le saint nom" du Seigneur (διὰ τὸ ὄνομα κυρίου τὸ ἅγιον). En Is 65, 9, "mes montagnes" (הָרַי) a été mis au singulier et a reçu l'adjonction de l'adj. "saint" (τὸ ὄρος τὸ ἅγιόν μου).

112. Ces deux traductions pourraient avoir été "devinées" d'après le contexte, et

שׁפה); en Jr 12, 12 par διεχβολή "passage"; et en Jr 14, 6 par le substantif νάπη "vallée boisée".

Le Tg traduit en général ce substantif par נגדין "les chemins" (tout comme LXX Is 49, 9). Cependant, en Is 41, 18, il le traduit par אורח תקנא "le chemin droit", ce qui correspond plus ou moins aux traductions de LXX Nb 23, 3 et Jr 3, 2 en εὐθύς. La BdA 4 sur les Nombres (p. 107) note que "l'interprétation de la LXX ne paraît pas avoir de parallèle ; son explication reste à trouver". En fait, le Tg Is 41, 18 (le chemin droit) nous offre probablement un parallèle.

Par ailleurs, on pourrait hasarder l'explication suivante. En Pr 8, 6, נְגִידִים est parallèle à מֵישָׁרִים dans un contexte de paroles : "Écoutez, j'ai à vous dire des choses importantes (נְגִידִים), j'ouvre mes lèvres pour dire des paroles droites (מֵישָׁרִים)" (BJ). Et au v. 7, nous trouvons la "vérité" : "C'est la vérité (אֱמֶת) que mon palais proclame, car le mal est abominable à mes lèvres".

Comme nous le voyons plus haut, le substantif araméen נגדא "chemin" traduit majoritairement le TM שְׁפִי (Tg Is 49, 8 ; Jr 3, 2.21 ; 4, 11 ; 7, 29 ; 12, 12 et 14, 6). Or, si nous regardons les emplois de l'adjectif εὐθύς, nous constatons en Gn 33, 12 qu'il correspond à l'expression hébraïque לנגד : (marcher) en face de soi, droit devant soi, puisque לְנֶגְדְּךָ a été traduit ἐπ' εὐθεῖαν.

Face à un substantif un peu difficile, le traducteur grec s'est peut-être inspiré d'un parallélisme et d'une tradition d'interprétation fixée en araméen. Le *meturgeman* d'Is 41, 18 a probablement été influencé, lui aussi, par l'ambivalence de la racine נגד en hébreu et araméen.

2.2.11. Jr 32[39], 17.27

En Jr 32[39], 17.27, l'expression "rien n'est trop difficile pour Toi" (לֹא־יִפָּלֵא מִמְּךָ כָּל־דָּבָר) a été traduite tant dans la LXX (οὐ μὴ ἀποκρυβῇ) que dans le Tg (לא יתכסא) par "rien ne T'est caché", les traducteurs étant sans doute partis, non du verbe פלא "être extraordinaire, trop difficile", mais de la racine אפל en relation de métathèse, dont l'idée de base est l'obscurité.[113] Le traducteur grec de Jr a suivi un courant de modifications nées sans

---

en particulier d'après les termes parallèles : cfr. Kutscher, *The Language and Linguistic Background*, 76.

113. L'obscurité servant à cacher ou à se cacher : ex. 2 S 22, 11 : καὶ ἔθετο σκότος ἀποκρυφὴν αὐτοῦ "et il a fait de l'obscurité sa cachette".

doute par respect vis-à-vis de Dieu que nous trouverons plus affirmé dans le Tg; ainsi nous la trouvons déjà en Tg Gn 18, 14.[114] De même, en Za 8, 6, toujours concernant Dieu, le TM "Si le reste du peuple trouve cela impossible – pour ce jour-là – devrai-je moi aussi l'estimer impossible ? – oracle du Seigneur le tout-puissant". (TOB) a été modifié dans le Tg : "puisque Ma crainte est précieuse (תיקר) aux yeux du reste de ce peuple, en ces jours, alors devant Moi ils seront précieux (ייקרון)".[115]

En revanche, en Tg Dt 18, 8 ; 30, 11 où l'expression "être trop difficile" s'applique à un homme, nous trouvons le verbe araméen habituel pour traduire h. פלא, à savoir פרש "séparer, spécifier clairement, distinguer ; P. être extraordinaire", ce sens de "séparer, mettre à part, faire une distinction" étant sans doute le sens de base des racines apparentées פלא et פלה. Cette traduction presque systématique de la racine h. פלא par la racine פרש nous permet de comprendre la traduction de LXX du Vaticanus de Jg 13, 19. Pour l'hébraïsme du TM מַפְלִא לַעֲשׂוֹת "Celui qui agit merveilleusement" (litt. celui qui rend merveilleux son agir), l'Alexandrinus présente la traduction littéraire τῷ θαυμαστὰ ποιοῦντι "à Celui qui fait des merveilles", mais le Vaticanus, qui présente toujours une traduction beaucoup plus littérale, a voulu revenir et adhérer strictement à la tournure sémitique et a traduit : διεχώρισεν ποιῆσαι "il a séparé de faire". Ce verbe διαχωρίζω est évidemment le calque grec de l'araméen פרש (cfr. Tg : מפריש למעבד), puisque ordinairement, les traducteurs grecs rendent la racine פלא par un substantif ou un adjectif apparenté au verbe θαυμάζω.

2.2.12. Ez 4, 7

Des verbes de sens identique sont utilisés par la LXX et le Tg pour traduire Ez 4, 7 :

---

114. Mais la LXX a traduit le texte littéralement : μὴ ἀδυνατεῖ παρὰ τῷ θεῷ ῥῆμα εἰς "une chose est-elle impossible à Dieu" (réponse attendue après la particule μὴ : non !).

115. Le traducteur joue sur les deux sens de la racine יקר : "être précieux" et "être lourd, pénible, difficile". Cependant, en 2 S 13, 2 (concernant Amnon désirant sa demi-sœur Tamar), le Tg a, là encore, adopté la traduction en כסא "être caché", peut-être parce que le complément "à ses yeux" suit. De même, en Pr 30, 18, toujours avec un sujet humain, c'est le verbe גני "être caché" qui est utilisé pour traduire le TM פלא (dans le sens "être trop difficile (à connaître), être inaccessible à l'esprit humain"), parallèle à "ne pas connaître".

- TM Ez 4, 7 : "Tu fixeras ton regard sur Jérusalem assiégée et, *le bras nu* (וּזְרֹעֲךָ חֲשׂוּפָה), tu prononceras un oracle contre elle". (TOB)
- LXX : καὶ εἰς τὸν συγκλεισμὸν Ιερουσαλημ ἑτοιμάσεις τὸ πρόσωπόν σου καὶ τὸν βραχίονά σου <u>στερεώσεις</u> καὶ προφητεύσεις ἐπ' αὐτήν
- Tg : ולציר ירושלם תתקין אפך ודרעך <u>תתקיף</u> ותתנבי עלה

Alors que l'expression "dénuder, découvrir son bras" (חשׂף ; sujet : Dieu) a été traduite littéralement en LXX et Tg Is 52, 10 (ἀποκαλύπτω – גלי), en Ez 4, 7, les traducteurs grec et araméen ont tous deux adopté une formule plus concrète : "tu *affermiras* ton bras". Cette traduction différente pourrait, tout en précisant le sens de l'expression, avoir respecté une différence de traitement entre Dieu, qui "révèle" son bras (sans pécher par anthropomorphisme),[116] et le prophète, qui *l'affermit*.

2.2.13. Ez 20, 27

En Ez 20, 27b, le TM fait état des pères qui ont "insulté" (גִּדְּפוּ) Dieu ; or, tant la LXX que le Tg, pour des raisons de respect sans doute, ont atténué le passage en "irriter", alors qu'ils interprètent ce verbe de manière littérale quand il se rapporte aux hommes :[117]

- TM : "… עוֹד זֹאת גִּדְּפוּ אוֹתִי אֲבוֹתֵיכֶם בְּמַעֲלָם בִּי מָעַל continuellement vos pères m'ont outragé par leurs infidélités". (TOB)
- LXX : "… jusqu'à maintenant, vos pères *m'ont irrité* (παρώργισάν με) par les transgressions qu'ils ont opérées à mon égard".
- Tg : "… jusqu'ici vos pères *ont irrité devant moi* (ארגיזו קדמי) parce qu'ils ont trompé par leurs paroles de tromperie".

Nous rencontrons le même remplacement en "irriter" avec le v. נאץ ayant Dieu pour objet dans le Ps 10[9], 13 :

---

116. Dans tous les passages où il est question du "bras tendu" de Dieu (Ex 6, 6; Dt 4, 34; 5, 15; 7, 19; 9, 29; 11, 2; 26, 8; 2 R 17, 36; 2 Ch 6, 32; Ps 136[135], 12; Jr 27[34], 5; 32[39], 17; Ez 20, 33), la LXX et le Tg coïncident également pour traduire le bras "tendu" (זְרוֹעַ נְטוּיָה) par le bras "élevé" (βραχίονι ὑψηλῷ; דרע מרמם). Seule la LXX Jr 21, 5 présente une traduction littérale pour une expression hébraïque un peu différente.

117. 2 R 19, 6 : LXX ἐβλασφήμησαν – Tg חסידו ; Is 37, 6 : LXX ὠνείδισάν – Tg חסידו.

- TM : עַל־מֶה נִאֵץ רָשָׁע אֱלֹהִים אָמַר בְּלִבּוֹ לֹא תִדְרֹשׁ
- LXX : "Pourquoi l'impie *a-t-il irrité* (παρώξυνεν) Dieu, car il a dit en son cœur : il ne cherchera pas ?" (idem Vg)

La LXX a, ici comme dans divers autres passages,[118] traduit le verbe נאץ "mépriser, rejeter, outrager" par παροξύνω "irriter", qui est plus neutre;[119] or, nous trouvons ce type d'interprétation dans le Tg (ex. Tg Nb 16, 30b[120]), ce qui montre bien que les traducteurs grecs, loin d'être isolés, étaient portés par une interprétation traditionnelle des textes.

2.2.14. Ez 32, 9

Nous trouvons la même interprétation de "brisure, ruine" (שֶׁבֶר) par "déportation, exil, captivité" (racine proche שבה) en LXX Ez 32, 9 et Tg Is 30, 26 :

- TM Ez 32, 9 : "J'affligerai le coeur de beaucoup de peuples quand je provoquerai *ta ruine* (שִׁבְרְךָ) parmi les nations, dans des pays que tu ne connais pas". (BJ)
- LXX : "et j'affligerai le coeur de peuples nombreux lorsque je conduirai tes captifs (αἰχμαλωσίαν σου) parmi les nations dans une terre que tu ne connais pas".

Le traducteur avait-il une variante ou a-t-il voulu expliciter plus concrètement, comme le fait souvent le Tg, ce qu'est la "brisure" en évoquant l'exil ?[121] Le thème de la golah est évidemment très présent chez Ezéchiel (au point que le proche גְאֻלָּה "la parenté" est également traduit αἰχμαλωσία en Ez 11, 15), ce qui pourrait expliquer la naissance accidentelle d'une variante,

---

118. Ex. LXX Nb 14, 11.23 ; 16, 30 ; Dt 31, 20 ; 32, 19 ; etc.

119. Comparons, par exemple, les traductions grecques de Ne 9, 18 (les outrages contre Dieu) et Ez 35, 12 (contre les montagnes d'Israël) :
- Ne 9, 18 : TM וַיַּעֲשׂוּ נֶאָצוֹת גְּדֹלוֹת – LXX καὶ ἐποίησαν παροργισμοὺς μεγάλους (= TM atténué);
- Ez 35, 12 : TM שָׁמַעְתִּי אֶת־כָּל־נָאָצוֹתֶיךָ – LXX ἤκουσα τῆς φωνῆς τῶν βλασφημιῶν σου (= TM non atténué).

120. Cfr. aussi Tg Ez 35, 12.

121. La "captivité", qui correspond en général à la racine שבה, traduit à l'occasion la racine גלה, certainement dans la LXX Ez : ex. 2 R 24, 14; Is 45, 13; Ez 1, 1.2; 3, 11.15; 11, 24.25; 12, 3.4.7 etc.

cependant nous trouvons ce type de démarche dans le Tg, qui travaille sur un texte consonantique stabilisé.

- TM Is 30, 26b : "... au jour où Yahvé pansera *la blessure* de son peuple (אֶת־שֶׁבֶר עַמּוֹ) et guérira la trace des coups reçus" (BJ).
- LXX = TM : τὸ σύντριμμα
- Tg : "... au jour où le Seigneur ramènera *la captivité* (גלוות) de son peuple et guérira la maladie de son coup".

Cette traduction, qui évite un anthropomorphisme,[122] a manifestement, elle aussi, pour origine un rapprochement des racines שבר "briser", שוב "revenir" et שבה "emmener en captivité".[123] Clairement, la proximité matérielle de ces racines a suscité la réflexion exégétique et a permis au Tg d'aborder l'un de ses thèmes de prédilection, l'exil.[124]

A l'inverse, en LXX Jr 13, 17b, le TM : "mes yeux vont pleurer, pleurer, fondre en pleurs : le troupeau du Seigneur *part en captivité* (נִשְׁבָּה) !" (TOB) a été traduit : "... car le troupeau du Seigneur *a été brisé*" (ὅτι συνετρίβη τὸ ποίμνιον κυρίου = h. נִשְׁבָּר), sous l'influence peut-être de Jr 14, 17b ("un grand désastre a brisé la vierge, mon peuple, un coup meurtrier"); 17, 18b ("Fais venir sur eux le jour du malheur, brise-les à coups redoublés !"); et 19, 11 ("Je brise ce peuple et cette ville comme on brise l'oeuvre du potier"). Le thème de la déportation reste de toute façon inscrit en Jr 13, 19 (LXX = TM).[125]

---

122. Le verbe parallèle "guérir" n'a pas été ressenti comme contraire à la désincarnation divine, car il a été traduit littéralement.

123. Ces deux racines שוב "revenir" et שבה "emmener en captivité" sont évidemment très proches, d'autant plus avant la fixation des voyelles par les Massorètes; ainsi en Is 1, 27, le TM שָׁבֶיהָ "ceux d'entre elle qui se repentent" a été traduit ἡ αἰχμαλωσία αὐτῆς "sa captivité" (= שִׁבְיָהּ).

124. Le Tg fait également très souvent allusion à l'exil ou à la communauté de l'exil, quand ces thèmes ne figurent pas dans le texte hébreu (Tg Is 6, 13 ; 26, 15 ; 27, 6 ; 30, 26 ; 35, 6 ; 40, 2.31; 41, 18 ; 42, 7 ; 43, 5 etc. ; Tg Os 2, 2.24 ; 8, 10 ; 11, 10 ; 14, 8 ; Mi 2, 12 ; 5, 3 ; Za 1, 8 etc ; Ps 18, 30.31 ; 23, 4 etc)

125. A l'inverse, en Jr 13, 14, le verbe נָפַץ "fracasser" a été interprété d'après פוץ hiphil "disperser" (καὶ διασκορπιῶ), sous l'influence du v. 24.

2.2.15. Za 9, 14

Alors que, dans le TM Za 9, 14, Yhwh s'avance dans les "tempêtes du sud" (בְּסַעֲרוֹת תֵּימָן), dans la LXX, il s'avance dans la "tempête de sa menace" (ἐν σάλῳ ἀπειλῆς αὐτοῦ). Les commentateurs de la BdA remarquent très justement que nous sommes face à une double traduction de סערה, d'après סערה "la tempête" et d'après le proche גערה "la menace, le reproche, le grondement", tandis que le "sud" n'est pas traduit.[126] Mais ils n'ont pas remis cette traduction dans son contexte plus large, ce qui isole la traduction grecque de sa matrice herméneutique. Examinons, en effet, les traductions araméennes des deux versets quasiment identiques Jr 23, 19 et 30, 23, où nous trouvons les deux substantifs synonymes סְעָרָה et סַעַר :

- TM Jr 23, 19 : הִנֵּה סַעֲרַת יְהֹוָה חֵמָה יָצְאָה וְסַעַר מִתְחוֹלֵל עַל רֹאשׁ רְשָׁעִים יָחוּל "La *tempête* du Seigneur, la fureur éclate, un *cyclone* tourbillonne : il tourbillonne sur la tête des coupables". (TOB)
- Tg Jr 23, 19 : הא מזופיתא מן־קדם יוי ברגז נפקא ועלעול משתגש על ריש רשיעין יחול
- TM Jr 30, 23 : הִנֵּה סַעֲרַת יְהֹוָה חֵמָה יָצְאָה סַעַר מִתְגּוֹרֵר עַל רֹאשׁ רְשָׁעִים יָחוּל
- Tg Jr 30, 23 : הא מזופיתא מן־קדם יוי ברגז נפקא ועלעול מתכנש על ריש רשיעין יחול "Voici que *les reproches* de devant Yhwh sortiront avec fureur, et *une tempête* sèmera le trouble/se concentrera et tourbillonnera sur la tête des impies".

Le *meturgeman* (qui travaille sur un texte consonantique stabilisé et a donc bien lu סְעָרָה et non גְּעָרָה) a rompu volontairement le parallélisme dans les deux versets, ne laissant la "tempête" que dans le deuxième stique, tandis qu'il introduit les "reproches, les menaces" dans le premier stique. En effet, la racine נזף (ici substantif מזופיתא) traduit généralement la racine hébraïque גער.[127] Les deux mots סְעָרָה et גְּעָרָה sont proches tant matériellement que contextuellement, puisque les "menaces" (גְּעָרָה) apparaissent dans un contexte de tempête (סוּפָה) et de fureur (חֵמָה) en Is 66, 16. De même, en 2 S 22, 16 (= Ps 18, 16) et Is 50, 2, c'est la "menace" (גְּעָרָה)

---

126. BdA 23.10-11, 309.

127. Par ex. Dt 28, 20 : substantif מִגְעֶרֶת ; 2 S 22, 16 ; Is 30, 17 ; 50, 2 ; 51, 20 ; 66, 15 etc. : substantif גְּעָרָה. La traduction du Tg Is 51, 15 : TM רֹגַע הַיָּם "qui agite la mer" – Tg דְּנָזִיף בְּיַמָּא "qui réprimande la mer" provient de la métathèse גער – רגע.

de Dieu (en parallèle avec le souffle de ses narines pour 2 S = Ps 18) qui assèche le lit de la mer. Au Ps 104, 7, les eaux fuient à la "menace" de Dieu, devant ses coups de tonnerre. Au Ps 106, 9, Dieu "menace" (verbe גָּעַר) les eaux, qui s'assèchent. Clairement, cette racine גער, que la LXX a rendu de manière assez figée par "menace / menacer" (ἀπειλή / ἀπειλέω)[128] ou "réprimandes / réprimander" (ἐπιτίμησις / ἐπιτιμάω)[129] avait pris aussi un sens plus cosmique. Dès lors, nous le voyons dans le Tg Jr, la "menace" (גערה) pour la "tempête" (סערה) était acceptée comme substitut traditionnel permettant de décrypter la métaphore de la tempête, ce qui explique la traduction LXX Za 9, 14.

Notons qu'en Jr 30[37], 23, סְעָרָה et סַעַר (accompagnés de חֵמָה "fureur") ont été rendus en grec par ὀργή "colère" : le traducteur a décrypté pleinement la métaphore, sans laisser trace du sens de "tempête" (alors que le Tg avait laissé une des deux mentions). Or en LXX Is 26, 21a, le verbe פקד "visiter, châtier", avec עָוֹן comme complément, a été traduit par ἐπάγει τὴν ὀργήν "(Le Seigneur) brandit sa colère".[130]

Ce verbe פקד peut être utilisé dans le sens neutre (par ex. Jg 15, 1 : Samson "rend visite" à sa femme), positif ("visiter favorablement") ou dans le sens négatif ("sévir, châtier"). Dans ce dernier sens, l'association avec la colère n'est pas surprenante (par ex. Za 10, 3 : "Contre les pasteurs a brûlé ma colère, contre les boucs, je vais sévir"). Dans le Tg, ce verbe פקד est principalement traduit par le verbe araméen סער de même signification ("visiter, inspecter"). Le traducteur grec d'Is a pu être influencé, tant par le contexte négatif fréquent de la "visite" que par le double champ sémantique de סער hébreu ("tempêter") + araméen ("visiter").

2.2.16. Pr 1, 25

La LXX de Pr 1, 25, traduit le verbe פרע "délier, relâcher, négliger" par l'expression "rendre vain, vide" :

---

128. Pr 13, 8 ; 17, 10 ; Is 50, 2 ; 54, 9 ; 66, 14.
129. 2 S 22, 16 ; Jb 26, 11 ; Ps 18[17], 15 ; 80[79], 16 ;104[103], 7 ; Qoh 7, 5[6] ; Gn 37, 10; Ru 2, 16 ; Ps 9, 5 ; 68[67], 30 ; 106[105], 9 ; 119[118], 21 ; Za 3, 2[3].
130. C'est l'unique traduction en "colère". Le verbe פקד + complément עון a été traduit par les verbes ἐπισκέπτομαι "visiter" (Jr 36[43], 31; Lm 4, 22; Ps 89[88], 33); ἐκδικέω "venger, punir" (Jr 25, 12; Am 3, 2); (ἀντ)ἀποδίδωμι "rendre" (Ex 20, 5; Lv 18, 25; Nb 14, 18; Dt 5, 9); ἐπάγω "transférer" (Ex 34, 7); ἐπιζητέω "chercher, charger" (2 S 3, 8); et ἐντέλλω "ordonner" (Is 13, 11). En LXX Is 24, 21, le TM פקד a été traduit par ἐπάξει τὴν χεῖρα (Dieu portera *la main*).

- TM : "puisque *vous avez négligé* (וַתִּפְרְעוּ) tous mes conseils et que vous n'avez pas voulu de mon exhortation" (BJ)
- LXX : ἀλλὰ ἀκύρους ἐποιεῖτε ἐμὰς βουλάς τοῖς δὲ ἐμοῖς ἐλέγχοις ἠπειθήσατε "Mais *vous avez rendu vains* mes conseils ; vous vous êtes rebellés contre mes reproches".

Dans ce verset, la traduction grecque de l'hébreu פרע, un verbe pour lequel aucune traduction ne semble avoir été fixée,[131] ne coïncide pas avec celle de la Pesh. et du Tg (qui ont utilisé le verbe שטא "considérer comme sot") ; cependant elle correspond exactement au sens principal du verbe araméen בטל,[132] qui traduit précisément פרע en Tg Ex 5, 4 ; 32, 25 et 2 Ch 28, 19. Manifestement, les traducteurs grecs avaient à leur disposition des traditions exégétiques identiques à celles qui seront fixées par écrit dans le Tg du Pentateuque (cette traduction בטל ne se retrouve pas, en effet, dans les autres passages du Tg). L'expression "rendre vain" ne se rencontre que deux fois dans la LXX : ici et en Pr 5, 7,[133] tandis que le verbe apparenté ἀκυρόω "rendre vide, annuler" n'apparaît que dans les textes tardifs (1 Esd 6, 31 ; 4 Ma 2, 1.3.18 ; 5, 18 ; 7, 14 ; 17, 2), ce qui correspond bien à la large diffusion du verbe "technique" בטל dans le judaïsme rabbinique.

2.2.17. Jb 3, 7 et autres

L'interprétation du substantif גַּלְמוּד /fém. גַּלְמוּדָה, qui n'apparaît que quatre fois dans le corpus biblique et semble désigner la stérilité, le dessèchement, est similaire dans la LXX et le Tg :

---

131. Ex 5, 4 : διαστρέφω "détourner de" ; Ex 32, 25 : διασκεδάζω "disperser, rejeter" ; Lv 10, 6 : καταλείπω "laisser (dénoués)" ; Lv 13, 45 : ἀκατακάλυπτος "découvert" ; Lv 21, 10 ἀποκιδαρόω "enlever le turban" ; Nb 5, 18 : ἀποκαλύπτω "découvrir" ; Nb 6, 5 : τρέφω "nourrir, laisser pousser" ; Dt 32, 42 : ἄρχων "le chef" ; Jg 5, 2 (A) : ἄρχομαι "commander" + ἀρχηγός "commandant" – (B) ἀποκαλύπτω "découvrir" + ἀποκάλυμμα "fait de découvrir" ; Pr 4, 15 στρατοπεδεύω (?) "camper" ; Pr 13, 18 : ἀφαιρέω "enlever" ; Pr 15, 32 ἀπωθέω "repousser" ; Pr 29, 18 παράνομος (?) "sans loi" ; Ez 24, 14 διαστέλλω "diviser, distinguer". Les significations "chef" et "commandant" semblent bien refléter l'existence d'une racine פרע homonyme répertoriée par Gesenius-B. et acceptée par HALOT.

132. Il apparaît déjà dans le corpus biblique, dans un texte tardif, dans le sens de "cesser" (Qoh 12, 3).

133. Pour traduire le verbe סור "s'écarter" : μὴ ἀκύρους ποιήσῃς ἐμοὺς λόγους.

- TM Jb 3, 7 : "Cette nuit-là, *qu'elle soit stérile* (יְהִי גַלְמוּד), qu'elle ignore les cris de joie !" (BJ)
- LXX : ἀλλὰ ἡ νὺξ ἐκείνη εἴη <u>ὀδύνη</u> "mais que cette nuit-là soit *douleur ..*".
- Tg : הא ליליא ההוא יהא צערא idem

Le substantif araméen צערא et le verbe צער désignent tant l'humiliation que la douleur ; en de nombreux passages de la LXX, ὀδύνη /ὠδίνω[134] ou son synonyme λύπη[135] correspondent à Tg צער.

Jb 30, 3
- TM : בְּחֶסֶר וּבְכָפָן גַּלְמוּד "épuisée par la disette et la famine" (BJ)
- LXX : ἐν ἐνδείᾳ καὶ λιμῷ <u>ἄγονος</u> "dans le dénuement et la faim, *sans enfant*"
- Tg : בחוסרנא ובאולצנא <u>דלא ולד</u> idem

Is 49, 21
- TM Is 49, 21 : וַאֲנִי שְׁכוּלָה וְגַלְמוּדָה "J'étais privée d'enfants et *stérile*" (BJ)
- LXX : ἐγὼ δὲ ἄτεκνος καὶ <u>χήρα</u> "alors que moi je suis sans enfant et *veuve*"
- Tg : ואנא תכלא ויחידא "et moi (je suis) privée d'enfants et *solitaire/ fille unique*"

Dans les autres passages du Tg où figure יחיד, il désigne toujours un fils ou une fille unique ; cependant, vu le contexte de ce verset, où Sion précise qu'elle est restée seule (אֲנִי נִשְׁאַרְתִּי לְבַדִּי ; Tg : האנא אשתארית בלחודי), il me semble que la traduction du Tg doit avoir le même sens que la LXX : une femme solitaire, isolée.

- TM Jb 15, 34 : "Oui, l'engeance de l'impie est *stérile* (כִּי־עֲדַת חָנֵף גַּלְמוּד), un feu dévore la tente de l'homme vénal". (BJ)
- LXX : μαρτύριον γὰρ ἀσεβοῦς <u>θάνατος</u> ... "le témoignage (עֵדָה "congrégation" lu עֵדֻת) contre l'impie, c'est *la mort...*"

---

134. Is 14, 3 ; Ps 7, 15 ; Ps 127[126], 2 ; Jb 20, 10 ; 39, 1.3.
135. Par ex. Gn 3, 16.17.

- Tg : ארום סיעת דילטור לצערא "car une bande pernicieuse (est condamnée) à *la douleur*…"

Pour ce dernier passage, le Tg a été cohérent avec sa traduction de Jb 3, 7 : "la douleur". En revanche, la LXX a traduit "la mort" : la mort (prématurée) de l'impie témoigne de son impiété. Le sens "stérilité" du TM a-t-il entraîné "la mort" ? Cette traduction serait une extension de sens assez logique. Toutefois, si le traducteur grec avait en tête la racine araméenne צער, comme le Tg, nous trouvons, là aussi, à côté du sens "honte, douleur", le sens "calamité"; en effet, en Jb 31, 3, le TM אֵיד "la calamité, la ruine" a été traduit par ἀπώλεια "perdition" dans la LXX et par ציערא dans le Tg ; et en Jb 31, 29, TM פִּיד "le désastre, la ruine" a été traduit par πτῶμα "la chute, la ruine" en grec et par צערא en araméen. Nous restons clairement dans le même domaine sémantique. Il n'est pas impossible, en outre, que la racine hébraïque en relation de métathèse צרע "être lépreux" ait contribué à ce sens de "mort".

2.2.18. Esd 9, 11

En Esd 9, 11, le substantif נִדָּה "souillure, impureté, menstrues" a été traduit dans la LXX d'après la racine נוד ou נדד "errer",[136] alors que le contexte est très clairement, d'après la suite du verset, un contexte d'impureté :

- TM : "… La terre où vous entrez pour en prendre possession est une terre souillée (אֶרֶץ נִדָּה), souillée (בְּנִדַּת) par les gens du pays et par les abominations (בְּתוֹעֲבֹתֵיהֶם) dont ils l'ont remplie d'un bout à l'autre dans leur impureté (בְּטֻמְאָתָם)" (TOB).
- LXX : "… La terre dans laquelle vous irez pour la posséder est *une terre soumise à l'ébranlement/ l'errance*[137] *par l'errance des peuples des nations* (γῆ μετακινουμένη ἐστὶν ἐν μετακινήσει λαῶν τῶν ἐθνῶν), par leur abominations dont ils l'ont remplie d'un côté à l'autre au moyen de leurs impuretés".

Le traducteur grec d'Esdras semble avoir eu des réticences à parler de la terre promise comme d'une terre impure; ce n'est pas la terre qui est

---

136. Cfr. TM נוד – LXX κινέω : Jr 48, 17.
137. Pour le sens "errance", cfr. 2 S 15, 20, où TM נוע (synonyme de נוד) est traduit par μετακινέω par la LXX et par טלטל dans le Tg.

impure, seuls les agissements des nations sont impurs et ont conduit à leur errance, et à l'errance d'Israël.

Nous avons un réflexe similaire en Tg Lm 3, 45, où la racine araméenne טלטל "errer, aller en exil" (c'est la leçon choisie par Lagarde ; Sperber : כניעותא humiliation = hébreu שחה / שחח "être étendu, prostré"[138]), a été utilisée pour éviter l'affirmation que Dieu a fait de Jérusalem des "balayures méprisables (סְחִי וּמָאוֹס)" :

- Tg (Lagarde) : טלטולין ורטושין שויתא יתנא ביני עממיא "Tu as fait de nous *des errants* et des repoussés parmi les nations" ;
- Tg (Sperber) : כניעותא ומאיסותא תשוי יתנא בחובנא ביני עממיא "Tu as fait de nous des humiliés et des méprisés à cause de nos péchés parmi les nations".

Certes, le Tg délie en général les métaphores pour son lecteur ou auditeur, et, par ailleurs, "racler, balayer" évoque l'idée de dispersion. D'ailleurs, le verbe hapax סחה dont vient le substantif סְחִי, lui aussi hapax, a été traduit par la LXX Ez 26, 4 par λικμάω "vanner, disperser". Cependant, il est significatif que le Tg ait recouru au verbe טלטל qui exprime spécifiquement l'exil.

Le cas de LXX Lm 1, 8 demande plus de développements.

- TM : "Jérusalem a péché gravement, aussi est-elle devenue *chose impure* (לְנִידָה). Tous ceux qui l'honoraient la méprisent : ils ont vu *sa nudité* (עֶרְוָתָהּ)". (BJ)
- LXX : ἁμαρτίαν ἥμαρτεν Ιερουσαλημ διὰ τοῦτο <u>εἰς σάλον</u> ἐγένετο πάντες οἱ δοξάζοντες αὐτὴν ἐταπείνωσαν αὐτήν εἶδον γὰρ <u>τὴν ἀσχημοσύνην</u> αὐτῆς "Jérusalem a commis un péché ; voilà pourquoi elle a été livrée *à la tribulation / à l'ébranlement* ; tous ceux qui l'honoraient l'ont méprisée, car ils ont vu *sa disgrâce*… "
- Tg : "Jérusalem a commis un grand péché, c'est pourquoi *elle a été soumise à l'errance* (לטלטול); tous les peuples qui l'honoraient avant

---

138. Le LEH pense aussi à cette racine pour la LXX, qu'il corrige : "Lam 3,45 καμμύσαι με to close my eyes corr. ? κάμψαι με to make me bow down – שחה for MT סחי refuse, filth".

cela, l'ont traitée de manière insultante, car ils ont vu *ses brèches / failles* (בדקהא)...".[139]

Le sens du substantif נִידָה, avec *yod* est controversé. Ainsi, pour le BDB, il ne s'agit que d'une variante de נִדָּה "la souillure" (d'où la traduction de la BJ; idem TOB : "une ordure"[140]), alors que le HALOT distingue, pour ce seul verset, un substantif נִידָה provenant de la racine נוד, qui signifierait le fait de secouer la tête, en geste de moquerie; d'où, l'expression הָיָה לְנִידָה signifierait "devenir un objet de dérision" (cfr. Segond : "un objet d'aversion"). Notons cependant que les divers emplois de נוד montre que la moquerie n'a pas sa place, mais plutôt la compassion, puisqu'il peut être parallèle à חמל "prendre en pitié" (Jr 15, 5); נחם "consoler" (Jb 2, 11; 42, 11; Ps 69[68], 21; Is 51, 19; Na 3, 7; ספד "se lamenter" (Jr 16, 5), בכה "pleurer" (Jr 22, 10). Il n'y a qu'en Jr 48, 27 où nous le trouvons avec שְׂחוֹק "dérision". Quoi qu'il en ait été, le jugement sera différent selon que l'on adopte l'une ou l'autre thèse.

Si les traducteurs anciens distinguaient effectivement (à tort ou à raison) נִידָה de נִדָּה, et l'interprétaient d'après נוד "aller et venir, *errer*, secouer la tête en signe de chagrin", leurs traductions ne feraient que refléter cette signification.[141]

En revanche, s'ils assimilaient les deux substantifs (נִדָּה = נִידָה), il y aurait interprétation, car le sens de "souillure, menstrues" est connu des traducteurs grecs et araméens, comme on peut en juger en Ez 18, 6 : LXX : γυναῖκα ἐν ἀφέδρῳ οὖσαν "une femme qui a ses règles"; Tg : מסאבא / איתת טומאה "une femme impure/souillée".

Or en Lm 1, 17, les deux traductions adoptent une traduction littérale pour נִדָּה appliquée à Jérusalem : εἰς ἀποκαθημένην "en une (femme) assise à l'écart (en raison de ses règles)" et לאתתא מרחקא (idem). Si les traducteurs des Lm n'ont pas reculé devant une traduction littérale dans ce verset, on peut dès lors supposer que leurs traductions du v. 8 n'a pas été motivée

---

139. Cette traduction joue sur le sens figuré qu'a effectivement pris עֶרְוָה en Gn 42, 9 : les points faibles (d'une terre).

140. Idem pour la plupart des traductions de langue anglaise : ESV et RSV : filthy; NIB : unclean; ASV et NAU : (as) an unclean thing; NKJ : vile; YLT : impure. Mais GNV : in derision; NET : an object of scorn; KJV : removed.

141. Cfr. TM נוד - LXX σαλεύω : 2 Rois 21, 8 et Ps 36[35], 12. Ou bien נדד de signification plus ou moins identique (fuir, errer) : Ps 56, 9 : TM נדי - Tg יומי טילטולי "mes jours d'exil".

par le respect dû à Jérusalem, mais bien par désir de traduire le texte tel qu'ils le comprenaient, c'est-à-dire נִידָה "le fait d'errer", malgré la mention de la "nudité" à la fin du verset, cette "nudité" étant, pour sa part, adoucie en "disgrâce".

En tout cas, la LXX offre un texte cohérent orienté vers l'exil et la dispersion : le v. 7 déjà annonce ce thème dans sa traduction :

- TM : Jérusalem se rappelle, en ses jours d'errance et d'humiliation (יְמֵי עָנְיָהּ וּמְרוּדֶיהָ), tous ses charmes ! qui existaient aux jours de l'ancien temps ! Quand son peuple tombe aux mains de l'adversaire et que personne ne vient l'aider, les adversaires la voient : ils rient de son anéantissement (מִשְׁבַּתֶּהָ). (TOB)
- LXX : "Jérusalem s'est souvenue des jours de son humiliation et *de son éjection* (ἡμερῶν ταπεινώσεως αὐτῆς καὶ ἀπωσμῶν αὐτῆς); toutes ses choses désirables qui existaient aux jours anciens, lorsque son peuple est tombé aux mains de l'oppresseur, et il n'y avait plus personne pour l'aider; en le voyant, ses ennemis rirent de *sa déportation* (ἐπὶ μετοικεσίᾳ αὐτῆς)".

Certes, le substantif מָרוּד évoque l'errance de ceux qui n'ont plus de maison,[142] et la traduction grecque par l'hapax ἀπωσμός "éjection" (du verbe ἀπωθέω, largement utilisé dans la LXX) respecte plus ou moins le sens de l'hébreu, mais מִשְׁבָּת "la fin, l'anéantissement" (racine שׁבת) a bien certainement été interprété d'après la racine שׁבה qui évoque la captivité.

2.2.19. Araméen : proximité des substantifs "mort" (מותא) et "peste" (מותנא)

Dans la LXX, le substantif λοιμός "la peste" ne traduit jamais l'h. דֶּבֶר de même signification : ce mot hébreu est, en effet, pratiquement toujours rendu par θάνατος "la mort".[143] Ainsi, dans le Ps 78[77], 50, par exemple, où

---

142. Cet adjectif se rencontre deux autres fois dans le corpus biblique. LXX Is 58, 7 l'a traduit par ἄστεγος "sans toit" et le Tg par le verbe טלטל. En Lm 3, 19, מְרוּדִי a été traduit ἐκ διωγμοῦ μου "à cause de ma persécution" : le traducteur grec y a donc vu la préposition מִן + la racine רדה, interprétée non d'après l'hébreu ("dominer" / "gratter"), mais d'après l'araméen רדי "punir".

143. LXX : Ex 5, 3 ; 9, 3.15 ; Lv 26, 25 ; Nb 14, 12 ; Dt 28, 21 ; 2 S 24, 13.15 ; 1 R 8, 37 ; 1 Ch 21, 12.14 ; 2 Ch 6, 28 ; 7, 13 ; 20, 9 ; Ps 78[77], 50 ; Am 4, 10 ; Jr 14, 12 ;

דֶּבֶר et מָוֶת sont parallèles, tous deux ont été traduits par θάνατος. Certes, les deux notions de "mort" et de "peste" sont très voisines du point de vue logique, et l'on peut penser que la LXX a simplement traduit l'une pour l'autre en raison même de cette proximité de signification, pour exprimer l'effet plutôt que la cause. Ainsi, J.F. Schleusner n'a pas estimé nécessaire d'expliquer cette traduction. S. Carbone et G. Rizzi (pour Amos),[144] ou la BdA[145] se contentent de signaler le fait, sans chercher à le comprendre ou à le replacer dans son contexte exégétique plus large.

Cependant, il me semble que l'on peut retracer, avec plus ou moins de certitude, l'origine de cette traduction. Si, en grec, θάνατος et λοιμός sont fort différents, il existe en araméen une quasi-homonymie entre les deux mots מותא "la mort" et מותנא "la peste" (tout comme déjà en akkadien, *mutu* et *mutanu*). Cette ressemblance n'est, d'ailleurs, pas le fait du hasard : elle reproduit le rapport qui existait en sumérien entre "la mort" NAM. BAD et "la peste", qui n'est autrement exprimé que par le pluriel NAM. BAD.MEŠ. La LXX, qui traduit דֶּבֶר par θάνατος, reste parfaitement fidèle à la dérivation sumérienne, qui voit dans la peste la maladie mortelle par excellence ("les morts").

Faut-il pour autant concevoir une influence directe de l'étymologie sémitique sur les traducteurs grecs ? Ce serait bien étonnant. Là encore, il vaut mieux envisager un travail réalisé à partir de traditions fixées en araméen et dont le Tg nous conserve le témoignage, puisque, dans pratiquement tous les cas où la "peste" intervient dans le TM, elle a été traduite par מותא "la mort" dans le Targum.[146]

21, 6.7 ; 24, 10 ; 34[41], 17 ; 44[51], 13 ; Ez 5, 12.17 ; 6, 11.12 ; 7, 15 ; 12, 16 etc. En revanche, Aquila, Symmaque et Théodotion partagent équitablement la traduction de h. דֶּבֶר entre θάνατος et λοιμός.

144. Carbone et Rizzi, *Amos*, 95 n. LXX 28 (signalent la fréquence du fait en LXX Ez et Jr) et n. Tg 17 (citent le même phénomène en Tg Ab 3, 5; Jr 14, 12; 21, 6 etc.).

145. Par exemple BdA 2, 107 n. 5, 3 : "*Thanatos* rend ici le même mot hébreu ("peste") qu'en Ex 9, 3 et 9, 15" ; BdA 3, 208 n. 26, 25 : "Pour rendre le mot hébreu *dèbèr*, "peste", les LXX semblent avoir évité, dans tout le Pentateuque, l'équivalent attendu *loimos*. En choisissant *thanatos*, "mort", ils ne laissent pas ignorer qu'il s'agit d'un fléau envoyé par Dieu (cfr. Ex 9, 3.15 où *thanatos* désigne nettement la mort épidémique sur les troupeaux ou sur le peuple égyptien)"; BdA 5, 288 n. 28, 21 : "[...] les traducteurs semblent avoir évité l'équivalent attendu *loimos* que donne ici Aquila. *Thanatos* est pris en quelque sorte pour nommer le résultat de l'épidémie".

146. Ex 5, 3 ; 9, 3.15 ; Nb 14, 12 ; Dt 28, 21 ; Hb 3, 5 etc. ; idem Tg Y (ex. Tg Neof Ex 5, 3 : cfr. Le Déaut, *Targum du Pentateuque*, t. II, Exode et Lévitique (SC 256), Paris

Faut-il tenir compte d'un désir de la part des traducteurs araméens d'éviter de nommer la peste (mentalité apotropaïque) ? Apparemment non, car le substantif מותנא "la peste" apparaît assez fréquemment pour traduire l'hébreu נגף ou מגפה "le coup, le fléau". Quel qu'en ait été le motif exact, clairement, les traducteurs de la LXX étaient dans la même logique. En effet, λοιμός "la peste" n'apparaît que deux fois dans la LXX, et dans ces deux passages, une partie de la tradition textuelle[147] présente en fait le substantif proche λιμός "la famine", ce qui correspond bien à l'hébreu רעב du TM ; il s'agit donc plutôt d'une erreur interne au grec.

Toutefois, l'adjectif substantivé λοιμός apparaît fréquemment (surtout chez les traducteurs de 1 S, Pr et Ez), désignant différentes sortes d'impies ou de violents (principalement les adj. רע,[148] רשע,[149] בליעל,[150] עריץ,[151] פריץ,[152] et la racine ליץ[153]). Cette traduction pourrait avoir pour origine le champ sémantique de la racine באש, qui, en hébreu, signifie "dégager une mauvaise odeur" et "aller mal"[154], mais en araméen s'est imposée dans le sens "être mauvais" (moralement)[155] ; de même, les verbes araméens סרח et סרי ont pris ces deux significations de "sentir mauvais" et d' "être mauvais". Cette extension du champ sémantique de λοιμός ("être pestilentiel" ;

(1979), 43 n. 3 : "Il y a souvent confusion de sens entre *mwt'* (mort) et *mwtn'* (peste, épidémie, male mort)".

147. Cfr. Hatch – Redpath, *Concordance* : 1 R 8, 37 : R λοιμός (AB λιμός) ; Ez 36, 29 : λιμόν (B¹ λοιμόν).

148. 1 S 30, 22 : TM : כָּל־אִישׁ־רָע וּבְלִיַּעַל – LXX : πᾶς ἀνὴρ λοιμὸς καὶ πονηρός.

149. Ez 7, 21.

150. 1 S 1, 16 ; 2, 12 ; 10, 27 ; 25, 17.25.

151. Jr 15, 21; Ez 28, 7 ; 30, 11 ; 31, 12 ; 32, 12.

152. Ez 18, 10 et Dn (Th) 11, 14.

153. LXX Ps 1, 1 ; Pr 19, 25 ; 21, 24 ; 22, 10 ;24, 9 ; 29, 8 ; Os 7, 5 ; Symmaque Pr 20, 1. La traduction du verbe נצל par λοιμεύομαι en LXX Pr 19, 19 est vraisemblablement aussi basée sur cette racine ליץ.

154. Godfrey R. Driver, "Studies in the vocabulary of the Old Testament I", JThS 31 (1929-30), 276–77 : Driver recommandait cette signification de "aller mal" pour Is 50, 2 : "leurs poissons se trouvent mal faute d'eau" ("their fish suffer harm" or "are in distress for lack of water").

155. Cfr. The Assyrian Dictionary (CAD), vol. 2 : bišu : 1. malodorous ; 2. of bad quality ; 3. (morally) evil. Notons que la traduction du Tg Jl 2, 20 est basée sur la même spéculation : "et sa puanteur s'élève et son odeur se répand, car il a multiplié les actes mauvais" (adj. בישא).

"sentir mauvais" comme la peste;[156] "être mauvais") a manifestement été renforcée par les champs sémantiques araméens.

Une autre traduction intéressante de דֶּבֶר est celle de la LXX de Jr 32[39], 36b :

- TM : "Eh bien ! maintenant ainsi parle le Seigneur, le Dieu d'Israël, à propos de cette ville que vous dites livrée au pouvoir du roi de Babylone par l'épée, par la famine et par la peste (וּבַדֶּבֶר)" (TOB)
- LXX : ἐπὶ τὴν πόλιν ἣν σὺ λέγεις παραδοθήσεται εἰς χεῖρας βασιλέως Βαβυλῶνος ἐν μαχαίρᾳ καὶ ἐν λιμῷ καὶ <u>ἐν ἀποστολῇ</u>

La LXX semble bien avoir interprété דֶּבֶר "la peste" (alors que la série des trois fléaux lui est familière : cfr. Jr 14, 12 ; 21, 7 ; 24, 10 ; 34[41], 17 et 44[51], 13) d'après la racine araméenne בדר, "disperser", en relation de métathèse avec דֶּבֶר.[157] Le traducteur aurait voulu faire allusion à la dispersion de l'époque babylonienne. Le fait que le verbe בדר n'est pas attesté en hébreu[158] implique que le traducteur de Jr ne s'est pas "trompé", ou qu'il n'a pas suivi une *Vorlage* présentant une leçon variante : il s'est clairement laissé influencer par la langue araméenne. Dans le Tg, nous trouverons bien affirmée cette tendance à évoquer l'exil en de nombreux passages (par ex. Tg Is 6, 13; 26, 15; 27, 6; 30, 26; 35, 6; 40, 31 etc.).

---

156. Cfr. Am 4, 10 évoque la puanteur (בְּאֹשׁ) du camp atteint par la peste (Tg סרות).

157. En Jb 40, 11, nous trouvons le verbe ἀποστέλλω pour la LXX et le verbe בדר pour le Tg.

158. Seulement en araméen : par ex. Dn 4, 11 – Th. διασκορπίσατε "dispersez".

3
L'INFLUENCE DE L'ARAMÉEN SUR LES SCRIBES DE LA *VORLAGE* DE LA LXX

3.1. La *Vorlage* de la LXX témoigne d'une plus grande fluidité textuelle que le TM

Les découvertes des textes qumraniens, et en particulier l'état de liberté textuelle reflété certainement par 1QIsa^a (que D. Barthélemy qualifie de texte "extramassorétique"[1]), sont évidemment très riches d'enseignements pour la LXX. En 1964 déjà, Sh. Talmon émettait, en effet, l'hypothèse que cette attitude "libérale" vis-à-vis des textes n'était pas propre à la secte de Qumran, mais qu'elle caractérisait vraisemblablement l'ensemble du judaïsme de l'époque, étant donné que les *codices* conservés dans le Temple semblaient eux-mêmes avoir été divergents.[2] Il est probable, dès lors, que les manuscrits sur lesquels repose la LXX furent de même nature que 1QIsa^a, présentant diverses gloses, leçons plus faciles et emprunts à d'autres passages scripturaires.[3] Et sans doute même furent-ils plus divergents encore du futur TM que les matériaux de Qumran, ainsi que l'affirme

---

1. Barthélemy, *CTAT*, vol. 3 (OBO 50 /3), Göttingen, 1992, cxii–cxiv.
2. Shemaryahu Talmon, "Aspects of the textual transmission of the Bible in the light of Qumran manuscripts", Textus 4 (1964), 97 : "According to Rabbinic testimony, even the model codices that were kept in the Temple precincts not only exhibited divergent readings, but represented conflicting text-types".
3. Patrick W. Skehan, "The Qumran Manuscripts and Textual Criticism", SVT 4, Leiden (1957), 148–58 : (151) "Now, 1QIsa and the LXX of Isaias are not recensionally connected, though they have an occasional reading in common ; but they are mutually illustrative, because the cave 1 manuscript gives us, for the first time in Hebrew, the kind of glossed and reworked manuscript that the LXX prototype must have been".

E. Tov.⁴ Cet auteur souligne, en tout cas, que les manuscrits utilisés par les traducteurs de la LXX venaient vraisemblablement de cercles différents des cercles travaillant autour du Temple, censés avoir produit le TM.⁵

De fait, diverses variations reflétées par le texte grec de la LXX m'amènent à penser avec E. Tov que les scribes qui ont produit la *Vorlage* de la LXX ont davantage remanié les textes que les milieux qui ont transmis le TM, plus conservateurs,⁶ mais aussi, par ailleurs, que certains de ces remaniements ont eu pour cause l'existence en araméen ou en syriaque d'homonymes gênants.

Prenons d'abord quelques exemples pour asseoir le premier point. Nous trouvons, en effet, diverses modifications dans la *Vorlage* de la LXX qui répondent à des préoccupations de natures différentes, parfois simplement logiques, parfois théologiques.

3.1.1. LXX Gn 5, 29

En Gn 5, 29, le nom de Noé est expliqué : "Il l'appela du nom de Noé (נֹחַ) en disant : Celui-ci nous *consolera* (יְנַחֲמֵנוּ) de nos labeurs, etc". Le jeu de mots du texte hébreu conservé par la tradition massorétique est boiteux du point de vue purement linguistique, puisqu'il s'agit de deux racines différentes : Noé > racine נוח / consoler > racine נחם. Or la traduction grecque présente une étymologie corrigée : καὶ ἐπωνόμασεν τὸ ὄνομα αὐτοῦ Νωε λέγων οὗτος διαναπαύσει ἡμᾶς ἀπὸ τῶν ἔργων ἡμῶν "et il l'appela du nom de Noé en disant : celui-ci nous *reposera* de nos travaux..." Pour le lecteur grec, il n'y a de toute façon plus de jeu de mots discernable, puisque le tra-

---

4. Emmanuel Tov, "The nature of the Large-Scale Differences between the LXX and MT S T V, Compared with Similar Evidence in Other Sources", dans Adrian Schenker (éd.), *The Earliest Text of the Hebrew Bible. The Relationship between the Masoretic Text and the Hebrew Base of the Septuagint Reconsidered*, Leiden – Boston (2003), 135 : "This analysis allows us to claim that the Qumran corpus, though much larger than the LXX, reflects much fewer literary differences of the type found in the LXX".

5. Tov, "The nature of the Large-Scale Differences", 139 et 142–43.

6. Cfr. Eric Zenger, *Einleitung in das Alte Testament* (8ᵉ édition), Stuttgart (2012), 178 : "Den am wenigsten veränderten Text bietet die Masoretische Überlieferung". Richard Steiner, "Poetic forms in the Masoretic Vocalization and Three Difficult Phrases in Jacob's blessing", JBL 129 (2010), 209–35, les qualifie de "obsessive preservationists" (232).

ducteur a conservé le nom propre de Noé sans en donner la signification : le lecteur grec ne bénéficiait donc plus de la relation privilégiée entre les deux mots נוֹחַ et נוּחַ "se reposer". Dès lors, il faut supposer que la modification a eu lieu, non à l'étape de la traduction, mais déjà au stade de la *Vorlage* par des scribes soucieux d'offrir une étymologie correcte. Le TM, quant à lui, représente la version "conservatrice" du texte, dans ce verset sans doute de nature midrashique ;[7] le contraire serait étonnant.

Notons que d'autres liens unissent נוח et נחם. Dans les versets où נחם a le sens, non de "consoler", mais de "se repentir" (du mal ou du bien), le traducteur /réviseur de la deuxième partie[8] de Jérémie présente, non pas le verbe μετανοέω attendu, mais une traduction en παύω "se reposer, cesser" ou un composé : par ex. LXX Jr 26[33], 3.13.19 ; 31[38], 15 ; 42[49], 10, sans doute pour ménager la préscience de Dieu, qui ne peut se repentir, ainsi que cela est affirmé en Nb 23, 19 et I Sa 15, 29.[9]

Il est intéressant, par ailleurs, de rapprocher encore ceci de la LXX Is 21, 2b. Le TM énonce : "Une vision sinistre m'a été révélée : "Le traître trahit et le dévastateur dévaste. Monte, Élam, assiège, Mède !" *J'ai fait cesser tous les gémissements* (כָּל־אַנְחָתָה הִשְׁבַּתִּי)" (TOB). Outre quelques autres divergences (de vocalisation, par exemple), la LXX présente une finale fort différente : "Elle est redoutable (2) et pénible la vision qui m'a été annoncée : "Le traître trahit ; l'inique commet des iniquités ; les Elamites (sont) contre moi[10] et les messagers[11] des Perses viennent vers moi" ; à présent je

---

7. Stéphanie Anthonioz, "Noé ou le repos du guerrier", RB 117 (2010), 185–99, propose, pour le nom même de Noé dans le récit biblique, un rapprochement avec le verbe *nâḫu* des récits akkadiens du déluge, qui évoque l'apaisement des vents de tempête ; par ailleurs, elle explique l'étymologie du TM à partir de נחם "consoler, regretter" comme un "midrash" : (188) "Le nom de Noé est ainsi mis en relation avec divers éléments du récit tout en créant des significations nouvelles, matière à la réflexion et à la méditation sur : le déluge et ses eaux qui immergent la terre l'empêchant d'offrir quelque repos, la cause du déluge dans le regret divin, et enfin, la conséquence du déluge puisque, seul (avec les siens) sauvé d'une humanité détruite, Noé non seulement console Dieu, mais se console dans le vin et, pourrait-on ajouter, trouve son repos !"

8. Dans la première moitié de Jr, נחם, appliqué à Dieu, a été traduit littéralement : Jr 4, 28 (οὐ μετανοήσω) ; 18, 8.10 (μετανοήσω) ; 20, 16 (οὐ μετεμελήθη).

9. En Jr 31, 15, toutefois, il s'agit de Rachel qui refuse d'être consolée ; le traducteur grec a opté pour une traduction plus concrète : elle refuse de cesser de pleurer.

10. Pour le TM עֲלִי "monte !", la LXX a lu עָלַי "contre moi".

11. Pour le TM צוּרִי "assiège !", la LXX a lu l'état construit צִירֵי "les messagers de". Le verbe a sans doute été complété d'après le contexte (ἐπ' ἐμὲ ἔρχονται). Le Tg a également

gémirai *et /mais je me réconforterai* (νῦν στενάξω καὶ παρακαλέσω ἐμαυτόν)". Comment le traducteur grec est-il passé du sens "cesser" à "se consoler, se réconforter" ? Si nous consultons le Tg, nous voyons qu'il a traduit הִשְׁבַּתִּי par le verbe de signification proche נוח "se reposer",[12] forgeant ainsi un jeu de mots entre "gémir" (אנח) et "(faire) se reposer" (נוח) : "tous ceux qui gémissaient (כל דהוו מתאנחין) devant le roi de Babel, je les ai mis au repos (אנחית להון)". Ce verbe נוח traduit en quelques versets le TM שבת,[13] quoique בטל soit le verbe le plus utilisé par le Targum.[14] Mais ici, נוח est particulièrement bien choisi, puisqu'il offre une allitération avec le participe מתאנחין. Il est probable que la traduction de la LXX s'inspire d'un "proto-targum" qui présentait la même forme אנחית, lue apparemment d'après la racine proche נחם au *ithpael* (איתנחם) peut-être sous l'influence du thème isaïen de la consolation (Is 12, 1 ; 40, 1 ; 49, 13, 51, 3.12 ; 52, 9 ; 61, 2 ; 66, 13).

3.1.2. LXX Ex 24, 10

Si nous comparons le TM et la LXX d'Ex 24, 10 (idem v. 11), nous constatons que la traduction grecque évite l'affirmation que Moïse, Aaron, Nadab, Abihu et soixante-dix anciens d'Israël ont vu Dieu :

- TM : "Ils virent le Dieu d'Israël (וַיִּרְאוּ אֵת אֱלֹהֵי יִשְׂרָאֵל) et sous ses pieds, c'était comme une sorte de pavement de lazulite, d'une limpidité semblable au fond du ciel" (TOB).

---

ment conçu le verbe du TM צוּרֵי comme un substantif à l'EC (צוּרֵי "les rocs"), puisqu'il traduit "les plus vaillants des Mèdes" (תקיפי מדאי).

12. Dans le TM déjà, en Ex 23, 12, nous trouvons נוח dans le même verset que שבת.

13. Tg Gn 2, 2.3 ; Ex 16, 30 (variante : שבת) ; 23, 12 ; 34, 21 ; Lv 23, 32.

14. La traduction de TM שבת par בטל se trouve en Tg Gn 8, 22 ; Ex 5, 5 ; 12, 15 ; Lv 2, 13 ; 26, 6 ; Dt 32, 26 ; Jos 22, 25 ; 2 R 23, 5 ; 2 R 23, 11 ; 2 Ch 16, 5 ; Ps 8, 3 ; 46, 10 ; 89, 45 ; 119, 119 (avec פסק) ; Pr 18, 18 ; 22, 10 ; Is 13, 11 ; 14, 4 (avec סוף) ; 16, 10 ; 17, 3 ; 24, 8 (avec פסק) ; Jr 7, 34 ; 16, 9 ; 31, 36 ; 36, 29 ; 48, 33.35 ; Lm 5, 14.15 ; Ez 6, 6 ; 7, 24 ; 12, 23 ; 16, 41 ; 23, 27.48 ; 26, 13 ; 30, 10.18 ; 33, 28 ; 34, 10.25 ; Os 1, 4 ; 2, 13 ; Am 8, 4. Nous trouvons d'autres traductions également : – araméen שבת : Tg Ex 31, 17 (avec נוח) ; – פסק "venir à sa fin" : Tg Jos 5, 12 ; Rt 4, 14 ; Jb 32, 1 ; Ps 119, 119 (avec בטל) ; Is 24, 8 (avec בטל) ; 33, 8 ; – שמט "remettre les dettes", le verbe de l'année sabbatique : Tg Lv 25, 2 ; 26, 34.35 ; 2 Ch 36, 21 ; – סוף "se terminer" : Tg Is 14, 4 (à côté de בטל) ; – רחק "éloigner" (avec בטל) : Tg Is 30, 11 ; שיצי "détruire" : Tg Ez 30, 13.

- LXX : "*et ils virent l'endroit où se tenait là le Dieu d'Israël...*" (καὶ εἶδον τὸν τόπον οὗ εἱστήκει ἐκεῖ ὁ θεὸς τοῦ Ἰσραὴλ...)
- TM v. 11 : "Sur ces privilégiés des fils d'Israël, il ne porta pas la main ; ils contemplèrent Dieu (וַיֶּחֱזוּ אֶת־הָאֱלֹהִים), ils mangèrent et ils burent" (TOB).
- LXX : "et, des hommes de choix d'Israël, il n'en retrancha[15] pas un, *et ils furent vus à l'endroit de Dieu* (καὶ ὤφθησαν ἐν τῷ τόπῳ τοῦ θεοῦ) et ils mangèrent et ils burent".

Cette variation est-elle le fait du traducteur ou de sa *Vorlage* ? Ici, la question me semble pouvoir être résolue par la présence de ἐκεῖ "là" au v. 10, qui évoque fortement le pronom rétrospectif (ou pronom de rappel) typique des propositions relatives en hébreu. Il est probable que le traducteur grec ne fait que suivre son énoncé hébreu "l'endroit que (אֲשֶׁר) se tenait là (שָׁם) le Dieu d'Israël". L'hypothèse que le traducteur grec ait voulu donner une "couleur hébraïsante" en introduisant volontairement le pronom rétrospectif me semble assez peu plausible. En effet, si nous examinons les divers livres de la LXX, nous trouvons – à côté de traductions strictement littérales où figure un équivalent du pronom rétrospectif (par ex. Gn 13, 4a[16] ou Ex 21, 13b[17]) – beaucoup de cas où, au contraire, il a été abandonné pour se conformer au génie de la langue cible.[18]

Une possibilité pour expliquer la présence du pronom de rappel en LXX Ex 24, 10 serait l'influence d'un autre texte biblique (intertextualité), mais il n'existe aucun texte parallèle qui aurait pu servir de modèle à cet énoncé, ni en hébreu ni en grec. Dès lors, la simple présence de ἐκεῖ suggère, à mon avis,[19] que la modification a été réalisée sur le texte hébreu ayant servi de support au traducteur grec. Il n'est pas impossible qu'on

---

15. J'adopte cette traduction d'après LXX Ez 37, 11, qui utilise ce verbe grec pour rendre TM גזר niphal. LEH : *to be missing, to fail to answer roll-calls* Nm 31, 49 ; *to be lost, to perish* Ez 37, 11 ; *to fail, to be found wanting* 1 Kgs 8, 56.

16. TM : אֶל־מְקוֹם הַמִּזְבֵּחַ אֲשֶׁר־עָשָׂה שָׁם בָּרִאשֹׁנָה - LXX εἰς τὸν τόπον τοῦ θυσιαστηρίου οὗ ἐποίησεν ἐκεῖ τὴν ἀρχήν.

17. TM : וְשַׂמְתִּי לְךָ מָקוֹם אֲשֶׁר יָנוּס שָׁמָּה - LXX : δώσω σοι τόπον οὗ φεύξεται ἐκεῖ ὁ φονεύσας.

18. Nous trouvons la suppression du pronom de rappel en Gn 2, 11 ; 13, 5.14 ; 19, 27 ; 24, 14 ; 35, 27 ; 40, 3 ; Ex 3, 5 ; 9, 26 ; 17, 5 ; 18, 5 ; 20, 21 ; 34, 10 ; 35, 23.24 ; 36, 5 ; Nb 9, 17 ; Dt 17, 12 ; 18, 6. En Ex 3, 20 ; 5, 8 ; 18, 9 ; 24, 8 ; 32, 14.32.35 ; 34, 1, etc.

19. La BdA 2, 246 note 24, 10 n'a pas mentionné cette particularité du pronom de rappel.

puisse y déceler en outre l'influence de l'appellation "Le Lieu", pour Dieu, qui deviendra classique dans le judaïsme postérieur.[20]

Clairement, les scribes de la *Vorlage* de Ex ont essayé de gérer un corpus hébreu incohérent, où l'homme tantôt peut voir Dieu (Dieu et Moïse parlent en face à face en Ex 33, 11[21] et Dt 34, 10 ;[22] Dieu et le peuple en Dt 5, 4[23]), tantôt ne le peut, sous peine de mourir, comme cela est affirmé en Ex 33, 20. En revanche, la tradition massorétique Ex a respecté et conservé les aspérités du texte.

Au Ps 63[62], 3, le psalmiste dit "avoir contemplé" Dieu dans son sanctuaire :

- TM : "Oui, au sanctuaire *je t'ai contemplé, voyant* (חֲזִיתִיךָ לִרְאוֹת) ta puissance et ta gloire" (BJ)
- LXX : "Ainsi au sanctuaire, *j'ai été vu par toi* (ὤφθην σοι) pour voir ta force et ta gloire"

Là encore, le verbe a été transformé en un passif : c'est David qui a fait son apparition au sanctuaire, et non Dieu ; mais il a été autorisé à voir la force et la gloire de Dieu.

Dans trois versets, la *vocalisation* massorétique semble indiquer un *niphal* (לֵרָאוֹת = לְהֵרָאוֹת "pour être vu, pour se montrer"), quand les consonnes seraient plutôt celles d'un *qal* (לִרְאוֹת "pour voir"), construit très normalement avec la particule de l'objet direct ; la LXX montre déjà un texte modifié dans le sens du *niphal*, afin d'éviter que les hommes "voient" Dieu : dans la tradition de vocalisation modifiée par respect, ce sont les hommes qui se présentent devant Dieu.

---

20. Cfr. déjà Philon, *De somniis*, I, 63.

21. La LXX Ex a traduit le texte littéralement : ἐνώπιος ἐνωπίῳ ; en revanche le Tg O (et les Tg palestiniens) ont traduit "discours avec discours" (ממלל עם ממלל). Le Tg PsJo précise même : "Alors Yahvé s'entretenait avec Moïse de vive voix – il entendait la voix du Verbe, mais il ne voyait pas l'éclat du visage, etc." (traduction R. Le Déaut, SC 256, p. 263).

22. La LXX et, de manière exceptionnelle, le Tg O ont traduit le texte littéralement (πρόσωπον κατὰ πρόσωπον – אפין באפין), mais les Tg palestiniens ont modifié de manière cohérente en "discours contre discours".

23. De même, la LXX a traduit l'expression littéralement (πρόσωπον κατὰ πρόσωπον), tandis que le Tg O a adopté la formule "discours avec discours".

- Ex 34, 24 : En effet, quand j'aurai dépossédé les nations devant toi et que j'aurai élargi ton territoire, personne n'aura de visées sur ta terre au moment où tu monteras *pour voir* (*qal* = texte consonantique) la face du Seigneur, ton Dieu, trois fois par an (TOB).

  Je déposséderai les nations devant toi et j'élargirai tes frontières, et nul ne convoitera ta terre quand tu monteras *te présenter* (*niphal* = nouvelle vocalisation attestée déjà par la LXX) devant Yahvé ton Dieu, trois fois l'an (BJ).

  LXX : ὅταν γὰρ ἐκβάλω τὰ ἔθνη πρὸ προσώπου σου καὶ πλατύνω τὰ ὅριά σου οὐκ ἐπιθυμήσει οὐδεὶς τῆς γῆς σου ἡνίκα ἂν ἀναβαίνῃς <u>ὀφθῆναι</u> ἐναντίον κυρίου τοῦ θεοῦ σου τρεῖς καιροὺς τοῦ ἐνιαυτοῦ

- Dt 31, 11a : Quand tout Israël viendra *voir* la face du Seigneur ton Dieu (*qal* : texte consonantique) / *se montrer* à la face du Seigneur ton Dieu (*niphal* : vocalisation TM et LXX) au lieu qu'il aura choisi, tu liras cette Loi en face de tout Israël, qui l'écoutera.

  LXX : ἐν τῷ συμπορεύεσθαι πάντα Ισραηλ <u>ὀφθῆναι</u> ἐνώπιον κυρίου τοῦ θεοῦ σου

- Is 1, 12 : Quand vous venez me *voir* (*qal* : texte consonantique) / *vous présenter* devant moi (*niphal* : vocalisation TM et LXX), qui vous demande de fouler mes parvis ?

  LXX : "être vus par moi" οὐδ᾽ ἐὰν ἔρχησθε <u>ὀφθῆναί</u> μοι τίς γὰρ ἐξεζήτησεν ταῦτα ἐκ τῶν χειρῶν ὑμῶν πατεῖν τὴν αὐλήν μου

Enfin, nous trouvons une modification assez similaire en Nb 12, 8, où selon la LXX Nb, Moïse n'a pas vu "la forme, l'apparence" (תְּמוּנָה) de Dieu, mais sa "gloire" (τὴν δόξαν κυρίου = Tg יְקָרָא דַיוי), une notion que le Tg utilise généralement pour éviter les anthropomorphismes.[24] Bien que Moïse soit un cas à part, même pour lui, selon la LXX Nb, apercevoir la silhouette

---

24. Le thème de la gloire divine a également été développé par certains traducteurs de la LXX, par exemple, en Ex 15 : cfr. Deborah L. Gera, "Translating Hebrew Poetry into Greek Poetry : the Case of Exodus 15", BIOSCS 40 (2007), 107–20, en particulier 118–20.

(de face) de Dieu est encore trop, puisqu'il ne sera autorisé qu'à la voir de dos (Ex 33, 23).

3.1.3. Vrss Mi 4, 8 et autres

Le texte massorétique a certainement conservé le texte ancien dans beaucoup de cas, y compris lorsqu'il était question de "viol" (racine שׁגל[25]) ou des "hémorrhoïdes", par exemple, mais dans ces cas problématiques, l'a assorti d'un *qere*, ce qui suggère que certains cercles de scribes éprouvaient, sans doute à date ancienne déjà, des réticences face au texte qui s'est imposé comme texte standard ; nos *qere* sont vraisemblablement la trace concrète de ces réticences.

Rappelons d'abord qu'une partie des *qere* concerne les fonctions naturelles du corps. En effet, en 2 R 18, 27 (= Is 36, 12), les substantifs "urine" (שֵׁינִי) et "excréments" (חֲרָא ou חֲרִי) du *kethib* ont été remplacés, dans le *qere*, par מֵימֵי רַגְלֵיהֶם (l'eau des jambes) et par צוֹאָתָם, (leur "sortie", euphémisme pour leurs "excréments"). En 2 R 10, 27, le *kethib* מַחֲרָאוֹת "les latrines" est accompagné du *qere* מוֹצָאוֹת "les sorties, les endroits où l'on sort" (Tg בית מפקת "la maison de la sortie, où l'on sort" ; "la maison de ce qui sort, càd les excréments"). De même, dans le milieu qumranien ainsi que chez les divers traducteurs, la mention de la nudité semble avoir été ressentie comme embarrassante. Il vaut la peine d'établir un tableau des traductions de la LXX du mot עֶרְוָה : ce mot est traduit littéralement en Gn 9, 22.23 (γύμνωσις) et Dt 23, 48 (γυμνότης) ; mais il est traduit par ἀσχημοσύνη "l'indécence" dans tous les passages de Ex et Lv ; Lm 1, 8 et Ez 16, 8 ; par αἰσχύνη "la honte" en Is 47, 3 (= Tg בהתה) et Ez 16, 36 ; 23, 29 (Tg idem) ; par ἀποκάλυψις "le fait de découvrir" (précédé déjà de αἰσχύνη) en 1 S 20, 30.[26] De même, en Dt 24, 1, l'expression עֶרְוַת דָּבָר, traduite par ἄσχημον πρᾶγμα, a manifestement le sens d'une chose inconvenante, hon-

---

25. En Dt 28, 30 et Is 13, 16, la LXX le traduit déjà de manière atténuée par ἔχω "avoir, posséder" ; toutefois Jr 3, 2 utilise le néologisme ἐκφύρω "mélanger en souillant", et Za 14, 2 : μολύνω "souiller". Le Tg a traduit Dt 28, 30 par שכן "s'installer, s'établir, se reposer" ; au *pael* : "faire se reposer", ce qui rejoint assez bien le *qere*, en Is 13, 16 et Za 14, 2, le Tg a utilisé le même verbe que le *qere* (שכב). En Jr 3, 2, nous trouvons חבר *ithpaal* "s'associer" ; notons que la traduction grecque ἐκφύρω en est très proche, puisque le simple φύρω au moyen (LSJ 2.) a également le sens de "s'associer à, fréquenter, avoir des relations avec".

26. En Lm 4, 21, la LXX (ἀποχέω) et le Tg (רוקן) semblent plutôt avoir voulu évoquer la coupe vidée, bue jusqu'au bout.

teuse. Le Tg traduit ce mot עֶרְוָה par קָלוֹן "l'ignominie, la disgrâce, la honte" en divers passages du corpus biblique (par exemple en 1 S 20, 30), s'inspirant manifestement de Na 3, 5, où les deux notions de "nudité" (מַעֲרֶה) et de "disgrâce" (קָלוֹן) sont déjà en parallèle. En 1QpHab XI, 3, les scribes de Qumran, commentant Ha 2, 15b, sont passés – dans le lemme lui-même ! – du mot מְעוֹרֵיהֶם "leurs nudités" au proche מוֹעֲדֵיהֶם "leurs fêtes". Certes, le substantif מָעוֹר est un hapax, et l'on aurait attendu le plus fréquent עֶרְוָה ; toutefois, le contexte d'ébriété aurait pu les guider vers la nudité, si besoin était.[27] Par la transformation de "resh" en "daleth",[28] et par le déplacement du "waw", les scribes de Qumran ont évité pudiquement, dans le lemme comme dans le Commentaire, la mention gênante de la nudité au profit d'une allusion au calendrier des fêtes suivi par les gens de Jérusalem,[29] ou peut-être aux excès qui surviennent lors de ces fêtes.[30] Nous avons donc, par ces quelques exemples, les traces des réticences face à des réalités trop crues dans divers cercles de scribes.

Passons au point suivant, et plus précisément à la traduction du substantif עֹפֶל "hauteur, colline, citadelle / Ophel" qui figure dans divers versets, à commencer par Mi 4, 8 :

- TM : "Et toi, tour du troupeau, *hauteur* de la fille de Sion (עֹפֶל בַּת־צִיּוֹן), vers toi fera retour la souveraineté d'antan, la royauté qui revient à la fille de Jérusalem" (TOB)
- LXX : καὶ σὺ πύργος ποιμνίου αὐχμώδης θύγατερ Σιων ... "Et toi, tour du troupeau *obscure*,[31] fille de Sion ..."

---

27. Cfr. Lm 4, 21. Depuis l'épisode de Noé (Gn 9, 20–22), ivresse et exhibitionnisme semblent avoir été liés dans la mentalité biblique.

28. Notons que dans le Ps 74, 8, le TM כָּל־מוֹעֲדֵי־אֵל a été traduit par le Tg par כל מערעיא דאלהא de même signification : les scribes de Qumran ont peut-être pensé à ce mot araméen, qui aurait, dès lors, servi d'intermédiaire entre מְעוֹרֵיהֶם et מוֹעֲדֵיהֶם. Cette traduction du Tg a sans doute pour origine Lv 23, 4 - מוֹעֲדֵי יְהוָה מִקְרָאֵי קֹדֶשׁ Tg (מועדיא דיוי מערעי קדיש).

29. Cfr. Mathias Delcor, *Les Hymnes de Qumran*, Paris (1962), 141 : "Le texte fait allusion probablement à des querelles de calendrier. On sait qu'à Qumran le calendrier tenait une grande place. Au seul vrai calendrier révélé par Dieu (cfr. CDC, III, 14, 15), le calendrier solaire, les faux docteurs opposent un autre calendrier, le calendrier du Judaïsme commun (calendrier lunaire)".

30. Ainsi que le suggérait Sarah Holm-Nielsen, *Hodayot, Psalms from Qumran*, Aarhus (1960), 82 n. 25.

31. L'adjectif αὐχμώδης a pour sens premier "sec, desséché, rugueux", mais aussi

- Fragment du désert de Juda : αὐχ]μώδης θύγατηρ
- Aquila : σκοτώδης "ténébreuse"
- Symmaque : ἀπόκρυφος "cachée "
- Pesh. : "Et toi, tour du pasteur *obscure* (עמוטא) de la fille de Sion"
- Tg : "Et toi, Messie d'Israël, qui est *caché* (טמיר)[32] à cause des fautes de l'assemblée de Sion"
- Vg : Et tu, turris gregis, nebulosa[33] filiae Sion

Toutes les Versions s'écartent uniformément du TM עֹפֶל en Michée, mais encore en d'autres passages :

LXX :

- 2 R 5, 24 : TM : וַיָּבֹא אֶל־הָעֹפֶל ; LXX : καὶ ἦλθον εἰς τὸ σκοτεινόν
- 2 Ch 27, 3 : TM : וּבְחוֹמַת הָעֹפֶל בָּנָה לָרֹב ; LXX : καὶ ἐν τείχει τοῦ Οφλα ᾠκοδόμησεν πολλά ; mais cod 108 in marg. τοῦ ἀποκρύφου (Field)

Symmaque :

- Is 32, 14 : TM : עֹפֶל וָבַחַן "la citadelle et la tour de guet" ; LXX : καὶ ἔσονται αἱ κῶμαι σπήλαια "les villages seront des cavernes" ; mais Symmaque σκότος

Tg :

- 2 R 5, 24 : TM : וַיָּבֹא אֶל־הָעֹפֶל ; Tg : ועל לאתר כסי "et il entra dans un lieu caché"
- Is 32, 14 : TM : עֹפֶל וָבַחַן – Tg : בית תוקפנא ומטמורנא ("la citadelle et la place secrète" ; √טמר : cacher)

"terne" (LSJ) : of colour : *dull*) ; Victor Ryssel, *Untersuchungen über die Textgestalt und die Echtheit des Buches Micha*, Leipzig (1887), 75, le comparait à juste titre au latin "squalidus" ; cfr. squaleo : être rude, hérissé, sale, malpropre, aride ; porter des vêtements sombres (de deuil). Cfr. par ailleurs Jr 2, 31 : מִדְבָּר "désert" / אֶרֶץ מַאְפֵּלְיָה "terre d'obscurité".

32. Les traductions de Symmaque et du Tg, quoique légèrement différentes de celles des autres Versions, sont cependant de la même veine que celles-ci. Les notions d' "être caché" et d' "être obscur" sont en effet fort proches du point de vue logique : cfr. Jb 23, 17 : TM : וּמִפָּנַי כִּסָּה־אֹפֶל – Tg : ומן־קדם אפי טמר קבלא.

33. La traduction de la Vg pourrait aussi traduire ערפל (cfr. 1 R 8, 12 : TM : ערפל – Vg nebula ; "nebula" ne traduit jamais √אפל) ; de toute façon, ces deux substantifs restent dans le même champ sémantique ; ils sont d'ailleurs parallèles en So 1, 15.

Pesh. :
- 2 R 5, 24 : TM : וַיָּבֹא אֶל־הָעֹפֶל ; Pesh. : גניא "cachette"

Vg :
- 2 R 5, 24 : TM : וַיָּבֹא אֶל־הָעֹפֶל ; Vg : cumque venisset iam vesperi
- Is 32, 14 : TM : עֹפֶל וָבַחַן ; Vg : tenebrae et palpatio ("les ténèbres et l'attouchement")

Comment expliquer ce phénomène généralisé ? Difficile, en effet, de penser à une erreur. Il est probable que les Versions reflètent, non pas le nom commun עֹפֶל "la colline", mais le substantif proche אֹפֶל "l'obscurité", ainsi que l'affirment en général les critiques.[34] Dans la LXX, la transcription du mot domine quand il s'agit du nom propre,[35] sauf en 2 R 5, 24 et en Mi 4, 8, où le mot עֹפֶל est en contact direct avec בַּת־צִיּוֹן ; mais dans le Tg ou la Pesh., le nom propre עפל n'apparaît plus.[36] De même, en ce qui concerne le verbe עפל, il semble bien avoir été traduit, là encore, d'après אפל en Nb 14, 44 par la Vg ("contenebrati"), et, en Ha 2, 4, dans le fragment trouvé au désert de Juda (σκοτία). Notons que dans le Tg Ps-Jon Dt 28, 27, tout comme dans la traduction de Symmaque,[37] les deux racines עפל et אפל semblent bien avoir été rapprochées, ainsi que le signale R. Le

---

34. Par ex. Peter Schegg, *Die kleinen Propheten übersetzt und erklärt*, Regensburg (1862 ; 2e éd.), t. 1, 530 ; Ryssel, *Untersuchungen*, 74–75 ; Idem Julius A. Bewer, William Hayes et John P.M. Smith, *A Critical and Exegetical Commentary on Micah, Zephaniah, Nahum, Habakkuk, Obadiah and Joel* (ICC), Edinburgh (1948 ; 3e éd.), 90 ; Rudolph, KAT XIII/3, 82.

35. La LXX est suivie par la Vg : Ofel / Ophel : Ne 3, 26 ; 11, 21 ; 2 Ch 27, 3 ; 33, 14 ; templum : Ne 3, 27.

36. Tg 2 Ch 27, 3 : פלטירין גואה "palais intérieur" ; 2 Ch 33, 14 : פלטורין "palais". Notons cependant qu'en Tg So 1, 10, le TM הַמִּשְׁנֶה (parallèle à "la Porte des Poissons") semble bien avoir été traduit par עופלא (c'est la leçon de la Polyglotte de Londres ; mais b g f c de Sperber : les gémissements "des oiseaux" : עופא) : le Tg est resté près de la Porte des Poissons (cfr. 2 Ch 33, 14 : Après quoi, il restaura la muraille extérieure de la Cité de David, à l'ouest du Gihôn situé dans le ravin, jusqu'à la porte des Poissons ; elle entoura l'Ophel…). Quelles sont les traductions de la Pesh. ? Ne 3, 26 : פעל (métathèse) ; Ne 3, 27 : עשינא "solide" ; Ne 11, 21 : גבר ; 2 Ch 27, 3 : דאתגמר "qui a été achevé" ; 33, 14 : בריא "externe" ; Is 32, 14 : שופרהון דבתא "la beauté des maisons".

37. Symmaque : εἰς τὰς ἕδρας, εἰς τὰ κρυπτά "aux fesses (= LXX), aux parties cachées".

Déaut : "et par des hémorroïdes qui aveuglent le regard" :³⁸ ובטחוריא דמסמיין חזותא.

Les critiques ont bien vu la "méthode" : on a remplacé un mot par un mot proche (changement de gutturale). Mais quelle pourrait être la raison de cette démarche ? Je crois qu'il en faut chercher la clef dans l'existence du substantif homonyme עֹפֶל désignant "les hémorroïdes" :³⁹ ce mot, ressenti comme indécent, sera conservé dans le TM mais fera l'objet d'un *qere* systématique (טחרים ; le Tg traduit toujours par טחורין, l'équivalent araméen).⁴⁰ Si certaines écoles de scribes ont vraisemblablement remplacé le mot עפל "hauteur, colline, citadelle / Ophel" par un mot de la racine אפל dans leurs manuscrits, c'est donc en raison de cet homonyme "hémorroïdes" gênant. Les milieux massorétiques, de leur côté, vont conserver עפל dans tous les cas, mais, lorsqu'il s'agit des hémorroïdes uniquement, lui adjoindre un *qere*.

3.1.4. Os 6, 3a

Le prophète Osée affirme, en Os 6, 3a : "Efforçons-nous de connaître le Seigneur : *son lever est sûr comme l'aurore* (כשחר נכון מוצאו)" (TOB)

La traduction de la LXX est différente : καὶ γνωσόμεθα διώξομεν τοῦ γνῶναι τὸν κύριον ὡς ὄρθρον ἕτοιμον <u>εὑρήσομεν αὐτόν</u> "et nous connaîtrons, nous poursuivrons le fait de connaître le Seigneur ; comme une aurore certaine, *nous le trouverons…*".

Le substantif מוֹצָא "la sortie, ce qui sort" (de la racine יצא) a été utilisé, au Ps 19, 7, pour désigner *le lever du soleil*, tout comme en akkadien, nous trouvons l'expression ṣît šamši ; la traduction de la LXX d'Os, pour sa part, reflète le verbe proche מצא "trouver" ; εὑρήσομεν αὐτόν correspond en effet à נמצאהו. Erreur de lecture de la part du traducteur ? Peut-être, puisque, matériellement מוצאו et נמצאהו sont assez proches ; c'est la position, par

---

38. Traduction de Le Déaut, *Targum du Pentateuque* ; IV *Deutéronome* (SC 271), Paris (1980), 227 n. 28.

39. Aren M. Maeir, "A new Interpretation of the term 'opalim (עפלים) in the Light of Recent Archaeological Finds from Philistia", JSOT 32, 1 (2007), 23–40, voit plutôt "a term referring to an affliction of the Philistines' membra virile".

40. Cfr. Zecharias Frankel, *Vorstudien zu der Septuaginta*, Leipzig (1841), 172–3 ; Abraham Geiger, *Urschrift und Übersetzungen der Bibel in ihrer Abhängigkeit von der innern Entwickelung des Judenthums*, Breslau (1957 ; reproduit l'éd. Frankfurt M., 1928), 408–9.

exemple, de la Bible d'Alexandrie.⁴¹ Du reste, les deux premiers versets d'Os 6 sont formulés à la 1ᵉ personne du pluriel, ce qui pourrait avoir facilement entraîné cette lecture, qui conclut bien les trois versets.

L'on pourrait pencher aussi pour une modification volontaire édifiante de la part du traducteur, née du désir d'affirmer une issue positive à l'effort de l'homme. Ceux qui cherchent Dieu le trouveront, comme il est affirmé, par exemple, en Jr 29,13 : "Vous me chercherez et vous me trouverez, car vous me rechercherez de tout votre cœur". Cependant, la traduction des XII est, en général, très littérale ; un motif plus pressant que l'édification doit donc être envisagé.

Et si cette modification de יצא en מצא⁴² avait visé à éviter le substantif מוֹצָא, jugé inconvenant lorsqu'il est appliqué à Dieu, soit parce qu'il était ressenti comme apparenté à צָא / צֵאָה / צוֹאָה "les excréments", soit, à mon avis, parce qu'il évoquait une phraséologie solaire refusée dans certains cercles pour le Dieu d'Israël ? C'est le seul cas où מוֹצָא dans le sens "lever (d'un astre)" est appliqué à Dieu ; nous trouvons encore מוֹצָא concernant Dieu, mais pas dans un contexte solaire, puisqu'il est alors construit avec le complément "lèvres" ou "bouche" : "ce qui sort de la bouche du Seigneur" en Dt 8, 3 ; Ps 89, 32 et Jr 17, 16. La comparaison avec l'aurore, pour sa part, a été perçue pour ce qu'elle est, à savoir une simple comparaison, ce qui, en général, ne dérange pas les scribes ou les traducteurs les plus sourcilleux, dans la mesure où la particule de comparaison met bien la

---

41. BdA 23.1, 105 n. 6, 3 : "… étant donné le contexte de la recherche du Seigneur (voir Os 5, 15), le traducteur a sans doute lu une forme du verbe *maçaʾ*, "trouver", au lieu de *moçaʾô*, "son lever". Plus anciennement, cfr. Albin Van Hoonacker, *Les douze petits Prophètes*, Paris (1908), 62 : "et quant à leur version εὑρήσομεν αὐτόν pour מוצא, elle n'est dès lors à considérer que comme un exemple, entre beaucoup d'autres, de la facilité avec laquelle le traducteur confondait les formes".

42. Outre la proximité matérielle des deux verbes, les scribes pouvaient également s'appuyer sur les Pr 7, 15, où sont réunies les racines שחר (le verbe, cette fois, non le substantif) et מצא : "voilà pourquoi je suis sortie à ta rencontre pour te chercher (לְשַׁחֵר), et je t'ai trouvé (וָאֶמְצָאֶךָּ)". Ce rapprochement מצא – יצא sera encore pratiqué par Resh Laqish (sans doute connaissait-il la variante), ainsi que nous le rapporte le commentaire de la Metsoudat David pour ce v. d'Os : "tel sera celui qui cherche à connaître Dieu, sûr et certain qu'il le trouvera" : כן יהיה הרודף לדעת את ה' נכון בטוח שימצאה. Nous en trouvons également un exemple dans la littérature rabbinique, dans TB *Ber.* 8a, où le substantif תוצאות (de la racine יצא) du Ps 68, 21 a été rapproché du verbe מצא. Inversément, nous trouvons une interprétation de מצא par יצא en TB *Sota* 10b.

distance attendue entre Dieu et l'aurore. En divers passages jugés trop peu respectueux pour Dieu, le Tg[43] – et à l'occasion, la LXX[44] – a introduit la particule "comme" dans sa traduction, et cela lui a paru à la fois nécessaire et suffisant pour aménager le texte selon ses critères théologiques. Ce n'est donc, vraisemblablement, pas tant la comparaison avec l'aurore, que le mot "sortie /lever" lui-même qui aurait été jugé déplacé dans ce verset.

Notons que le Tg change, lui aussi, l'éclairage du verset, au moyen du *daleth* d'appartenance et de la préposition *beth* devant "la sortie", puisqu'il traduit : "Nous apprendrons, nous chercherons à connaître la crainte de Yhwh, *comme la lumière de l'aurore qui est prête lors de sa sortie* (à elle, la lumière de l'aurore)".

Ces deux versions constitueraient des témoignages de la méfiance dans certains cercles du judaïsme envers toute formulation qui pourrait conduire à l'identification du Dieu d'Israël avec le soleil divinisé.[45]

Maintenant, à qui faut-il attribuer cette divergence de la LXX d'avec le TM d'Os 6, 3 ? Il paraît plus plausible, au vu de la grande littéralité de la traduction grecque des Douze, d'imaginer que la modification ait déjà été le fait du cercle des scribes qui ont collationné la *Vorlage* des LXX. D'autant que le traducteur grec aurait parfaitement pu traduire l'hébreu מוֹצָא par son équivalent grec courant et plus vague : ἡ ἔξοδος, comme c'est le cas, entre autres, pour la "sortie" divine (בְּצֵאתְךָ) de Jg 5, 4.[46] Comme

---

43. Par ex. au Ps 2, 7 : "Je publierai le décret : le Seigneur m'a dit : Tu es mon fils ; moi, aujourd'hui, je t'ai engendré", le Tg a traduit : "J'annoncerai l'alliance de Yhwh. Il a dit : tu m'es *cher comme un fils à son père, et tu es pur comme au jour où je t'ai créé*". La mention de la pureté (זכאה) provient peut-être de l'homonymie בַּר "fils" (araméen) / בַּר "pur" (= araméen בריר).

44. Par ex. en Nb 23, 19 : "Dieu n'est pas un homme pour mentir, ni un fils d'Adam pour se rétracter. Parle-t-il pour ne pas agir ? Dit-il une parole pour ne pas l'exécuter ?"

- LXX : οὐχ ὡς ἄνθρωπος ὁ θεὸς διαρτηθῆναι οὐδὲ ὡς υἱὸς ἀνθρώπου ἀπειληθῆναι αὐτὸς εἴπας οὐχὶ ποιήσει λαλήσει καὶ οὐχὶ ἐμμενεῖ "Dieu n'est pas *comme* un homme... ni *comme* un fils d'homme"...

45. Au 6ᵉ s. de notre ère encore, nous trouvons une association du soleil et du "dieu des Hébreux" dans un texte de Damascius, la *Vita Isidori* 56, 3–4 : "Il l'exorcisa en invoquant les rayons du soleil et le dieu des Hébreux". Ce texte a été traduit par Théodore Reinach, *Textes d'auteurs grecs et latins relatifs au judaïsme*, Hildesheim (1963 ; 1ᵉ édition : Paris, 1895), 211.

46. En Jg 5, 31, où ceux qui aiment le Seigneur sont comparés à un lever de soleil, nous trouvons ἡ ἀνατολή dans l'Alexandrinus et ἔξοδος dans le Vaticanus. La comparaison solaire a été gardée : d'une part, il ne s'agit pas de Dieu ; et d'autre part, une particule de comparaison figure dès le stade de l'hébreu.

ce substantif ἔξοδος n'a pas pour sens premier le lever du soleil – contrairement à ἀνατολη[47] –, la traduction grecque n'aurait dès lors pas présenté un caractère solaire trop marqué. Le traducteur aurait pu également utiliser le substantif ἐπιφάνεια, plus habituel et moins solaire pour Dieu, comme nous le trouvons au ms. 86 Os 6, 3.

Notons que la formule כשחר נכון de Os 6, 3 a été reprise dans 1QH[a] XII, 7 (anciennement IV, 6) : אדורשכה וכשחר נכון לאור[תו]ם הופעתה לי "[et] je t'ai recherché et, tel une aurore assurée, au poin[t du jo]ur tu m'*es apparu*". Cet hymne, avec son verbe יפע et non la racine יצא, semble bien rejoindre la traduction de ce ms. 86 : ὡς ὄρθρος βεβαία ἡ ἐπιφάνεια αὐτοῦ. "Comme une aurore sûre, *son apparition*". En effet, יפע correspond à ἐπιφαίνομαι. D'une part, les traducteurs postérieurs présentent cette équivalence : TM יפע – ἐπιφαίνομαι.[48] D'autre part, la LXX présente quelque chose d'approchant, puisque יפע est traduit par les proches ἐμφαίνω passif et ἐμφανῶς ἥκω en Ps 80[79], 2 et Ps 50[49], 2. Dès lors, on peut conclure que le scribe de l'hymne de Qumran et celui du ms. 86 Os ont donc également éclipsé le substantif מוצא, derrière le verbe יפע vraisemblablement. Ce verbe est proche quant à sa signification ("briller"), mais il n'a pas le sens technique de יצא "se lever" (astre) et, par ailleurs, c'est l'un des verbes utilisés dans la bénédiction de Moïse, en Dt 33, 2.

Examinons le début de ce verset :

Dt 33, 2a
- TM Dt 33, 2a : "Il dit : Le Seigneur est venu du Sinaï, pour eux il *s'est levé* (וְזָרַח) à l'horizon, du côté de Séir, il *a resplendi* (הוֹפִיעַ) depuis le mont de Parân" (TOB)
- LXX : "Et il a dit : Le Seigneur vient du Sinaï et il *est apparu* (ἐπέφανεν) depuis Séir et il *s'est hâté* (κατέσπευσεν) depuis la montagne de Paran".
- Tg : "Et il a dit : Yhwh s'est révélé depuis le Sinaï, et *la splendeur de sa Gloire a été vue* (אתחזי) depuis Séir ; il nous *est apparu* (אתגלי) dans sa Puissance sur le mont Paran".

---

47. Cfr. par ex. LXX Jg A 5, 31 : καθὼς ἡ ἀνατολὴ τοῦ ἡλίου.
48. Aquila Ps 50 [49], 2 et 80 [79], 2 ; Aquila, Symmaque et Théodotion Ps 94 [93], 1.

Juste avant יפע figure le verbe זרח "briller, se lever" (soleil, lumière). Ce verbe זרח a été lui aussi été ressenti comme trop solaire et a été "neutralisé" tant par le traducteur grec du Dt que par le Tg. En effet, זרח - qui est généralement traduit par ἀνατέλλω, "se lever" -, a été traduit dans la LXX par ἐπιφαίνομαι et φαίνομαι dans les deux passages où il a Dieu pour sujet : ici, en Dt 33, 2 et Is 60, 2b. De même, le Tg, qui traduit ordinairement זרח par l'araméen דנח, a traduit Dt 33, 2 par "l'éclat de sa gloire *a été vu* (אתחזי) par nous" et Is 60, 2 par "et sur toi *reposera* (ישרי) la Présence de Yhwh et sa gloire se révélera sur toi". En outre, le verbe זרח en Is 60, 1 a également été traduit en araméen par le verbe "se révéler, apparaître" (יתגלי), tandis que la LXX l'a traduit par ἀνατέλλω, le sujet n'étant pas directement Yhwh, mais sa gloire.

Quant à יפע de Dt 33, 2, comme ἐπιφαίνομαι a déjà été utilisé pour traduire זרח, il a été traduit par κατασπεύδω "se hâter" (le TM מֵהַר a été lu deux fois : מֵהַר "depuis une montagne" et מַהֵר "se hâter")[49] dans la LXX et par le plus neutre אתגלי "se révéler" dans le Tg. Le traducteur grec du Dt rejoint donc les réticences des scribes de la *Vorlage* d'Os et le Tg.

Examinons encore le traducteur grec des Ps, qui semble avoir partagé ces réticences face à une phraséologie solaire. Ainsi, en Ps 84[83], 12a, le TM affirme que Dieu est un bouclier et un שֶׁמֶשׁ (un soleil ?) Si l'on se base sur Is 54, 12 et sur la traduction du Tg, il semble bien avoir existé en hébreu un homonyme שמש "la muraille" ;[50] ce serait sans doute le sens ici, mais l'écart de la LXX par rapport au TM montre, à mon avis, que le traducteur grec comprenait (et a voulu éviter) précisément le sens "soleil".

- TM : כִּי שֶׁמֶשׁ וּמָגֵן יְהוָה אֱלֹהִים "car c'est une muraille et un bouclier, que le Seigneur Dieu"
- Tg = TM : ארום היך שור רם ותריס תקיף יהיה אלהים "car le Seigneur Dieu est *comme une muraille élevée* et un bouclier résistant"
- LXX : ὅτι ἔλεον καὶ ἀλήθειαν ἀγαπᾷ κύριος ὁ θεός "car le Seigneur Dieu aime la pitié et la vérité"

---

49. La BdA 5, 344 explique savamment cette traduction par un "rapport sémantique entre les deux expressions" (briller /se hâter) quand la double traduction de מהר offre une explication toute simple d'un phénomène fréquent.

50. Cfr. HALOT s.v. שֶׁמֶשׁ.

Cette traduction "démétaphorisée" de la part du traducteur grec des Ps (au moyen d'une traduction proche matériellement : ἔλεος pour ἥλιος ; sauf s'il s'agissait d'une erreur interne au grec, bien sûr) me semble indiquer que la comparaison solaire a pu effectivement lui sembler inconvenante, à lui aussi. A moins, là encore, que la modification n'ait eu lieu au niveau de la *Vorlage*, toujours pour la même raison. Outre la comparaison solaire en elle-même, le traducteur a pu éviter le "soleil" (ἥλιος) en raison également du temple d'Héliopolis (Ἡλίου πόλις) qui, malgré sa construction sous l'impulsion du grand-prêtre Onias IV, est en contradiction avec l'idéal de centralisation cultuelle deutéronomiste.

Pour conclure, je pense donc que la modification LXX Os 6, 3 a certainement eu lieu au niveau de la *Vorlage* vu le caractère en général très littéral du traducteur des XII. Mais certains traducteurs grecs (Dt ; Ps ?), ainsi que les traducteurs araméens, ont pu également s'effaroucher de formulations solaires, signe de la diffusion de ce type de scrupules dans différents cercles du judaïsme.

3.2. Les scribes de la *Vorlage* ont réagi à certaines coïncidences malheureuses avec l'araméen ou le syriaque

Passons maintenant au deuxième point de notre hypothèse : certains énoncés vont être modifiés dans le milieu de la *Vorlage* de la LXX en raison de coïncidences gênantes avec l'araméen ou le syriaque, alors que les cercles massorétiques vont conserver le texte original. Gardons à l'esprit que nous sommes à une période de fluidité textuelle et, par ailleurs, quand j'évoque le syriaque, qu'il s'agit de "l'ancêtre" oral de ce dialecte, la première inscription écrite datant vraisemblablement du tout début du premier siècle de notre ère.[51] Il est évident que cette inscription ne marque pas la naissance brutale d'une langue, mais qu'il s'agit d'un continuum, comme signalé dans l'introduction. Ou encore un sens qui s'est développé dans l'araméen courant, mais dont seul le syriaque nous a conservé la trace.

---

51. Cfr. Weninger (éd.), *The Semitic Languages. An International Handbook* (HSK 36), 641-2 : "The Old Syriac material consists of about 120 inscriptions and three lenghty legal parchments [...] The earliest dated text comes probably from 6 CE (date not entirely certain ; indisputable is the date of an inscription of 73 CE)". (J.F. Healey)

3.2.1. LXX Nb 14, 16

- TM : (pour fléchir Dieu, Moïse imagine les critiques des nations :) "Le Seigneur n'était pas capable de faire entrer ce peuple dans le pays qu'il leur avait promis ; voilà pourquoi *il les a massacrés* (וַיִּשְׁחָטֵם) dans le désert" (TOB)
- LXX : παρὰ τὸ μὴ δύνασθαι κύριον εἰσαγαγεῖν τὸν λαὸν τοῦτον εἰς τὴν γῆν ἣν ὤμοσεν αὐτοῖς <u>κατέστρωσεν</u> αὐτοὺς ἐν τῇ ἐρήμῳ

Ainsi que l'ont noté les critiques, le verbe grec καταστρώννυμι reflète probablement, non le TM שחט "sacrifier, tuer", mais le verbe en relation de métathèse שטח "étendre". A. Kaminka déjà, dans son étude (ancienne mais toujours instructive) sur les XII Petits Prophètes, l'avait signalé.[52] En outre, il mentionnait la même modification, mais en sens inverse, dans le TB *Yoma*, où la racine שטח "étendre" de Nb 11, 32 avait été rapprochée de שחט "égorger" dans les interprétations de Resh Laqish et de Joshua ben Qarha.[53] L'on pourrait d'ailleurs ajouter que cette interprétation se trouvait déjà dans la traduction du Vaticanus : ἔσφαξαν ("ils égorgèrent" les cailles). Qu'ils aient trouvé cette leçon comme variante dans les manuscrits dont ils disposaient ou que ce soit là une interprétation qui leur est personnelle,

---

52. Armand Kaminka, *Studien zur Septuaginta an der Hand der zwölf kleinen Prophetenbücher*, Frankfort (1928), 36. Cette étude, qui, pour toute modification intervenant dans la LXX, tentait de trouver son parallèle dans la littérature rabbinique, a le mérite de souligner la continuité et le caractère traditionnel et méthodique de l'exégèse juive : ainsi, Kaminka a passé en revue (aux p. 20–30) les différents types de modifications consonantiques et vocaliques, les traductions étymologiques, les métathèses, l'insertion ou le retrait d'une ou de plusieurs consonnes (35–36). Mais cette étude est restée en superficie. Retraçant avec compétence, certes, les démarches matérielles qui ont conduit à la traduction de la LXX telle qu'elle est (même s'il est sans doute plus exact d'envisager pour, certaines modifications, l'hypothèse d'une variante accidentelle qui a fait son chemin), elle négligeait en général de considérer le "pourquoi " de ces démarches, n'essayait pas de reconstituer, au cas où l'on posait l'hypothèse d'une modification volontaire, l'intention probable des scribes ou des traducteurs ou le but escompté, et demeurait, dès lors, en partie stérile.

53. TB *Yoma* 75b : "Et ils (les) étendirent : Resh Laqish a dit : Ne lis pas "et ils étendirent" (וישטחו), mais "et ils furent massacrés" (וישחטו), ce qui nous apprend que "les ennemis d'Israël" (= euphémisme pour "Israël") méritèrent la mort ; "étendre" : on enseigne au nom de R. Joshua ben Qarha : Ne lis pas "étendre" (שטוח), mais "égorger" (שחוט), ce qui nous apprend qu'il descendit pour Israël, en même temps que la manne, quelque chose qui doit être égorgé (rituellement)".

Resh Laqish et Joshua ont procédé volontairement et consciemment, et il n'est dès lors pas impossible qu'il en ait déjà été de même pour la LXX ou les scribes de leur *Vorlage*. Ceci nous permet d'écarter des jugements dépassés tel, par exemple, celui de Gray, qui voyait dans la traduction grecque de Nb 14, 16 le produit d'une erreur.[54] Mais ceci étant reconnu, n'est-il pas possible d'aller plus loin que ne le fait Kaminka ?

D'abord, que signifie, dans ce passage, le verbe grec καταστρώννυμι ? A partir du sens premier "étendre, étaler, répandre", nous pourrions penser à un sens secondaire "disperser" (cfr. le champ sémantique de פרש[55]). Pour éviter de dire que Dieu a "massacré" (שחט) le peuple dans le désert, le traducteur grec aurait, par respect, voulu atténuer le texte tout en en gardant la matérialité, au moyen de la métathèse (שטח), puisque, en Jb 12, 23, TM שטה est traduit par καταστρώννυμι.[56] Dieu n'a pas massacré les Israélites, tout au plus les a-t-Il "égarés" dans le désert. Cette hypothèse serait tentante et s'imposerait, d'une part, si cette signification du verbe grec était bien attestée dans le grec biblique, ce qui n'est pas le cas, et, d'autre part, si la LXX était sujette, de manière régulière, à ce genre de scrupules, ce qui n'est certainement pas le cas non plus. Ainsi, le traducteur grec de Dt 9, 28 a-t-il traduit littéralement le TM très proche (לַהֲמִתָם "pour les faire mourir"), tout comme le Tg, d'ailleurs : καὶ παρὰ τὸ μισῆσαι αὐτοὺς ἐξήγαγεν αὐτοὺς <u>ἀποκτεῖναι</u> ἐν τῇ ἐρήμῳ "... et, parce qu'Il les haïssait, Il les a conduits pour les tuer dans le désert".

De même, le traducteur des Lm n'a-t-il pas traduit littéralement (tout comme le Tg, d'ailleurs) l'affirmation similaire contenue en Lm 2, 21b :

- TM : הָרַגְתָּ בְּיוֹם אַפֶּךָ טָבַחְתָּ לֹא חָמָלְתָּ "tu massacres au jour de ta colère ; tu égorges sans pitié".

---

54. George B. Gray, *Numbers* (ICC), Edinburgh (1903), 159 : "וישחטם] LXX foolishly וישטחם". Encore récemment Wevers, *Notes on the Greek Text of Numbers*, 219 : "Since καταστρώννυμι means "stretch out", it seems obvious that the translator mistakenly transposed the letters חט and read וישטחם"and he stretched them out".

55. Cfr. פרש, qui a le même sens premier que שטח, "étendre", prend, au *niphal*, le sens d' "être dispersé" (par ex. Ez. 17, 21).

56. Sans doute avec le sens "disperser, égarer" ; le traducteur grec a interprété le premier verbe du verset (שָׂגָא hiphil "multiplier" ; araméisme) d'après le proche שָׂגָה "errer" ; hiph. : "faire errer", d'où sa traduction en πλανάω. Le contexte a aidé, puisque dans les vv. 24 et 25, nous avons le verbe תָּעָה "errer" ; hiph. : "faire errer".

- LXX : ἀπέκτεινας ἐν ἡμέρᾳ ὀργῆς σου ἐμαγείρευσας οὐκ ἐφείσω "Tu as tué au jour de ta colère ; égorgeant (comme un boucher), tu n'as pas épargné"
- Tg : קטלת ביום רגזך נכסת ולא חסת

On pourrait, certes, avancer le fait que chaque traducteur de la LXX a sa sensibilité propre, et que le traducteur des Nb aurait reculé devant l'affirmation du TM, quand les traducteurs de Dt et des Lm n'auront pas cillé devant la violence divine. Cependant, les observations de J. Joosten sur divers passages bibliques qui parlent de l'habitation de Dieu parmi les hommes montrent que la LXX des Nombres, justement, n'hésite pas à des traductions plus littérales que celles de l'Exode ou du Deutéronome, par exemple.[57]

L'on pourrait encore supposer que les traducteurs grecs auraient davantage pris garde à la traduction de la Torah qu'au reste du texte biblique ; c'est le cas du Tg, qui, pour la question du respect dû à Dieu, est beaucoup plus strict dans la Torah et les Prophètes que dans les Ecrits. Mais le Tg lui-même, qui, d'ordinaire, est bien plus scrupuleux que la LXX, a respecté le sens de Nb 14, 16 (וקטילינון "et il les tua"),[58] d'autant plus facilement, d'ailleurs, que cette allégation provient, dans un discours imaginé par Moïse, de la bouche des ennemis.

Par ailleurs, à supposer même que le traducteur grec ait voulu atténuer le texte, aurait-il choisi le verbe καταστρώννυμι, qui signifie, certes, "étendre", d'où, peut-être "disperser, égarer" (cfr. Jb 12, 23), mais aussi et surtout "étendre à terre, abattre",[59] sens qu'il aurait précisément tenté d'éviter ? Ce sens d'"étendre, abattre" est d'ailleurs celui que préconise J.F.

---

57. Joosten, "Une théologie de la Septante ?", RThPh 132 (2000), 31–46 ; en particulier p. 40.

58. Par ex. TM טבח – Tg קטל : Tg Jr 25, 34 ; 51, 40 ; Ez 21, 15 etc. Même traduction pour le Tg Pseudo-Jonathan. Le Tg Neofiti a traduit שנכס יתהון במדברה "et il les immola au désert".

59. Ce verbe est, en effet, utilisé dans un contexte clairement belliqueux en Jdt 14, 4 ; 2 M 5, 26 ; 11, 11 ; 12, 28 ; 15, 27. En Jdt 7, 14, c'est par l'effet de la faim (avant même que l'épée n'intervienne) que les ennemis seront terrassés ; en 7, 25, par la soif et la misère. En Jdt 12, 1, ce verbe est neutre : il s'agit de la nourriture et de la boisson que l'on "étale" devant Judith lors du banquet. Chez Flavius Josèphe, ce verbe est également utilisé : en *Guerre* I, 425 ; V, 192 ; *Ant.* VIII, 74.187 dans le sens de "recouvrir, paver" (une avenue) ; mais en *Guerre* V, 404, il a la même signification que dans la LXX : "étaler une armée à terre, l'écraser". De même, Philon emploie ce verbe grec avec la

Schleusner : "prostravit illos in deserto". La BdA,⁶⁰ qui traduit "il les a étendus dans le désert", a donc choisi une traduction ambiguë. Dans son commentaire, la BdA propose deux explications de la traduction grecque : soit le modèle de la LXX présentait effectivement le verbe שטח (Frankel), soit le traducteur aurait lui-même interprété le TM שחט d'après ce verbe שטח, "par inversion des deux dernières consonnes, comme le permettent les règles rabbiniques". Notons, toutefois, que TM שטח "étendre" n'est traduit qu'une seule fois par καταστρώννυμι (en Jb 12, 23), puisque les autres attestations de ce verbe hébreu sont rendues par le verbe grec de même signification διαπετάννυμι (2 S 17, 19 et Ps 88[87], 10) et par le verbe ψύχω "sécher, faire sécher", qui exprime le résultat concret de l'action d'étendre (Nb 11, 32 et Jr 8, 2). Par ailleurs, la BdA ne se prononce pas sur le motif qui aurait poussé le traducteur à opérer cette inversion.

L'hypothèse d'une atténuation ("égarer") par métathèse reste toujours une possibilité, car notre esprit moderne n'est peut-être pas à même d'appréhender avec justesse ce qui était cohérent ou logique pour les traducteurs de la LXX.⁶¹ Toutefois, le discours imaginé par Moïse perdrait toute sa force argumentative s'il avait été atténué.

Pour ma part, je crois qu'il faut se demander si la variation ne remonte pas plutôt à la source hébraïque de la LXX, à sa *Vorlage*, et si les scribes ayant collationné le(s) manuscrit(s) sur le(s)quel(s) sera élaborée la LXX n'ont pas volontairement "éliminé" de cette tradition textuelle (au moyen de la métathèse) le verbe שחט, *appliqué à Dieu*, en raison de l'existence d'un verbe syriaque homonyme de sens obscène ; ils l'auraient dès lors remplacé, en conservant les lettres du texte, par le verbe métathétique שטח, dont le champ sémantique pouvait être élargi, depuis son sens de base "étendre", à "étendre à terre, abattre", tout comme son équivalent arabe⁶² et tout comme le verbe que choisiront les LXX, καταστρώννυμι. En effet, שחט signifie en syriaque : "corrompre, pervertir, séduire une femme,

---

même signification en *Abraham* 234, *De Specialibus Legibus* IV, 222 ; *Legatio* 222 ; En *Vita Mosis* II, 255, il désigne les cadavres qui "jonchent" l'étendue de la mer.

60. BdA 4, 321.

61. D'autant que la texte final de la LXX semble s'être figé dans ses hésitations et n'avoir jamais fait l'objet d'une relecture ou d'une "philosophie" globale systématique destinée à neutraliser les passages délicats, comme ce fut le cas pour le Tg de la Torah et des Prophètes.

62. L'arabe *saṭîḥ* (سطيح) signifie, en effet, "étendu à terre, mort" (cfr. Lane, *Arabic-English Lexicon*, 1357).

la déflorer" et le substantif dérivé שחוטא a le même sens de "corruption, dépravation, défloration".⁶³ Notons d'ailleurs que, si l'on en croit G. Driver,⁶⁴ cette racine aurait aussi existé en hébreu, représentée par un substantif שַׁחֲט (TM וְשַׁחֲטָה) en Os 5, 2, la "débauche" du Shittim faisant allusion à l'épisode de Nb 25, 1 sqq ("Israël s'établit à Shittim et le peuple commença à se livrer à la débauche avec les filles de Moab", TOB).

Les scribes de la *Vorlage* de LXX Nb 14, 16 n'ont pas été gênés par le *sens* du texte sacré : la vision d'un Dieu violent est loin d'être absente du corpus biblique (cfr. par ex. Dt 32, 39–43) ; ce scrupule sera plus tardif ; en outre, ici, il ne s'agit que d'un argument imaginé par Moïse. Ils ont surtout été gênés par l'existence de l'homonyme syriaque, à une époque de diffusion des dialectes araméens (ou mieux de l'homonyme hébreu, s'il existait effectivement), et donc par *la teneur matérielle* du texte (qui pourrait suggérer Dieu en relation avec une action obscène). Ils n'ont dès lors pas craint de modifier, en gardant toutefois, à leur manière, le contact avec le texte primitif (par la métathèse). Dans le même ordre d'idées, souvenons-nous des réticences de certains cercles de scribes relayées par les Massorètes vis-à-vis du verbe שָׁגֵל "violer", qu'ils ont conservé dans le texte, mais assorti d'un *qere*.

Les scribes des cercles massorétiques, plus conservateurs, auraient été, quant à eux, moins sourcilleux ou moins vigilants vis-à-vis de cet homonyme syriaque (hébreu ?) gênant, puisque שחט appliqué à Dieu dans le TM Nb 14, 16 n'a fait l'objet d'aucune censure de leur part.

3.2.2. Ml 3, 8.9 et Za 12, 10

- TM : (8) Un homme peut-il *tromper* (הֲיִקְבַּע) Dieu ? Et vous me *trompez* (קֹבְעִים) ! Vous dites : "En quoi t'avons-nous *trompé* ? (קְבַעֲנוּךָ)" – Pour la dîme et les redevances. (9) Vous êtes sous

---

63. Cf Payne Smith, *Thesaurus syriacus*, col. 4112–13 : *corrupit mulierem, vitiavit, devirginavit* ; substantif : *corruptio, depravatio, vitiatio puellae, devirginatio*. Sokoloff, *A Syriac Lexicon*, 1541 : pa. to consume, squander ; to attack, assail ; to defile, violate.

64. Godfrey R. Driver, "Studies in the vocabulary of the Old Testament V", JThS 34 (1933), 40. Driver cite également les racines équivalentes akkadienne et éthiopienne de même sens. Se basant sur cet article, KB a donc distingué deux racines שחט. HALOT (1990), en revanche, n'a plus répertorié Os 5, 2 sous une racine שחט II. La traduction de la LXX de ce passage d'Osée n'est malheureusement pas claire.

le coup de la malédiction et c'est moi que vous *trompez* (קֹבְעִים), vous, le peuple tout entier ! (TOB)

Comment les Versions de Ml 3, 8.9 ont-elles traduit קבע ?

- LXX : εἰ <u>πτερνιεῖ</u> ἄνθρωπος θεόν διότι ὑμεῖς <u>πτερνίζετέ</u> με καὶ ἐρεῖτε ἐν τίνι <u>ἐπτερνίκαμέν</u> σε ὅτι τὰ ἐπιδέκατα καὶ αἱ ἀπαρχαὶ μεθ᾽ ὑμῶν εἰσιν (9) καὶ ἀποβλέποντες ὑμεῖς ἀποβλέπετε καὶ ἐμὲ ὑμεῖς <u>πτερνίζετε</u> τὸ ἔθνος συνετελέσθη "Un homme *frappe-t-il* Dieu *du talon* /Un homme *trompe*-t-il Dieu ?[65] Car vous me *frappez du talon* /*trompez*. Et vous dites : "En quoi t'*avons-nous frappé du talon* /*trompé* ?" Parce que les dîmes et les prémices sont chez vous. Et regardant, vous regardez.[66] Et moi, vous me *frappez du talon* /*trompez* : le peuple a été anéanti".
- Pesh. : ... "Pourquoi l'homme *fraude*-t-il (טלם) Dieu ? Comment *fraudez*-vous (טלמין)..."
- Tg : ... "L'homme doit-il *irriter devant* (הירגיז גבר קדם) le Juge ? Car vous, vous *irritez devant* Moi (מרגזין קדמי)..."
- Vg : "Si l'homme *cloue* (affiget) Dieu, pourquoi me *clouez*-vous (configitis) ? Et vous dites : "En quoi t'avons-nous *cloué* (confiximus) ? Dans les dîmes et les prémices... et vous, vous me *clouez* (confixistis)..."

---

65. Cfr. Muroaka, *A Greek-English Lexicon of the Septuagint*, s.v. πτερνίζω : 1. *to kick (with) the heel* ; 1. *based on the reading of Ge 27 in the LXX version, to cheat, defraud by withholding or robbing what is due to others*... Le verbe grec a, en fait, épousé le champ sémantique de la racine עקב : cfr. 2 R 10, 19 : Jéhu a agi avec ruse (בְּעָקְבָה - ἐν πτερνισμῷ). Michel Casevitz, "D'Homère aux historiens romains : le grec du Pentateuque alexandrin", dans Cécile Dogniez et Marguerite Harl (éd.), *La Bible des Septante. Le Pentateuque d'Alexandrie*, Paris (2001), 77–85, souligne, à la p. 84, qu'il s'agit d'une création du traducteur de la Genèse.

66. La LXX a interprété la racine h. ארר "maudire" par la racine proche ראה "voir", infléchissant ainsi le sens de la phrase en "et, regardant, vous regardez" (mais personne n'intervient ou n'agit !). D'où le châtiment de cette passivité : le peuple est anéanti (TM כול a été interprété d'après le verbe כלה). Cette relation à ראה permet de préférer le sens "regarder" plutôt que "détourner le regard", qui est certes l'un des sens de ἀποβλέπω (cfr. LEH). Dans le même ordre d'idées, le verbe חרש // קצר ἐτρυγήσατε "vous avez récolté") dans l'expression d' Os 10, 13 חֲרַשְׁתֶּם־רֶשַׁע "vous cultivez la méchanceté" a été traduit d'après son homonyme "se taire" : ἵνα τί παρεσιωπήσατε ἀσέβειαν "pourquoi avez-vous passé sous silence la méchanceté ?" Dans la traduction grecque, se taire devant l'iniquité est aussi coupable que l'acte d'iniquité lui-même.

- Aquila, Symmaque, Théodotion : "Si l'homme *prive/vole* (ἀποστερήσει) Dieu …"

Comparons ceci avec les Versions de Pr 22, 23, le seul autre passage où figure le même verbe קבע :

- TM : "Car le Seigneur plaidera leur cause (celle des pauvres) et *ravira la vie de leurs ravisseurs* (וְקָבַע אֶת־קֹבְעֵיהֶם נָפֶשׁ)".
- LXX : "Car le Seigneur jugera son jugement (au pauvre auquel tu n'auras pas fait violence) et tu *délivreras* ton âme intacte (καὶ ῥύσῃ σὴν ἄσυλον ψυχήν)"
- Pesh : "… et Il *venge / châtie* (מתפרע) les souffrances de leurs âmes"
- Tg = Pesh. : "Car le Seigneur jugera leur jugement et *Il accomplira la vengeance / le châtiment* (מתפריע פורענתא) de leurs âmes"
- Vg : "et Il *clouera* ceux qui ont *cloué* son âme" (… et <u>configet</u> eos qui <u>confixerunt</u> animam eius.)
- Aquila : "et Il *clouera* ceux qui l'ont *cloué*" (καὶ <u>καθηλώσει</u> τοὺς <u>καθηλώσαντας</u>)
- Symmaque : "et Il *châtiera* ceux qui *ont châtié* son âme" (καὶ <u>κολάσεται</u> τοὺς <u>κολαζομένους</u> ψυχὴν αὐτοῦ)

La signification du verbe hébreu קבע, verbe qui n'apparaît que dans ces deux passages du corpus biblique,[67] est bien celle de "voler, frauder" proposée par les dictionnaires,[68] ainsi que nous le confirment les traductions d'Aquila, Symmaque et Théodotion de Malachie (ἀποστερεῖν "voler, priver") et la traduction de la Peshitta de Malachie (טלם "opprimer, faire du tort par fraude").[69] Cette signification convient, en effet, parfaitement aux contextes de Ml 3, 8.9 et de Pr 22, 23 (cfr. v. 22 : גזל "voler") et elle est confirmée par la tradition juive postérieure.[70]

---

67. On ne le rencontre pas dans la littérature qumranienne (Concordance d'Abegg et alii).

68. BDB, s.v. קבע ; HALOT hésite entre les deux significations "aller derrière, suivre" que refléterait la LXX (et il renvoie à KBL pour l'hypothèse de la modification de עקב en קבע destinée à éviter l'assonance avec יעקב du v. 6) et "voler, dépouiller".

69. Cfr. Payne Smith, *Thesaurus syriacus*, s.v. טלם : "oppressit, injuria affecit, fraudavit". Le verbe syriaque טלם correspond parfaitement au grec ἀποστερέω, comme nous pouvons le constater en Dt 24, 14[LXX 16], Ml 3, 5 et Si 31 [LXX 34], 22, où, pour la traduction de la LXX ἀποστερέω, la Peshitta traduit par טלם.

70. Cfr. Rashi (Ml 3, 8) : "nos maîtres expliquent (ce verbe) par le mot גזילה ("le

En outre, quoique ce ne soit pas là le sens qu'il ait choisi de conférer à קבע dans la Vulgate, Jérôme donne sa caution à la traduction d'Aquila, Symmaque et Théodotion (*si fraudat*), qu'il rapporte dans son commentaire de Malachie :[71] "Verbum Hebraicum, quod scribitur *haiecba*, LXX interpretati sunt, si supplantat, pro quo Aquila, Symmachus et Theodotio posuerunt, si fraudat, ut sit sensus : si fraudat homo Deum, quia vos fraudatis me ?"

En ce qui concerne la Vulgate, Jérôme a choisi, ainsi qu'il nous l'explique dans son Commentaire, de traduire קבע de Ml et des Pr *d'après le sens qu'a le verbe araméen /syriaque* homophone קבע "enfoncer, fixer (un clou), établir",[72] afin de pouvoir évoquer la crucifixion de Jésus, tout comme il le fera également en Za 12, 10 : "Hoc quod diximus *haiecba*, lingua Syrorum et Chaldaeorum interpretatur, si affiget ; unde et nos ante annos plurimos ita vertimus, magis ad mysterium Dominicae passionis, in qua homines crucifixerunt Deum, quam ad decimas ac primitias, quae sunt scripta referentes".

Les critiques ont généralement souligné cette particularité de la traduction de Jérôme ;[73] rares toutefois sont ceux qui ont pensé à rapprocher la traduction d'Aquila des Proverbes de la Vulgate :[74] le verbe καθηλοῦν

---

vol") : il s'agit d'un mot araméen" ; Radaq : "il s'agit du vol et de la prise d'une chose en retranchant" : גזלה ולקיחת הדבר בהכרת. Franz Delitzsch, *Das Salomonische Spruchbuch* (Biblischer Kommentar über die poetischen Bücher des Alten Testaments), Leipzig (1873), 361 n. 2, avait réuni tous les passages rabbiniques où est utilisé et expliqué le mot קבע : "es wird mannigfach als dialektisches Wort für גזל bezeugt". A ces passages rabbiniques cités par Delitzsch (qui correspondent plus ou moins à ceux répertoriés dans Jastrow), j'ajouterai, pour ma part, *Aboth de Rabbi Nathan*, ch. 38 (32 b), où קבע a été expliqué par גבי "collecter, confisquer".

71. *Commentarii in Prophetas Minores*, CC.SL LXXVI A, 934.

72. D'où "fixer à la croix, crucifier" : cfr. la Peshitta emploie קבע pour traduire le TM תקע dans 1 S 31, 10 (les Philistins clouent le corps de Saül sur la muraille). La Peshitta du NT utilise généralement le verbe זקף (ou parfois צלב) pour parler de la crucifixion de Jésus, mais, dans Col 2, 14, c'est le verbe קבע qui est employé ; il s'agit, certes, ici, d'une image, mais qui fait cependant allusion à la crucifixion de Jésus. De même, nous lisons dans les Theophania V, 42, 7 d'Eusèbe, que Dieu a été crucifié : אתקבע אלהא. Dans le Tg, nous trouvons ce verbe קבע dans ce sens de "transpercer" en Jg 3, 21 (Vg : infigere) ; 1 S 19, 10 et 2 S 18, 14 (Vg : infigere).

73. Par ex. Van Hoonacker, *Les douze petits prophètes traduits et commentés*, 734 ; John M.P. Smith (ICC Ml), 74 ; Kaminka, *Studien zur Septuaginta*, 12 ; Rudolph, KAT XIII /4, 282 (8a) ; Barthélemy, OBO 50 /3, 1037–38, etc.

74. Je n'ai trouvé ce rapprochement que chez deux commentateurs anciens, à

("clouer, épingler") reflète, en effet, manifestement ce même verbe araméen קבע.[75] Il vaut la peine de remarquer, d'ailleurs, que si Jérôme s'est inspiré d'Aquila, comme il le fait souvent, c'est en sachant ce qu'il fait et en ayant repéré l'origine araméenne de cette traduction ("lingua Syrorum et Chaldaeorum").

La traduction "clouer, transpercer" ne pouvait, bien évidemment, s'appliquer à Dieu dans Malachie (הֲיִקְבַּע אָדָם אֱלֹהִים) pour Aquila, d'où sa traduction ἀποστερεῖν "priver", mais, dans le contexte des Proverbes, où il est question de la persécution des pauvres (v. 22), cette traduction a paru tout à fait adéquate et expressive à ses yeux : le v. 22 parlant déjà du dépouillement des pauvres (גזל), Aquila a traduit קבע par καθηλοῦν, d'après l'araméen, ajoutant ainsi une nuance supplémentaire au verset.

La LXX de Malachie est, ainsi que l'ont signalé bien des commentateurs,[76] basée sur la métathèse, puisque le verbe grec πτερνίζειν ("frapper du talon, supplanter / tromper") est l'équivalent habituel et étymologisant de l'h. עקב.[77] Qu'est-ce qui a poussé le traducteur grec à interpréter קבע d'après עקב ? Mais d'abord, est-ce bien le traducteur ? Pour moi, cette interven-

---

savoir Franz Delitzsch, *Das Salomonische Spruchbuch* (1873), 361 : "Das V. קבע hat im Chald. und Syr. die Bed. stechen, fixieren (wonach es Aq. hier mit καθηλόω annageln, Hier. mit configere übers.)" et Joseph Knabenbauer, *Commentarius in Prophetas Minores*, Paris (1886), t. II, 475 : "In altero loco quo verbum occurrit, Prov. 22, 23 etiam Aq. notionem καθηλόω sim. ut S. Hier. exprimit". La BdA 17, Paris (2000), 287 affirme qu'Aquila a traduit le verbe h. קבע par καθαιρέω "détruire" (au lieu de καθηλόω "clouer, épingler"). Cette erreur ne lui permet pas de retracer l'origine de cette traduction (c'est-à-dire d'après l'araméen).

75. Le verbe καθηλοῦν et le simple ἡλοῦσθαι apparaissent dans la LXX (idem Théodotion), pour le premier, et dans Aquila, pour le second, de Ps 119 [118], 120, traduisant l'hébreu סמר "se hérisser" : or l'expression araméenne קבע מסמר "enfoncer un clou" est fréquente (cfr. Jastrow, *Dictionary*, s.v. קבע et מסמר).

76. Par ex. Schleusner, *Lexicon in LXX*, s.v. πτερνίζω : "Pro קבע legerunt עקב, aut putarunt קבע idem significare quod עקב ut שמלה et שלמה, כבש et כשב" ; Van Hoonacker, *Les douze petits prophètes*, 734 ; Smith, ICC Ml, 74 ; Rudolph, KAT XIII /4, 282 (8 a) ; Pieter Verhoef, *The Books of Haggai and Malachi* (NICOT), Grands Rapids, Michigan (1987), 302 ; Barthélemy, CTAT, OBO 50 /3,1037 ("choix textuel") ; Andrew Hill, *Malachi* (The Anchor Bible 25D), New York (1998), 303, etc. Ce dernier auteur suggère avec finesse que le verbe קבע pourrait être un jeu de mots indirect, les auditeurs attendant, après la mention des בני יעקב, le verbe עקב.

77. TM עקב – LXX πτερνίζω : Gn 27, 36 ; Jr 9, 3 [4] ; Os 12, 4 [3]. En outre, le substantif עָקְבָה "la ruse" a été traduit par πτερνισμός en 2 R 10, 19, ainsi que signalé plus haut.

tion, si elle a été volontaire, n'a de sens qu'au niveau de la *Vorlage*, dans la mesure où le verbe grec πτερνίζειν, de large champ sémantique, peut quasiment rejoindre le sens du TM, étant donné que la différence entre "voler, frauder" et "tromper par ruse" est relativement mince.

Dès lors, qu'est-ce qui aurait pu pousser les scribes à passer de קבע à עקב ? Ne faut-il pas chercher le motif de cette transformation dans la diffusion de la langue araméenne (et de l'hébreu tardif influencé par l'araméen) et le danger inhérent de mal comprendre le texte sacré ? En effet, le verbe קבע, interprété d'après le sens de l'araméen קבע ("fixer, clouer") – s'il représentera une opportunité pour St Jérôme[78] et l'exégèse chrétienne – constituait, dans un contexte juif, une menace de contresens insupportable (Dieu cloué par les hommes !), contresens qu'il importait d'éviter, ce qui fut fait vraisemblablement dans le cercle des scribes de la *Vorlage* grâce au verbe en relation de métathèse עקב ("être sur les talons de, suivre, atteindre, tromper"), dont le sens n'est pas éloigné de l'hébreu קבע ("voler") et qui conserve les *lettres* du texte sacré. Cela impliquerait une fois encore que les scribes de la *Vorlage* de la LXX auraient eu une sensibilité linguistique bilingue.

Ce qui est remarquable, et qui n'a pas été remarqué par la critique,[79] pour autant que je puisse en juger, c'est que les traductions de la Pesh. et du Tg Pr 22, 23 (et probablement aussi Symmaque) reflètent également une transformation de קבע par métathèse, non pas en עקב "talonner, supplanter, tromper", mais en un autre sens développé par la racine עקב "venir en conséquence" :[80] c'est dire la diffusion et la cohérence des traditions exégétiques dans le judaïsme ancien. Et la force des cercles de scribes qui, à l'inverse, ont maintenu la leçon massorétique. En effet, le participe מתפרע de la Pesh. et du Tg Pr 22, 23 ("châtier, venger") se base manifestement sur le substantif hébreu עֵקֶב "la conséquence, la récompense" (ce

---

78. En revanche, Jérôme n'a pas profité de l'araméen (בַּר "fils") pour traduire la formule énigmatique du Ps 2, 12 (נַשְּׁקוּ־בַר) par une traduction signifiant "embrassez le Fils", mais a suivi Aquila et Théodotion : adorate *pure* (adorez avec pureté).

79. Par ex. Healey, *The Targum of Proverbs* (Aramaic Bible 15), 49 n. 15, signale simplement que le Tg diffère du TM. Aucune mention n'est faite de la Peshitta et du Targum dans la BdA 17, 287.

80. De même, l'équivalent arabe a développé le champ sémantique suivant : "suivre sur les talons, s'ensuivre comme conséquence, punir ou récompenser" (cfr. Lane, *Arabic-English Lexicon*, 2097–2100).

qui "talonne" l'action), comme nous l'indique la traduction de la Pesh. Ps 19, 12b[81] ou du Tg Ps 70, 4a[82].

La Peshitta, le Targum et Symmaque (ou la *Vorlage* sur laquelle ils se basaient) de Pr 22, 23 ont-ils voulu écarter la vision trop précise d'un Dieu qui arrache / qui cloue (si on interprète קבע d'après l'araméen) la vie des coupables, en la remplaçant par le thème plus vague et plus classique d'un Dieu qui venge les persécutés et châtie les coupables ? Telle pourrait bien être la raison de cette variation par métathèse. De même, la LXX Pr – dont la traduction ("et tu délivreras ta vie intacte") reste difficilement retraçable[83] –, a, tout comme la Peshitta, le Targum et Symmaque, fait disparaître l'image d'un Dieu qui "arrache" les vies humaines, au profit d'une proposition éthique de bon aloi : celui qui s'abstient de refouler les pauvres (v. 22) sauve ainsi sa vie.

LXX Za 12, 10 pourrait sans doute confirmer notre intuition concernant Ml 3, 8.9, à savoir que les scribes de la *Vorlage* (et non les traducteurs) ont modifié un texte qui leur semblait de nature à être interprété (d'après l'araméen) de manière scandaleuse. En Za 12, 10, en effet, nous avons probablement le même phénomène qu'en Ml 3, 8.9 : pour éviter une interprétation du verset qui affirmerait la transfixion de Dieu, les scribes de la *Vorlage* ont vraisemblablement permuté les lettres du verbe hébreu דקר "transpercer", obtenant ainsi la variante רקד "danser" reflétée par la LXX. Là encore, l'énoncé hébreu risquait d'être interprété, à une époque de diffusion de l'araméen, dans un sens qui portait atteinte à l'intégrité de Dieu. Examinons-le, ainsi que ses variantes et traductions :

- TM : ... וְהִבִּיטוּ אֵלַי אֵת אֲשֶׁר־דָּקָרוּ וְסָפְדוּ עָלָיו כְּמִסְפֵּד עַל־הַיָּחִיד ...
- Litt : "et ils regarderont *vers moi* (; *celui ?*) *qu'ils ont transpercé* (et) ils se lamenteront sur lui, comme une lamentation sur un fils unique"

---

81. TM עֵקֶב רָב "un grand profit" – Pesh. נתפרע סגי "sera grandement récompensé".

82. TM עַל־עֵקֶב בָּשְׁתָּם "en conséquence de leur honte" – Tg יתפרעון היך בהתהון "ils seront châtiés selon leur honte".

83. Le traducteur grec s'est-il basé sur le verbe araméen טלם "opprimer" (cfr. Ml 3, 8.9 : TM קבע – Pesh. טלם ; Ps 119, 122 : TM עשק – Tg טלם), qui, par métathèse, donne מלט "sauver" ? Cfr. TM מלט – LXX ῥύομαι : une dizaine d'attestations. L'explication que citait Schleusner, *Lexicon in LXX*, s.v. ῥύομαι, à savoir une dérivation de sens à partir de קובע "le casque" me semble peu vraisemblable.

- LXX : καὶ ἐπιβλέψονται πρός με <u>ἀνθ' ὧν κατωρχήσαντο</u> καὶ κόψονται ἐπ' αὐτὸν κοπετὸν ὡς ἐπ' ἀγαπητὸν "et ils regarderont vers moi *en raison du fait qu'ils ont dansé de mépris*, et ils feront une lamentation à son sujet…"[84]
- LXX (L") : … εἰς ὃν ἐξεκέντησαν … "vers celui qu'ils ont transpercé"
- Aquila : σὺν ᾧ ἐξεκέντησαν "avec"[85] celui qu'ils ont transpercé …"
- Symmaque : ἔμπροσθεν ἐπεξεκέντησαν "auparavant ils avaient transpercé"
- Théodotion : καὶ ἐπιβλέψονται πρός με εἰς ὃν ἐξεκέντησαν "et ils regarderont vers moi concernant (?) celui qu'ils ont transpercé"
- Jn 19, 37 : ὄψονται εἰς ὃν ἐξεκέντησαν "ils regarderont celui qu'ils ont transpercé"
- Ap 1, 7 : Ἰδοὺ ἔρχεται μετὰ τῶν νεφελῶν, καὶ ὄψεται αὐτὸν πᾶς ὀφθαλμὸς καὶ οἵτινες αὐτὸν ἐξεκέντησαν, καὶ κόψονται ἐπ' αὐτὸν πᾶσαι αἱ φυλαὶ τῆς γῆς ναί, ἀμήν "Voici, il vient avec les nuées ; chacun le verra, même ceux qui l'ont transpercé, et sur lui se lamenteront toutes les races de la terre. Oui, Amen !" (BJ)
- Vg : Et aspicient ad me quem confixerunt ; et plangent eum "et ils me regarderont, moi qu'ils ont transpercé ; et ils le pleureront …"
- Tg : ויבעון מן קדמי על דאטלטלו ויספדון עלוהי כמא דספדין על יחידא "et ils implorent devant moi parce qu'ils sont exilés …"[86]

---

84. Dans ses Commentaires, St Jérôme a rendu la traduction de la LXX comme suit : "et aspicient ad me, pro eo quod *insultaverunt*… ; dans sa lettre à Pammachius, Jérôme offre cette fois une double traduction : "et aspicient ad me pro his quae *inluserunt* sive *insultaverunt*… (Lettre 57, 7 ; traduction J. Labourt, Paris (1953), 64).

85. Le σύν traduit la marque de l'objet direct (אֵת) dans la traduction littéraliste d'Aquila.

86. Pour d'autres traductions possibles du Tg, cfr. Robert P. Gordon, *The Targum of the Minor Prophets* (Aramaic Bible 14), 218 n. 28. Ces autres traductions ont été écartées par Gordon avec raison. La traduction du Targum (par la racine טלטל) ne correspond pas, contrairement à ce qu'affirmait autrefois Hitzig (Ferdinand Hitzig, *Die zwölf kleinen Propheten*, KEH.AT, Leipzig (1863), 378), au verbe רקד reflété par la LXX : ce serait le seul cas où h. רקד serait ainsi traduit. Il vaut mieux envisager une autre solution : le Tg, qui traduit le plus souvent h. דקר par קטל "tuer" (Jg 9, 54 ; 1 S 31, 4 ; 1 Ch 10, 4 ; Is 13, 15), soit a voulu rester en contact matériel avec קטל et a choisi le verbe proche טלטל, qui lui permet d'évoquer l'exil, son thème de prédilection, soit, comme le suggère Gordon (AB 14, 218 n. 28) a subi une révision pour éviter une utilisation chrétienne messianique. Ce serait alors au niveau de la révision que l'on serait passé de קטל au proche טלטל.

- Rashi (suit le Tg qui a interprété את אשר par על אשר) : "et ils regarderont pour se plaindre de ce que (על אשר) les Chaldéens les ont transpercés et les ont tués en exil"
- TB *Sukkah*, 52a : והביטו אליו את אשר דקרו וספדו עליו "et ils regarderont vers lui, celui qu'ils ont transpercé et se lamenteront sur lui"
- Tg Yerushalmi (= f6 de Sperber) : ויסתכלון לוותי ויבעון מיני מטול מא דקרו עממיא למשיח בר אפרים ... "et ils regardent vers moi et me demandent pourquoi les nations ont transpercé le Messie fils d'Ephraïm ..."
- Ibn Ezra : "et tous les peuples regarderont vers moi (אלי) pour voir ce que je ferai à ceux qui ont transpercé le Messie fils de Joseph ..."
- Radaq : " ... s'ils voient que l'on transperce ne fût-ce qu'un seul parmi eux, ils s'étonnent et regardent vers moi (אלי)"

L'interprétation de l'énoncé hébreu a partagé (et partagera encore) la critique. La traduction de la Vulgate ("et ils me regarderont, moi qu'ils ont transpercé"), pour adéquate qu'elle soit au contexte chrétien et à la mort de Jésus,[87] reflète-t-elle le sens exact du texte hébreu ? Le locuteur étant Dieu, il paraît audacieux d'envisager la possibilité que l'auteur du Deutéro-Zacharie ait pu évoquer la mort de Dieu, et quelle mort ! Quant à l'hypothèse de l'identification totale de Dieu et de son mystérieux représentant, au point que ce que l'un éprouve est ressenti par l'autre, soutenue jadis par F. Hitzig[88] ou par Th. Chary,[89] s'il semble bien que pareille identification soit exprimée dans Za 11, 13 (estimation du salaire mérité), il est délicat de l'envisager dans ce passage-ci, centré autour du verbe "transpercer", en dépit des textes rabbiniques cités autrefois par P. Lamarche.[90]

---

87. La traduction de la Peshitta ("et ils me verront en celui qu'ils ont transpercé") a également été infléchie par l'adaptation au christianisme, ainsi que l'a fait remarquer Bleddyn J. Roberts, *The Old Testament Text and Versions*, Cardiff (1951), 222 : "Christian tendencies, perhaps emanating from an early Christian re-editing, are to be observed in the translation of many passages, [...] among them [...] Zech. 12 :10".

88. Ferdinand Hitzig, *Die zwölf kleinen Propheten* (KEH.AT), Leipzig (1863), 379.

89. Théophane Chary, *Aggée-Zacharie-Malachie* (Sources Bibliques), Paris (1969), 202.

90. Paul Lamarche, *Zacharie IX – XIV, Structure littéraire et Messianisme* (Etudes Bibliques), Paris (1961), 83–84, alléguait le TB *Sanhedrin* 46a et 58b : "un rabbin comme R. Meïr, parlant de la transcendance de Yahweh, n'a pas peur de déclarer : "Quand un homme est dans la douleur, que dit la langue de la Shekinah ? Pour ainsi dire, elle dit : ma tête me pèse, mon bras me pèse ; si le Lieu souffre ainsi en raison

Aussi a-t-on voulu corriger אלי (1ère pers.) en אליו (3ème pers.), ou en אֱלֵי־אֲשֶׁר (את étant éliminé du verset comme étant une glose explicative) : cette dernière hypothèse, proposée, par ex. par E. Sellin,[91] a l'inconvénient, ainsi que le signalait K. Marti,[92] de faire appel au rare אֱלֵי, qui ne se trouve attesté que dans le livre de Job. La première hypothèse, אליו, suggérée par autrefois H. Ewald,[93] quoique appuyée par divers manuscrits[94] et par le TB *Sukkah* 52a, est manifestement une correction destinée à éviter une traduction de la même nature que celle de la Vulgate.

N'oublions pas, par ailleurs, – et cet argument s'applique tant à אליו qu'à אֱלֵי – que pratiquement toutes les Versions anciennes sont en accord avec le TM pour lire la première personne.

Une solution, dès lors, serait de suivre l'avis déjà ancien mais toujours pertinent de A. Van Hoonacker, qui gardait la première personne אלי, mais scindait la phrase en deux propositions distinctes : "Je répandrai sur la maison de David et sur l'habitant de Jérusalem un esprit de grâce et de prière et ils élèveront leurs regards vers moi. Celui qu'ils ont transpercé, ils

---

du sang des impies répandu, à combien plus forte raison sur le sang des justes". Et Hanina, vers 225, disait : "Si quelqu'un donne un soufflet sur la joue d'un Israélite, c'est comme s'il soufflétait sur la joue de la Shekinah". Notons cependant que la gifle semble être l'outrage maximal, si tant est qu'il s'agisse réellement d'une gifle, le כאילו de *Sanh.* 58b indiquant qu'il ne s'agit jamais que d'une comparaison, non d'une atteinte réelle portée à Dieu : le Talmud ne dit pas que celui qui frappe un Israélite frappe la Shekinah, mais affecte la Shekinah comme s'il l'avait frappée. Un texte biblique qu'auraient pu citer les exégètes est Za 2, 12 : "Celui qui vous touche touche à la pupille de mon œil". Mais nous constatons que "mon œil", ressenti comme trop anthropomorphique, a été transformé en "son œil" par les scribes.

91. Ernst Sellin, *Das Zwölfprophetenbuch übersetzt und erklärt* (KAT XII), Leipzig (1922), 523 : Sellin s'appuyait sur la tradition textuelle lucianique et sur Jean pour supprimer la particule de l'accusatif.

92. Karl Marti, *Das Dodekapropheton*, KHC AT XIII (1904), 447.

93. Heinrich Ewald, *Die Propheten des Alten Bundes*, Erster Band, Stuttgart (1840), 393 : "für אלי aber ist mit vielen Hdsch. אליו zu lesen. Wirklich ist die erste Person hier ganz unpassend : sie widerstrebt dem Zusammenhange mit dem folgenden וספדו עליו, und führt den Unsinn ins Alte Testament, dass man über Yahve (denn an Yahve allein könnte man denken) wie über einen Todten der nie wieder komme bitter klagen werde".

94. Lamarche, *Zacharie IX–XIV*, 81, en donnait le compte exact : 38 mss. de Kennicott, 13 mss. de Rossi, 6 mss. de Ginsburg, l'école de Babylone, le qere de 2 mss. de Ginsburg, et un éditeur.

se lamenteront sur lui...."⁹⁵ Ou encore de traduire, comme le font C. et E. Meyers :⁹⁶ "en sorte qu'ils regarderont vers moi concernant celui qu'ils ont transpercé".

A moins que nous ne puissions admettre une autre solution ? Peut-être faut-il donner à הביטו le sens causatif normal du *hiphil* (mais inhabituel pour ce verbe) et traduire le passage : "et ils me montreront celui qu'ils ont / qu'on a transpercé" ? A la défense de ce sens causatif, l'on pourrait invoquer Ha 1, 3, où תַּבִּיט a pour parallèle le causatif תַּרְאֵנִי ("Pourquoi *me fais-tu voir* l'iniquité et *regardes-tu* l'oppression ?" ou "Pourquoi *me fais-tu voir* l'iniquité et *me fais-tu regarder* l'oppression ?") Quoique l'on puisse également conserver le sens traditionnel, ce passage d'Habaquq me semble pouvoir appuyer la possibilité de l'existence d'un sens causatif pour הביט. Cette solution aurait l'avantage de respecter les accents massorétiques ; toutefois, aucune Version ne peut être citée en sa faveur.

Les critiques ont bien sûr tenté d'identifier ce mystérieux personnage qui aurait été transpercé, s'il ne s'agit pas de Dieu lui-même.⁹⁷ Peu importe, à vrai dire, car ce qui nous intéresse pour notre propos est la traduction grecque : le verbe κατορχέομαι reflète manifestement, ainsi que l'avait déjà suggéré Jérôme,⁹⁸ le verbe hébreu רקד en relation de métathèse. Ce verbe grec est, certes, un hapax dans la LXX, mais le simple ὀρχέομαι est attesté à

---

95. Van Hoonacker, *Les douze Petits Prophètes*, 683 ; idem avec quelques modifications mineures Rudolph, KAT XIII /4, 218 (10 a). Bien sûr, cette traduction n'a réellement de sens que si l'on admet pour l'expression הביט אל la signification d'"espérer" prônée par Paul Joüon, "Locutions Hébraïques", Bib 3 (1922), 57.

96. Anchor Bible 25C, 307 : "so that they will look to me concerning the one they have stabbed". Explications à la p. 337 : "Still, we keep it (MT) and understand that the Davidides and leaders are looking to Yahweh and at the same time to the stabbed one, with these two acts of looking being connected and with "concerning" constituting a guess at how they are connected".

97. Chary, *Aggée-Zacharie-Malachie*, 202–4, offrait un résumé assez complet des différentes positions jusqu'en 1969. Pour les années suivantes, cfr. Carol Meyers et Eric Meyers, *Zechariah 9–14* (Anchor Bible 25C), New York (1993), 336–40.

98. *Commentarii in Prophetas Minores*, CC.SL LXXVIA, 868. Cette métathèse a été signalée par divers commentateurs anciens : Hitzig, *Die zwölf kleinen Propheten*, 378 ; Kaminka, *Studien zur Septuaginta an der Hand der zwölf kleinen Prophetenbücher*, 19–20 ; Rudolph, KAT XIII /4, 218 (10b) : "Vertauschung von דקר mit רקד (schon Hieronymus), offenbar weil "durchbohren" anstössig war" (parce que "transpercer" était choquant).

trois reprises comme équivalent grec de רקד.⁹⁹ Le sens de κατορχέομαι diffère légèrement de celui de ὀρχέομαι, puisqu'il s'y ajoute, avec la présence de κατα-, une nuance de joie mauvaise et de dédain (le dictionnaire LSJ donne la traduction "dance in triumph over one, treat despitefully"¹⁰⁰), mais il n'est pas douteux que le point de départ a bien été l'hébreu רקד.

Après avoir établi que le sens de דקר était connu du traducteur grec et qu'il aurait pu recourir, par exemple, à la traduction κεντέω "percer", la BdA se demande : "Pourquoi le traducteur n'a-t-il pas utilisé un de ces verbes ? A-t-il voulu éviter de dire que Yhwh a été "transpercé" ?¹⁰¹

De fait, la raison de cette variation par métathèse est évidemment la même que celle qui a amené, dans les manuscrits, la modification de אלי en אליו : éviter que l'on ne puisse penser, ne fût-ce un court instant, à une transfixion de Dieu, comme le suggère, par exemple, la traduction de la Vg. La seule application du verbe "mourir" à Dieu, dans une phrase pourtant négative, לֹא תָמוּת, dans Ha 1, 12, a déjà été trouvée trop peu respectueuse par les scribes et transformée en לֹא נָמוּת "nous ne mourrons pas" (déjà LXX : οὐ μὴ ἀποθάνωμεν).

Le motif de la modification me paraît évident. Mais s'agit-il bien du traducteur grec ? Pour moi, la présence de κατα- est l'indice que le traducteur a trouvé dans sa *Vorlage* le verbe רקד¹⁰² et que, partagé entre le désir de traduire fidèlement sa source et la difficulté de donner un texte sensé à partir de ce verbe "danser" (qui indique en général la joie¹⁰³) juste devant le verbe "se lamenter",¹⁰⁴ il a transigé très finement pour le composé κατορχέομαι qui ajoute une nuance négative qui convient mieux au passage.

Par la métathèse, les scribes ayant collationné la *Vorlage* de la LXX ont gardé intactes les lettres du texte sacré, échappant ainsi au reproche

---

99. 1 Ch 15, 29 ; Is 13, 21 ; Qo 3, 4. En outre, Jb 21, 11 : Aqu. et Symm. ; Ps 29[28], 6 : Symm.

100. St Jérôme le traduit en latin par "insultare" et la Syh. par le verbe syriaque מיק (pael) "se moquer" (Brockelmann, *Lexicon syriacum* : "deridere"). LEH traduit plus ou moins comme LSJ : *to dance in triumph over, to treat spitefully, to mock at* (neol.).

101. BdA 23,10.11, 159.

102. Schleusner, *Lexicon in LXX*, s.v. κατορχέομαι, signalait que le ms Kennicott 355 présente cette même leçon רקדו.

103. Ce verbe רקד est utilisé avec שׂחק "rire, badiner, être d'humeur folâtre" en 2 S 6, 21 et 1 Ch 15, 29. En Is 13, 21, TM רקד est traduit par חוך "rire" dans le Tg.

104. Ainsi, en Qoh 3, 4, les deux verbes sont opposés.

d'y avoir porté atteinte. Mais la métathèse n'a pas été le seul procédé mis en jeu ; un autre facteur, négligé par les commentateurs, est probablement intervenu. En syriaque, la racine רקד "danser, bondir" a, au *aphel*, le sens de "se lamenter" et traduit souvent l'hébreu ספד.[105] Dès lors, le couple obtenu par métathèse רקדו וספדו a pu paraître aussi pertinent aux yeux des scribes que le massorétique דקרו וספדו. Mais le traducteur grec, lui, a reçu רקד dans son acception hébraïque normale, d'où ses efforts pour lui donner une traduction qui convienne plus ou moins au contexte de lamentation. Si cette reconstitution est exacte, cela implique à nouveau le fait que les scribes de la *Vorlage* avaient au minimum des notions d'araméen.

---

105. La traduction syriaque de Qoh 3, 4b : עֵת סְפוֹד וְעֵת רְקוֹד "un temps pour se lamenter et un temps pour danser" offre dès lors une sorte de jeu de mots, puisqu'elle utilise le même verbe, mais présentant les deux significations : זבנא למרקדו וזבנא למרקדו.

4
L'INFLUENCE DE LA LANGUE ARAMÉENNE SUR LES TRADUCTEURS POSTÉRIEURS

4.1. Deux exemples de l'influence de l'araméen sur les traducteurs grecs postérieurs

4.1.1. Symmaque Gn 3, 22a

Des traducteurs grecs postérieurs, Symmaque seul nous est conservé pour ce verset délicat. Nous constatons qu'il s'est écarté de la formulation polythéiste du TM (alors que LXX et Vg = TM) par le biais de l'araméen :[1]

- TM : Le Seigneur Dieu dit : "Voici que l'homme est devenu *comme l'un de nous* (כְּאַחַד מִמֶּנּוּ) par la connaissance de ce qui est bon ou mauvais" (TOB).
- Symmaque : ἴδε ὅ Ἀδαμ γέγονεν ὁμοῦ ἀφ' ἑαυτοῦ γινώσκειν καλὸν καὶ πονηρόν "Voici l'homme est devenu *en même temps* à connaître le bien et le mal *de lui-même* "

L'adverbe grec ὁμοῦ "en même temps, ensemble" correspond au sens, non de l'hébreu כְּאַחַד "comme un", mais de l'adverbe araméen fréquent כחדא, qui a cette même signification de "en même temps, simultanément", ainsi que nous le voyons, par exemple, en Jb 34, 29 (TM יָחַד "ensemble" – LXX ὁμοῦ – Tg כחדא). La comparaison du TM a été entièrement éliminée grâce

---

[1]. Leon J. Liebreich, "Notes on the Greek Version of Symmachus", JBL 63 (1944), 397–403. A la p. 398, l'auteur affirme, concernant Symmaque, "its recourse to later Hebrew roots and Jewish hermeneutics" et renvoie à A. Geiger, "Symmachus der Uebersetzer der Bibel" (Jüdische Zeitschrift für Wissenschaft und Leben 1 (1862), 49 sqq et 60sqq).

à cet adverbe araméen, dont le sens comparatif (littéralement : "comme un") a disparu au profit du sens général "ensemble, simultanément". Par ailleurs, Symmaque, comme les Tg, a interprété מִמֶּנּוּ comme la préposition מִן avec le suffixe 3ème msg et non 1ère pluriel. L'homme maintenant connaît le bien et le mal de par lui-même.

De même, le Tg Onqelos (et les Tg palestiniens) :
- ואמר יוי אלהים הא אדם הוה יחידי בעלמא מניה למידע טב וביש
"Et dit Yhwh Elohim : voici que l'homme est devenu le seul dans le monde *à partir de lui*[2] pour connaître le bien et le mal"

4.1.2. Aquila et Symmaque Za 11, 8 :

- TM : וַתִּקְצַר נַפְשִׁי בָּהֶם וְגַם־נַפְשָׁם בָּחֲלָה בִי "Je perdis patience avec elles, et elles, de leur côté, se lassèrent de moi" (TOB).
- Tg : ורחיק מימרי יתהון על דנפשהון קצת בפולחני "et ma Parole a eu de la répulsion pour eux parce que leur âme s'est dégoûtée *de mon Culte*".

Le verbe h. בחל semble bien être un hapax,[3] auquel les lexicographes donnent le sens de "ressentir du dégoût pour". Le Targum seul reflète cette signification, ainsi que le Talmud de Jérusalem, qui explique la figue בּוֹחֵל par le verbe חות "provoquer de l'aversion".[4] La traduction de la LXX, par l'hapax LXX ἐπωρύω "crier sur"[5] reste difficile à expliquer. De leur côté, Aquila et Symmaque ont traduit ce verbe d'après l'araméen בחל "mûrir" : Aquila περκάζειν ("devenir sombre" ; se dit des raisins qui mûrissent) et

---

2. Les Tg palestiniens ont développé la formulation fragmentaire du Tg Onqelos. Par exemple : Neofiti : "Alors Yahvé Elohim dit : "Voici que le premier homme que j'ai créé est seul dans le monde tout *comme moi je suis seul* dans les hauteurs du ciel. *De lui* surgiront des peuples nombreux et *de lui* surgira un peuple qui saura distinguer le bien du mal. S'il avait gardé le commandement de la Loi et observé ses préceptes, il aurait vécu et subsisté comme l'arbre de vie, pour les siècles. Mais maintenant, puisqu'il n'a pas gardé les commandements de la Loi et observé ses préceptes, nous allons le chasser du jardin d'Eden avant qu'il n'étende la main, prenne des fruits de l'arbre de vie, n'en mange et ne vive à jamais" (traduction R. Le Déaut, SC 245, 96).

3. BDB considèrent que le *pual* en Kt Pr 20, 21 ("obtenu à force d'avarice ?") appartient à une racine homonyme, tout aussi rare.

4. Cfr. Jastrow, s.v. בחל I.

5. Le simple ὠρύομαι est utilisé 9 fois, traduisant שׁאג "rugir".

Symmaque ἀκμάζειν ("fleurir") ; et la Vg les a suivi : "et anima eorum variabit in me". W. Rudoph n'a pas fait le rapprochement entre Aquila et la Vulgate, puisque, après avoir mentionné les traductions d'Aquila et de Symmaque, il traduit la Vg par "leur âme a changé vis-à-vis de moi", ce qui signifierait, selon lui, "ils ont changé d'avis à mon sujet".[6] Loin d'être une traduction indépendante "bien devinée", comme il la qualifie, la Vg ne fait que s'aligner sur la traduction d'Aquila, comme bien souvent : en effet, le verbe περκάζειν figure dans la LXX d'Am 9, 13, et a été traduit par "variare" dans la traduction que Jérôme donne de la LXX (*Comm. in Prophetas Minores*, p. 346). Ce verbe latin s'applique, en effet, au raisin qui se colore.[7]

Les traductions d'Aquila et de Symmaque ont-elles voulu éviter l'énoncé blasphématoire du TM et, par le biais de l'araméen, dire précisément le contraire : "et leurs âmes se sont épanouies en Moi" ? C'est toujours une possibilité (le Tg a introduit le complément "mon Culte" pour éviter l'affirmation du TM), mais ce serait étonnant pour des traducteurs littéraux. Sans doute ont-ils été simplement portés par l'araméen ambiant, certainement pour un verbe rare.

4.2. L'influence de la langue araméenne dans les Targumim

Notons que la même démarche d'interprétation à partir de l'araméen se rencontre à l'occasion dans le Targum lui-même. Le fait que le *meturgeman* lui-même passe à l'occasion par l'araméen pourrait indiquer que le recours à l'araméen a pu être une démarche consciente de la part des traducteurs de la LXX dans certains cas.

4.2.1. Tg Dt 29, 19[8]

- TM Dt 29, 19a : "le Seigneur ne voudra pas lui pardonner ; la colère du Seigneur et sa jalousie fumeront (יֶעְשַׁן) contre cet homme" (TOB).

---

6. Rudolph, KAT XIII/4, 184 : : "α' ... und σ' ... leiten von aram. "reifen" ab, was hier keinen Sinn gibt... : V (variabit) : "ihre Seele wechselte mir gegenüber" = "sie bekamen eine andere Meinung von mir" ist auf alle Fälle richtig geraten".

7. Par exemple, chez Properce et Columelle, ainsi que le renseigne le dictionnaire de F. Gaffiot.

8. Idem, par ex., en Tg Ps 74, 1.

- Tg : "Yhwh ne voudra pas leur pardonner, car la colère de Yhwh *sera forte* (יתקף), ainsi que sa fureur, contre cet homme"

Le Tg, qui connaît bien évidemment le verbe courant עשן "fumer"[9] (qui existe tant en hébreu qu'en araméen), l'a interprété d'après l'homonyme araméen עשן "être fort, puissant", d'où sa traduction תקף "être fort". Puis cette traduction a vraisemblablement été étendue pour l'expression synonyme très fréquente "la narine / colère s'est enflammée" avec le verbe חרה, cette fois. Il est possible que le but recherché ait été d'éviter l'anthropomorphisme d'un Dieu représenté à la narine fumante, puis que cette traduction ait été généralisée, même lorsque le sujet n'était plus Dieu ; ou alors, il s'agit simplement d'une adaptation facilitante en une langue plus courante, comme c'est souvent le cas.

4.2.2. Tg Is 5, 6a

Dans le Tg d'Is 5, 6a, la métaphore de la vigne tombée en disgrâce a été décryptée, selon l'habitude de vulgarisation du Tg,[10] comme suit :

- TM : "J'en ferai une pente désolée, elle ne sera ni taillée ni sarclée (לֹא יִזָּמֵר וְלֹא יֵעָדֵר)..." (TOB)
- Tg : "Et je ferai d'eux des bannis : ils ne seront *ni aidés ni soutenus* (לא יסתעדון ולא יסתמכון)..."

L'interprétation du Tg semble libre, mais c'est manifestement le verbe du TM עָדַר "sarcler", interprété d'après l'araméen homonyme עדר (= hébreu עזר "aider") qui a orienté la traduction des deux derniers verbes.[11]

---

9. Par exemple, en Ex 19, 18, nous constatons que le Tg traduit parfaitement ce verbe h. עשן par son équivalent araméen תנן. De même, aux Ps 104, 32 et 144, 5, lorsque ce sont les montagnes qui fument, le Tg traduit le texte littéralement ; en revanche, au Ps 18, 9, où c'est à nouveau Dieu qui fume, le Tg s'écarte tout à fait du texte.

10. Comme Frankel le soulignait déjà autrefois, le Tg O a tendance à retourner à la signification réelle / prosaïque qui se cache derrière la métaphore : Frankel, *Über den Einfluss der palästinischen Exegese*, 209 : "Als Notiz senden wir voraus, dass die Onkl. Uebersetzung allgemein das Streben zeigt, die Metapher auf ihre eigentliche (prosaische) Bedeutung zurückzuführen".

11. Cfr. par exemple Gn 2, 18.20 : TM עזר - Tg סמך ; Is 10, 3 : subst. עזרה - Tg : סעיד. Notons qu'en 1 Ch 12, 34, le verbe du TM עדר (apparemment utilisé pour

4.2.3. Tg Is 62, 10

L'expression סַקְּלוּ מֵאֶבֶן "ôtez les pierres", en Is 62, 10, avec le verbe au *piel* de sens privatif (plutôt que le sens habituel : "lapider") a été explicitée par le Tg, tout en gardant un lien matériel avec le TM, au moyen de la métathèse, puisqu'il a adopté le verbe araméen סלק : "(annoncez de bonnes et consolantes nouvelles aux justes) qui *élèvent* les pensées de leur penchant, qui est comme une pierre d'achoppement" (דסליקו הרהור יצרא דהוא כאבן תקלא). Enlever les pierres, conçues comme susceptibles de faire trébucher, consiste donc à élever ses pensées loin du mauvais penchant.

4.2.4. Tg Is 64, 6

Parmi les traductions que le Tg fait du verbe עור "s'éveiller, s'exciter" appliqué à l'homme dans son rapport avec Dieu, il en est une intéressante, celle d'Is 64, 6 :

- TM : "Plus personne pour invoquer ton nom, pour *se réveiller en s'attachant à toi* (מִתְעוֹרֵר לְהַחֲזִיק בָּךְ), car tu nous as caché ta face et tu nous as livrés au pouvoir de nos fautes" (BJ).
- Tg : "et nul ne prie ton Nom, *trouve son plaisir* (מתרעי) *à s'attacher à ta Crainte*, car tu as retiré les faces de ta présence loin de nous..."

Pour ne pas conserver l'énoncé du TM, jugé sans doute trop familier, le Tg a modifié le texte par métathèse : l'homme n'a pas à "se réveiller" (עור) pour s'attacher à Dieu, il doit *s'y complaire* (verbe araméen רעי) !

---

l'hébreu עזר "aider") est vraisemblablement un emprunt à l'araméen. La LXX l'a traduit par βοηθέω et la Vg : in auxilium.

Conclusions

Dans cette étude, nous avons parcouru différents cas de la LXX, des traducteurs grecs postérieurs et de la *Vorlage* de la LXX, où une influence de la langue araméenne, ainsi éventuellement qu'une influence de l'exégèse telle que nous la retrouvons fixée dans les Tg araméens, est perceptible et déterminante. Ne pas en tenir compte serait se priver d'une source d'explication plausible et éclairante. En guise de conclusions, passons en revue les grands points de l'argumentation.

1. La Septante et les traducteurs postérieurs, grecs et araméens

Pour ce qui est de la LXX, il est clair que nous devons tenir compte du fait que la communauté juive de l'époque, dont les traducteurs de la LXX, vivait dans un contexte multilingue. Rappelons que dans le corpus biblique lui-même, en tout cas dans les livres plus récents, la flexibilité des bornes entre l'hébreu et l'araméen est manifeste, par exemple, dans un livre comme Daniel, qui implique un lectorat bilingue. Par ailleurs, si nous considérons le livre de Job, entièrement en hébreu, l'influence de l'araméen est cependant sensible, tant au niveau du vocabulaire que de la syntaxe. Et si nous avançons dans la littérature rabbinique, l'on serait bien en peine de tracer une frontière entre l'hébreu et l'araméen.

Les traducteurs grecs connaissaient donc certainement l'araméen ; ainsi, ils n'ont eu aucune difficulté pour traduire le nom araméen donné par Laban au monceau de pierres dressé en Gn 31, 47 (יְגַר שָׂהֲדוּתָא – Βουνὸς τῆς μαρτυρίας). Par ailleurs, leurs transcriptions en grec de plusieurs termes techniques du vocabulaire religieux (par exemple πασχα) reprennent souvent la forme araméenne de ces mots. Dès lors, il ne faut pas s'étonner si, dans leurs traductions mêmes, les LXX trahissent des interférences sémantiques d'origine araméenne.

Ainsi, la LXX Is 8, 21, pour parler des dieux païens, présente la transcription τὰ παταχρα, ce qui correspond à l'araméen פתכרא. Ce mot araméen est rare dans le Tg, mais le syriaque פתכרא et les substantifs apparentés seront très fréquemment utilisés dans la Peshitta. Certes, la Peshitta sera mise par écrit bien plus tard, mais le dialecte araméen de la région d'Edesse était bien certainement parlé dès avant l'apparition du stade écrit de la langue (au premier siècle de notre ère, pour les premières inscriptions) et semble avoir influencé d'une manière ou d'une autre la traduction de la LXX. A moins, pour certains vocables, que nous ayons affaire à un mot dont seul le syriaque nous ait conservé la trace, ou le développement sémantique. Quoi qu'il en soit, si l'on néglige ce facteur de l'influence de l'araméen / syriaque et des traditions d'interprétation qui seront fixées en araméen dans les Tg, les jugements concernant certaines traductions ne peuvent qu'être déforcés.

En effet, il est divers cas où l'hébreu a été interprété d'après l'équivalent (linguistique ou sémantique) araméen, ou en fonction du champ sémantique de l'équivalent araméen, du champ sémantique de l'hébreu augmenté de celui de l'araméen, ou encore en fonction du champ sémantique de deux homonymes araméens ; enfin, les coïncidences avec les traditions exégétiques fixées dans le Tg sont nombreuses.

Certes, le détour par l'araméen est, dans certains cas, une illusion d'optique : la LXX, par sa traduction, témoigne de sa connaissance d'un mot qui existait effectivement en hébreu, mais dont – par le hasard des textes ou de la transmission – seul l'équivalent araméen a été conservé dans nos documents. Nous avons envisagé cette possibilité pour Am 8, 3a (שִׁירָה, ou שִׁירָה II "la poutre") ; Os 12, 12b (גל "la tortue") et Ps 73[72], 6 (ענק : "presser, forcer, dominer").

Nous avons ensuite distingué divers cas d'influence de l'araméen (ou de l'hébreu tardif), dont certains semblaient trahir un recours délibéré à cette langue, tandis que d'autres paraissaient inconscients, l'appréciation entre ces deux extrémités n'étant pas toujours aisée. Rappelons le cas le plus indiscutable d'interprétation délibérée d'après l'araméen : en Is 53, 10, tant le traducteur grec que le Tg ont interprété le verbe hébreu דכא "broyer, écraser" d'après l'araméen homonyme fréquent דכא / דכי "être pur ; *pael* : purifier", alors que ce verbe araméen דכא / דכי présente un équivalent hébreu bien distinct : זכה, dans le but sans doute d'éviter l'idée que Dieu puisse prendre plaisir à l'écrasement du Serviteur.

Les autres exemples présentés étaient ceux de Lv 26, 1 et Nb 33, 52 (TM מַשְׂכִּית "pierre sculptée, née de l'imagination" – LXX σκοπός, d'après

CONCLUSIONS   229

le verbe araméen סכי "guetter") ; 2 S 22, 48 (TM : מוֹרִיד > ירד "descendre" ou sans doute originellement רדד "soumettre" – LXX παιδεύων "éduquant, châtiant" d'après le verbe araméen רדי "punir") ; 1 R 20[21], 11 (TM חגר "se ceindre" – LXX κυρτός "bossu", peut-être influencé par l'adj. araméen חגיר "boiteux") ; Is 6, 13 (TM hapax מַצֶּבֶת "tronc dressé ? nouvelle pousse ?"- LXX θήκη "cupule" (du gland), traduit peut-être à partir du substantif araméen צְבָת "des pinces, des tenailles", précédé de la préposition מִן) ; Ez 17, 6 (TM סֹרַחַת exubérante – LXX ἀσθενοῦσαν "faible" selon le syriaque סרח "être faible") ; Jon 4, 8 (TM שָׁאל, peut-être selon le syriaque *ethpeel* "refuser, repousser, écarter, décliner, *renoncer à*") ; Ha 3, 16a (TM צלל "résonner, tinter"- LXX προσευχῆς d'après l'araméen צלי "prier") ; So 1, 12b (TM הַקֹּפְאִים עַל־שִׁמְרֵיהֶם "les hommes *qui s'épaississent sur leur lie*" – LXX τοὺς καταφρονοῦντας ἐπὶ τὰ φυλάγματα αὐτῶν "les hommes *qui méprisent leurs commandements*", sans doute d'après le sens du verbe קפא en hébreu tardif, qui signifie "être léger, flotter, être au sommet" ; participe passif "être peu estimé") ; Dn 12, 2 (TM דִּרְאוֹן "objet de répulsion" – LXX εἰς διασπορὰν "pour la dispersion", d'après l'araméen דרא "disperser" (équivalent de l'hébreu pourtant bien distinct זרה) ; Ps 65[64], 8 (TM *piel* שבח "apaiser" – LXX συνταράσσω "perturber", à partir du verbe araméen en relation de métathèse בחש "examiner, secouer, agiter" ; syriaque : "perturber") ; Jb 3, 3 (TM הרה "concevoir" traduit d'après le présentatif araméen : הרי / ארי "voici" un fils) et Jb 10, 8 (TM בלע "avaler, anéantir", avec Dieu pour sujet – LXX παίω "frapper", conformément au sens du syriaque בלע, ce qui permet au traducteur grec d'éviter la notion d' "avaler" jugée trop anthropomorphique).

Les traducteurs grecs postérieurs peuvent aussi avoir été influencés par l'araméen et l'hébreu tardif : ainsi, en Gn 3, 22, Symmaque s'est écarté de la formulation polythéiste du TM (l'homme est devenu *comme l'un de nous*) par le biais de l'araméen, puisqu'il a traduit כְּאַחַד par ὁμοῦ d'après l'adverbe araméen fréquent כחדא "en même temps, simultanément" et il a interprété מִמֶּנּוּ comme suffixe 3ème msg et non 1ère pluriel : "Voici l'homme est devenu *en même temps* à connaître le bien et le mal *de lui-même*". Ou encore, en Ab 1, 1, Symmaque et Théodotion ont traduit צִיר "le messager" par περιοχή "ouvrage fortifié, siège ; détresse" d'après l'araméen צְיָר qui a les deux significations de "détresse" et de "siège" pour expliciter le texte : le messager envoyé aux nations est un messager de malheur.

Notons que la même démarche d'interprétation à partir de l'araméen se rencontre à l'occasion dans le Targum lui-même. Par exemple, Tg Dt 29, 19 a interprété le TM עשן "fumer" (qui existe tant en hébreu qu'en araméen) d'après l'homonyme araméen עשׁן "être fort, puissant" ; dans le Tg d'Is 5, 6a, le verbe du TM עָדַר "sarcler" a été interprété d'après l'araméen homonyme עדר (= hébreu עזר "aider"). Ou bien, en Is 62, 10, le Tg a interprété l'expression סַקְּלוּ מֵאֶבֶן "ôtez les pierres" d'après le verbe araméen en relation de métathèse סלק "élever". Enfin, en Is 64, 6, le Tg a également modifié le texte par métathèse : l'homme n'a pas à "se réveiller" (עוֹר) pour s'attacher à Dieu, il doit *s'y complaire* (verbe araméen רעי). Les traducteurs ont pu, donc, pour les besoins de l'interprétation, puiser à l'occasion dans l'extension possible que représentait l'hébreu tardif, l'araméen ou le syriaque.

Cependant, à côté d'exemples où le recours à l'araméen semble bien avoir été délibéré, il est probable que les traducteurs grecs, ou du moins certains d'entre eux, n'avaient pas toujours bien conscience de la limite entre l'hébreu et l'araméen (ou l'hébreu post-biblique). Nous avons évoqué l'exemple du verbe רגז "trembler, frémir" ; *hithpael* "s'exciter", qui a souvent été traduit d'après le sens courant de l'équivalent araméen : "trembler de fureur, être furieux contre" par ὀργίζω. Au Ps 23[22], 4a, le substantif גֵּיא "la vallée, le ravin" dans l'expression à l'état construit בְּגֵיא "dans la vallée de" a été interprété d'après l'araméen courant בגו (écrit à l'occasion בגוא) "au milieu de". Dans la mesure où la traduction ne semble pas avoir voulu imprimer une variation théologique essentielle, nous pouvons en conclure que, d'une part, le traducteur n'a pas eu conscience de passer par l'araméen et, d'autre part, qu'il ne semble pas avoir eu à sa dispostion de tradition de vocalisation de son texte. Nous trouvons le même phénomène en Jr 49, 19. En Ha 3, 6, le verbe נתר "bondir, sursauter" a été traduit en grec par l'hapax διατήκω "fondre, se dissoudre", sous l'influence inconsciente, sans doute, de l'araméen נתר, qui signifie "tomber, se flétrir, dépérir". Ou encore, quand le traducteur de Job (ainsi qu'Aquila, Symmaque et Théodotion) traduit à deux reprises חָנֵף "impie" par ὑποκριτής "dissimulateur, fourbe" (Jb 34, 30 et 36, 13), il est manifestement influencé par le sens de la racine חנף en hébreu tardif et en araméen : "ne pas être sincère, flatter, tromper". La traduction fréquente chez les traducteurs tardifs de la LXX de la racine עשׁק "oppresser" par le grec συκοφαντέω qui, en grec classique, signifie "calomnier" s'inspire vraisemblablement de l'équivalent syriaque עשק, dont le sens principal est celui de "calomnier". De même, l'évolution de σκανδαλίζω / σκάνδαλον depuis le sens "trébucher / piège" vers le sens néotestamentaire de "choquer, offenser" se base probablement sur le champ sémantique de בשל, qui en hébreu signifie : "vaciller, trébucher", mais qui en syriaque, au participe passif et à l'*ethpeel*, a le sens un peu différent de "être offensé, irrité". Nous avons cité quelques autres exemples qui pourraient s'expliquer d'après le syriaque (ou du moins son ancêtre au stade oral) : Ct 2, 17 (= 4, 6), TM נוס "s'enfuir" – LXX κινέω passif "trembler" ; Dt 32, 11 : רחף "planer" – LXX ἐπιποθέω "avoir pitié de", d'après le syriaque רחף "couver, veiller sur, *avoir pitié de*" ; Ps 51[50], 6, TM זכה – LXX νικάω, d'après le syriaque זכא, dont le sens premier est celui de "vaincre, surmonter" ; Pr 24, 30, TM עָצֵל "paresseux" – LXX ἄφρων "insensé", d'après l'équivalent syriaque עטלא : "dur d'oreille, sourd, stupide".

Les traducteurs grecs, dans le milieu multilingue qui était le leur, n'ont donc sans doute pas toujours tracé de frontière bien hermétique entre l'hébreu et l'araméen (ou l'hébreu tardif influencé ou non par l'araméen), le champ sémantique d'une langue venant parasiter naturellement l'autre langue.

Rappelons, par ailleurs, que le grec de la LXX est un "grec de traduction", qui épouse souvent les constructions et les champs sémantiques de la langue source. Or l'une des particularités qui se dégagent de ce grec de traduction est qu'il a adopté, pour divers vocables, le champ sémantique de son modèle hébreu, élargissant ou s'écartant ainsi du sens que le vocable avait en grec classique, sans qu'il faille d'office imputer cette évolution sémantique à la *koinè*. Ainsi, lorsque Athalie s'écrie "complot ! complot !" en 2 R 11, 14 (קֶשֶׁר קֶשֶׁר), le traducteur grec traduit ce substantif de manière "étymologique" : σύνδεσμος σύνδεσμος "lien ! lien !", une traduction qui ne peut se comprendre sans un détour par le champ sémantique de l'hébreu קשר "lier, se lier pour comploter", et qui implique donc des lecteurs résolument bilingues, aptes à jongler avec ce grec de traduction. Mentionnons deux autres exemples. Les premiers traducteurs semblent avoir jugé ἐπισκέπτομαι "inspecter, visiter" / ἐπισκοπή apte à épouser le champ sémantique de פקד, qui présente cependant un champ sémantique plus large, puisqu'il peut prendre les différentes nuances de : appointer, dénombrer, donner la charge de, visiter (dans le sens positif ou négatif). De même, le verbe נחם (*niphal*), dans sa signification "se repentir de" a été traduit à diverses reprises par le grec παρακαλέω "consoler", d'où, au passif, "se consoler", qui est l'une des autres significations de ce verbe hébreu. Face à ce type de traduction stéréotypée, seule la connaissance du champ sémantique de l'hébreu permet de comprendre le sens du grec.

Or, le grec biblique a donc souvent adopté non seulement le champ sémantique bipolaire (ou pluri-polaire) de son modèle hébreu, mais aussi un champ sémantique bipolaire partagé entre l'hébreu et l'araméen (ou le syriaque). Ainsi, ἐντέλλομαι ("ordonner" en grec classique) traduit à plusieurs reprises le TM פקד parce que, en araméen, פקד signifie "ordonner, commander". Dans le chef de certains traducteurs grecs au moins, le verbe ἐντέλλομαι "ordonner" avait donc sans doute totalement épousé le champ sémantique de פקד araméen ("ordonner"), augmenté de celui de l'hébreu ("inspecter, appointer, châtier"). De même, le verbe grec σπεύδω (et ses composés) et le substantif σπουδή, à côté du sens classique "se hâter / la hâte", ont adopté les significations d' "affolement, épouvante / s'affoler, être terrifié", sous l'influence des racines araméennes בעת et בהל, qui se partagent entre ces deux significations de "terrifier, être terrifié" (comme en hébreu) et de "se hâter".

Sans doute faut-il imaginer que les traducteurs grecs se basaient, pour leurs traductions, sur des équivalences hébreu biblique – araméen fixées sous forme de listes, ou même sur des "proto-targumim" (comme on en a retrouvé à Qumran), ancêtres de nos Targumim. Ceci permettrait d'expliquer diverses coïncidences entre les traductions grecques et des champs sémantiques araméens, ou encore diverses coïncidences entre les traductions grecques et les traditions d'interprétation telles que nous les trouverons fixées dans les Targumim. Rappelons les exemples où l'hypothèse d'équivalences hébreu – araméen circulant à la disposition des traducteurs grecs permettrait d'expliquer des divergences de la LXX par rapport au TM. En Ez 31, 12, la traduction de la LXX du verbe נָטַשׁ "abandonner" a manifestement été influencée par l'équivalent habituel araméen רטש de même signification... que le traducteur grec a interprété d'après le sens de רטש hébreu "abattre". La traduction grecque d'Ez 13, 5a (TM פֶּרֶץ "la brèche" – LXX στερέωμα "force, forteresse") est conforme à la traduction fréquente du Tg de פֶּרֶץ / פָּרַץ par la racine תקף "être fort". En Os 2, 17a, la "porte d'espérance" (פֶּתַח תִּקְוָה) du TM est devenue "pour ouvrir (= לִפְתֹּחַ) son intelligence" (σύνεσις), à partir sans doute de la racine araméenne courante סבר, qui signifie tant "espérer"(TM) que "comprendre, raisonner, être intelligent" (LXX). Pour le traducteur grec, face, sans doute à cette ambiguïté inscrite dans la racine araméenne pluripolaire, l'ouverture de l'intelligence religieuse d'Israël semblait appropriée dans la vallée d'Acor, vallée où fut lapidé Acan (LXX Akhar), pour avoir transgressé l'anathème ordonné par Dieu, selon Jos 7, 24sqq. Dans cinq passages bibliques, la racine hébraïque כון "être ferme, fixé, établi, préparé" a été traduite par le verbe araméen plus ou moins équivalent קשט "aller droit, bien viser ; rendre droit, préparer". Or, ce verbe a développé un substantif très fréquent : קְשׁוֹט "la vérité". Ceci nous permet peut-être de comprendre la traduction de נָכוֹן en LXX Gn 41, 32 et Jb 42, 7.8 par ἀληθής "vrai" ; et en Ps 5, 10 par ἀλήθεια "vérité". En Ez 21, 14, la LXX traduit "l'épée affûtée et polie" (מְרוּטָה) par un ordre : "épée, sois affûtée et *mets-toi en colère*" (θυμώθητι), peut-être sur la base des deux racines araméennes homonymes : צהב I "polir" ; צהב II "être en colère". Les traductions grecques d' Is 29, 22 (TM פדה "racheter, délivrer" – LXX ἀφορίζω "séparer, délimiter") et de Jr 7, 10 (TM נצל "être sauvé" – LXX ἀπέχω "cesser, s'abstenir") s'expliquent vraisemblablement par l'araméen פרק, qui comporte les diverses significations de "délivrer", "séparer" et "cesser". La LXX de Za 1, 15 (TM עזר "aider, concourir à" (?) – LXX συνεπιτιθέναι "assaillir ensemble") a sans doute pour origine le champ sémantique de la racine araméenne סיע, qui, au *pael*, signifie "aider", et, au *ithpael*, "se grouper, former une bande" ; disposant de "proto-targumim" fixant l'équivalence עזר – סיע, le traducteur serait passé ainsi d'un sens à l'autre. La LXX de Jl 2, 8 traduit le TM (difficile) : "(chaque) homme sur sa chaussée (בִּמְסִלָּתוֹ)" par "alourdis (καταβαρυνόμενοι) par leurs armes", une traduction qui pourrait avoir pour origine la traduction fréquente de la racine hébraïque סלל par la racine כבש "presser, écraser, aplanir, conquérir". Les traductions de la racine עצב "peiner" ; passif : "être peiné, affligé, chagriné" par la LXX en Ne 8, 10 (διαπίπτω : "s'évanouir") et 11 (καταπίπτω idem) sont probablement influencées par le champ sémantique de l'araméen נסס *ithpeel* "être troublé, chagriné, être faible", qui est l'une des traductions habituelles de עצב dans le Targum. Le sens de "faiblesse" en est d'ailleurs le sens principal en syriaque. Le traducteur grec de Néhémie avait vraisemblablement en tête l'équivalence h. עצב – araméen נסס et il a privilégié de sens de faiblesse, obtenant ainsi un énoncé qui a sa cohérence propre : "ne vous évanouissez pas, car Il est votre force" (plutôt que le TM : "ne vous affligez pas, car la joie du Seigneur est votre refuge"). Le verbe ἀνατέλλω semble bien avoir été influencé par le champ sémantique à trois pôles de l'araméen יעא, puisque, à côté des sens attestés "se lever" (soleil, astres) et "pousser" (plantes), il a développé le sens de "exprimer, dire" (comme en Tg Pr 19, 5) ; en effet, en LXX Ha 2, 3, ἀνατέλλω traduit le TM פוח "témoigner". En Ha 2, 11, le substantif hapax כָּפִיס "poutre, chevron" (?) a été traduit par κάνθαρος "scarabée", peut-être sous l'influence de deux substantifs homonymes en syriaque : קרי, קריתא : "la poutre" (et donc synonyme de כָּפִיס) et קריתא : "le ver du blé ou charançon, semblable au scarabée, nocif pour le grain". Le champ sémantique double fixé ainsi en syriaque aurait incité, spontanément ou de manière plus consciente, le traducteur bilingue à passer d'une notion à l'autre.

Le cas des Proverbes est un peu à part. Nous y trouvons certainement un nombre particulièrement élevé de coïncidences entre la LXX, la Pesh. et le Tg (par exemple, Pr 1, 21.24. 27.31 ; 3, 25 ; 5, 10 ; 6, 11 et 24, 34 ; 7, 10.17 ; 12, 4 ; 19, 6 ; 29, 13 etc.) qui semblent suggérer une influence de la LXX sur la Peshitta, sur laquelle serait basé le Targum. Rappelons un exemple frappant, celui de Pr 12, 21a. Le TM affirme qu'*aucun malheur n'atteindra le juste*, tandis que les méchants sont remplis de maux. La LXX, suivie par la Pesh. et celle-ci par le Tg, présente un premier stique différent, emprunt de la coloration morale particulière à cette Version : "*Aucune injustice ne plaira au juste, mais les impies seront remplis de maux*". Clairement, expliquant ces Versions, il y a une interprétation (ou peut-être même une *Vorlage* ?) portant, non le verbe rare אָנָה "survenir, rencontrer" du TM, mais le verbe proche נָאָה "être beau", en relation de métathèse. Il est vrai que l'expérience dément bien souvent l'affirmation de TM, ce qui a sans doute favorisé la variante de la LXX. La Vg Pr 12, 21 s'est aussi écartée volontairement du TM : "*Rien de ce qui lui arrivera n'attristera le juste*, mais les impies seront remplis de maux". Au lieu de la racine אָנָה, Jérôme a interprété le verset d'après la racine proche יָנָה au *hiphil* : "opprimer, maltraiter".

Pour les Proverbes également, il semble bien qu'il faille postuler, pour certaines traductions grecques s'écartant du TM, un "proto-targum", que les traducteurs auraient consulté à côté de leur texte hébreu. Citons les divers cas repérés de traductions de la LXX influencées sans doute par l'araméen : Pr 5, 3b (חָלָק "lisse, glissant, onctueux" – LXX πρὸς καιρὸν "pour un temps, sur le moment" ; influence de l'araméen שְׁעִיע "lisse, doux", proche de שעה / שעא "le moment, l'heure" ?) ; Pr 29,1 (jeu de mots entre araméen קדל "nuque" et דלק "brûler" ?) ; Pr 22, 3a (idem 27, 12 ; araméen סתר : "(se) cacher" – "démolir" ?). Le plus frappant est sans doute le cas de Pr 10, 6.11 ; 13, 2 (idem 11, 30b), où la traduction de חמס "la violence, l'injustice" par "une mort prématurée" s'explique sans doute par le double champ sémantique de l'araméen חטף : "saisir avec violence" – "faire quelque chose en hâte" ; en syriaque, l'adjectif חטיפא désigne précisément la mort "prématurée". Il est manifeste que le traducteur grec des Pr a souvent infléchi son texte pour faire place à son idéologie, ainsi que le soutient J. Cook. Il est probable, en outre, qu'il avait à sa disposition une *Vorlage* hébraïque différant à l'occasion de ce qui va s'imposer comme TM. Mais il faut aussi tenir compte de l'hypothèse de traditions d'interprétation fixées en araméen.

Certaines traductions de la LXX Pr et d'autres livres me semblent donc ne pouvoir s'expliquer qu'à partir de champs sémantiques araméens,

CONCLUSIONS

mais aussi à partir de vocables araméens lus différemment (fautivement). Reprenons les exemples développés : la LXX Pr 27, 16 pourrait avoir pour origine l'homographie entre l'araméen בשמא "le baume" / בשמא "par le nom" ; LXX Pr 19, 13b pourrait s'expliquer par la proximité entre l'araméen גרי "se battre" et אגרא "le salaire", tandis que les proches גרי "se battre" – גירא "la chaux" – גייר "commettre l'adultère" sous-tendraient LXX Pr 21, 9. La traduction boiteuse de LXX Pr 19, 6, ainsi que LXX Os 10, 6b, pourraient bien avoir pour point de départ la proximité matérielle entre מוהבתא "le cadeau" et מבהנותא "la honte". La LXX Is 8, 20 se base sans doute sur les racines proches סהד "témoigner" et סעד "soutenir, aider". Quant à la relation TM – LXX – Tg du Ps 72[71], 9, qui offre un véritable casse-tête, elle pourrait remonter à la quasi-similitude entre איפרכיא "les gouverneurs" et אפריקיא "les Africains".

La LXX offre des traductions basées sur la langue araméenne, sur des champs sémantiques araméens ou même, sans doute, sur des mots proches en araméen, mais aussi sur des traditions exégétiques que nous retrouverons fixées dans les targumim. Bien sûr, il faut être prudent et distinguer ce qui relève effectivement de l'exégèse et ce qui est le produit d'une leçon variante partagée apparemment par la *Vorlage* de la LXX et le Tg (par exemple en Is 26, 19 ou Ps 97[96], 11).

A côté de nombreuses coïncidences de traduction entre la LXX et le Tg (outre les Pr : Gn 12, 20 et 18, 16 ; 20, 13.16 ; 26, 35 ; 31, 20.36 ; Ex 21, 6 ; Dt 26, 17.18 ; 29, 19 ; 30, 20 ; Jg 3, 20 ; 2 R 18, 5.24 ; Is 2, 19.21 ;7, 2.6 ; 31, 8 ; 54, 8 ; 56, 5 ; 65, 22 ; Jr 3, 17 ; 13, 22 ; Os 6, 11 ; Ps 114[113], 1), nous trouvons également des coïncidences d'interprétation. Ainsi, en Gn 3, 15, le verbe rare שׁוּף "meurtrir (en frottant)" a été traduit par les verbes équivalents τηρέω et נטר "garder, observer, surveiller, épier". La clé de cette interprétation se trouve peut-être au Ps 56, où la racine proche שׁאף est attestée à deux reprises, aux v. 2 et 3, dans la mesure où, au v. 7, ces mêmes ennemis qui "écrasent" David, cachés, "épient mes talons" (עֲקֵבַי יִשְׁמֹרוּ – LXX : עִקְּבַי πτέρναν μου φυλάξουσιν). Peut-être faut-il faire l'hypothèse que les scribes de la *Vorlage* de la LXX ou le cercle dans lequel travaillait le traducteur grec ont été gênés d'une manière ou d'une autre (l'emploi du proche שׁאף dans un contexte de bête en chaleur en Jr 2, 24 ?) par la formulation de ce qui s'imposera comme le TM et que, sur base du Ps 56, où שׁאף et שׁמר עקב décrivent les actions des ennemis de David, ils ont remplacé l'un par l'autre. Ce type de texte ou d'exégèse serait encore à l'origine de la leçon similaire du Tg. Au v. suivant également, en Gn 3, 16, la LXX et le Tg coïncident pour traduire le substantif תְּשׁוּקָה "l'élan, l'attraction" d'après la racine proche שׁוּב "se détourner de, revenir", à savoir l'ambigu תשובה "le retour, la repentance, la rébellion" (idem Gn 4, 7 et Ct 7, 11), peut-être parce que l'araméen מָתְוְיָא "élan, désir" = TM, est très proche de מתבא "le retour", suggérant dès lors la repentance d'Eve vis-à-vis de son mari qu'elle a induit en erreur. En Gn 40, 13.19.20, qui joue avec les deux sens de נשא, "élever" et "enlever" (la tête), tant la LXX que le Tg (idem Vg) ont privilégié le motif du souvenir (h. נשה = araméen נשא "se souvenir"). En Dt 33, 16, la traduction de Joseph "nazir" parmi ses frères est assez similaire dans le Tg (פרישא "mis à part, distingué, excellent") et dans la LXX (Joseph est "glorifié" parmi ses frères : δοξασθεὶς ἐν ἀδελφοῖς). En Lv 5, 4.4 et au Ps 106[105], 33, le verbe hébreu בטא "parler impulsivement, sans réfléchir" a été traduit par "parler distinctement" tant par la LXX (διαστέλλω) que par le Tg (פרש). De même, en Nb 30, 7.9, l'expression מִבְטָא שְׂפָתֶיהָ a été traduite par les substantifs dérivés des mêmes verbes ou de verbes apparentés. En Jg 3, 23 l'hapax מִסְדְּרוֹן "le trou d'évacuation du lieu d'aisance de la chambre haute (qui permet à Ehoud de s'enfuir) a été interprété τοὺς διατεταγμένους "les (gardes ?) appointés" par LXX dans la recension du Vaticanus par un procédé "étymologique" à partir de la racine courante en araméen שׂדר / סדר, dont le sens de base est "disposer, mettre en ordre". Or, le Tg (אַכְסַדְרָא = gr. ἐξέδρα) semble aussi avoir distingué les trois consonnes סדר de l'hapax, dont il reste proche matériellement, peut-être par prudence, parce qu'il en ignore le sens. La LXX de 1 R 11, 36 a traduit la "lampe" (נִיר) qui subsiste à Jérusalem pour David et ses fils par θέσις "un établissement, une position, une place", ce qui coïncide avec la tradition d'interprétation telle que nous la retrouvons dans le Tg, qui, pour décrypter la métaphore, insère le verbe קיים "faire subsister, faire se dresser" (la royauté) dans ces passages. En Is 3, 16b, l'hapax עכס "faire tinter ses bracelets de cheville" a été interprété, dans le Tg, d'après le verbe fréquent כעס "irriter" en relation de métathèse (d'où sa traduction en רגז) ; peut-être la traduction grecque (παίζω) se base-t-elle aussi sur כעס, παίζω ayant alors suivi une évolution similaire à celle du français "agacer" : "ennuyer", d'où "aguicher". En divers versets, le traducteur grec d'Isaïe a introduit la notion de salut divin (ex. LXX Is 38, 11 ; 40, 5 ; 60, 6) ; or nous trouvons cette même introduction du "salut" dans la traduction araméenne de versets qui n'en font pas mention (Tg Is 13, 8 ; 30, 18 ; 38, 18 ; 40, 31 ; 49, 23 ; 50, 10 ; 60, 1 ; 64, 3). La traduction de שְׁפִי "crête désertique" par ὁδός "chemin" en Is 49, 9 coïncide avec la traduction usuelle de ce substantif dans le Tg par נגדא "chemin" (Tg Is 49, 8 ; Jr 3, 2.21 ; 4, 11 ; 7, 29 ; 12, 12 et 14, 6). En Jr 32[39], 17.27, l'expression "rien n'est trop difficile pour Toi" a été traduite tant dans la LXX que dans le Tg par "rien ne T'est caché", les traducteurs étant sans doute partis, non du verbe פלא "être extraordinaire, trop difficile", mais de la racine אפל en relation de métathèse, dont l'idée de base est l'obscurité. Le traducteur grec de Jr a suivi un courant de modifications par respect que nous rencontrerons, plus affirmé, dans le Tg. Par ailleurs, la traduction habituelle presque systématique de la racine h. פלא par la racine araméenne פרש nous permet de comprendre la traduction de LXX du Vaticanus de Jg 13, 19. Pour l'hébraïsme du TM מַפְלִא לַעֲשׂוֹת "Celui qui agit merveilleusement", en effet, la recension du Vaticanus présente : διεχώρισεν ποιῆσαι "et il a séparé de faire", ce verbe διαχωρίζω étant évidemment le calque grec de l'araméen פרש. Alors que l'expression "dénuder, découvrir son bras" (TM : חשׂף ; avec Dieu comme sujet) a été traduite littéralement en LXX et Tg Is 52, 10 (ἀποκαλύπτω - גלי "révéler, découvrir"), les traducteurs grec et araméen d'Ez 4, 7, ont tous deux adopté une formule plus précise : "tu *affermiras* ton bras". Cette traduction différente pourrait avoir respecté une différence de traitement entre Dieu, qui "révèle" son bras (sans pécher par anthropomorphisme), et le prophète, qui l'affermit. En Ez 20, 27b, le TM fait état des pères qui ont "insulté" (גִּדְּפוּ) Dieu ; or, tant la LXX que le Tg, pour des raisons de respect, ont atténué le passage en "irriter", alors qu'ils interprètent ce verbe de manière littérale quand il se rapporte aux hommes ; nous rencontrons le même remplacement en "irriter" pour le verbe נאץ "mépriser, blasphémer" ayant Dieu pour objet en LXX Ps 10[9], 13 ainsi que dans divers autres passages ; or, nous trouvons ce type d'interprétation dans le Tg (ex. Nb 16, 30), ce qui montre bien que les traducteurs grecs, loin d'être isolés, étaient portés par une interprétation traditionnelle des textes. De même, nous trouvons une interprétation identique du TM שֶׁבֶר "brisure, ruine" par "captivité, déportation, exil" (racine proche שבה) en LXX Ez 32, 9 et Tg Is 30, 26 ; la proximité matérielle de ces racines a sans doute suscité la réflexion exégétique (peut-être au départ d'une variante née d'une erreur de copie ?) et a permis, certainement au Tg, d'aborder l'un de ses thèmes de prédilection. Alors que, dans le TM Za 9, 14, Yhwh s'avance dans les "tempêtes du sud", dans la LXX, il s'avance dans la "tempête de sa menace". Il s'agit bien évidemment d'une interprétation de סערה "la tempête" d'après le proche גערה "la menace, le reproche, le grondement" ; or, nous trouvons la même interprétation dans Tg Jr 23, 19 et 30, 23 : la "menace" (גערה) pour la "tempête" (סערה) était manifestement acceptée comme substitut traditionnel permettant de décrypter la métaphore de la tempête. En Pr 1, 25, la traduction grecque de l'hébreu פרע par ἄκυρον ποιέω ne coïncide pas avec celle de la

Peshitta ou du Targum, cependant elle correspond au sens principal du verbe araméen בטל "rendre vain, annuler" (un verbe "technique" bien attesté dans le judaïsme rabbinique) qui traduit précisément TM פרע en Tg Ex 5, 4 ; 32, 25 et 2 Ch 28, 19. Manifestement, les traducteurs grecs avaient à leur disposition des traditions exégétiques apparentées à celles qui seront fixées dans le Tg du Pentateuque. L'interprétation du substantif גַּלְמוּד /fém. גַּלְמוּדָה, qui n'apparaît que quatre fois dans le corpus biblique et semble désigner la stérilité, le dessèchement, est parallèle dans la LXX et le Tg des quatre passages en question (Jb 3, 7 ; 15, 34 ; 30, 3 ; et Is 49, 21). En Esd 9, 11, le substantif נִדָּה "souillure, impureté menstruelle", appliqué à la terre promise, a été traduit dans la LXX d'après la racine נוד ou נדד "errer", alors que le contexte est très clairement, d'après la suite du verset, un contexte d'impureté.

Dans la LXX, le substantif λοιμός "la peste" ne traduit jamais l'h. דֶּבֶר de même signification : ce mot hébreu est, en effet, pratiquement toujours rendu par θάνατος "la mort" ; ceci pourrait s'expliquer par le fait qu'il existe en araméen une quasi-homonymie entre les deux mots מותא "la mort" et מותנא "la peste" (tout comme déjà en akkadien, *mutu* et *mutanu*) et que dans pratiquement tous les cas où la "peste" intervient dans le TM, elle a été traduite par מותא "la mort" dans le Tg. En revanche, l'adjectif substantivé λοιμός apparaît fréquemment (surtout chez les traducteurs de 1 S, Pr et Ez), désignant différentes sortes d'impies ou de violents. Cette traduction pourrait avoir pour origine le champ sémantique de la racine באש, qui, en hébreu, signifie "dégager une mauvaise odeur" et "aller mal", mais en araméen s'est imposée dans le sens "être mauvais" (moralement) ; de même, les verbes araméens סרח et סרי ont pris ces deux significations de "sentir mauvais" et d' "être mauvais". Cette extension du champ sémantique de λοιμός ("être pestilentiel" ; "sentir mauvais" comme la peste ; "être mauvais") a manifestement été renforcée par les champs sémantiques araméens. Une autre traduction intéressante de דֶּבֶר est celle de la LXX de Jr 32[LXX 39], 36b, où דֶּבֶר "la peste" a été interprété d'après la racine araméenne בדר, "disperser" (avec métathèse), afin de faire allusion à la dispersion de l'époque babylonienne ; dans le Tg, nous trouverons bien affirmée cette tendance à évoquer l'exil en de nombreux passages (par ex. Tg Is 6, 13 ; 26, 15 ; 27, 6 ; 30, 26 ; 35, 6 ; 40, 31 etc.)

Nous avons peut-être même un cas de transcription à partir de l'araméen. Rappelons les données. En Jr 36[LXX 43], 22 et Am 3, 15, il est question du "palais d'hiver" (בית החרף), celui de Yoyaqim, roi de Juda, dans le premier cas ; celui de Samarie, dans le second. Or les deux traductions grecques sont différentes : LXX Jr a traduit littéralement le TM (ἐν οἴκῳ χειμερινῷ "dans la maison hivernale"), tandis que LXX Am s'est écartée du TM (τὸν οἶκον τὸν περίπτερον "la maison *entourée d'une colonnade*"). Le substantif חֹרֶף "hiver" n'est pas un hapax, puisqu'on le rencontre six fois dans le corpus biblique ; et, de toute façon, l'opposition à l'été dans quatre de ces passages, y compris Amos, aurait pu guider le traducteur. La traduction de ce substantif חֹרֶף dans le Targum consiste systématiquement en le substantif araméen סִתְוָא "l'hiver". Or, si nous vocalisons ce mot araméen différemment, nous obtenons une transcription du grec στοά "le portique à colonnade", un mot connu des traducteurs grecs, puisqu'il est attesté quatre fois dans la LXX. Ne s'agirait-il pas chez le traducteur de la LXX des XII, des balbutiements de l'adoption de mots grecs en hébreu ou en araméen, une pratique courante à l'époque rabbinique ? Dès lors, peut-être faut-il conclure que, face à l'équivalent araméen habituel de l'hébreu חֹרֶף "hiver", à savoir le substantif סתוא, le traducteur des XII aurait été amené à penser à στοά, une démarche qui, dans une traduction qui en général est très littérale, semble trop précise pour pouvoir être imputée à la distraction. Le traducteur a-t-il voulu donner une précision architecturale concernant Samarie (allusion au temple d'Isis-Serapis), à une époque où les débuts du schisme samaritain ont attisé les tensions ? Cette traduction serait de toute façon la preuve de la familiarité du traducteur grec avec les traditions d'interprétation fixées en araméen, puisque l'araméen סתוא serait à l'origine de la divergence d'avec le modèle hébreu.

2. La *Vorlage* de la LXX

La *Vorlage* de la LXX témoigne d'une plus grande fluidité textuelle que le TM. Il est probable, en effet, que les manuscrits sur lesquels fut élaborée la LXX étaient de même nature que 1QIsaᵃ. Les scribes qui ont produit la *Vorlage* de la LXX ont vraisemblablement davantage remanié les textes que les milieux qui ont transmis le TM, plus conservateurs. Nous avons développé les cas de Gn 5, 29 (l'étymologie de Noé corrigée dans la LXX), d'Ex 24, 10 (les Anciens ne voient que l'endroit où se tient Dieu), de Mi 4, 8 (עֹפֶל "hauteur, colline, citadelle / Ophel" modifié en אֹפֶל "l'obscurité" en raison de l'existence du substantif homonyme עֹפֶל désignant "les hémorroïdes" ou une affection quelconque du pénis, un mot qui, ressenti comme indécent, sera conservé dans le TM mais fera l'objet d'un *qere* systématique), et d'Os 6, 3 (désir d'éviter le substantif מוֹצָא "sortie, lever d'un astre" jugé inconvenant lorsqu'il est appliqué à Dieu, soit parce que ressenti comme apparenté à צֵא / צֵאָה / צֹאָה "les excréments", soit parce que évoquant une phraséologie solaire refusée dans certains cercles pour le Dieu d'Israël)

Par ailleurs, certains énoncés ont sans doute été modifiés dans le milieu de la *Vorlage* de la LXX en raison de coïncidences gênantes avec l'araméen ou le syriaque, alors que les cercles massorétiques ont conservé le texte. Mentionnons les cas de LXX Nb 14, 16 (pour le TM שחט "sacrifier, tuer", la traduction grecque reflète שטח "étendre", peut-être parce que les scribes de *Vorlage* ont volontairement "éliminé" de cette tradition textuelle, au moyen de la métathèse, le verbe שחט, appliqué à Dieu, en raison de l'existence d'un verbe syriaque homonyme שחט de sens obscène "corrompre, pervertir, séduire une femme, la déflorer", à une époque de diffusion des dialectes araméens) et de Ml 3, 8.9 (Pour le TM קבע "frauder, tromper", avec Dieu comme objet, nous trouvons dans la LXX l'équivalent grec de l'h. עקב "talonner, tromper", peut-être parce que קבע araméen signifie "fixer, clouer" et que le TM présentait donc une menace de contresens insupportable : Dieu cloué par les hommes !). Citons enfin LXX Za 12, 10 : là encore, pour éviter une interprétation du verset qui affirmerait la transfixion de Dieu, les scribes de la *Vorlage* ont vraisemblablement permuté les lettres du verbe hébreu דקר "transpercer", obtenant ainsi la variante רקד "danser" reflétée par la LXX. En outre, en syriaque, la racine רקד "danser, bondir" a, au *aphel*, le sens de "se lamenter" et traduit souvent l'hébreu ספד. Dès lors, le couple obtenu par métathèse רקדו וספדו a pu paraître aussi pertinent aux yeux des scribes que le massorétique דקרו וספדו. Mais le traducteur grec, lui, a reçu רקד dans son acception hébraïque normale, d'où ses efforts pour lui donner une traduction qui convienne plus ou moins au contexte de lamentation. Si cette reconstitution était exacte, cela impliquerait à nouveau le fait que les scribes de la *Vorlage* avaient au minimum des notions d'araméen et de syriaque (ou en tout cas l'ancêtre du syriaque écrit).

Conclusions (in English)

This study has reviewed a number of different cases from the LXX, from the later Jewish revisers (Theodotion, Aquila, and Symmachus), and from the LXX *Vorlage* where an influence of the Aramaic language, as well as potentially an influence of the exegesis such as we find it laid down in the Aramaic Targumim, is perceptible and significant. To not take this evidence into account would deprive ourselves of a source of explanation that is both plausible and enlightening. By way of a conclusion, I now review one by one the main points of the argument.

1. The Septuagint and the Later Translators (Greek and Aramaic)

Insofar as the LXX is concerned, it is clear that we must take into account the fact that the Jewish community at that time, including the LXX translators, lived in a multilingual environment. We should also bear in mind that in the biblical corpus itself, in any case in the most recent books, the flexibility of the limits between the Hebrew and Aramaic is clear, for example, in a book such as that of Daniel, which implies a bilingual readership. Moreover, if we consider the book of Job, which is written entirely in Hebrew, the Aramaic influence is nevertheless perceptible in terms of both vocabulary and syntax. As we proceed further into the rabbinic literature, it becomes quite difficult to draw a precise line between Hebrew and Aramaic.

The Greek translators most certainly had a good knowledge of Aramaic; therefore, they had no difficulty in translating the Aramaic name given by Laban to the heap of stones erected in Gen 31: 47 (יְגַר שָׂהֲדוּתָא – Βουνὸς τῆς μαρτυρίας). Moreover, their Greek transcriptions of several technical terms from religious vocabulary (e.g., πασχα) often replicate the words in Aramaic. Hence, we should not be surprised that, even in their translations, the LXX translators provide evidence of semantic interferences of Aramaic origin.

Thus, LXX Isa 8: 21, when speaking about pagan gods, uses the transcription τὰ παταχρα, which corresponds to the Aramaic פתכרא. This word is, of course, rare in the targumim, but the Syriac פתכרא and the related substantives are used frequently in the Peshitta. Admittedly, the Peshitta was written at a later date, but the Aramaic dialect from the Edessa region was most certainly spoken before the appearance of the written form of the language (the first century of the Common Era for the first inscriptions) and seems to have influenced in one manner or another the translation of the LXX. This is the case unless, for certain terms, we are in fact dealing with a word for which the exact trace or the semantic development has been preserved only in Syriac. In any event, if we neglect this Aramaic/Syriac-influencing factor and the interpretation traditions that will be established in Aramaic, our comprehension and ultimate evaluation of certain translations can only be undermined.

Indeed, there are different cases where Hebrew was interpreted from the Aramaic equivalent (linguistic or semantic), or in dependence on the semantic field of the Aramaic equivalent, or on the Hebrew semantic field expanded upon by that of Aramaic, or even depending on the semantic field of two Aramaic homonyms. Finally, the coincidences with the exegetical traditions laid down in the targumim are numerous.

Of course, the detour via Aramaic is, in certain cases, an optical illusion: the LXX, by its translation, provides evidence of its knowledge of a word that did in fact exist in Hebrew but that is attested—by random chance of the texts or the transmission—only by the Aramaic equivalent preserved in our documents. We have entertained this possibility for Amos 8:3a (שִׁירָה or שִׁירָה II, "beam"), Hos 12:12b (גל "tortoise"), and Ps 73[72]:6 (עָנַק, "to press, force, dominate").

I then distinguished different cases of influence from Aramaic (or late Hebrew), some cases seeming to indicate a deliberate use of this language and others appearing to be nondeliberate, with the exact position between the two extremes not always easy to determine. The most indisputable case of deliberate interpretation from Aramaic is in Isa 53:10: both the LXX and the targum interpret the Hebrew verb דכא "to grind, to crush" in terms of the common Aramaic homonym דכא / דכי "to be clean, pure," "to purify" (pael), even though this Aramaic verb has a clear Hebrew equivalent: זכה. In all likelihood, the LXX and the targum did this in order to avoid the idea that God could be pleased to crush the Servant.

The other examples presented were those of Lev 26:1 and Num 33:52 (MT מַשְׂכִּית, "show piece, specifically a carved figure, imagination"; LXX σκοπός, from the Aramaic verb סכי "to look out, to hope"); 2 Sam 22:48 (MT: מוֹרִיד > ירד "go down" or probably originally רדד "to submit"; LXX παιδεύων "educating, chastising," from the Aramaic verb רדי "to punish"); 1 Kgs 20[21]:11 (MT חגר "to gird oneself"; LXX κυρτός "hunchback," perhaps influenced by the Aramaic adjective חגיר "lame, halting"); Isa 6:13 (MT מַצֶּבֶת "stump, root-stock? new growth?"; LXX θήκη "[acorn] cup," translated perhaps from the Aramaic substantive צְבָת "a pair of tongs," preceded by the preposition מִן); Ezek 17:6 (MT סֹרַחַת "growing profusely"; LXX ἀσθενοῦσαν "weak" according to the Syriac סרח "to hurt, injure, damage, devastate"; pass. part. "corrupt, damaged, feeble, vicious, foul"); Jonah 4:8 (MT שאל, perhaps according to the Syriac *ethpeel* "to excuse himself, to decline, to abstain from, to resign, to refuse, to renounce"; Hab 3:16a (MT צלל "to resonate, to ring"; LXX προσευχῆς from the Aramaic צלי "to pray"); Zeph 1:12b (MT הַקֹּפְאִים עַל־שִׁמְרֵיהֶם "the men who thicken on their lees"; LXX τοὺς καταφρονοῦντας ἐπὶ τὰ φυλάγματα αὐτῶν "the people *who scorn their commandments*," most likely according to the meaning of the verb קפא in late Hebrew, which signifies "to be on top, to float on the surface, to be light"; pass. part. "light of weight, little esteemed"); Dan 12:2 (MT דְּרָאוֹן "aversion, abhorrence, object of abhorrence"; LXX εἰς διασπορὰν "for the dispersion," from the Aramaic דרא "to scatter, strew; to disperse" [the equivalent, although quite distinct phonetically, of the Hebrew זרה]); Ps 65[64]:8 (MT *piel* שבח "to soothe, to still"; LXX συνταράσσω "to disturb," from the Aramaic metathetical verb בחש "to search, examine; to stir, to shake"; Syriac "to disturb"); and Job 10:8 (MT בלע "to swallow up, to destroy," with God as the subject; LXX παίω "to strike," in accordance with the meaning of the Syriac בלע "to swallow up, devour"; pass. part. "devoured, engulfed; to be struck, smitten, beaten, wounded," which allows the Greek translator to avoid the notion of "to swallow" judged as being too anthropomorphic).

The later Greek revisers could also have been influenced by the Aramaic and late Hebrew. In Gen 3:22, for example, Symmachus distances himself from the polytheist formulation of the MT ("the man has become *as one of us*") by way of the Aramaic, because he translated כְּאַחַד by ὁμοῦ for the common Aramaic adverb כחדא "at the same time, simultaneously" and interpreted מִמֶּנּוּ as a third-person masculine singular suffix rather than the first-person plural: "Behold, the man has *at the same time* come to know good and evil *of himself*." Or even, in Obad 1:1 Symmachus and Theodotion translated צִיר "messenger" into περιοχή "fortified enclosure, siege, besieging army; distress," from the Aramaic צָיָר, which carries the two meanings of "distress" and "siege" in order to explain the text: the envoy sent among the nations is a messenger of misfortune.

We should note that the same interpretational approach from Aramaic can at times be found in the targumim. For example, Tg. Deut 29:19 interprets the MT עָשֵׁן "to smoke " (which exists both in Hebrew and Aramaic) after the Aramaic homonym עשן "to be strong, powerful"; in Tg. Isa 5:6a the MT verb עָדַר "to hoe" is interpreted from the Aramaic homonym עדר (= Hebrew עזר) "to help." In Isa 62:10, the targum interprets the expression סַקְּלוּ מֵאֶבֶן "remove the stones" from the Aramaic metathetical verb סלק "to raise." Finally, in Isa 64: 6 the targum also modifies the text by metathesis: man does not have to "wake himself up" (עוּר) in order to become attached to God; he must find his pleasure in doing so (Aramaic verb רעי). The translators were thus able to meet the needs of the translation/interpretation by occasionally drawing on extensions made possible by late Hebrew, Aramaic, or Syriac.

However, aside from examples where resorting to Aramaic seems deliberate, it is probable that the Greek translators, or at least some of them, were not always conscious of the limit between Hebrew and Aramaic (or postbiblical Hebrew). I presented the example of the verb רגז "to tremble, to shudder," "to get excited" (ithpael), which was often translated in accordance with the common meaning of the Aramaic equivalent "to tremble with rage, to be furious with" by ὀργίζω. In Ps 23[22]:4a the substantive גַּיְא "valley" in the expression in the construct state בְּגֵיא "in the valley of" was interpreted from the Aramaic בגו (sometimes written as בגוא) "in the middle of." Insofar as the translation does not seem to have been intended to record an essential theological variation, we can conclude that not only was the translator not conscious of having made an incursion into Aramaic but also that he does not seem to have had access to a vocalization tradition of the Hebrew text. We find this same phenomenon in Jer 49:19. In Hab 3:6 the verb נִתַּר "to leap, to leap away" was translated into Greek by the hapax διατήκω "to melt, to dissolve," most likely under the unconscious influence of the Aramaic נתר, which signifies "to fall off, to fall apart, decay, to faint." Or, when the translator of Job (so also Aquila, Symmachus, and Theodotion) twice translates חָנֵף "ungodly" by ὑποκριτής "dissimulator, cunning" (Job 34: 30; 36: 13), he is obviously influenced by the meaning of the root חנף in late Hebrew and Aramaic: "to be insincere, to flatter, to deceive." The customary translation among the later translators of the LXX of the root עשק "to oppress" by the Greek συκοφαντέω, which in classical Greek signifies "to slander," is likely to be inspired by the Syriac equivalent

עשק, for which the main meaning is "to slander." Likewise, the evolution of σκανδαλίζω / σκάνδαλον from the meaning "to make to stumble / a trap, a snare" toward the New Testament meaning "to shock, to offend" is probably based on the semantic field of כשל, which in Hebrew signifies "to stumble, to stagger" but which in Syriac, in the passive participle and in the *ethpeel*, has the slightly different meaning of "to be offended, irritated." I have cited several other examples that could be explained based on the Syriac (or at least on its predecessors in the oral phase): Wis 2:17 (= 4:6), MT נוס "flee away" and LXX κινέω passive "to tremble"; Deut 32:11: רחף "to hover" and LXX ἐπιποθέω "to have pity on," from the Syriac רחף "to brood, to hover over, to cherish, pity, take care of"; Ps 51[50]:6, MT זכה and LXX νικάω, from the Syriac זכא, for which the primary meaning is "to be victorious, to conquer, overcome"; and Prov 24:30, MT עָצֵל "sluggard" and LXX ἄφρων "fool," from the Syriac equivalent עטלא "hard of hearing, stupid."

The Greek translators, in the multilingual environment in which they lived, probably did not define clear boundaries between Hebrew and Aramaic (or late Hebrew influenced or not by Aramaic), the semantic field of one language quite naturally encroaching upon the other language.

It should be remembered, further, that the Greek used in the LXX is a "translation Greek" that often adapts to the constructions and the semantic fields of the source language. However, one of the particularities inherent to this translation Greek is that it adopted, for different terms, the semantic field of its Hebrew model, expanding or diverging thus from the meaning that the term had in Classical Greek yet without this semantic evolution necessarily having to be attributed to Koine Greek. Therefore, when Athaliah cries "Conspiracy! Conspiracy!" in 2 Kgs 11:14 (קֶשֶׁר קֶשֶׁר), the Greek translator translates this substantive in an "etymological" manner as σύνδεσμος σύνδεσμος "Knot! Knot!"—a translation that cannot be understood without taking a detour by the semantic field for the Hebrew קשר "to tie down, to bind, to league together to conspire" and that therefore implies a decidedly bilingual readership capable of dealing with this translation Greek. I mentioned two other examples. The first translators seem to have judged ἐπισκέπτομαι "to inspect, to visit" and ἐπισκοπή "visitation" suitable for translating פקד, which nevertheless presents a much larger semantic field because it can take on different nuances such as "to attend to, to muster, to appoint, to visit (for different purposes both positive or negative)." Likewise, the verb נחם (*niphal*) in its meaning "to repent from" was translated multiple times by the Greek παρακαλέω "to console," thus in the passive form "to console oneself," which is one of the other meanings of this Hebrew verb. Faced with this kind of stereotyped translation, only the knowledge of the Hebrew semantic field makes it possible to understand the sense of the Greek.

However, Biblical Greek often took on not only the bipolar (or pluripolar) semantic field of its Hebrew model but also a bipolar semantic field shared in common by Hebrew and Aramaic (or Syriac). Thus ἐντέλλομαι ("to enjoin, command" in Classical Greek) translates numerous times MT's פקד because in Aramaic פקד means "to command." In the minds of at least certain Greek translators, the verb ἐντέλλομαι had most likely already totally taken over the semantic field of the Aramaic פקד ("to command"), expanded by that of the Hebrew ("to inspect, to appoint, to chastise"). This is also true for the Greek verb σπεύδω (and its compounds) and the substantive σπουδή, which, aside from the Classical meaning "to precipitate, precipitation," acquired the meanings "confusion, terror; to panic, to be terrified," having been influenced by the Aramaic roots בעת and בהל, both possessing two meanings: "to terrify, to be terrified" (as in Hebrew) and that of "to hurry."

We can most likely imagine that the Greek translators based their translation work on Hebrew–Aramaic equivalents established in the form of lists or even in "prototargumim" (like those found at Qumran), predecessors of our targumim. This would make it possible to explain different coincidences between the Greek translations and the interpretative traditions such as we find laid down in the targumim. It is important to keep in mind the examples where the hypothesis of Hebrew–Aramaic equivalents circulating and being available to the Greek translators would make it possible to explain the differences between the LXX and the MT. In Ezek 31:12 the translation of the Hebrew verb נטש "to forsake, abandon" was influenced by the regular Aramaic equivalent רטש, but the LXX translator gave it the meaning of the Hebrew רטש "to smite, dash to pieces"! The Greek translation of Ezek 13: 5a (MT פֶּרֶץ "the breach"; LXX στερέωμα "a solid body, foundation, fortress") is consistent with the often-used translation of פֶּרֶץ / פָּרַץ in the targumim by the root תקף "to be strong." In Hos 2:17a the "door of hope" (פֶּתַח תִּקְוָה) from the MT has become "to open (= לִפְתֹּחַ) her understanding" (σύνεσις αὐτῆς), most likely based on the common Aramaic root סבר, which means both "to hope" (MT) and "to be bright, intelligent" (LXX). For the Greek translator faced with this ambiguity inherent in the Aramaic polysemic root, the opening up of the religious intelligence of Israel seemed appropriate in the Achor Valley, the

CONCLUSIONS

valley where Achan (LXX Akhar!) was lapidated for having transgressed the anathema ordained by God, according to Josh 7:24–26. In five biblical passages the Hebrew root כון "to be firm, set, established, prepared" was translated by the more or less equivalent Aramaic verb קשט "to go in a straight line," "to straighten, correct, to prepare" (*pael*). However, this verb developed a frequently used substantive: קשוט "the truth." This perhaps allows us to understand the translation of נָכוֹן in LXX Gen 41:32 and Job 42:7, 8 by ἀληθής "true" and in Ps 5:10 by ἀλήθεια "truth." In Ezek 21:14 the LXX translates "the sword sharpened and also polished" (מְרוּטָה) by an order: "sword, be sharpened and *rage*" (θυμώθητι), perhaps on the basis of two Aramaic homonym roots: צהב I "to polish" and צהב II "to be angry." The Greek translations of Isa 29:22 (MT פדה "to redeem, to deliver"; LXX ἀφορίζω "to separate, to delimit") and of Jer 7:10 (MT נצל *niphal* "to be delivered"; LXX ἀπέχω "to cease, to abstain from") can most plausibly be explained by the Aramaic פרק, which includes the different meanings of "to redeem, deliver," "to separate, divide," and "to cast off, to cease." The LXX translation of Zech 1:15 (MT עזר "to help, to contribute to" [?]; LXX συνεπιτιθέναι "to join in attacking, to assault together") most likely comes from the semantic field of the Aramaic root סיע, which in the *pael* means "to help" and in the *ithpael* "to group together, to make a band"; having a list or a "prototargum" to determine the equivalence between Hebrew עזר and Aramaic סיע, the translator would have gone from one meaning to the other. The LXX of Joel 2:8 translates the MT: "(each) man in his path (בִּמְסִלָּתוֹ)" by "weighed down (καταβαρυνόμενοι) with their arms (ἐν τοῖς ὅπλοις)," a translation that could originate from the frequent translation of the Hebrew root סלל by the root כבש "to press, grade, make a path; to tread upon, to oppress, to conquer." Translations of the root עצב "to hurt," "to be distressed, afflicted, grieved" (*niphal*) by the LXX in Neh 8:10 (διαπίπτω "to break down, to collapse, to faint") and 11 (καταπίπτω idem) are probably influenced by the semantic field of the Aramaic נסס in the *ithpeel* "to be troubled, to grieve, to be weak," which is one of the usual translations of עצב in the targumim. The meaning of "weakness" is also the primary meaning in Syriac. The Greek translator of Nehemiah most assuredly had in mind the equivalence Hebrew עצב and Aramaic נסס, and he privileged the meaning of weakness, thereby resulting in a formulation that has its own coherence: "faint not, for the Lord is your strength" (rather than the MT: "do not be grieved, for the joy of the Lord is your strength"). The verb ἀνατέλλω seems to have been influenced by the three-pronged semantic field of the Aramaic יעא, because, aside from the recorded meanings "to rise" (sun, stars) and "to grow" (plants), it developed the meaning "to express, to tell" (as in Tg. Prov 19:5); indeed, in LXX Hab 2:3, ἀνατέλλω translates the MT פּוּחַ "to testify." In Hab 2:11, the substantive *hapax* כָּפִיס "beam, rafter" (?) was translated by κάνθαρος "beetle," perhaps due to the influence of two homonym substantives in Syriac: קריתא, קרי "beam" (and thus synonym of כָּפִיס) and קריתא "the wheatworm or weevil, similar to the beetle, harmful for grain." The double semantic field established in Syriac would have incited, either spontaneously or in a more conscious manner, the bilingual translator to move from one notion to the other.

The case of the Proverbs is a bit different. We certainly find there a large number of coincidences between the LXX, the Peshitta, and the targumim (e.g., Prov 1: 21, 24, 27, 31; 3:25; 5:10; 6:11 and 24:34; 7:10, 17; 12:4; 19:6; 29:13), which seem to suggest an influence by the LXX on the Peshitta, on which the targum was based. A striking example to be noted is that of Prov 12:21a. The MT states that "no harm befalls the righteous," whereas the wicked are filled with trouble. The LXX, followed by the Peshitta and then by the targum, presents a different stichos, influenced by the moral overtone particular to this Version: "*No injustice will please a just man, but the ungodly will be filled with mischief.*" Clearly, explaining these Versions, there is an interpretation (or perhaps even a *Vorlage?*) containing not the rare verb אָנָה "to occur, to meet" from the MT but the closely related and metathetical verb נָאָה "to be handsome." It is true that experience often disproves the MT affirmation, which very likely encouraged the LXX version. Vg Prov 12:21 also intentionally distanced itself from the MT: "*Nothing that happens to him will grieve a just man, but the ungodly will be filled with mischief.*" Instead of the root אָנָה, Jerome interpreted the verse according to the closely related root יָנָה in the *hiphil* "to oppress, to mistreat."

For Proverbs as well, it seems necessary to maintain, for certain Greek translations diverging from the MT, the hypothesis of a list or of a "protototargum" that the translators consulted alongside their Hebrew text. Different cases found in the translations of the LXX no doubt influenced by the Aramaic include the following: Prov 5:3b (חָלָק "smooth, slippery, insinuating"; LXX πρὸς καιρόν "for a time, at the time"; influence from the Aramaic שעיע "smooth, soft," close to שעא / שעה "the moment, the time"?); 29:1 (a play on words between the Aramaic קדל "neck" and דלק "to burn"?); 22:3a (also 27:12; Aramaic סתר: "hide [oneself]," "to tear down, destroy"?). The most striking example is no doubt that of Prov 10:6,

CONCLUSIONS   249

11 and 13:2 (also 11:30b), where the translation of חמס "violence" by "a premature death" can most likely be explained by the double semantic field of the Aramaic חטף: "seize with violence," "do something in haste"; in Syriac the adjective חטיפא specifically means "premature" death. It is clear that the Greek translator of Proverbs often modified his text in order to accommodate his ideology, as affirmed by J. Cook. It is likely, moreover, that he had at his disposal a different Hebrew *Vorlage* than the one that later became the canonical MT. That being said, the hypothesis of the interpretative traditions established in Aramaic should also be taken into consideration.

From my point of view, certain LXX translations of Proverbs and other books can only be explained on the basis of the Aramaic semantic fields but also on the basis of some Aramaic terms being read differently or erroneously. Let us review again the examples that were developed: LXX Prov 27:16 could originate from the fact that Aramaic בשמא "ointment" and בשמא "by the name" are homographs; LXX Prov 19:13b could be explained by the proximity between the Aramaic גרי "to fight" and אגרא "salary," while the closely related גרי "to fight," גירא "whitewash," and גייר "to commit adultery" provide the basis for explaining LXX Prov 21:9. The awkward translation of LXX Prov 19:6, as well as LXX Hos 10:6b, could well have as a starting point the material resemblance between מוהבתא "gift" and מבהנותא "shame." LXX Isa 8:20 is based undoubtedly on the closely related roots סהד "to testify" and סעד "to support, to help." As for the MT–LXX–targum relationship in Ps 72[71]:9, which really presents a riddle, it could stem from the quasi-similarity between איפרכיא "the governors" and אפריקיא "the Africans."

The LXX offers translations based on the Aramaic language, on Aramaic semantic fields, or even, most likely, on closely related words in Aramaic, but also on exegetical traditions that we find laid down in the targumim. Of course, we must be careful to distinguish between that which can be attributed to the exegesis and that which is the product of a variant reading apparently common to both the LXX *Vorlage* and the targum (e.g., in Isa 26:19 or Ps 97[96]:11).

Aside from the numerous coincidences in translation between the LXX and the targumim (besides those in Proverbs: Gen 12:20; 18:16; 20:13, 16; 26:35; 31:20, 36; Exod 21:6; Deut 26:17, 18; 29:19; 32:10; Judg 3:20; 2 Kgs 18:5, 24; Isa 2:19, 21; 7:2, 6; 31:8; 54:8; 56:5; 65:22; Jer 3:17; 13:22; Hos 6:11; Ps 114[113]:1), we also find coincidences in interpretation. Thus in Gen

3:15 the rare verb שׁוּף "to bruise (by rubbing)" was similarly translated by the verbs τηρέω and נטר "to keep, to observe, to watch, to spy on." The key to this interpretation can perhaps be found in Ps 56[55], where the closely related root שׁאף is documented twice, in verses 2 and 3, insofar as, in verse 7, these same enemies who "trample upon" David, lurking, "*watch my steps*" (עֲקֵבַי יִשְׁמֹרוּ; LXX : τὴν πτέρναν μου φυλάξουσιν). Perhaps it is necessary to make the hypothesis that the scribes of the LXX *Vorlage* or the circle in which the Greek translator worked were bothered in one way or another (the use of the closely related שׁאף in a context where an animal is in heat in Jer 2:24?) by the formulation of what will eventually impose itself as the MT and that, on the basis of Ps 56, where שׁאף and שׁמר עקב describe the actions of the enemies of David, they replaced one by the other. This type of text or exegesis could again be responsible for the translation (in the same verse) of the substantive תְּשׁוּקָה "desire, longing, attraction" by the closely related root שׁוּב "to turn away from, to come back," namely, the ambiguous תשובה "return, repentance, rebellion" (so also Gen 4:7 and Wis 7:11), perhaps because the Aramaic מָתְוָיא "impetus, desire" (= MT) is close to מתבא "return," suggesting then Eve's repentance toward her husband, whom she had led astray. In Gen 40:13, 19, 20, which play on the two meanings of נשׂא, "to lift up" and "to take off" (the head), both the LXX and targum (so also the Vg) favored the theme of memory (Hebrew נשׂה = Aramaic נשׁא "to remember"). In Deut 33:16 the translation of Joseph *nazir* among his brothers is fairly similar in the targum (פרישׁא "apart from, distinguished, excellent") and in the LXX (Joseph is "glorified" above his brethren: δοξασθεὶς ἐν ἀδελφοῖς).

In Lev 5:4 (twice) and in Ps 106[105]:33 the Hebrew verb בטא "to speak impulsively, thoughtlessly" was translated by "to speak clearly" by both the LXX (διαστέλλω) and the targum (פרשׁ). Likewise, in Num 30:7, 9 the expression מִבְטָא שְׂפָתֶיהָ was translated by the derived substantives of the same verbs or of related verbs. In Judg 3:23 the *hapax* מִסְדְּרוֹן "toilet drain hole" of the roof chamber (through which Ehud is thus able to escape) was interpreted as τοὺς διατεταγμένους "the appointed (guards ?)" by the LXX in the Codex Vaticanus by an "etymological" process based on the common Aramaic root שׁדר / סדר, whose primary meaning is "to arrange, to put in order." However, the targum (אַכְסַדְרָא > Gr. ἐξέδρα) also seems to have distinguished the three consonants סדר from the *hapax* to which it remains close physically, perhaps by caution, because it does not understand the meaning. The LXX for 1 Kgs 11:36 translated the "lamp" (נִיר) that always remains in Jerusalem for David and his sons by θέσις "an

CONCLUSIONS

establishment, a position, a place," which coincides with the interpretative tradition such as we can see in the targum, which, in order to decipher the metaphor, inserts the verb קיים "to establish, to confirm, to fulfill, to preserve" (the royalty) in these passages. In Isa 3:16b the *hapax* עכס "to walk with jingling anklets" was interpreted in the targum according to the common (metathetical) verb כעס "to irritate"; hence its translation is רגז. It is possible that the Greek translation (παίζω) is also based on כעס, if we suppose that παίζω followed a similar evolution to that of the French "agacer" (to annoy): "ennuyer" (to bother), hence "aguicher" (to tease). In different verses the Greek translator of Isaiah introduced the notion of divine salvation (e.g., LXX Isa 38:11; 40:5; 60:6), yet we find this same introduction of "salvation" in verses with no mention of it in the Aramaic translation (Tg. Isa 13:8 ; 30:18 ; 38:18 ; 40:31 ; 49:23 ; 50:10 ; 60:1 ; 64:3). The translation of שְׁפָיִ "a bare plain on a higher level of land" by ὁδός "path" in Isa 49:9 coincides with the common translation of this substantive in the targum by נגדא "path" (Tg. Isa 49:8 ; Jer 3:2, 21; 4:11; 7:29; 12:12; 14:6). In Jer 32[39]:17, 27 the expression "nothing is too difficult for you" was translated both in the LXX and in the targum as "nothing can be hidden from you," the translators probably having based the translation not on the verb פלא "to be extraordinary, too difficult" but on the metathetical root אפל, conveying the basic notion of obscurity. Moreover, the customary, almost systematic, translation of the Hebrew root פלא by the Aramaic root פרש allows us to understand the LXX translation of Codex Vaticanus Judg 13:19: for the Hebraism in MT מַפְלִא לַעֲשׂוֹת "doing wonderfully," Vaticanus presents the translation διεχώρισεν ποιῆσαι "he wrought a distinct work," the verb διαχωρίζω being obviously the Greek counterpart of the Aramaic פרש. Although the expression "to denude, to bare his holy arm" (MT חשׂף, with God as the subject) was literally translated in the LXX and Tg. Isa 52:10 (ἀποκαλύπτω; גלי "to reveal, to show"), the Greek and Aramaic translators of Ezek 4:7 both adopted a more precise formulation: "you shalt *strengthen* your arm." This difference in translation may have been a means of respecting the difference between God, who "reveals" his arm (without transgressing by anthropomorphism), and the prophet, who *strengthens it*. In Ezek 20:27b the MT mentions the ancestors who "insulted" (גִּדְּפוּ) God; however, not only the LXX but also the targum for reasons of respect weakened the verb into "to provoke to anger" (παροργίζω / רגז), even though they interpreted this verb in a literal manner when referring to humans; we shall see this same substitution by "to provoke to anger" for the verb נאץ "to spurn, to blaspheme" when God is the object in LXX Ps

10[9]:13 as well as in various other passages; still, we find this type of interpretation in the targum (e.g., Num 16:30), which clearly shows that the Greek translators, far from being isolated, were inspired by a traditional interpretation of the texts. Likewise, we find an identical interpretation of the MT שֶׁבֶר "breaking, break, collapse" by "captivity, deportation, exile" (closely related root שבה) in LXX Ezek 32:9 and Tg. Isa 30:26; the material proximity of these roots undoubtedly stimulated exegetical reflection (perhaps on the basis of a variant reading originating from a scribal error?) and made it possible, certainly in the targum, to broach one of its favorite subjects, the exile. Whereas in MT Zech 9:14 YHWH marches in the "storm whirlwinds of the south," in the LXX he proceeds "with a whirling menace." This is quite obviously an interpretation of סערה "storm" based on the closely related גערה "rebuke, threat"; however, we find the same interpretation in Tg. Jer 23:19 and 30:23: the "threat" (גערה), instead of the "storm" (סערה), was clearly accepted as the traditional substitute making it possible to decipher the metaphor of the tempest. In Prov 1:25 the Greek translation of the Hebrew פרע "to let go, let loose, neglect" by ἄκυρον ποιέω "to set at nought, consider as invalid" does not coincide with that of the Peshitta or of the targum, but it does correspond to the primary meaning of the Aramaic verb בטל "to abolish, invalidate, cancel, annul" (a technical verb well documented in rabbinic Judaism) that precisely translates MT פרע in Tg. Exod 5:4; 32:25 and 2 Chr 28:19. Clearly, the Greek translators had access to exegetical traditions related to those that were later laid down in the Targum of the Pentateuch. The interpretation of the substantive גַּלְמוּד / גַּלְמוּדָה (fem.), which appears only four times in the biblical corpus and which seems to designate sterility or barrenness, is parallel in the LXX and the targum for the four passages (Job 3:7; 15:34; 30:3; Isa 49:21). In Ezra 9:11 the substantive נִדָּה "uncleanness, menstrual or moral impurity," applied to the promised land, was translated in the LXX based on the root נוד or נדד "to err," whereas the context is clearly from what follows in the next part of the verse that of impurity.

In the LXX the substantive λοιμός "plague, pestilence" is never used to translate Hebrew דֶּבֶר, which has the same meaning. Indeed, this Hebrew word is nearly always translated by θάνατος "death"; this can be explained by the fact that in Aramaic the two words מותא "death" and מותנא "plague" are quasi-homonyms (just as are Assyrian *mutu* and *mutanu*) and that in practically all cases where the "plague" is mentioned in the MT, it is translated by מותא "death" in the targum. On the other hand, the adjective λοιμός appears frequently (most of the time with the translators of 1 Samuel, Proverbs, and Ezekiel), designating different kinds of pernicious, devilish people. This translation could originate from the semantic field of the root באש, which in Hebrew means "to stink, to be bad," "to feel bad" (*niphal*) but has imposed itself in Aramaic with the meaning "to be bad" (morally); likewise, the Aramaic verbs סרח and סרי took on the two meanings "to smell bad" and "to be bad, harmful." This extension of the semantic field of λοιμός ("to be pestilent"; "to smell bad" like the plague; "to be bad") was clearly reinforced by those Aramaic semantic fields. Another interesting translation for דֶּבֶר is that of the LXX Jer 32[39]:36b, where דֶּבֶר "plague" was interpreted based on the Aramaic root בדר, "to disperse" (with metathesis), in order to make an allusion to the dispersion that occurred during the Babylonian times; in the targum we do indeed find this tendency to evoke the exile in numerous passages (e.g., Tg. Isa 6:13; 26:15; 27:6; 30:26; 35:6; 40:31)

We even have perhaps a transcription based on the Aramaic. In Jer 36[LXX 43]:22 and Amos 3:15 there is mention of a "winter house" (בית החרף), that of Joachim, king of Judah, in the first case; that of Samaria in the second. However, the two Greek translations are quite different: LXX Jeremiah literally translated the MT (ἐν οἴκῳ χειμερινῷ "in the winter house"), whereas LXX Amos diverged from the MT (τὸν οἶκον τὸν περίπτερον "the house *surrounded by a colonnade*"). The substantive חֹרֶף "winter" is not a *hapax*, because it is found six times in the biblical corpus; in any case, the opposition with summer in four of these passages, including Amos, could have guided the translator. The substantive חֹרֶף in the targum is systematically translated by the Aramaic substantive סָתְוָא "winter." However, if we vocalize this Aramaic word differently, we obtain a transcription of the Greek στοά "a roofed colonnade," a word known by the Greek translators because it is documented four times in the LXX. Would this not be, on on the part of the LXX translator of the Twelve, the very first hint at the adoption of Greek words in Hebrew or in Aramaic, a common practice in the rabbinic era? Henceforth, perhaps it is necessary to conclude that, faced with the customary Aramaic equivalent of the Hebrew חֹרֶף "winter," namely, the substantive סתוא, the translator of the Twelve could have been led to think of στοά, a practice that, in a translation that is generally very literal, seems too precise to be attributed to mere distraction. Did the translator want to provide an architectural detail concerning Samaria (an allusion to the temple of Isis and Serapis, perhaps), at a time when the very beginnings of the Samaritan schism raised tensions? This translation would in any case be proof of the familiarity of the Greek translator with the interpretative traditions established in Aramaic, since the Aramaic סתוא would be at the origin of the divergence from the Hebrew model.

2. The LXX *Vorlage*

The LXX *Vorlage* demonstrates a greater textual fluidity than does the MT. It is probable, indeed, that the Hebrew manuscripts that the LXX translation reflects were of the same nature as 1QIsaᵃ, presenting glosses and borrowings from other scriptural passages. Moreover, they were undoubtedly even more divergent from the future MT than the materials from Qumran, as suggested by E. Tov. The scribes who produced the LXX *Vorlage* presumably modified the texts to a greater extent than those who transmitted the MT, who were of a more conservative nature. I presented the cases of Gen 5:29 (the etymology of Noah corrected in the LXX), of Exod 24:10 (the elders of Israel only see the place where God stood), of Mic 4:8 (עֹפֶל "citadel, acropolis of a city/Ophel" changed to אֹפֶל "the darkness" due to the existence of the homonym עֹפֶל meaning "hemorrhoids" or any penile affliction, a word that was perceived to be indecent and that was preserved in the MT only as the object of a *qere*); and of Hos 6:3 (in an effort to avoid the substantive מוֹצָא "coming forth, appearance, east [place of sun's going forth]," deemed inappropriate when applied to God either because it is perceived as being related to צָא / צֵאָה / צֹאָה "excrements" or because it evokes a type of solar phraseology rejected by certain circles when in reference to the God of Israel).

Moreover, certain formulations were undoubtedly modified in the circle of the LXX *Vorlage* due to unfortunate coincidences with Aramaic or Syriac even though the masoretic circle preserved the text. Examples include the cases of LXX Num 14:16 (for the MT שחט "to slaughter, to kill," the Greek translation expresses שטח "to extend," perhaps because the scribes of the *Vorlage* purposefully "eliminated" from this textual tradition, by means of the metathesis, the verb שחט, applied to God, due to the existence of the Syriac homonym verb שחט having an obscene meaning "to harm, to impair, to abuse a woman, to violate a virgin," at a time of spread of the Aramaic dialects) and Mal 3:8, 9 (for the MT קבע "to defraud, to deceive," with God as the object, we find in the LXX the Greek equivalent of the metathetical Hebrew עקב "to follow at the heel, to assail insidiously, to overreach, to betray," perhaps because the Aramaic קבע meaning "to fix, to fasten with nails," the MT thus presents an unacceptable—from the Jewish point of view—risk of being wrongly interpreted: God nailed by humans!). I end by citing one last example from LXX Zech 12:10: there again, in order to avoid an interpretation of the verse that would assert the transfixion of God, the scribes of the *Vorlage* apparently permutated the letters of the Hebrew verb דקר "to pierce through," thereby resulting in the variant רקד "to dance," as reflected in the LXX. Furthermore, in Syriac the root רקד "to dance, to skip," has, in the *aphel*, the meaning "to lament, to mourn" and is frequently used to translate the Hebrew ספד "to mourn." Thus the pair רקדו וספדו obtained by metathesis appeared as pertinent in the eyes of the scribes of the *Vorlage* as the masoretic דקרו וספדו. But the Greek translator understood רקד in its normal Hebrew acceptation, which therefore explains his efforts to assign to it a translation that is more or less compatible with the context of wailing. If this reconstruction is accurate, that would once again indicate that the scribes of the *Vorlage* had at least notions of Aramaic and Syriac (or in any case the predecessor of written Syriac).

English translation by Cynthia Rozewicz

Index des versets cités et des principaux commentateurs modernes

Versets cités

Genèse
3, 15.16	148
3, 20	156
3, 22	221
4, 7	158
5, 29	188
12, 20	140
19, 37	156
20, 4	155
20, 13	140
20, 16	140
21, 6	156
26, 35	140
31, 20	142
31, 36	142
40, 13.19.20	161
41, 32	83
42, 35	12
45, 5	77
49, 26	162

Exode
12, 19	21
15, 14	38
15, 15	71
31, 17	143
32, 11	143
21, 6	142
24, 10	190

Lévitique
5, 4	163
20, 17	21
26, 1	41

Nombres
14, 16	204
23, 3	170
30, 7.9	164
33, 52	41

Deutéronome
26, 17	143
29, 19	144
32, 10	144
32, 11	42
33, 2	201
33, 16	162

Josué
7, 7	82

Juges
3, 20	144
3, 22-23	164
20, 41	71

1 Samuel
25, 21	67
25, 29	12
28, 21	71

2 Samuel
22, 42	138
22, 48	43
24, 4	13

INDEX

2 Samuel
24, 16	14

1 Rois
11, 36	167
15, 4	167
20[21], 11	44
21, 25	17

2 Rois
5, 24	196
11, 14	12
18, 5.24	144

1 Chroniques
9, 33	167
15, 21	45
21, 15	14
21, 30	70

2 Chroniques
23, 13	12
27, 3	196

Esdras
9, 11	180

Néhémie
8, 10	90

Job
3, 7	178
6, 9	35
9, 29	113
10, 8	61
13, 16	63
13, 28	23
15, 34	179
30, 3	179
34, 30	63
36, 2	64
36, 13	63
39, 4	30
42, 7.8	83

Psaumes
10[9], 13	173
21[20], 10	62
23[22], 4	57
46[45], 10	23
51[50], 6	59
55[54], 10	63
55[54], 22	33
60[59], 10	20
65[64], 8	59
72[71], 9	128
73[72], 6	27
78[77], 50	183
84[83], 12	202
88[87], 11	138
89[88], 10	59
97[96], 11	94
106[105], 33	163
114[113], 1	148
116, 12	30
142[141], 8	29

Proverbes
1, 21	107
1, 24	103
1, 25	177
1, 27	105
1, 31	107
3, 25	105
5, 3	109
10, 6	111
10, 7	114
10, 11	111
11, 3	113
11, 30	112
12, 18	163
12, 21	116
13, 2	110
13, 11	111
13, 14	124
13, 15	114
13, 23	113
19, 6	124
19, 13	121
21, 9	123

21, 28	46	54, 8	146
22, 3	117	56, 5	146
24, 30	64	62, 10	225
27, 16	120	63, 3	47
29, 1	116	64, 6	147
29, 13	65	65, 22	147
31, 3	20	66, 9	81
		66, 11	40

Qohelet
   2, 11   20

Jérémie
3, 2	170
3, 4	47

Cantique des Cantiques
2, 17	66
7, 11	158

3, 17	147
7, 10	85
8, 15	69

Ésaïe
		9, 10	27
2, 19	145	13, 22	147
3, 16	168	14, 19	147
3, 17	35	15, 18	45
5, 6	224	26[33], 3.13.19	189
6, 13	44	31[38], 13	48
7, 2.6	146	31[38], 15	189
8, 20	126	31[38], 20	71
8, 21	6	32[39], 17.27	171
13, 11	68	32[39], 36	186
14, 1	21	42[49], 10	189
17, 7	138	44[51], 10	36
19, 7	133	48[31], 1	1
19, 18	138	49, 19[30, 13]	58
21, 2	189		
22, 23	146	Lamentations	
25, 8	45	1, 8	181
26, 21	177	2, 2.5	63
26, 14	138	3, 19	43
26, 19	137		
29, 22	84	Ézéchiel	
31, 1	138	2, 5.7	86
31, 8	146	4, 7	172
32, 3	138	7, 19	148
32, 14	196	13, 5	76
37, 3	81	17, 6	48
38, 16	22	20, 6	148
40, 5	169	20, 27	173
51, 23	58	21, 14	84
53, 10	33	22, 30	76

Ézéchiel		Sophonie	
28, 12	20	1, 12	54
32, 9	174	1, 18	71

Daniel		Zacharie	
4, 16	71	1, 15	86
5, 6	71	9, 14	176
11, 21.24	56	11, 8	222
11, 45	56	12, 10	214
12, 2	56		

		Malachie	
Osée		3, 8.9	208
2, 17[15]	77		
6, 3	198	Sagesse	
6, 7	114	4, 14-15	13
6, 11	148	19, 15	13
10, 6	124		
12, 12	26	Siracide	
13, 13	81	2, 2	72
14, 1	140	14, 20	66
		40, 16	132

Joël		
2, 8	89	Index des principaux auteurs modernes cités

Amos			
3, 15	129	Anthonioz, St.	189
8, 3	24	Ausloos, H.	45
		Barthélemy, D.	24, 25, 45, 92, 98
Abdias		Bogaert, P. M.	27
1, 1	50	Booij, Th.	30
		Brockington, L.H.	91, 142, 170
Jonas		Caird, G.B.	39
4, 8	52	Carbone, S.P.	24, 78, 126, 184
		Casevitz, M.	39, 209
Michée		Chary, Th.	216, 218
4, 8	194	Chilton, B.D.	34, 137,
		Cleaver-Bartholomew, D.	46
Habacuc		Clines, D.	18, 61, 93, 96,132
1, 13	114	Cook, J.	79, 107, 111, 118, 122, 124
2, 3	92	Croughs, M.	133
2, 11	96	Delekat, L.	119
2, 15	165	De Troyer, K.	29
3, 6	52	D'Hamonville, M.-D.	5, 114
3, 16	53	Dines, J.M.	47
3, 19	46	Dogniez, C.	90, 209

INDEX

Dorival, G.	13	Pralon, D.	163
Duval, Y.-M.	16	Rizzi, G.	24, 78, 126, 184
Fernandez Marcos, N.	12, 35, 90	Roberts, B.J.	216
Fischer, J.	18, 34, 35	Rudolph, W.	50, 54, 78, 87, 88, 94,197
Fitzmyer, J.	3	Salvesen, A.	47, 74
Fox, M.V.	102	Schenker, A.	168
Fraade, St. D.	74	Schleusner, J.F.	24, 50, 54, 78, 87, 94, 98, 99, 115,127, 130, 151, 184, 207, 212, 214, 219
Frankel, Z.	72, 198, 207, 224		
Gabriel, C.	47		
Geiger, A.	198, 221	Schlimm, M.R.	158
Gelston, A.	88, 141	Shepherd, D.	74
Gera, D.L.	193	Siegert, F.	5, 10, 19, 21, 63, 100
Glenny, W.E.	135	Skehan, P.W.	187
Gordon, R.P.	215	Sperber, D.	131
Grelot, P.	19	Spicq, C.	63
Gryson, R.	47	Steiner, R.	188
Harl, M.	15, 16, 39, 209	Talmon, Sh.	128, 187
Harlé, P.	163	Theobald, Chr.	73
Healey, J.F.	3, 4, 118, 121, 203, 213	Tov, E.	11, 12, 118,151
Hiebert, R.	133	Trotter, J.M.	142
Joosten, J.	5, 7, 9, 19, 32, 34, 38, 69, 72, 78, 101, 102, 135, 206	Van Den Eynde, S.	110
		Van Seters, J.	16
Kaminka, A.	78, 103, 105, 108, 115, 119, 204, 211, 218	Voitila, A.	10
		Waard, J. de	10, 101
Kartveit, M.	135	Walser, G.	10
Koenig, J.	119, 127	Weitzman, M.P.	3, 102, 103
Kutscher, E.Y.	19, 20, 21, 22, 30, 62	Weninger, St.	4, 203
Lamarche, P.	216	Wevers, J.	41, 153, 163, 205
Langton, K.	39	Zenger, E.	188
Lazarenco, O.	12	Ziegler, J.	18, 45, 46, 54, 57
Le Déaut, R.	6, 55, 73, 84, 100, 142, 147, 159, 184, 192, 198, 222	Zipor, M.	9
Léonas, A.	15, 16, 29, 30, 31, 37, 72	Bible d'Alexandrie (BdA)	
Liebreich, J.	221		
Lohr, J.N.	159	vol. 1	152, 153, 162
Lust, J.	9, 24	vol. 2	184, 191
McCarter, P.K.	43	vol. 3	41, 163, 184
Macchi, J.-D.	135	vol. 4	13, 41, 171, 207
Maeir, A.M.	198	vol. 5	42, 142, 184, 202
Magness, J.	135	vol. 6	82
Meyers, C. et E.	218	vol. 7	165
Michael, M.	80	vol. 17	5, 65, 109, 114, 115, 122, 212, 213
Muraoka, T.	32, 50, 55, 99		
Nodet, E.	31	vol. 23	26, 33, 51, 52, 52, 56, 78, 88, 89, 91, 95, 99, 125, 148, 176, 199, 219
Owens, R.J.	101		

www.ingramcontent.com/pod-product-compliance
Lightning Source LLC
Chambersburg PA
CBHW021121300426
44113CB00006B/241